만국박람회와
인간의 역사

엮은이
사노 마유코(佐野真由子, Sano Mayuko)
교토대학 대학원 교육학연구과 교수

한국어판 엮은이
육영수(陸榮洙, Yook YoungSoo)
중앙대학교 역사학과·대학원 협동과정 문화연구학과·독일유럽학과 교수

옮긴이
유지아(柳芝娥, Yoo JiA) 원광대학교 한중관계연구원 HK교수
박기태(朴起兌, Park KiTae) 교토대학 대학원 문학연구과 현대문화학전공 박사과정 수료
은희녕(殷烯寧, Eun HeeNyung) 중앙대학교 역사학과 대학원 한국근현대사전공 박사과정 수료
이승찬(李昇燦, Lee SungChan) 중앙대학교 역사학과 대학원 동양사전공 박사과정 수료

만국박람회와 인간의 역사

초판 인쇄 2020년 7월 15일 초판 발행 2020년 7월 30일
엮은이 사노 마유코 한국어판 엮은이 육영수 옮긴이 유지아·박기태·은희녕·이승찬
펴낸이 박성모 펴낸곳 소명출판 출판등록 제13-522호
주소 서울시 서초구 서초중앙로6길 15, 2층
전화 02-585-7840 팩스 02-585-7848 전자우편 somyungbooks@daum.net 홈페이지 www.somyong.co.kr

값 35,000원 ⓒ 소명출판, 2020
ISBN 979-11-5905-534-8 93910

이 저서는 2017년 대한민국 교육부와 한국연구재단의 지원을 받아 수행된 연구임 (NRF-2017S1A6A3A03079318)

접경인문학
번역총서
003

만국박람회와 인간의 역사

Expos and Human History

사노 마유코 엮음 | 옥영수 한국어판 엮음
유지아 · 박기태 · 은희녕 · 이승찬 옮김

소명출판

일러두기

· 외국 지명과 인명의 표기는 국립국어원 한국어 어문 규범의 '외래어 표기법' 제4장 인명, 지명 표기 원칙에 따라 표기했다. 단, 일부 인명과 지명은 관행을 따랐다.
· 중국의 인명은 신해혁명(1911) 이전의 인물은 한자음으로, 이후의 인물은 중국어 표기법을 따라 표기했다. 지명의 경우 현재는 쓰지 않는 역사 지명은 한자음으로, 현재 쓰는 지명의 경우 중국어 표기법에 따랐다.
· 일본의 인명과 지명은 시대를 구분하지 않고 일본어 표기법에 따랐다. 일본에서 관행적으로 사용되는 외래어의 경우 적합한 한국어 단어로 번역한 후 원어를 병기했다. 단체명이나 고유명사는 일본어 표기법에 따라 표기했으나 한국에서도 통용되는 단어는 한자음으로 표기했다.
· 서양의 인명과 지명은 외국어 표기법에 따랐다.
· '만박', '만국박람회', '국제박람회' 등 박람회를 칭하는 용어는 원서의 표현을 그대로 번역한다는 원칙을 적용하여 그대로 표기했다. 다만, 현대에 개최된 일부 박람회의 경우에는 공식명칭에 따라 표기했다.
· 그림명은 〈 〉, 논문명은 「 」, 신문과 도서 등은 『 』으로 표기했다.

최근 글로벌화의 진전에 따라 상이한 문화와 가치들이 국경은 물론 일체의 경계를 넘어 무한 이동하고 있다. 이러한 분위기 속에서 활발히 진행되고 있는 국경연구Border Studies에서 국경의 의미는 단순히 중심에 대한 대립항 내지 근대 국민국가 시대 '주권의 날카로운 모서리'로 이해되는 경향이 강했고, 사회적 상징물의 창안에 힘입은 집단기억은 국경의 신성성神聖性과 불변성을 국민의 마음속에 각인시켰다.

이처럼 지금까지의 국경 관련 연구는 침략과 저항, 문명과 야만, 가해자와 피해자라는 해묵은 담론을 반복적으로 재생산했는데, 이런 고정된 해석의 저변에는 '우리'와 '타자'의 경계에 장벽을 구축해온 근대 민족주의의 이데올로기가 깔려 있다. 즉 민족주의의 렌즈로 바라보는 국경이란 곧 반목의 경계선이요, 대립의 골짜기였다.

그러나 이러한 해석은 단순히 낡았을 뿐 아니라 역사적 사실을 외면한 일종의 오류에 가깝다. 분단과 상호배제의 정치적 국경선은 근대 이후의 특수한 시·공간에서 국한될 뿐이며 민족주의가 지배한 기존의 국경연구는 근대에 매몰된 착시에 불과하다. 역사를 광각으로 조망할 때 드러나는 국경의 실체는 다양한 문화와 가치가 공존하는 역동적 장소이자 화해와 공존의 빛깔이 짙은 공간이기 때문이다.

HK+ 접경인문학연구단은 이러한 연구의 한계를 넘어 담론의 질적 전환을 이루기 위해 국경을 '각양각색의 문화와 가치가 조우와 충돌하지만 동시에 교류하여 서로 융합하고 공존하는 장場', 즉 '접경Contact Zones'으로 재정의하고자 한다. 본 연구가 제시하는 접경공간은 국경이나 변경 같은 '외적 접경'은 물론이요, 한 사회 내에 존재하는 다양한 정체성 ─ 인종/종족, 종교, 언어, 생활양식 ─ 간의 교차지대인 '내적 접경'을 동시에 아우른다.

그리고 바로 이러한 다중의 접경 속에서 통시적으로 구현되는 개인 및 집단의 존재방식을 분석하고 개념화하는 작업을 본 연구단은 '접경인문학'으로 정의했다. 접경인문학은 이상의 관점을 바탕으로 국경을 단순히 두 중심 사이의 변두리나 이질적 가치가 요동하는 장소가 아닌 화해와 공존의 접경공간으로 '재'자리매김하는 한편 현대사회의 다양한 갈등을 해결할 인문학적 근거와 모델을 제공하고자 한다. 우리 연구단은 이런 인식을 바탕으로 다양한 정치세력과 가치가 경쟁하고 공명하는 동아시아와 유럽의 접경공간을 '화해와 공존'의 관점에서 비교분석하고자 한다.

본 연구는 시간적으로는 전근대와 근대를 모두 담아내며, 접경공간에 덧입혀졌던 허위와 오해의 그을음을 제거하고 그 나신裸身을 조명할 것이다. 접경인문학연구단은 이와 같은 종적·횡적인 학제 간 융합연구를 통해 접경공간에 녹아 있는 일상화된 접경의 구조와 양상을 살피면서 독자적인 이론과 방법론을 제시하고자 한다.

연구 아젠다의 방향을 '국경에서 접경으로' 설정한 연구단은 연구총서 및 번역총서, 자료집 등의 출간을 통해서 축적된 연구 성과를 국내외에 확산시키고 사회에 환원할 것이다. 본 연구서의 발간이 학술 연구기관으로서 지금까지의 연구 활동을 결산하고 그 위상을 정립하는 자리가 되었으면 한다.

2019년 8월
중앙대·한국외대 HK+ 접경인문학연구단장 차용구 교수

1

서구에서 19세기 후반~20세기 초반은 세계박람회의 전성시대였다. 영국 런던에서 1851년에 최초의 세계박람회가 개최된 이후, 서유럽 국가는 물론 '신세계'까지도 박람회 열풍이 불었다. '종주국' 영국을 제외한 사례만 선별적으로 꼽아 보더라도 프랑스 파리(1855 · 1867 · 1878 · 1889 · 1900 · 1925), 미국(필라델피아(1876 · 1926), 보스턴(1883~1884), 시카고(1893), 샌프란시스코(1894), 버펄로(1901), 세인트루이스(1904)), 스페인(바르셀로나(1888), 세비야(1929~1930)), 벨기에(브뤼셀(1897), 안트베르펜(1885), 리에주(1905), 겐트(1913)), 오스트레일리아(시드니(1879~1880), 멜버른(1888~1889)), 오스트리아 빈(1873), 네덜란드 암스테르담(1883), 스웨덴 스톡홀름(1897), 이탈리아 밀라노(1906), 브라질 리우데자네이루(1922~1923) 등지에서 번갈아 가며 거의 매년 세계박람회가 열렸다.[1] 제국들이 자신들의 힘과 문명을 뽐내기 위해 식민지에서 개최했던 일종의 식민박람회 ─ 인디아 콜카타 세계박람회(1883~1884), 인도차이나 하노이박람회(1902~1903), 조선박람회(1929) 등 ─ 를 포함한다면, '세기말'을 전후한 전 세계는 각종 박람회의 홍수 시대라고 해도 과장이 아니다. 세계박람회야말로 19세기 후반에 본격적으로 형성되는 '국제화Internationalization'의 증표이며 동시에 그 동력이었던 것이다.

---

1   나열된 세계박람회의 공식 명칭, 개최기간, 개최목적, 관람 인원 등에 대한 간략한 소개는 John E. Findling ed. *Historical Dictionary of World's Fairs and Expositions, 1851 ~1988* (New York : Greenwood Press, 1990) 참조.

세계박람회의 목표와 의도는 개최국의 형편과 시대 상황에 따라 다양하고도 복잡하다. 건국기념, 혁명기념, 통치자즉위기념, 신대륙발견기념, 식민지정복기념, 개최도시홍보 등 각기 다른 아젠다와 모토를 내세우며 경쟁적으로 박람회를 유치하여 성공적으로 진행하려고 애썼다. 서구국가들이 한 세기 동안 주도했던 세계박람회가 외부적으로 내세웠던 차별적인 목표에도 불구하고 그 밑바닥에 흐르는 몇 가지 공통점이 있다. 첫째, 세계박람회는 개최국가가 국내적으로 통치이념을 그 구성원들에게 주입·계몽시키는 국민(민족) 정체성 제조공장이며 근대적인 전통(새로) 만들기의 실험실이었다. 둘째, 세계박람회는 서구열강이 성취한 첨단의 과학-기술적인 발명품을 선보여 근대화 문명의 선두주자임을 과시하여 국제무대에서 발언권을 선점하려고 싸우는 아레나(경연장)였다. 프랑스혁명 100주년을 기념하여 제작된 에펠탑은 제3공화국의 위엄과 영광을 만방에 알리는 예술과 과학이 합작한 상징적인 작품이었다. 셋째, 세계박람회는 세계 각국의 인종·종교·언어·건축·예술·의식주 등이 비교 전시되어 관람객과 언론매체가 낯선 타자를 엿보고 탐색하며 교류하는 '접촉지대'였다. 세계박람회의 전성시대가 민족-인류학이라는 새로운 근대학문의 탄생시기와 겹치고 '과학적인 인종주의'의 황금기였다는 사실을 상기한다면, 박람회라는 '접촉공간'은 유교·이슬람·기독교·아프리카 문명이 출동·조우·융합·화해하여 혼종적인 것Hybridity을 잉태하는 인큐베이터이기도 했다.

아시아 국가들은 세계박람회의 '후발주자'였다. 서구화(근대화)에 뒤처졌던 아시아 국가들은 서구가 주인 노릇을 하며 차렸던 잔칫상에 진열된 이국적이지만 영양가 없는 반찬에 불과했다. 매우 예외적으로 메이지 일본 정부는 세계(만국)박람회가 가진 국제외교적인 중요함과 사회경제적인 효과에 일찌감치 주목했다. 세계박람회라는 만화경을 통해 서구 과학기술 문명의 눈부신 진보에 매료당한 일본 지배층은 수많은 내국박람회·산업부흥박람회·식민박람회 등을 개최하여 서구 흉내내기 또는 따라잡기에 열중했다. 메이지明治-쇼와昭和로 이어지는 일본제국의 놀라운 성장과 팽창은 박람회라는 지렛대를 활용한 '선진국'으로의 도움닫기였다고 평가해도 크게 틀리지 않을 것이다. 서구 세계박람회에서 선보였던 일본의 전통적이며 독특한 문화예술이 1870~1890년대 유럽인들을 사로잡았던 '자포니즘japonisme'의 밑거름이 되었다. 그리고 청일전쟁과 러일전쟁의 승리자가 된 일본은 영국과 공동으로 1910년에 런던에서 '일본-영국박람회'를 개최함으로써 서구열강이 독점했던 '제국 클럽'에 당당히 입회했다.[2] 세계박람회를 문명화의 척도이자 강대국만의 훈장이라고 믿었던 일본 정부는 1940년에 아시아 국가에서는 처음으로 세계박람회를 개최하려는 야심을 품었다. 제2차 세계대전으로 그 계획이 이루어지지 않았지만 1970년에 오사카 세계박람회를 개최함으로써 아시아에서

---

2 Ayako Hotta-Liser, ed., *Commerce & Culture at the 1910 Japan-British Exhibition : Centerary Perspectives*, London : Global Oriental2012, p.19.

세계박람회를 최초로 개최한 국가로 기록되었다.

한국의 세계박람회와의 인연은 일본의 그것과 비교하면 짧고도 기구하다. 나라 빗장을 꽁꽁 걸어 잠갔다가 뒤늦게 서구열강과 외교 관계를 맺었던 조선은 고종의 특별한 관심에 힘입어 1893년 미국 시카고 세계박람회에 공식적으로 처음 참가했다. 대한제국으로 국가 이름을 바꿔 '황제'가 된 고종은 미국에 보냈던 '짝사랑'의 쓰라림에 실망하여 프랑스 파리에서 1900년에 개최되었던 세계박람회에 2번째이자 마지막으로 대표단을 파견했다.[3] 세계박람회에 참석하여 주권을 가진 '독립 국가'임을 전 세계에 알렸지만, 국제사회의 냉엄한 논리와 국제법을 '순진하게' 이해했던 대한제국은 결국 일본제국에 합병되었고, 일본제국이 기획한 식민박람회에 동원되는 신세로 전락했다. 일본 도쿄 우에노 공원에서 1912년에 개최된 '척식박람회'에서 우리나라는 타이완, 사할린, 홋카이도 등 다른 식민지들과 함께 '전시 당했다.' 조선총독부 통치 5주년을 기념하는 1915년 '조선물산공진회'라는 연습을 걸쳐 경복궁에서 1929년에 개최된 '조선박람회'는 일본제국이 지휘한 식민박람회의 정점이며 동시에 근대한국사의 가장 밑바닥에 기록된 '흑역사'였다. 해방 후 급속한 산업화와 근대국가 만들기의 일정한 궤도에 오른 대한민국은 시카고 세계박람회 참석 100주년을 기념하여 1993년에 대전세계박람회를 개최했다. 수

---

3   육영수, 「'은자(隱者) 왕국'의 세상 엿보기 혹은 좌절된 접속―1900년 파리세계박람회에 전시된 '세기말' 조선」, 『대구사학』 114, 대구사학회, 2014 참조.

동적인 참가국에서 능동적인 개최국으로 승격된 것이다. 세계박람회의 주인(호스트)이 됨으로써 식민박람회의 아픈 기억을 지우고 대전세계박람회의 구호처럼 "새로운 도약의 길"을 다짐했다. 일본보다는 한 세대가 늦었지만, 중국 상하이 세계박람회(2010)보다는 빨리 세계박람회 개최국의 지위를 확보했던 것이다.

새로운 밀레니엄을 맞아 한국에서는 세계박람회의 늦바람이 불었다. 대전세계박람회에 이어 2012년에 여수에서 "살아있는 바다, 숨 쉬는 연안"이라는 주제로 두 번째 세계박람회가 열렸다.[4] 그 뒤를 이어 '고양세계꽃박람회'와 '경주세계문화엑스포' 등으로 대변되는 갖가지 다른 테마를 표방하는 (지방)박람회 개최 붐이 일었다. 19세기 후반에 등장했던 '국제화' 시대가 한 세기 뒤에 '세계화' 시대라는 다른 이름으로 부활했고, 그에 호응하여 "지역적인 것이 세계적이다"라는 구호를 외치는 '글로컬Global+Local' 시대의 특징적인 국제문화적 현상이라고도 볼 수 있다. 그리고 1990년대 이후 국내 학계에서 인기를 얻은 '역사학의 문화적 전환', 탈(포스트)-식민주의 문화연구, 2010년을 전후로 유행하는 '역사학의 공간적 전환' 등과 같은 새로운 방법론도 세계박람회를 재발견·재조명하는 데 이바지했다. 두 차례 세계박람회 개최의 경험과 트랜스내셔널 문화연구라는 두 요인이 결합하여

---

4 엄격히 따지자면 위 두 세계박람회는 국제박람회사무국(BIE)이 공식적으로 신청을 받아 경선을 걸쳐 결정되는 '등록박람회(registered exhibitions)'가 아니라, 그것보다는 개최기간이 조금 짧고 주최국이 추가적인 재정부담을 져야 하는 '인정박람회(recognized exhibitions)'였다.

2000년을 전후로 하여 국내 학계에서 박람회에 관한 연구들이 꾸준히 생산되었다.

세계박람회 연구의 연구사라는 무거운 주제를 끄집어내기에는 적절한 자리가 아니지만, 이 책에 포함된 글들의 의의와 위상을 독자들이 가능한 한 더 쉽게 이해할 수 있도록 국내 학계의 연구성과를 간략히 소개하고자 한다. 이 분야의 선구자와 다름없는 이민식은 지난 20여 년 동안 세계박람회와 엉킨 한국 근대사의 실타래를 푸는 작업을 꾸준히 발표했다.[5] 이각규는 이벤트 전문가의 시각으로 우리 근대박람회를 되돌아봄으로써 관청의 축제실무자, 언론매체 홍보-이벤트사업부, 역사-관광-박물관학과 전공자 등의 동참을 요청했다.[6] 민속학자에서 해양(민족)학자로 변신한 주강현은 여수세계박람회 조직위원회의 일부 지원을 받아 지난 260여 년의 세계박람회 역사와 특징을 주제별로 정리하고 화려한 화보를 덧붙인 백과사전적인 서적을 출간했다.[7] 가장 최근에는 서구가 독점했던 세계박람회가 동아시아의 근대화와 민족주의 형성에 끼친 긍정적·부정적 영향을 추적한 하세봉의 사례연구 모음집도 나왔다.[8] 이상은 국내 학계에서 박람회

5   이민식, 『(근대사의 한 장면) 콜럼비아 세계박람회와 한국』, 백산자료원, 2006; 『세계박람회란 무엇인가?』, 한국학술정보, 2010 등 참조.
6   이각규, 『한국의 근대박람회』, 커뮤니케이션북스, 2010.
7   주강현, 『세계박람회, 1851~2012』, 블루&노트, 2012.
8   하세봉, 『동아시아 엑스포의 역사─메가 이벤트의 감성공학』, 산지니, 2019. 이 책에 첨부된 참고문헌은 동아시아 국가와 세계박람회의 연관성에 관해 현 시점에서 가장 새롭고 완전한 서지정보를 제공한다.

연구가 본격적인 궤도에 진입하도록 견인했던 성과물들이다.

2

원서 『만국박람회와 인간의 역사』는 일본학계 '차세대 연구진'들이 심포지엄과 국제워크숍 등을 통해 수년 동안 축적한 첫 성과물이다. 책임연구자인 사노 교수가 원서의 서문에서 밝히듯이, 오랫동안 서구학자들이 독점했던 해석-격자를 탈민족주의·동아시아·비교사적인 시각으로 재조명하여 세계박람회의 보편적인 가치와 중요성을 '인간-사회-세계'라는 3차원에 대입하여 재평가하려는 시도이다. 외교사, 법제사, 미술사, 공예사, 건축사, 사상사, 문화인류학, 지리학 등 다양한 분야의 학계 전공자뿐만 아니라, 행정관료, 이벤트 기획자, 전시 공간 제작자와 디자이너 등과 같은 실무경험자들로 연구팀을 구성한 것은 이런 의도를 반영한다. 본 번역서는 원서에 게재된 총 25편의 글 중에서 14편을 추린 것이다. 국내 독자들이 흥미를 느낄만한 주제이면서 우리 근현대사를 입체적으로 이해하는 데도 도움이 될 논문들을 대표 번역자인 유지아 선생님과 상의하여 선별했다. 엮은이의 주관적인 판단으로 아쉽게도 이 번역서에 포함되지 못한 다른 글들의 내용은 사노 교수가 서문 후반부에서 소개한 스케치를 참조하길 바란다. 원서가 지향하는 주제의식을 최대한 훼손하지 않기 위해서 전체 목차를 그대로 번역하여 따로 실었고, 번역원고도 원래의 순서에 맞춰 배치했다.

공동번역팀은 일본 현대사, 일본문화 연구, 중국·타이완 현대사, 한국 근현대사 등을 전공하는 4명의 전문가로 구성되었다. 자연스럽게 자신의 전공 분야에 가장 밀접하게 연관된 논문들을 분담하여 2년간에 걸친 집단강독회와 개별번역의 방식으로 번역작업을 수행했다. 초고가 마무리된 후에는 옮김이 각주 달기, 핵심적인 개념과 외래어 표기 등 기술적인 문제해결을 위해 몇 차례 모임을 가졌다. 1차로 완성된 번역본을 출판사에 넘기기 전에 엮은이가 읽으면서 어색한 일본식 표현이나 한자 표기를 가능한 쉬운 한글표현으로 바꾸고 전체적으로 통일감 있는 스타일을 유지하는 방향으로 수정·보완해 줄 것을 옮긴이들에게 제안했다. 그리고 각 논문의 옮긴이의 이름을 밝히기로 했다.

다소 개인적인 이야기일 수도 있지만, 일본 원서의 엮은이 사노 마유코 교수와의 인연은 우연히 찾아왔다. 서양 지식의 수입·번역·전유·전파의 사이클에 식민시대의 한국과 일본 지식인이 어떻게 연루·협력했는지에 관한 연구를 진행하기 위해 나는 2013년 봄에 일본을 방문했다. 지금은 은퇴한 교토대학교의 한국사 주임교수 미즈노 나오키의 소개로 교토 외곽에 있는 국제일본문화연구센터(니치분켄)에 재직하는 식민시대사 전문가 마쓰다 도시히코 선생을 만나러 갔다가 그의 소개로 사노 선생과 처음으로 인사를 나누었다. 내가 네덜란드 라이덴 대학교에 방문 교수로 재직하던 2010년에 '국제아시아연구원International Institute for Asian Studies, IIAS' 주최로 "세계박람회에 전시된 아시아 국가들—글로벌·역사적인 시각으로 다시

보기Asian Countries As Exhibited at World Expositions – Revisited in a Global Historical Perspective"라는 제목의 국제학술대회를 주최했던 책임자임을 알고 있던 그녀는 자신도 '만국박람회'에 대한 공동연구팀을 꾸려가고 있다고 알려줬다.

짧은 만남은 사노 선생이 교토에서 주관했던 국제학술대회(2014~2015)에 내가 발표자·종합토론자로 초대받아 참석함으로써 공식적으로 이어졌다. 일본 공동연구팀의 일원인 비베 코이테르트 교수가 자신이 재직하는 서울대 환경대학원 협찬으로 '엑스포 경관Expo Landscape'이라는 주제로 국제심포지엄을 개최했던 2016년에 서울을 방문한 사노 선생과 그 일행들을 다시 만났다. 그리고 내가 일본학술진흥회JSPS 펠로쉽을 받아 2017년에 교토에 두 달간 체류하면서 연구과제를 수행하도록 사노 선생이 적극적으로 주선해 주었다. 그 덕분에 우리와 '비슷하면서도 다른' 일본학계의 연구 관행과 학문적인 풍경을 피상적으로나마 직접 맛볼 귀한 기회를 가졌다. 나는 사노 선생이 책임지는 '만국박람회' 연구팀이 학계 인물들 외에도 중앙-지방의 행정관료, 미술관-박물관-민속학 실무자, 국제행사 기획자 등 다양하게 직종의 전문가들과 긴밀히 협동하여 축적한 지식의 현실적인 적용 가능성을 탐색하고, 그 결과물을 교양강연의 형식으로 대중과 공유하려고 노력하는 것을 보고 깊은 인상을 받았다.

일본어 초급 수준인 내가 버거운 번역 프로젝트를 이끌어 무사히 세상으로 내놓을 수 있었던 것은 순전히 여러 사람의 호의와 후원 덕택이었다. 무엇보다도 업무와 학위논문 작성 등으로 쫓기는 상황 속에서도 맡은 번역을 최선을 다해 마무리해 준 4명의 선생님에게 고개 숙여 감사 인사를 드린다. 귀찮고 보람도 없는 번역-노동이 아니라 '논문 쓰기에 좋은' 영감을 받았던 '교육적인' 체험이 되었기를 바랄 뿐이다. 그리고 세계박람회에 관한 또 다른 공동저서를 마감하는 작업으로 분주한데도 일본 필자로부터 번역출판 허락을 받아주고 한국 독자를 위해 새로운 서문을 써 준 사노 교수의 변함없는 우정에도 빚졌다. 마지막으로 번역팀이 무거운 짐을 내려놓을 수 있도록 결정적으로 후원해준 '중앙대·한국외대 HK＋접경인문학연구단'에 깊은 고마움을 표시한다. 초역을 끝내고 지적 재산권 구매와 출판사 섭외과정에서 곤경에 빠졌을 때, 때맞춰 도움의 손길을 선뜻 내밀어준 연구단 관계자들의 배려와 협력이 없었다면 이 책은 독자를 만날 수 없었을 것이다. 여러 사람에게 신세를 진 이 번역서의 출간이 '접경지대'에서 진행되었던 세계박람회에 대한 학문적인 관심과 선행연구를 뛰어넘는 도전적인 연구를 자극하는 좋은 계기가 되기를 바란다.

2020년 7월
육영수

　존경하는 육영수 선생님의 노력으로 『만국박람회와 인간의 역사』 연구회(현재의 명칭)의 성과 논문집이 한국어로 번역되어 출판이 실현된 것은 예상치 못한 기쁨이다. 먼저 육영수 선생님을 필두로 힘든 번역 작업에 온 힘을 다해주신 여러 선생님들께 진심으로 감사의 뜻을 전한다. 특히 번역팀을 이끌어 주신 유지아 선생님의 노고는 상상을 뛰어넘는 것이었으리라 생각된다. 또한 번역팀 멤버들 중에서도 교토대학의 우수한 대학원생으로, 우리 연구회의 발표회 통역부터 이번 번역서 출판을 위해 적확한 연락을 수행해 준 박기태 선생님에게는 특별히 이 서문을 통해 감사의 뜻을 전하고자 한다.

　2015년에 이 책을 일본에서 발간하기까지 우리 연구회가 거쳐 온 길이나, 필자의 연구 경위가 어떻게 이 연구회의 발족으로 이어졌는지 그 과정에 대해서는 번역되어 실린 일본어판 서문에서 소상히 서술했으므로 재차 언급하지는 않겠다. 다만 한 가지, 여기서 다시금 강조하고 싶은 바가 있다. 만국박람회를 연구하던 필자는 어느 날 만국박람회는 개인 연구의 대상이라기보다는 다양한 구성원들과 함께 공동연구를 수행해야 할 대상이라고 생각하기에 이르렀다. 그때 가진 가장 큰 목표—혹은 '바람'—는 인접한 아시아 여러 나라의 연구자들과 연대하고 싶다는 것이었다. 이는 연구의 내용과 방향성이라는 두 가지 측면과 관련된 이야기다.

　만국박람회라는 '세계적인 사건'이 일어난 19세기 이래로 오늘날까지 이에 대한 대처해 온 혹은 맞서 싸워 온 아시아 여러 나라의 경험은 대부분의 경우 개별적으로, 각 나라가 서양과 맺는 관계와 이를 기점으로 삼는 자기 나라의 근대화의 문제와 맺는 연관성 속에서 고찰되어 왔다. 그러나 개별적인 연구 성과를 상호 비교한다면 자기의 경험을 상대화할 수 있고, 국경을 뛰어넘어 각 나라의 현상이 연동되는 경우에는 그 양상 자체를 여러 나라의 연구자들이 함께 해석할 수 있을 것이다. 이러한 과정을 통해 새로운 역사 서술이 탄생하고 새로운 세계상을 열어나갈 수 있지 않을까? 이것을 가능하게 하는 방향으로 만국박람회 연구를 육성해 나가야 하지 않을까? 이런 생각에서 만국박람회를 주제로 한 공동연구가 시작되었다.

　이 책은 그 노력의 첫 번째 단계에 해당하는 성과이며, 무엇보다도 육영수 선생님이 이 기획에 참여해 주신 것 그 자체가 본 연구회의 방향성을 실현한 것이다. 또한 우리 연구회는 한국의 서울대학교나 중국의 상하이사회과학원과 함께 심포지엄도 개최했다. 그런데 우리 연구회는 2010년에 발족된 이후 이 책이 일본에서 출판된 2015년까지, 그리고 이후에도 활동을 계속해 왔다. 그 결과 현재 우리 연구의 시야는 아시아를 넘어 세계적인 규모로 확대되었다. 그러나 연구회의 거점이 일본이기 때문에 세계를 바라보면서도 일본에 대한 연구의 비중이 커질 수밖에 없는 것이 현실이었다. 본 연구회에서는 올해 이 책에 이어 두 번째 논집 『만박학─세계를 파악하는 만국박람회라는 방법万博学－万国博覧会という世界を把握する方法』(佐野真由子 編, 思文閣出版)의 출판을 앞두고 있다. 이 두 번째

논집에서는 이 두 가지 경향을 반영할 수 있을 것 같다.

이렇게 두 방향으로 진전하는 가운데, 아시아에 초점을 두고 연구자의 연대를 추구한다는 원래의 구상을 실현하기 위해서 본 연구회가 갈 길이 여전히 멀다는 사실은 충분히 자각하고 있다. 그래서 이 책의 첫 번역 출판이 다름 아닌 한국에서 실현되었다는 사실은 이 연구회, 그리고 연구회를 발족한 필자에게 최대의 격려이자 동시에 질타라고 생각한다. 육영수 선생님과 번역을 담당해 주신 여러 선생님들 또한 한국과 일본, 그리고 아시아 여러 나라들 간에 여태까지 없었던 폭넓은 연대를 구축한다는 바람을 공유하고 있을 것이라 믿어 의심치 않는다.

번역서 출간에 대한 감사의 마음을 갖는 것과 동시에 초심을 되돌아보고 연구의 방향을 똑바로 잡아가고자 한다. 동시에, 바라건대 이 책을 읽는 한국의 여러 연구자나 학생 여러분들이 ― 나는 만국박람회가 이미 이를 연구하는 연구자는 물론, 이 외에도 다양한 분야에서 근대 이후의 인간사회를 연구하는 연구자들의 결절점이 될 수 있는 소재라고 생각한다 ― 우리의 시도에 관심을 가지고 새로운 동료가 되어 주시기를 진심으로 염원한다.

2020년 7월

신형 코로나 바이러스와의 싸움이 일진일퇴를 거듭하는 상황에 놓인 동아시아에서 다시 상호 간 왕래가 자유로워질 날을 염원하며

사노 마유코(佐野真由子)

1970년 오사카 만국박람회는 일본사회의 한 시대에 획을 긋고, 지금도 많은 사람이 공유하는 경험과 추억을 가져다주었을 뿐만 아니라, 일본에서 만국박람회를 본격적으로 연구하는 계기가 되기도 했다. 현재 진행형의 대사업이었던 오사카 만국박람회 그 자체에 관한 논평도 활발하게 간행되었지만, 여기에서 말하는 것은 1851년 런던박람회를 시작으로 계속되어온 역사상의 만국박람회에 착목한 연구이다. 오사카 만국박람회는 세계의 물산을 광대한 회장에 모아서 한눈에 볼 수 있게 전시한 만국박람회가 영국에서 탄생한 후, 1853년 뉴욕박람회, 1855년 파리박람회로 이어져 1세기 동안 계속 유럽에서 개최되다가 처음으로 아시아 내지 서양이 아닌 국가에서 열린 것이다. 당시, 그 역사에 관심이 집중된 것은 당연하다고 할 수 있다.

최초의 종합적인 연구는 교토대학 인문과학연구소를 중심으로 다양한 분야의 연구자들이 모여 시작하였다.「학제적」이라는 형용사에 걸맞는 연구자들이야말로 만국박람회라는 거대한 복합사업의 성격을 그대로 말해주고 있었다. 동시에 그러한 학제적 공동연구를 가능하게 한 교토대인문과학연구소라는 선구적 조직의 존재가 있었기에 만국박람회라는 방대한 대상을 다룰 수 있었을 것이다. 그 성과인 요시다 미쓰쿠니 편,『도설만국박람회사 1851~1942』(吉田光邦 編,『図説万国博覧会 一八五一~一九四二』, 思文閣出版, 1985),『만국박람회 연구』(『万国博覧会の研究』, 思文閣出版, 1986)는 현재도 만국박람회연구 관련자에게는 기본적인 문헌이 되고 있다. 필자도 학부생시절 무한한 매력이 넘치는 만국박람회연구대상과 처음 만났을 때, 그리고 시간이 지나 자신이 학생을 가르치게 된 때에도 이 두 권에 많이 의지했다.

이 책들의 차세대판으로서 21세기 만국박람회논집! 첫머리부터 맘껏 자부심을 서술하는 것이 허용된다면, 이것이 우리가 본서를 만드는 목표이다. 본서의 모체인 국제일본문화연구센터(이하 니치분켄日文研)의 공동연구회 '만국박람회와 인간의 역사—아시아를 중심으로'는 위에 언급한 교토대 그룹에서 가장 젊은 멤버였던 이노우에 쇼이치井上章一(현 니치분켄 교수), 하시즈메 신야橋爪紳也(현 오사카부립대학 특별교수) 두 분을 모시고, 만국박람회 연구 지도를 받아온 세대인 필자가 연구대표를 맡아, 새로운 인물들을 맞이하여 논의를 거듭해왔다. 그 성과로 나온 본서를 30년 전에 책을 출판한 사문각출판에서 간행할 수 있게 된 것은 매우 큰 기쁨이다.

요시다 미쓰쿠니吉田光邦 씨 등의 성과 이래, 일본의 만국박람회 연구는 많이 축적되어 왔다. 예를 들어 국립국회도서관의 잡지기사색인에서 '만국박', '만박' 등의 키워드로 검색하면 셀 수 없을 정도의 논문이 나온다. 주목을 받았던 저서도 적지 않다. 오사카 만국박람회를 계기로 이 테마가 '발견'된 이래, 만국박람회는 전체 계획이나 회장 설계에서부터 각각의 전시장, 그리고 개최를 둘러싼 정치나 외교 문제 등까지 다양한 시각을 가진 연구자에게 무한한 고찰 과제를 제공했던 것이다.

단, 거기에서 나타난 현저한 경향 중 하나는, 유럽국가에서 개최된 만국박람회를 일본이 어떻게 자기들의 전시로 구성하였으며, 또 그것이 어떻게 받아들여졌는가라는 일본을 둘러싼 문화표상의 문제가 관심의 중심이 되었다는 것이다. 통계적으로 조사한 것은 아니지만, 만국박람회를 고찰할 때 이 부분에 이른바 시선의 편중이 있었던 것은 틀림없다. 결과적으로 일본의 만국박람회연구는 서양과의 관계에서 '이문화' 내지 '타자'로서의 일본문화가 어떻게 다루어져왔는가에 주목하였으며, 나아가서는 그 배후에 있는 서양세계의 근대화와 제국주의적 확장을 비판적으로 논하는 방향이 상당히 강했다.

이것은 일본이 근대화하는 과정에서 국제사회와의 관계를 깊게 하여 자기의 위치를 확립하는 과정에서 만국박람회라는 창구가 얼마나 중요한 역할을 했는가, 실제로 메이지 정부의 중진들이 만국박람회참가라는 사업을 얼마나 중대하게 의식하여 여러 나라에 좋은 인상을 줄 수 있도록 노력했는가를 생각하면, 역사상의 관심으로서는 자연스러운 것으로 그 자체를 비판할 것까지는 없다. 이렇게 말하는 필자 자신도 학부생 시절에 이러한 관점에서 만국박람회에 흥미를 가지고 「문화의 진상과 허상─만국박람회에 나타난 일본소개의 역사」라는 제목으로 졸업논문을 썼고, 처음으로 활자가 된 저서도 그 개정판이었다. 현재도 관심의 축은 변함없다.

그렇지만 필자가 스스로 '시선의 편중'에 의문을 가지게 된 것은, 자신의 연구와 특별히 관계가 깊은 1862년 제2회 런던 만국박람회와 일본에 관계된 분야뿐만 아니라 그 개최경위 전체를 조사한 것이 계기였다. 이 만국박람회는 본문에 게재한 글에서도 조금 다루고 있는데, 당시 주일영국공사 러더포드 알콕 경Sir Rutherford Alcock의 조력에 의해 막말의 일본이 처음으로 참가한 만국박람회에서 이른바 일본문화의 표상이라는 테마의 원점으로서도 물론 중요하다. 반대로 그렇기 때문에 만국박람회의 전체 모습을 알고 싶다는 순수한 동기에서 2007년 전후에 영국에 갈 수 있는 기회를 만들어 영국의 만국박람회관계 사료를 공식적으로 기탁한 내셔널 아트 라이브러리—1851년 제1회 런던박람회의 유산인 빅토리아 앤 알버트 박물관Victoria & Albert Museum(당초의 명칭은 사우스 켄싱턴 박물관South Kensington Museum)의 부속기관—에 틀어박혀 살았다. 당시의 만국박람회 주최자가 남긴 실무 자료의 파일을 처음부터 읽어가는 동안, 일본의 기존 연구에서 많은 부분을 일본의 만국박람회 참가를 통한 특징으로 이해했던 사실, '이문화'로서 일본문화를 취급한다거나 그것을 둘러싼 정치상의 문제들이 다른 비서양국가의 역사적인 경험과 많은 부분에서 공통되어 있기 때문에 어디까지나 하나의 사례일 뿐이라는 사실을 알게 되었다.

이 사실은 일단 알게 되고나면 당연한 것이지만, 당시 필자에게는 큰 충격이었다. 문화문제를 논하기 전에 일본이 만국박람회에 참가하게 된 경위 자체는 일본의 입장에서 보면 물론 특필해야 할 대사건이지만, 주최국의 실무상에서는 다수의 국가를 상대로 큰 틀에서 한 번에 처리해야 할 사무 처리의 일환일 뿐이다. 힘이 빠질수록 담담하게 되었다.

그러한 주최 측의 시점, 그리고 일본과 경험을 공유하는 다른 비서양국가들의 시점을 염두에 두면서 고찰하지 않으면 국제사회에서 일본의 위치를 파악하기 어려워진다. '일본문화의 표상'이라는 문제에 강한 관심을 가지고 일본을 중심에 두고 생각해온 자신의 시각을 세계사 속에서 과감하게 상대화해야 한다. 이러한 생각은 만국박람회연구에서뿐만 아니라 보다 넓은 범위에서 필자에게 의미를 갖게 하였으며, 이후 연구에 임하는 자세나 사물을 보는 방향 등 전반적인 부분에서도 큰 영향을 주었다.

그러나 이는 자신의 연구대상으로서 일본의 사례를 탐구하는 것을 그만둔다는 의미는 아니다. 반대로 혼자 세계의 모든 것을 조사하여 비교한다는 것은 원래부터 불가능하다. 그렇다면 어떻게 하면 좋겠는가를 고민한 결과, 그러한 세계사적 광의를 가진 만국박람회연구를 개인이 진행하는 것은 불가능하지만, 서로 비교 가능한 시점을 가진 연구자가 공동으로 시도하는 것은 가능할 것이라는 생각이 들었다. 중국이나 한국 등 이웃국가들의 연구 상황에 대해서도 들어보면, 만국박람회연구 자체의 축적은 일본만큼 많지는 않지만, 자국문화를 어떻게 다루는지에 대해 연구가 집중되어 있는 경향은 비슷하다는 것을 파악하게 되었으며, 연대하여 연구할 필요성에 찬동해주신 분들도 나타나기 시작했다. 처음부터 세계 전체를 구성하여 착수하는 것보다는 먼저 인접한 아시아 국가들과의 비교를 중심으로 하여, 종국에는 그 틀을 벗어난 만국박람회연구를 진행하는 방향을 검토해보고자 했다. 그러던 차에 니치분켄日文研으로 이적하게 되어 아주 작은 시도부터 이러한 아이디어를 실행에 옮길 수 있는 기회를 얻게 되었다. 현재까지 전개한 연구회는 다음과 같이 소개하고자 한다.

① 2010년 10월 8~11일(상하이)

연구회 '만국박람회와 동아시아－공동연구의 가능성을 찾다'(니치분켄의 이나가 시게미(稲賀繁美) 교수를 연구대표로 한 과학연구비보조프로젝트 기반연구A, "'동양'적 가치관의 허용임계－'이질'적인 사상·예술조형의 국제적 수용과 거절'(2010~2012년도의 분과회)

② 2012년 2월 25~26일(교토)

니치분켄 소장 재량경비에 의한 연구회, '만국박람회와 동아시아－공동연구의 가능성을 찾다'(제2회)

③ 2011년 9월 30일~10월 1일(교토)

니치분켄 심포지엄, '만국박람회와 아시아－상하이에서 상하이로, 그리고 그 다음'

④ 2012년 4월~2013년 3월(연구회 총 2회, 교토)

니치분켄 공동연구회, '만국박람회와 아시아'

⑤ 2013년 4월~2016년 3월(연구회 총 15회, 교토, 오사카, 아이치, 오키나와)

니치분켄 공동연구회, '만국박람회와 인간의 역사ー아시아를 중심으로'

※이 가운데 2014년 10월 연구회는 일본만국박람회기념기금조성을 받아 국제워크숍 '만국박람회의 역사와 미래'를 주제로 해외연구자를 초빙하여 거행할 수 있었다. 본서 집필진 가운데 육영수, 차오젠난 씨는 그 당시의 초빙 연구자이다. 이 장을 빌어 기금을 운영하시는 공익재단법인 관서·오사카21 세기협회에 다시 한번 감사를 드리며, 워크숍에 참가한 이후 이러한 형태로 계속 연구회에 관여해주신 두 분께 감사드리고자 한다.

①, ②번째는 정말 작은 모임이었다. 이때부터 본서의 간행에 이르기까지 함께 활동해주신 쉬쑤빈徐蘇斌(톈진대), 아오키 노부오青木信夫(톈진대), 우카이 아츠코鵜飼敦子(도쿄대) 씨에게는 아무리 감사해도 부족할 정도이다. 또한 ①번째의 상하이 개최를 통해서 이와타 야스시岩田泰(당시 경제산업성박람회준비실장), 에하라 노리요시江原規由(당시 상하이만국박람회일본 정부 관장) 씨를 알게 되었고, 지금까지 연구회를 견인하는 멤버가 되어주셨다.

2010년에 상하이에서 개최된 만국박람회가 우리 연구의 직접적인 도화선이었다는 것은 말할 것도 없다. 시기도 좋았지만, 우리들은 이 만국박람회를 통해서 19세기 서양의 산물을 비서양이 추구해왔다는 맥락, 이른바 따라잡는 데 성공했다는 의미로서의 만국박람회 개최와는 다른 것을 보았다. 상하이 만국박람회 관계자는 준비 단계에서 아시아 최초로 개최된 1970년 오사카 만국박람회를 선행사례로 삼아 신중하게 참조했다고 말했는데, 2010년 회장에서 당당하게 표현된 것은 새로운 글로벌 파워로서 개최국인 중국의 이익과 욕망이었다. 그리고 다른 참가국들도 각각의 방법으로 거기에 호응하여 중국과 자국의 관계를 전시에 표현했다. 상하이 만국박람회는 19세기에 서양이 만든 제도를 아시아가 소화하여 추종이나 반동을 넘어 21세기의 세계에 문명의 새로운 균형의 가능성을 제시한 장이 되었던 것이다. 상하이 회장에서 받은 강렬한 인상은 초기 멤버들과 논의를 통해서 다시 아시아를 무대로 한 만국박람회 연구에 매진하는 의의에 대한 확신으로 이어졌다.

동시에 본 연구회는 만국박람회의 과거와 현재를 모두 연구의 문제로 삼는다는 명확한 방침을 갖게 되었다. 원래 제2차 세계대전 또는 1970년 오사카 만국박람회 이후 만국박람회의 시대는 끝났다고 얘기되었다. 확실히 거대한 국제이벤트 개최가 적지 않고, 국경을 넘는 사람들의 이동도 일상적이 된 시대이기 때문에, 1851년에 런던에서 처음 시작하여 20세기 초엽에 걸쳐 구미열강과 그들을 따라잡으려는 국가들이 산업의 진보를 경쟁하여 세계를 지배하는 힘을 서로 과시하고자 했던 만국박람회의 성격과는 다르다. 때문에 종래 만국박람회 연구는 첫머리에서 소개한 교토대 인문과학연구소의 연구에서조차도 역사가를 중심으로 제2차 세계대전 이전까지 그 시기적 범위를 한정하여 역할은 끝났다고 평가하는 19세기형 만국박람회를 취급하는 경우와, 현대의 만국박람회를 이벤트분석의 일환으로 취급하는 경우로 나누어져 있다. 우리들은 상하이 만국박람회에서부터 이 두 가지 경향을 동일선상의 전개로 이해하는 데 의의를 두고 19세기 중반에서 현재까지의 만국박람회 역사를 계속 논의해왔다.

이러한 방향성이 서서히 명확하게 된 단계에서 개최한 것이 ③번째 심포지엄이다. 준비단계에서는 단발적인 기획이었지만, 현재 공동연구회 멤버의 대부분이 이 때 참가해주신 분들이다. 이것을 반드시 계속 이어가자는 모든 분들의 목소리에 힘입어 ④, ⑤번째를 전개할 수 있게 되었다. 그 사이에도 하나하나 호명할 수는 없지만 훌륭한 동료들이 계속 참가해주셨다.

멤버의 전문분야는 외교사, 법제사, 미술사, 공예사, 건축사, 사상사, 문화인류학, 지리학 등 문자 그대로 다양하다. 이것은 만국박람회라는 연구대상이 가진 다양성이라고 해야 할 것이다. 그리고 본 연구회에는 위에 언급한 이와타岩田, 에하라江原 두 분을 비롯하여 일상은 연구를 본업으로 하지 않고, 만국박람회의 기획·실시 등 현장의 업무에 종사하신 분들도 참가하셨다. 현장의 프로와 연구자를 나누지 않고, 같은 장에서 논의하면서 손을 잡고 같은 목표로 향하는 환경을 만들고 싶다는 생각―꿈―은 만국박람회연구뿐만 아니라 필자가 항상 깊이 품고 있는 것이었는데, 만국박람회라는 실천적 소재를 테마로 하는 연구회라면 이러한 인물들로 구성하는 것이 당연하다고 생각되었다. 특히 ③번째 심포지엄을 통해서 같은 장에서의 논의가 가능하다는 것을 확실하게 알게 되었다.

본서는 직접적으로는 ⑤번째 연구성과를 주로 하고 있지만, ①번째부터의 전 과정을 거쳐 탄생한 것이다.

한편 본 연구회 내지 본서의 목적은 '만국박람회연구'를 영역으로 확립하고자 하는 것은 아니다. 물로 그 반대도 아니다.

대체로 인문사회과학연구, 그 안에서도 근대 이후의 역사에 관심을 갖는 사람이라면 자신이 읽은 책에서 만국박람회라는 것이 반드시 어디선가 등장했을 것이다. 실제로 만국박람회는 다른 유사한 큰 이벤트가 존재하지 않았던 19세기에는 물론, 제2차 세계대전 후에도 여전히 인간생활을 진일보하게 하는 다양하고 새로운 아이디어가 공표되는 장으로 존재해왔다. 그리고 세계 최대의 공식 이벤트로서 그것이 개최된 사실이나 그 장소를 방문한 경험은 특히 개최국 사람들 사이에 공통의 기억을 만들어 내고 마침내는 사회 안에 특색이 강한 세대를 낳았다―일본에서 1970년 오사카 만국박람회가 그랬던 것처럼. 만국박람회가 세계의 역사기술 여기저기에 등장하는 것은 실로 당연한 것이다.

그러나 만국박람회가 무엇인지를 알지 못한다면, 세상의 중대사와는 관계가 없는 유흥적인 행사로 일부러 관심을 가질 필요도 없이 지나가 버릴 것이다. 그리고 일반적인 역사서에서 다루는 만국박람회는 대개 그 정도로 다루어진다. 반대로 일단 만국박람회라는 것에 주목하면, 이것이 역사상 인간생활에 얼마나 광범위한 영향을 끼쳐 왔는가, 세계 각국에서 종종 개최되는 만국박람회가 사회의 움직임과 얼마나 밀접하게 연동되어 있는가를 알게 되어 더 이상 무시할 수 없게 된다.

이 점에서 앞의 ④번째 공동연구회를 개시하기 직전에 1862년 런던 만국박람회 150주년을 기념하여 빅토리아 앤 알버트 박물관에서 개최한 심포지엄(Internationality on Display : Revisiting the 1862 International Exhibition)에 참가하여 영국을 중심으로 한 구미 연구자들과 교류할 기회를 얻은 것은 필자가 본 연구회를 계속하는 과정에서 특히 시사적인 경험이었다. 여기에서는 만국박람회를 연구한다는 것이 만국박람회 그 자체의 해석에 그치지 않는다는 큰 의미를 충분히 인지하고 있었다. 그런 설명 없이 공유할 수 있는 환경에 처해지니 뒤에서 밀어서 떠밀려가는 느낌이 들었다.

이것은 역사상 이른 시기부터 만국박람회를 개최해온 사람들이었기에 가능한 이해방식이었을 것이다. "Internationality"를 표방하면서, 필자 이 외에는 비서양국가의 참가사례를 제공하는 발표자가 없는 심포지엄 구성에서 그들과 시점의 차이를 느끼기도 했다. 먼저 아시아 국가를 중심으로 비교·연대연구를 진행하고, 이러한 장에서 비서양국가에서 논의된 내용을 적극적으로 수용해야 한다는 생각이 강하게 들었다. 그리고 구미의 만국박람회연구, 예를 들면 일본 등의 '이문화'를 전공하는 연구자에게도 앞에서 서술한 일본에서의 연구경향과 매우 유사한 특징도 나타났다. 그러나 전체적으로는 그러한 이문화 전시의 문제보다는, 이 심포지엄에서 잘 나타난 것과 같이 만국박람회를 인간사회 전체를 변화시켜온 엔진으로 평가하여 고찰하는 시점이 강하여, 만국박람회라는 소재가 보다 광범위한 사람들이 관심을 가지고 연구대상으로 받아들일 가치가 있다고 생각했다.

본 연구회는 결코 '구미풍'을 하고자 한 것은 아니지만, 만국박람회를 이해하는 시야의 범위는 위의 상황과 중복되는 부분이 있다. 멤버는 모두 '만국박람회연구가'를 표방하고, 거기에 끼워 맞춘 사람들이 아니다. 각각의 맥락에서 만국박람회와 조우하고, 인간과 사회, 세계에 대한 이해를 깊게 한 상태에서 만국박람회라는 실마리의 중요성에 주목하게 된 사람들이라고 설명하면, 소중한 동료의 흥을 깨뜨리지는 않을 것이다. 그렇기 때문에 만국박람회라는 매우 구체적인 테마를 핵심으로 가지고 있지만, 연구회에서의 논의는 항상 범위를 한정하지 않고 이어가고자 했다. 우리들이 본서를 통해 전달하고자 하는 것은 이러한 만국박람회의 관점이다. 역으로 말하면 근대 이후의 인간사회에 관한 연구라면 어떠한 영역의 연구에 종사하더라도 만국박람회라는 것은 주목할 가치가 있고, 또한 결코 눈을 돌려 지나쳐 버릴 수 없는 대상이라는 것을 꼭 알아주었으면 한다. 본서의 제목인 '만국박람회와 인간의 역사'는 이것을 표현한 것이다.

이하 본론에 들어가는 논문은 논의를 통해 서로를 자극한 수년간의 과정에서 각 회원들이 도출하여 깊이를 더한 시각이다. 연구회가 내포하게 된 광범위한 가능성을 감안하여 책 제목에서 모임의 명칭에 붙어 있던 '아시아'라는 말을 제외시켰지만, 당초의 문제의식을 반영하여 전체 논문의 약 3분의 1이 인근 아시아 국가의 사례를 다루고 있다. 목차의 각 부는 만국박람회 사전 등에서 볼 수 있는 연대순이나 국가·지역별 배열을 피하고, 인간생활에 가까운 곳에서 만국박람회가 담당해 온 역할을 알기 쉽게 표현하는 것을 고민하여 구성했다. 그러나 각 부 안에서 다루고 있는 내용에 따라 대부분 연대순으로 되어 있다.

제1부 '박람회의 사람'에 포함된 논문은 특정 개인(또는 집단)에 착안하여 만국박람회와의 영향 관계를 고찰하였다. 이것은 연구회에서 발표와 의견을 교환하면서 서서히 공통의 착안점으로 부상한 주제로서, 본서가 제시하는 특징적인 시각이라고 생각한다. 여기에서는 만국박람회가 국가와 국가 사이의 관계에서 움직이는 추상적인 사건이 아니라, 한 시대를 산 사람들의 이야기 그 자체이자 개개인의 인생과 깊이 관련되어 있음을 알 수 있을 것이다.

첫 번째 졸저에서 다룬 것은 초대 주일영국공사 러더포드 알콕이다. 앞에서 기술한 바와 같이 그는 일본을 1862년 런던박람회로 이끈 인물로 알려져 있는데, 여기에서는 1851년 제1회 런던박람회를 시작으로 그가 관여한 다른 만국박람회의 경위를 더듬어, 유럽과 아시아를 연결한 그의 삶과 만국박람회의 전개를 함께 고찰하였다. 하가 도루芳賀徹 씨는 메이지유신을 거쳐 일본에 실질적으로 근대화의 단초를 만든 이와쿠라 사절단岩倉使節団이 구미 회람에서 체득한 문명에 대한 이해를 1873년의 비엔나박람회 시찰이라는 장면과 교차하여 단원들의 생생한 관찰력을 근거로 논하였다. 하가 씨의 논문에 이어지는 시기를 다룬 데라모토 노리코寺本敬子의 논고는 일본 수출산업의 발전, 나아가 유럽에서 자포니즘의 융성으로 이어지는 국제문화사의 전개에 중요한 획기를 마련한 1878년 파리박람회에 참가했을 때, 현장에서 빼놓을 수 없는 역할을 한 마에다 마사나前田正名라는 한 관료의 존재에 스포트라이트를 두었다. 한편, 육영수 씨의 논고는 1893년 시카고박람회에 조선의 참가를 담당한 정경원鄭敬源이라는 관료에 착안하여, 그 업무를 통해 서양 문명을 접한 그의 동향을 추적한 것이다. 육영수 씨가 '조선의 후쿠자와 유키치'라고 한 이 인물에 대해, 광범위한 한국어 사료에 근거하여 그 업적을 소개한 것은 귀중한 것이며 일본의 독자에게는 틀림없이 비교 연구의 묘미를 부여할 것이다.

이상의 논문이 공적인 입장에서 사람들을 다루었다면, 무토 유카리武藤夕佳里, 아오키 노부오青木信夫, 하야시 요코林洋子 세 사람이 담당한 것은, 각각 19세기 말부터 20세기 초에 걸쳐 만국박람회의 참가 경험을 축적하면서 자신의 작풍을 확립하고 인생의 방향도 정한 칠보七宝 작가・나미카와 야스유키並河靖之, 유학생으로 1925년 파리박람회를 본 후, 귀국하여 1929년에 개최된 시후박람회西湖博覧会에서 중심적인 역할을 하여 중국건축사에 한 시대를 구축하게 된 건축가・류지퍄오劉既漂, 그리고 일본과 프랑스를 연결한 화가・후지타 쓰구하루藤田嗣治 ― 이 저명한 인물들과 만국박람회와의 관계는 지금까지 거의 고찰하지 않았다 ― 등 세 분의 예술가들이다. 그들과 만국박람회와의 관계는 공적 입장에 있던 사람들보다 더욱 다양하다. 때문에 이러한 만국박람회와의 만남과 스스로의 행보가 깊게 얽힌 사람들의 사례는 이 외에도 존재할 많은 인생 ― 물론 예술가뿐만 아니라, 다양한 직업의 사람들을 포함하여 ― 으로 시야를 넓혀 준다.

이어 제2부 '박람회의 장소'도 연구회에서 논의를 거듭하면서 모아진 초점이다. 비베 콰이테르트Wybe KUITERT 씨는 조선 왕궁의 땅이 1910년 이후 일본 통치하에서 박람회장으로 사용됨으로써 그 전통적인 풍수의 가치를 상실함과 동시에, 거기에 새로운 정치적 의미가 부여되는 모습을 공간 디자인의 입장에서 논하였다. 마시야마 가즈시게增山一成 씨가 거론한 것은 1940년으로 예정되었으나 실제로 개최하지 못했던 일본 만국박람회 ― 그 회장이 될 예정이었던 도쿄의 스미다강 근처 ― 이다. 독자는 여기에서 '실현할 수 없었던 만국박람회'도 또한 '인간의 역사'를 명확하게 움직여 왔음을 알게 된다. 조합을 바꾸어 후지타 쓰구하루를 다룬 제1부의 하야시 논문과 함께 읽는다면, 실현하지 못했기 때문에 역사의 획기로 주목받지 못했던 1940년 박람회가 준비과정에서 일본의 문화사에 미친 영향에 대해 다시 검토해야 한다는 것을 깨닫게 될 것이다.

나카마키 히로쓰카中牧弘允 씨는 마침내 일본에서 개최한 1970년 오사카 만국박람회의 회장이 가지고 있던 특이한 구조를 이 박람회의 인접지에 같은 시대에 지어진 센리 뉴타운(오사카부 스이타시, 도요나카시)의 구조와 중첩해서 분석했다. 한편, 간다 고지神田孝治 씨가 주목한 것은 기이반도紀伊半島의 구마노熊野 지역이다. 오늘날에는 고도古道로 유명한 구마가 어떻게 관광지로 인식되어 왔는지 20세기 전반에 걸친 긴 범주 안에서 그 변천을 추적하였으며, 이곳에서 박람회 개최에 얽힌 모습을 구체적으로 밝혔다.

제3부에는 사회의 다양한 측면의 발전과 변모를 박람회와 밀접한 관계에서 고찰한 논문을 모았다. '박람회와 업무·사회'라고 제목을 붙인 것은, 특히 박람회의 실시에 관련된 직업이 많다는 실태를 반영한 것이다. 제1부처럼 특정 개인을 다룬 것은 아니지만, 역시 '인간'에 주목하는 것을 중시해 온 본 연구회의 특징이 여기에 나타남과 동시에, 앞에서도 언급했듯이 박람회의 제작 현장을 숙지한 회원들이 스스로의 지식을 아낌없이 베풀어 준 논고도 포함되어 있어서 그러한 논문들을 수록할 수 있었던 것은 본서의 자랑이기도 하다.

이시카와 아쓰코石川敦子 씨는 메이지 이후 일본에서 급속히 발달한 전시전문업자──'란카이야ランカイ屋'──에 대해, 업계의 거물이었던 노무라공예사乃村工藝社에서 오랫동안 자료 정리를 담당한 경험을 살려 다른 사람이 시도한 적이 없는 정리와 고찰을 하였다. 일본 박람회 역사가 가진 특징의 한 측면을 처음으로 상세하게 밝힌 것이다. 이노우에 쇼이치井上章─ 씨가 다룬 '도우미companion'도 또한 박람회와 함께 발생하여 변화해 온 직업이 아닐 수 없다. 오사카 만국박람회의 도우미는 세상에 잘 알려져 있지만, 한 세기를 거슬러 올라가 그 뿌리를 서술한다. 동시대의 미디어에 등장한 다양한 담론에 근거한 논고는 여성의 사회적 지위를 둘러싼 문제와도 저변을 같이하고 있다. 이어서 다키이 가즈히로瀧井一博 씨의 논문은 일변하여 초대 제국대학총장 와타나베 고키渡辺洪基의 발상과 업적을 소개하고, 박람회 붐이 된 메이지의 세태와 겹쳐서 살펴보았다.

우카이 아쓰코鵜飼敦子 씨는 원래 일본 만국박람회 연구와 깊은 관련이 있는 자포니즘의 입장에서, 19세기 만국박람회에 일본이 출품한 금당지金唐紙라는 구체적인 물건에 착목한 것으로, 종래의 자포니즘 연구가 가지고 있던 시각에 의문을 제기하고 있다. 자포니즘이라는 현상을 문화의 글로벌한 영향관계 속에서 상대화하려는 시도에서 한 발 나아간 것이라 할 수 있다. 하시즈메 신야橋爪紳也 씨는 도시의 전기 문제를 통사적으로 특정화하여 박람회 역사와 논했다. 기술적인 면뿐만 아니라, 사람의 마음과 관련한 면도 포함하여 박람회를 통해 사회의 변화가 추진되었다는 가장 전형적인 측면을 선명하게 밝혔다.

사와다 유지澤田裕二 씨는 자신이 행사의 정리를 맡은 2005년 아이치 만국박람회를 주요 소재로 하면서 프로듀서의 눈으로 본 박람회의 기획·제작 작업에 대해 신중하게 정리해 주셨다. 한편 이와타 야스시岩田泰 씨는 마찬가지로 박람회 만들기 작업에 대해, 본인이 정부 내에서 총괄을 맡은 2010년 상하이 엑스포와 2012년 여수 엑스포에 일본이 참가하는 실무 과정을 검토함으로써 행정의 입장에서 그러나 저자로서 솔직하게 해명했다. 다른 관점에서 쓴 두 논문은 행정과 이른바 '업계'와의 연대가 열쇠라 할 수 있는 독특한 일본의 박람회 조성 현장의 구조를 충분히 서술하고 있다.

마지막으로 제4부 '박람회의 형성과 전개'이다. 여기에 수록된 것은 만국박람회라는 사업 자체나 만국박람회를 둘러싼 가치관의 추이에 관련된 논문이다. 이치카와 후미히코市川文彦 씨는 프랑스어 'esposition universelle'라는 만국박람회의 호칭에 다시 주목하여, 19세기에 자주 개최되어 초기 만국박람회의 역사를 주도한 파리박람회의 성격을 만국박람회가 아닌 '만물' 박람회로 분석하였다. 지랄델리 아오키 미유키ジラルデッリ青木美由紀 씨는 지금까지 일본에서는 알려지지 않았던 오스만 제국의 만국박람회와의 관계를 대량의 사료 조사와 현지에서의 연구생활의 성과를 바탕으로 논하였다. 앞에서 서술한 바와 같이 본 연구회에

서는 주로 아시아, 특히 동아시아 지역의 비교를 중시해 왔지만, 거기에서 알게 된 문제의 많은 부분이 아시아 이 외의 비서양과도 공통되는 것이라는 사실이다. 이에 다른 점도 포함하여 아시아 밖으로 널리 세계적인 비교가 드디어 유용할 것이라는 사실이 명확한 문제의식으로 공유되었다. 아오키 씨의 연구는 이러한 큰 전개에 초석이 될 것이다.

쉬쑤빈 씨는 만국박람회의 참가를 통한 근대 중국의 행보를 중국 국내에서의 박물관의 형성 프로세스까지 포함하여 선행연구와 자신의 사료 분석을 바탕으로 정리했다. 현 시점에서는 논문의 형태이지만 이 분야의 연구에서 기본 자료로 참조되게 될 것이다. 일본의 사례와의 비교는 물론, 앞의 지랄델리 아오키 논문과 비교해도 매우 흥미롭다. 이에 대해 무토 슈타로武藤秀太郎 씨는 중국이 국내에서 박람회를 개최하게 된 측면에 주목하여, 최초의 본격적인 박람회라고 할 수 있는 1910년 남양권업회南洋勸業会에 주요 초점을 맞추어 일중관계의 추이를 배경으로 그 경위를 분석했다.

가와구치 유키야川口幸也 씨는 만국박람회로서는 아시아 최초로 실현한 1970년 오사카박람회에서 특히 세계 각지의 미술에 대한 취급에 나타난 정치성을 논했다. 만국박람회가 가진 산업·기술 축제의 성격, 또 한편으로 역사적인 오리엔탈리즘의 관점에 가려져 오히려 간과되어온 오늘날의 많은 현대 미술전으로 이어지는 전시 윤리의 문제가 여기에서 지적되었다. 에하라 노리요시江原規有 씨는 자신이 2010년 상하이 엑스포에서 일본 정부 관장을 맡은 입장을 회고하면서 만국박람회 실현까지의 여정을 지지한 중국 역사상의 인물들에 대해서 되돌아본 귀중한 경험을 공개했다. 그리고 마지막 장인 차오젠난書建南 씨의 논고는 당나라에서 21세기 중국에 이르는 시간의 흐름을 시야에 넣어 중국에서 '박람회'의 형성과 전개를 추적한 장대한 논고이다.

　　그런데 앞의 차오젠난의 논문에서는 현대에 '박람회'라는 단어의 다양한 사용 방법, 다른 한편으로 유사한 사업을 가리키는 다른 다양한 용어의 존재도 하나의 논점이 되고 있다. 일본의 경우를 보면, 원래 서양어를 번역한 만국박람회, 같은 종류의 사업을 국내 규모로 실시하게 되었을 때의 내국 권업박람회에서 시작하여, 오늘날 각지의 지자체 주도로 열리는 지방박람회와 백화점 기타 행사로서의 박람회에 이르기까지 '박람회'라는 단어가 난무하고 있다. 연구회에서도 이러한 상황에 대해서는 처음부터 회원들이 관심을 갖고 있었지만, 이러한 일본의 사정에 관해서 본서에서 별도의 논고로 할 수는 없었다. 중국에서의 전개를 거론해주신 차오젠난 씨에게 감사드리고자 한다. 이것도 같은 한자문화권에서 비교의 흥밋거리로서 계속 거론되는 논점이다.

　　'박람회'라는 말은 그야말로 남용되고 있는 듯하지만, 이 상황을 비판하거나 '진짜' 박람회는 어디까지인지 정의하는 것은 그다지 의미가 없다고 생각한다. 오늘날, 일반적인 행사에서 '박람회'라는 용어가 남용될 정도로 호평받고 있다면, 19세기 일본에서 '만국박람회'라는 단어가 정착하여 이러한 현상에 이르기까지가 바로 추적해야 할 역사의 한 측면이라고 할 것이다. 무엇보다 실제로 개최한 만국박람회에 관해서는 발상에서부터 80년 정도가 지난 1928년에 국제박람회조약이 채택되어 일정 정도 제도화를 이루었으며, 이후 개정을 거치면서도 이 조약을 바탕으로 사무국인 박람회국제사무국BIE에 등록·인정된 것이 공식적이라는 명확한 규칙이 있다. 그 범위의 만국박람회(공식적으로는 '국제박람회')에 한정하여 연구 대상으로 하는 대안도 있을 수 있지만, 본 연구회에서는 그러한 사고방식을 취하지 않았다.

따라서 본서에서는 '박람회'라는 단어의 사용법은 실제 상황에 따라 다양하다는 점, 각 집필자가 다룬 대상도 협의의 만국(국제)박람회에서부터 만국박람회 수용 이후 국내에서 전개한 박람회까지, 나아가 차오젠난 논문과 같이 주변에 만연한 각종 박람회도 포함한 것임을 여기에서 밝히고자 한다. 그러나 책 제목에는 고찰하고자 한 중심임을 표현하기 위해 '만국'박람회를 사용하였다.

각 글이 제시하는 '만국박람회와 인간의 역사'의 다양한 양상을 음미하면서 읽어주셨으면 한다.

사노 마유코(佐野真由子)

차례

제1부   박람회의 사람

제4부　박람회의 형성과 전개

제1부

박람회의 사람

만국박람회의 인물, 러더포드 알콕Rutherford Alcock

1851, 1862, 1878, 1886

사노 마유코(佐野真由子)

일본에서 러더포드 알콕Rutherford Alcock(1809~1897)은 막말 초대 영국 공사로 알려져 있다. 그는 1858년에 체결된 영일수호통상조약에 의해 요코하마를 개항한 1859년에 총영사의 신분으로 일본에 가서, 현재 교토 다카나와東京 高輪에 있는 도젠지東禅寺를 저택으로 사용하였다. 일본에 거주한 것은 1865년 초엽까지인데, 그 기간 동안 중요한 업적 중에 하나는 1862년에 개최한 제2회 런던 만국박람회에 상당한 양의 일본 물산을 보냈다는 사실이다. 이것은 유럽에서 처음 있었던 일이었기 때문에 큰 주목을 받았으며, 이후 이른바 자포니즘으로 전개되는 일본취미, 일본붐의 단초를 만들었다.

이때 그는 외교관으로 주재하고 있는 일본의 정부격인 도쿠가와 막부와 만국박람회 주최자인 영국을 중개하고 싶다는 것에 그치지 않고, 스스로 일본의 미술공예에 열렬한 애호가였기 때문에 이것을 모국에 소개하고 싶다는 명확한 의사를 가지고 있었다. 일본이 처음으로 구미와 본

격적인 교섭에 들어간 막말 시기에 알콕이 특이한 일본문화의 이해자로서 기억되는 이유이기도 하다.[1]

사실, 알콕은 제2회 런던 만국박람회에 그치지 않고 생애에서 다섯 번의 박람회 ― 순서대로 제1회 런던 만국박람회(1851), 제2회 런던 만국박람회(1862), 제3회 파리 만국박람회(1878), 식민지·인도박람회(1886, 런던), 그리고 시카고 만국박람회(1893) ― 에 관여했다. 이 사실은 이제까지 거의 알려져 있지 않으며, 한 인물의 연속적인 경험의 축적으로 파악한 일은 더욱 없다. 일련의 경험을 객관적으로 살펴보면, 종래에 알려진 것 이상으로 알콕이 인생에서 만국박람회라는 당시 신규의 사업과 깊은 관계를 갖고 있었다는 것을 알 수 있으며, 동시에 그가 특별히 일본에 애정을 가지고 있었기 때문에 친근감을 가지고 있던 분들을 실망시킬 우려도 있다. 이 글에서는 그것을 우려하면서도 알콕의 만국박람회 관여의 실태를 시기별로 명확하게 하고자 한다.

다음 절부터는 사료에 기반하여 각 박람회, 특히 앞의 4건과 연관해서 알콕의 움직임을 확인하면서, 그 시기에 알콕 자신이 기록한 문장을 가지고 주재국의 문화나 이문화 간의 관계에 대한 사고의 변천 양상을 살펴본다. 이 방법은 한편으로 한 인물이 만국박람회에 계속 참가하면서 스스로 문화관을 형성하는 양상을 쫓아가는 시도이기도 하면서, 초기 만국박람회의 중요한 측면으로 한 인물의 생애를 통해 구미열강의 산물인 만국박람회가 아시아를 둘러싸고 있던 과정을 실증적으로 논하는 것이기도 하다. 본서가 중시하는 인물을 통해 만국박람회를 고찰하는 방법의 사례로 제시하고자 한다.

1. 1851년·제1회 런던 만국박람회

알콕이 아시아에 발을 들여놓은 것은
일본에 가기 15년 전, 1844년의 일이다.
영국은 아편전쟁에서 중국(청)을 무너뜨
리고 홍콩을 식민지로 삼았을 뿐만 아니
라, 중국본토 연안에 개항한 5개 항구(광
저우, 상하이, 닝보, 푸저우, 샤먼)에 각 한 명
의 영사를 보내야 했다. 그중에서 알콕이
푸저우福州 주재에 임명되었다. 여기에
서 그의 부임 경위를 상세하게 서술할 수
는 없지만, 류마티즘으로 인해 손가락을
마음대로 움직일 수 없게 되어 촉망받던
외과의사의 길을 단념한 35세의 청년이
심기일전을 위해 뛰어든 말 그대로 신천

〈그림 1〉 중국 부임 직전경의 알콕(Michie, Alexander,
*The Englishman in China during the Victorian era. As
illustrated in the career of Sir Rutherford Alcock*,
Vol.I, Edinburgh : William Blackwood and Sons,
1900)

지였다. 미지의 토지와 사람들 속에 들어가 자신의 생활을 설계하고, 현지
관헌과 관계를 쌓으면서 일확천금을 꿈꾸며 몰려드는 동포상인을 규합하
면서 영중 간의 통상을 열어간다는 것은 당시에는 거의 모험과 같은 일이
었다.

현지의 사정으로 인해 처음에는 단기간의 샤먼廈門 주재에서 시작하
여 반년 후에는 본래 부임하기로 한 푸저우로 갔다. 그리고 1846년 5개
항구 가운데에서도 중요한 위치에 있던 상하이上海 영사로 옮겨, 1855
년까지 그 곳에서 근무하면서 오늘날에도 그 풍경이 남아있는 상하이

조계의 형성을 담당하였다. 그는 상하이에 주재한 중반 무렵인 1849년 초엽에 홍콩에 있는 상관[2]에게 자발적으로 「중국에서 우리나라의 지위와 영중관계의 현황에 대하여」라는 보고서를 제출하였는데, 그 핵심 부분을 처음에 소개한다.

동양과 서양이라는 경쟁하는 두 문명의 충돌은 이미 오래전에 예상되었다. 중국인은 본능적으로 그것을 감지하였고, 유럽인은 보다 명확하게 인식하고 있었다. (…중략…) 현재, 내가 유일하게 바라고 있는 것은 유럽의 예술이나 사상이 서서히 (중국에) 도입되는 것이다. 그렇게 된다면 폭력적으로 비참한 충돌을 초래하는 사건이 계속되어 우리가 그것을 컨트롤할 수 없게 되기 전에 다양한 이질적인 요소가 어느 정도는 화합하여 조화를 보일 수도 있을 것이다. 모든 서양열강은 중국과의 관계에서 피하기 어려운 어려움이 그렇게 평화적 또는 유익한 형태로 해결되도록 공통의 이해에 바탕을 두고 노력해야 한다.[3]

이것은 부임할 당시부터 계산하면 중국생활이 5년 정도 되어, 일에도 충분하게 자신을 가지게 된 알콕이 처음으로 자신의 임지에 관한 조사보고의 영역을 넘어 그 배후에 있는 영중관계 또는 서양과 동양의 관계 전반에 대해 두루 생각한 흔적을 남긴 문장이다.

그런데 바로 이 시기에 본국인 영국에서 착수한 것이 세계 최초의 만국박람회 실시라는 장대한 사업이었다. 그 전제가 된 유럽사회의 몇 가지 조류에 대해서는 분량이 제한되어 기술을 생략하겠지만, 이 시기의 배경을 비추어 보더라도 어느 누구의 상상을 초월하는 거대 이벤트를 구상하여 실행에 옮긴 것은 아주 실질적인 의미에서 빅토리아Victoria 여왕 시절의 부군인 앨버트Albert 공이었다는 것을 충분히 알 수 있다.

이 계획은 앨버트 공과 1847년에 칙허를 얻어 법인화한 후 앨버트 공을 공식적인 초대 이사장으로 맞이한 「예술・제조업・상업진흥협회The Society for the Encouragement of Arts, Manufactures」(이하 예술협회. 창설은 1754)가 함께 기획하였다. 때문에 이 계획은 이미 이전부터 움직이고 있었지만,[4] 결코 순조롭게 실현된 것은 아니다. 사회의 무시나 비판을 극복하고 정치적 설득을 반복하면서, 오히려 이런 우여곡절 속에서 전시회는 단순히 미증유의 규모여야 할 뿐만 아니라, 광범위하게 세계 각지에서 출품을 받아서 거행하는 국제적인 성격이어야 한다는 방향이 정해졌다.

기획이 본격적으로 현실화된 것은 영국 남쪽 연안의 와인섬에 있는 여왕부처의 별궁 오스본 하우스Osbourne House에서 1849년 7월 14일[5]이었다. 이날 앨버트 전하는 박람회를 실무적으로 주도하게 된 헨리 콜Henry Cole 등 예술협회관계자들 이 외에, 이후에 힘을 빌릴 것을 고려하여 추밀원무역위원장 헨리 라브셰르Henry Labouchere를 불러서 1851년에 만국박람회를 실시할 때까지의 주요한 절차를 합의했다. 이날부터 만국박람회 개최사무국이 된 예술협회 참모진은 먼저 영국 전국을 돌면서 각 지방의 유력자를 설득하여 협력을 얻어내고, 재계 출자에서 개인 기부까지를 포함한 자금 모금, 장래에 출품을 의뢰하게 될 제조업자에 대한 사전교섭을 열정적으로 전개했다.[6]

이어서 1850년 초엽에는 만국박람회 주최단체로서 귀족계급 멤버로 구성된 왕립위원회가 여왕의 이름으로 발족하였다. 드디어 정식으로 준비가 시작되자, 이 위원회는 다른 나라의 참가 권유에 착수했다. 구체적으로는 영국외무성을 통해 세계 각국에 주재하는 영국대표에게 이 행사에 대해 자기가 주재하고 있는 국가의 정부에 설명하고, 참가를 촉구하라는 지시가 일제히 내려졌던 것이다.[7]

중국의 경우, 사정이 약간 복잡했는데 홍콩은 이미 대영제국의 일부로 편입되어 있어서 '외국'이 아니었다. 한편 '외국'으로서 중국과의 관계는 5개 개항지에 한정되어 있었기 때문에, 아직 베이징 정부를 상대로 한 전면적인 국교는 개시되지 않았다. 그러나 만국박람회의 개최에 즈음하여 영국외무성은 '모든 외국주재공사에게 발송된 본 건에 관한 서류의 복사본을 보낸다'[8]는 형식을 취하면서, 홍콩에 있는 무역감독관에게 중국에 대해서도 정식 외교관계에 있는 국가들과 동일한 공작을 하도록 독촉했다.[9]

1850년 3월에 런던에서 발송한 이 문서를 홍콩의 무역감독관이 수령한 것은 같은 해 6월의 일이다. 문서에서 지시한 대로, 그 복사본은 5개 항구의 영사에게 전달되었으며, 중국의 협력 요청은 무역감독관이 중앙정부에, 각 항구 영사가 지방당국에 하는 두 개의 차원에서 행해졌지만, 모두 부진한 상황이었다. 알콕이 상하이의 지방장관(道台, 청대 벼슬명) 앞으로 보낸 서한의 복사본이 영국 외교문서기록 속에 남아 있다.

나는 여왕폐하의 전권대표(홍콩의 무역감독관-필자주)로부터 다음과 같은 정보를 받았습니다. 모든 나라의 일차산품, 기계류, 공업제품 그리고 예술작품을 모은 전시회가 내년 초에 영국에서 개최될 예정이기 때문에 각 국의 상인에게 물품의 견본을 보내주기를 바란다는 내용입니다.

이 전시회는 왕립위원회의 지도아래 열리기 때문에, 송부된 물품 모두는 무료로 안전하게 보관됩니다. 우수한 제품의 출품자에게는 위원회로부터 금액으로 환산해서 적어도 2만 파운드의 가치가 있는 상이 메달의 형태로 수여될 예정입니다.

상품 견본을 영국에 보내는 비용은 출품자의 부담이지만, 선박 사고에 의한 손실의 걱정은 하실 필요 없습니다. 영국선박에 의한 운송이라면 저렴한 보험으로 전액을 보장하도록 되어 있습니다.

전시회 종료 후, 물품은 매입할 사람이 있으면 소유자가 희망하는 가격으로 매각할 수도 있으며, 원래 소유자에게 반납할 수도 있습니다. 중국의 상인에게는 이러한 전시회가 어떠한 이익으로 이어질지 이해하기 어려울지 모르겠고, 상을 받거나 매입할 사람이 나타날 수도 있다는 불명확한 기회를 위해 일부러 위험을 무릅쓰고 소중한 물건을 보내는 일에는 마음이 동하지 않을지도 모르겠습니다. 그러나 명예가 있는 도대(道台, 지방장관)님께서는 중국인이 훌륭하게 만든 예술작품, 공업제품이 서양국가에 알려지는 정도에 따라 매입할 사람이 늘어나고, 무역이 확대되어 중국 상인에게 이익을 가져다 줄 것이라는 것을 이해해주시리라 생각합니다.[10]

아무래도 받는 쪽을 매료시키는 문맥이라고는 할 수 없다. 그러나 기본적인 내용은 지시에 따른 것으로, 알콕은 본국에서 만국박람회 준비에 임하는 사람들의 고조된 상황을 가까이에서 느끼지 못했기 때문에 어쩔 수 없는 일이었다. 실제로 앞의 문체와 상관없이 알콕 자신은 처음부터 이 행사를 매우 중요한 것이라고 느끼고 있었던 것 같다. 흥미를 보이지 않는 중국의 태도에 실망하여 약 한 달 후에 무역감독관에게 서신을 보내서 중간 역할만을 담당하는 자신은 그 결과를 관망하는 것 이

외에 아무것도 할 수 없는 것인가라는 분통을 토로하고 있다.[11]

분명히 만국박람회 주최자인 왕립위원회가 영국외무성을 통해 각국 주재 외교관이나 영사에게 요청한 것은 어디까지나 상대국과의 중개역할 뿐이었고, 그 이후에는 참가의사를 표명한 각국 정부가 스스로 임명한 그 나라의 위원에게 일괄적으로 출품책임을 맡긴다는 형태를 상정하고 있었다.[12] 알콕의 반응도 이것을 전제로 하고 있으며, 중국이 권유를 받아들이지 않는 이상 만국박람회 참가는 불가능한 것이었다.

사실 5개 항구 중 유일하게 이전부터 구미에 문을 열었던 광둥에서는 다른 움직임이 있었는데, 중국이 관심이 없는 것은 마찬가지지만 중국과의 무역 경험이 긴 재류영국상인들이 위원회를 결성하여 현지의 물산을 갖추어서 본국으로 보내고자 한 것이다. 보고를 받은 무역감독관은 기뻐하며 본래 중국이 설치해야 하는 위원회 대신 이 위원회를 중국위원으로 결정하고, 본국에 중국출품을 위한 공간 확보를 요청했다.[13] 1850년 여름 동안, 이렇게 적극적으로 움직였음에도 불구하고 10월 중반이 되자 광둥위원회는 와해되어 버렸다. 결국 해산을 결정한 마지막 두 번의 위원회의 사록에서는 역시 중국의 협력 없이는 충분한 현지 물산을 수집하는 것을 기대할 수 없고, 어중간한 전시를 해서 오히려 자신들의 얼굴에 먹칠을 하게 되는 것은 아닌가라는 소극적인 분위기가 팽배해져 있었던 것을 읽을 수 있다. 무역감독관은 앞의 편지를 뒤집는 보고를 본국에 보냈고, 중국의 만국박람회 참가 가능성은 이 시점에서 사실상 소멸되었다.[14]

그러던 차에 같은 해 12월 중순에 갑자기 상하이의 알콕 영사로부터 "앞으로도 자신에게 남은 방법으로 본국 정부의 희망 내지는 지시를 수행하고자 (…중략…) 현지의 재류외국인들을 나의 개인적인 힘이 닿는 한 동원하여 단기간에 수집 가능한 또는 유럽에 수송할 수 있는 예술작품이나 일차산품 및 공업제품을 입수하고자 노력한 바 (…중략…) 그 결과 다양한 물산이 수집되었으므로 (…중략…) 17상자에 포장하여 런던으로 발송하였습니다"라는 완료형의 보고서가 도착했다. 17상자의 내용물 대부분은 칠기나 목제 가구류였다. 그리고 그것들을 발송한 이후에도 고명한 경덕진요景德鎭窯(중국 강서성 부량현에 있던 가장 큰 도기 제조소)의 도기컬렉션과 질이 좋은 견絹을 입수했으므로 유럽의 동업생산자에게 참고를 제공하기 위해 다른 편으로 보냈다고 한다.[15]

이미 본국에 중국이 참가를 단념한다는 보고를 한 그의 상관이 이것을 무조건 기뻐할 수만은 없었을 것이다. 그렇지만 어쨌든 물품이 발송된 이상 알콕의 행동은 일단 인정받았고, 무역감독관은 상하이에서 출발하는 물품이 만국박람회에 도착할 것이라는 편지를 본국에 보냈다. 그 문서 중에 최근에 다른 경로를 통해 의뢰받은 중국 물품도 있었지만, 출품을 위해 위원회가 정식으로 기능하지 않았기 때문에 송부하지 않았다는 기록이 있는 것으로 보아[16] 알콕의 독단적인 전행에 대한 비판을 내포하고 있었을 것이다.

당사자인 알콕은 결과적으로 1851년 제1회 런던 만국박람회에서 희소한 중국물산의 출품자로서 그 이름을 남길 수 있게 되었다. 박람회장에서는 다른 몇몇 영국 상인이 가져온 물품과 함께 중국 부문이 구성되었는데, 유일하게 공적인 입장에 있었던 알콕은 출품자의 필두로 대우받았다. 동시에 중국 국명도 제1회 런던 만국박람회 참가국으로 거론되었다.[17]

그런데 알콕은 상하이에서 먼저 17상자를 송달하고, 이어 경덕진이나 견을 추가로 발송했을 때, 중국인이 일상적으로 사용하는 각종의 도

만국박람회의 인물, 러더포드 알콕(Rutherford Alcock)   **53**

구를 참고품으로 함께 넣었다고 한다. 그가 무역감독관 앞으로 보낸 것, 그리고 본국으로 전송한 것을 전제로 한 서한에서 그것을 서술한 부분을 인용한다.

그 도구는 몇 백만 명이 넘는 수요에 따라 다소 난폭하게 사용된 것이지만, 옛날부터 칭찬받아 온 견제품이나 유럽의 최상품들에도 필적하는 에나멜, 상감(象眼), 청동 등의 견고한 예술품 (…중략…) 과 비교해서 참고품으로의 가치가 반드시 떨어지는 것은 아닙니다.

철, 침, 면도칼 세 종류를 선택한 것은 누구나 사용하는 것으로 질도 상품에 따라 큰 차이가 없다는 생각에서입니다. 이 도구들은 같은 중국인의 손으로 만들어진 다른 제품들의 훌륭함이나 완벽함과 대비하는 것만으로도 주목할 가치가 있을 것입니다. 그리고 이것들이 서양세계의 관습, 사상, 문명 속으로 들어왔을 때에는 반드시 가교를 놓을 수도 없는 이질성이 명확하게 드러나겠죠 (…중략…) 오해가 없도록 첨부하고 싶은 것은, 가령 도구가 아무리 변변치 않게 보이더라도, 영국에서는 여기 중국에서보다 우수한 직인을 찾을 수 없다는 것입니다. (…중략…) 감히 말씀드리자면, 셰필드(Sheffield)제의 최고 면도칼을 사용하고 있는 유럽의 이발사는 누구나도 중국의 거리에서 이 사각형의 철판을 가진 평범한 직인이 수염을 깍는 완벽한 기술에 미치지 못할 것입니다.[18]

도구 자체는 정말 검소한 것으로 두 번째 단락에서는 그 검소함에 기가 막혀하는 것 같지만, 주목해야 할 것은 마지막 단락이다. 겉으로 보이는 우열과는 다른 부분에서 가치를 비교하는 관점이 나타났을 뿐만 아니라, 그런 점에서 중국에 주목하고 있다고도 할 수 있을까? 오늘날 열람 가능한 모든 기록 중에서 알콕이 대영제국의 전초前哨로서 임지에서 자신의 지위를 확립하고, 무역을 통한 자국의 이익확대에 애쓰는 훌륭한 영사의 입장에서 약간 일탈한 자신의 생각을 토로한 것은 이때가 처음이다.

반년 전에 상하이 도대道台 앞으로 보낸 무미건조할 정도의 만국박람회참여 권유편지를 뒤돌아보면, 이후 출품을 실현하고자 하는 마음으로 현지물산을 수집하기 위해 분주하게 움직인 행동이 그에게 일용품을 포함한 중국제품을 고루 다시 바라볼 수 있는 기회를 주었던 것이다. 그리고 아마도 스스로 현지 이발소에서 수염을 깎았던 경험을 통해 현재 자신이 생활하는 나라에 대한 또 다른 시각을 가질 수 있었다고 이해할 수 있지 않을까? 적어도 2년 전, "내가 유일하게 바라는 것은 유럽의 예술이나 사상이 서서히 (중국에) 도입되는 것이다"라고 말한 그의 사고와 비교해보면, 이 때 우연히 만국박람회에 관여하면서 익힌 사회관찰의 기회가 자신이 느끼지 못한 사이에 세계를 보는 눈을 변화시킨 것이다.

2. 1862년 · 제2회 런던 만국박람회

중국에서 앞에 설명한 과정이 추진되던 시기, 가까운 나라인 일본은 아직 구미의 어떤 나라와도 공식적인 관계를 맺지 않았기 때문에, 만국박람회에 초빙되는 일도 없었다. 1851년에 개최된 제1회 런던 만국박람회의 정식 명칭을 The Great Exhibition of the Works of Industry of

All Nations(모든 나라의 산업제품 대박람회)라고 했지만, "모든 나라"에 일본은 포함되어 있지 않았던 것이다. 이어서 1853~1854년에 미국 뉴욕에서 만국박람회가 개최되는데, 일본에는 바로 그 흑선黑船(쿠로부네)이 내항한 해였으나, 물론 바로 만국박람회 참가라는 사태로 이어지지는 않았다. 1855년 제1회 파리 만국박람회 이전에 일본은 이미 미국, 러시아와 화친조약을 체결하여 '개국'으로 나아가고 있었지만, 주최국은 프랑스였고 프랑스 정부는 만국박람회 참가초청장을 발송하는 상대에 일본을 포함시키지 않았다.

1858년에 체결된 영일수호통상조약에 의해 영국은 일본에 주재대표를 보내게 되었다. 그 최초의 인물로 이미 상하이에서 광둥으로 옮겨 극동생활 15년차가 되는 알콕이 뽑혔다. 그가 실제로 일본에 부임한 것은 다음 해인 1859년 6월 — 조약에 의해 요코하마橫浜, 하코다테箱館, 나가사키長崎가 개항되기 전달 — 의 일이다.

알콕을 태우고 중국연안에서 동중국해를 건너온 군함은 그의 근무지인 에도에 도착하기 전에 나가사키에 들렀다. 나가사키는 에도시대에 네덜란드의 상관商館이 소재하였고, 데지마出島라는 작은 인공섬으로 막아놓은 형태 때문에 계속 상관원商館員들이 주재하고 있던 땅이었다. 1855년 이후부터, 일본과 네덜란드의 관계는 기존의 민간 통상이라는 형태에서 영사를 통한 공적인 관계로 이행하였으며, 특히 알콕이 도착한 시기에는 네덜란드의 협력으로 1857년에 도쿠가와 막부가 착수한 일본 최초의 제철소(현재 미츠비시중공업나가사키조선소三菱重工業長崎造船所) 건설이 모습을 갖추고 있었다. 다음 문장은 알콕이 그 현장을 시찰한 상황을 후에 저서에 기록한 것이다.

나는 그 곳에 가보았는데, 일본인과 네덜란드인이 일어날 수 있는 모든
어려움을 함께 체험하면서 극복한 진보에 감탄을 금할 수 없었다. 모든 종류
의 복잡한 기계나 도구를 제작하는 노력이 이루어지고 있었다.

(…중략…) 물론 공정은 아직 도중이지만, 1년 조금 넘는 사이에 큰 공장
을 하나 가동시킨 것이다.

(…중략…) 이것은 일본인의 진취적인 기질과 천성적인 재능을 최고의
형태로 증명한 것이며, 과거에 중국인이 착수한 모든 시도를 크게 앞지르는
것이라고 할 수 있다.[19]

알콕의 일본생활은 중국에서의 오랜 경험을 바탕으로 이러한 놀라움
에서 시작했다. 그 후 대외관계의 확대에 소극적인 막부를 상대로 한 나
날들의 업무는 결코 순조로울 수 없었지만, 한편으로 그는 일본인의 국
민성이나 문화에 대한 왕성한 호기심을 계속 발휘하였고, 특히 일본의
미술공예품에 매료되어 적극적으로 수집하게 되었다. 런던에서 준비가
진행중인 제2회 만국박람회의 보고가 도착한 것은 일본에서의 생활도
거의 2년이 되어가는 1961년 5월의 일이다.

런던에서 제2회 만국박람회 개최를 위한 왕립위원회가 설치된 것은
같은 해 2월이었다. 제1회는 대규모박람회 실시를 위한 시행착오를 거
치면서 그 규모가 세계최대로 확대되었다면, 제2회는 계획 당초부터 국
제적인 행사로 개최한다는 것을 전제로 하였다.[20] 왕립위원회는 다시 3
월에 외무성을 통해 각국 주재 영국대표에게 외국의 참가 초청을 하도
록 요청했다. 그 내용은 제1회 때와 마찬가지로 부임한 국가의 정부로
부터 다음 해에 열릴 만국박람회에 참가 승낙을 받아낼 것, 각 정부에서

자국의 출품을 총괄하는 위원을 임명하도록 할 것 등 두 가지였다.[21]

세계 각국에 주재하는 영국외교관에게 같은 문장으로 발송된 문서가, 외무성의 목록에 따라 2년 전에 부임해 있는 주일영국공사에게도 전달된 것은 절차대로 극히 사무적이고 당연한 일이었다. 당시 영국에서 극동으로 가는 우편은 해로로 2개월이 걸렸는데, 알콕은 5월 27일자로 본국 외상에게 수령확인 서한을 보냈다. 이 서한에 알콕은 다음과 같이 썼다. "나는 이러한 보고가 있을 것이라고 이전부터 예측하여, 대박람회장에서 일본과 그 예술·산업의 진보 실태를 보여주는 데 가장 적합하다고 생각하는 품목을 수집해 왔습니다."[22]

그가 초동 단계에서 이러한 답장을 보낸 것은 전적으로 상하이에서의 경험이 있었기에 가능했으며, 그 경험이 자신에게 '다음 만국박람회'를 기대하게 했다는 것을 추측할 수 있다. 더구나 이번에는 홍콩의 상관 아래 있던 상하이 때와는 달리, 자신이 영국의 주일전권대표의 지위였다. 그는 같은 서면에 유럽의 최상위 수준에 필적하는 일본의 자신 있는 분야로 도기, 청동제품, 칠기 3개를 열거하고, 이것들을 중심으로 이미 15상자 분량의 물품을 발송할 수 있다고 말했다. 한편 갑옷, 마구, 병풍에 대해서는 도쿠가와 쇼군이 빅토리아 여왕에게 보낸 선물의 출품을 기대한다는 의견과 함께 따라서 자신은 수집하지 않는다는 방침도 설명하고 있다. 이 편지는 1861년 8월 하순에 영국외무성을 통해 왕립위원회에 전송되어, 일본으로부터 출품이 실현된다는 뉴스가 만국박람회 주최자에게 전해졌다.[23]

실은 알콕이 5월 27일에 이 편지를 썼을 때는 용무가 있어서 홍콩에 출장을 갔다가 돌아오는 길에 나가사키에 들렀던 때였다. 이전에 나가

사키에 들렀을 때는 다시 영국군함을 타고 에도로 향했지만, 이번에는 에도까지 약 한 달에 걸쳐 일본내륙 여행을 감행하려는 계획이었다. 여기에서 문화교류의 에피소드가 넘쳐나는 일본종단 여행에 대해 상세하게 설명할 수 없는 것이 안타깝지만,[24] 이 글의 맥락에서 특히 중요한 것은 여행 중에 각지에서 사들인 물품이 만국박람회에 보내는 컬렉션을 더욱 풍부하고 다채롭게 했다는 것이다. 이후 알콕은 만국박람회회장에서 배포할 일본출품물의 카달로그를 직접 썼는데, 거기에는 "세밀한 조각이 되어 있는 수준 높은 청동제 등롱灯籠, 오사카에서 발견한 것", "일본의 여름용 옷감 견본 6종, 산지는 유명한 아리마츠有松로부터", "덩굴식물蔓植物의 껍질로 만든 옷감 견본 2종, 일본어로 구즈후蔓布[25]라고 함(掛川, 시즈오카현 가케가와에서 구입한 것)" 등 이 여행중에 입수한 것임을 알 수 있는 물품이 보인다.[26]

한편 7월 4일에 에도에 귀환한 알콕은 다음 날 역사적으로 유명한 '도젠지사건東禅寺'을 당했다. 영국공사관이었던 다카나와高輪의 도젠지東禅寺에 공사의 목숨을 노린 미토번水戸藩 무사의 한 무리가 밀고 들어왔던 것이다. 이른바 양이파攘夷派의 행동이 과격한 도를 넘었던 시기. 알콕 자신은 무사했지만 부하 2명이 중상을 입었다.

이때 알콕은 일본에 만국박람회 참가를 권유하라는 본국으로부터 훈령에 관해서 앞의 수령확인을 나가사키에서 보냈을 뿐, 일본에는 아직 아무런 행동도 하지 않았다. 그는 일본 정부에 아무것도 고하지 않은 채, 다시 본국 정부에 서한을 보내 외교관의 생명을 위협하는 야만국을 만국박람회에 초청할 필요가 없다고 말할 수도 있었을 것이다. 그러나 알콕은 사건 발생 11일 후인 7월 16일에 막부 로쥬老中 —— 여러 외국에서 '일본의 외무대신'이라고 알고 있다 — 앞으로 다음과 같은 서한을 보냈다. 이때는 사건에 관해 막부와 정식 회담을 하기도 전이었다.

저는 영국여왕폐하의 정부로부터 각하에게 다음과 같은 사항을 알려드리도록 훈령을 받았습니다. 1862년에 런던에서 예술과 산업의 성과전시회가 개최됩니다. 이것은 모든 국가의 국민이 예술, 공업, 농업 등 요컨대 산업의 모든 분야에서 달성한 진보를 가장 잘 보여줄 수 있다고 생각하는 물건을 무엇이든 보내도록 초청하는 장입니다. 만약, 전 세계의 물산이 전시되는 장에서 동양의 가장 진보한 국가의 하나로서, 그리고 유럽 최고의 제품과 경쟁하는 국가로서 일본이 빛나는 지위를 얻기 위해 애쓰는 일본인이 있다면, 이보다 더 좋은 기회는 없을 것입니다.

(…중략…) 어느 날 밤, 잘못된 방향으로 기울어서 공사관원의 살해를 도모한 남자들은 (…중략…) 그런 유치한 행동으로 자신들의 평가를 높이고, 그렇게 해서 제국의 힘을 외국에 빛낼 수 있다는 도착적인 생각을 한 자들이겠지요. — 그렇다면 저는 이런 식으로 말해도 괜찮다고 생각합니다만, 일본에서 그다지 교육 정도가 높지 않은 계급이 무엇이 개개인에게 진정한 명예를 가져다주며, 또 무엇이 외국에서 한 나라에 영광을 부여하는가에 대해 올바른 견식을 보이는가 아닌가는, 세계의 대박람회가 열리려는 지금 대군(쇼군)의 정부가 그것을 일반에게 알리는 것이 자국의 이익으로 이어진다고 판단할 수 있을지 없을지에 달려있는 것은 아닐까요? 박람회에는 지구상의 모든 나라와 사람들이 참가합니다. 거기에서 우수함을 인정받는 것이야말로 개인에게 비교할 수 없는 명예, 영광을 의미한다는 것을 알리는 바입니다.[27]

물론 여기에 자신을 공격하려고 한 사람들과 그러한 사태를 방지할 수 없는 일국의 정부에 통렬한 야유가 포함되어 있다는 것은 말할 필요도 없다. 그러나 알콕은 이 서한에서 자신이 위험에 처한 사건까지도 하나의 발판으로 삼아 일본을 만국박람회장에 참가하게 하려고 했다. 그는 현재의 국제정세 속에서 일본인의 눈을 뜨게 하기 위해서라도 만국박람회에 참가시켜야 한다고 생각을 다진 것이다. 그 배후에는 직전의 여행에서 얻는 식견을 포함하여, 이 시점까지 그 자신이 가지고 있던 일본 물산에 대한 신뢰, 이른바 겉치레 인사가 아닌 평가가 있었을 것이다. 그리고 이 편지를 알콕이 상하이 시대에 도대道台 앞으로 보낸 권유의 서한과 비교하면, 그가 제1회 런던 만국박람회를 직접 보지는 않았다고 하더라도 자신이 노력한 중국 물품이 환영을 받고 높은 평가를 받은 경험 등을 통해 박람회의 의의를 적극적으로 이해했다는 것을 확실히 알 수 있다.

이에 대해 막부는 8월 24일(文久元年 7月 19日)에 로쥬의 이름으로 다음과 같이 답변했다.

귀국의 역사가 천팔백육십이년에 이르러 런던에서 백공기술(百工技術)의 회장을 열어서 외국으로부터 뛰어난 물품을 취합하는 때에, 우리나라도 보낼 수 있도록 모든 인민에게 이와 같은 취지를 공포해야 한다고 생각합니다. 위와 같이 명예를 외국에 빛낼 일대거사라면 우리나라에서 출산하는 물품을 그 회장에 진열하는 것에 의지가 없는 것은 아니지만, 모두 일상적인 필수용품 뿐입니다. 그러나 특별히 정선되고 뛰어나서 경쟁할만한 품목이 없을지라도, 그곳에 제공할 수 있는 품목이 있다면 보내고자 합니다. 현재 답신은 이와 같습니다.[28]

아마 알콕은 예상외의 적극적인 반응에 크게 만족했을 것이다. 출품에 대해서 일본이 그의 조언을 청한다는 내용에 대해서는 바로 3일 후에 "이 박람회에서 일본을 위해 합당한 지위를 확보하고자 한다는 바람에서", 이미 "일본 국민으로서 우수함이 가장 잘 드러나는 (…중략…) 많은 출품을 정성스럽게 선택하여, 상당한 비용을 들여 사들이고 있다"는 말로 답장했다. 동시에 손수 수집하기 어려운 종류의 목재나 일본 화폐 세트, 일본 종이와 그 재료가 되는 나무껍질의 견본에 대해 막부에서 준비하도록 요청했는데, 이는 실제로 그것을 입수하기 위해서만이 아니라 일련의 진행 과정에 맞추어 막부가 관여하게 하려는 배려였다는 것을 알 수 있다.[29] 본국 외무성에는 다음 달에 다음과 같이 공식보고를 보냈다.

그들은 예술이나 산업품의 우수함에 주어지는 한 나라의 명예에 결코 무감각하지 않다고 생각합니다. 그들이 곧바로 구체적인 준비에 착수하여 대대적으로 출전하는 것을 기대할 수 없을지라도, 최종적으로는 저의 조언에 근거하여 적더라도 박람회에 참가하여 출품할 것이라고 생각합니다. 그리고 역시 일본 정부가 직접 중앙위원회를 조직하도록 독촉하는 것은 곤란하기 때문에 제가 일본 대표에 임명되어 왕립위원회의 지시를 문자 그대로의 형태는 아닐지라도 실질적으로 수행하겠습니다.[30]

이것을 받은 영국외무성은 1861년 12월 10일 자로 만국박람회 주최자인 왕립위원회에 일본 정부 출품을 위한 공간을 확보하도록 정식 요청했다. 그 문장에는 특별히 본 건에는 '정치적 중요성'이 동반한다는

〈그림2〉1862년 런던 만국박람회의 일본 전시(*The Illustrated London News* 20 Sep. 1862, 京都大学附属図書館蔵 / 吉田光邦編, 『図説万国博覧会史 1851~1942』, 思文閣出版, 1986)

러셀외상의 코멘트가 첨부되었다.[31] 여기에 영국의 입장에서 새롭게 관계를 맺은 극동의 한 나라를 만국박람회장에 나오게 하는 의미가 단적으로 보인다.

결과적으로 일본은 1862년·제2회 런던 만국박람회 정식참가국의 일각을 점하게 되었다.(〈그림 2〉)[32] 출품물의 대부분을 정리한 것은 알콕과 그 부하였지만, 막부도 알콕의 조언에 따라 물품들을 제공했다. '제가 일본대표에 임명된다'고 말한 알콕은 실제로 5월 1일에 열린 개회식에는 가지 못했지만, 그 후 휴가를 겸해서 귀국하여 7월 11일에 열린 출전자 수상식에는 일본대표로 참가했다.[33]

일련의 경위에는 중국주재시절의 만국박람회 관련 업무를 통해 이문화를 상대적으로 바라보기 시작한 알콕이 일본에 부임하여 그 문화를 개인적으로 애호했던 것도 적절하게 맞았고, 일본에서 영국대표이면서 영국에서는 일본대표로서 입장을 적극적으로 취하게 되었던 상황이 잘 나타나 있다. 그 결과 알콕이 달성한 일이 개인적인 애착의 문제만으로 끝나지 않고, 영국의 극동에 대한 노력확대의 증거로 평가를 받았다는 것은 러셀외상이 받아들이는 방식에서도 명확하다.

3. 1878년 · 제3회 파리 만국박람회

일본 근무를 마친 알콕은 1865년 초엽에 일단 영국으로 귀국한 후 바로 주중국(청) 공사로 전출되었다. 당시에 이것은 틀림없이 영전을 의미했다. 알콕은 베이징에 1869년 11월까지 주재하고,[34] 중국 각지와 인도를 들러 영국으로 돌아가서 1871에 공직에서 은퇴했다.[35] 햇수로 28년 동안 공적인 입장에서 아시아와 계속 대면하면서, 그 대부분의 세월을 아시아에서 보낸 것이다.

은퇴 후 머지않아 알콕이 집필한 논고 「동아시아의 장래」에는 이러한 시점에서 그의 아시아관 내지는 동서관이 명확하게 기술되어 있다.[36]

일본인도 중국인도 조선소나 병기공장을 건설하고 군함을 만들고, 나아가서는 유럽제도를 모방하여 유럽제 최고 무기를 갖춘 군대를 조직하고자 노력하고 있다. 그들이 이런 식으로 이미 큰 진보를 이루었다는 것은 명백하다.

동시에 그들이 도대체 어떤 목적으로 이 정도까지 비용이 드는 사업에 착수하여 경탄할만한 변혁을 받아들여 왔는가에 대해서는 의문의 여지가 없다. 유럽 육해군의 공격으로부터 자국의 해안과 영토를 지키고, 한번은 잃었던 행동의 자유를 되찾아 외국의 간섭으로부터 벗어날 수 있을 만큼의 힘을 획득하고자 한 것이다.

(…중략…) 아시아에 대한 유럽의 행동은 곧 하나의 전환점을 맞이하게 될 것이다. (…중략…) 바로 지금 동양을 기점으로 한 새로운 시대가 시작되려고 하고 있다. 서양에서 오는 정복의 파도는 그 힘을 다했고, 역방향으로의 파도가 힘을 증가시키고 있기 때문이다.

아시아와의 관계를 숙지한 유럽인으로서 유럽에만 중심을 두지 않고, 현지에서 실감한 것을 근거로 한 객관적인 평가라고도 할 수 있고, 아시아의 생각을 온몸으로 느낀 현지 외교관만의 감회라고 할 수 있다. 당시 알콕의 사고를 본격적으로 평가하기 위해서는 그의 외교관으로서의 업적 전체를 근거로 해야겠지만 여기에서는 위의 문장을 소개하는 것으로 멈추고, 오랜만에 영유하는 그의 런던생활로 시선을 돌려보자.

공직에서 은퇴한 알콕은 아시아에 대한 지식을 살리는 일과 원래 의사로서의 경험에 관한 일을 중심으로 수많은 명예직에 취임하여 다채로운 활동을 전개했다. 그 가운데에서도 알콕이 사회적으로 잘 알려지게 된 것은 1876년에 취임한 왕립지리학협회The Royal Geographical Society 회장의 지위 때문이다. 이 단체는 1830년에 런던에서 설립되어, 이름 그대로 지리학의 진흥을 목적으로 한 권위 있는 조직으로 오늘날에도 존재하고 있는데, 당시에는 신사들이 디너 자리에서 논의를 즐기는 이른바 회원제클럽의 하나였다. '지리학'으로서 주로 논의된 것은 아시아나 아프리카, 또는 극지極地에 대한 탐험 결과였다. 주(24)에서 다룬 바와 같이, 일찍이 알콕이 일본종단 여행에 대한 레포트를 보낸 것도 바로 이 협회였다. 일본의 경우는 차치하고라도 이 단체의 활동이 영국의 식민지 경영의 진전과 밀접한 관계를 가지고 있었다는 것은 거론할 필요도 없다.[37]

위에 언급한 아시아에 대한 논고에 나타난 알콕의 사고방식과 이 협회의 입장이 일치하는가에 대해서는 의문이 남지만, 당시 오랜 아시아 주재이력을 거쳐 런던에 돌아온 인물에게 명예직으로 회장취임을 요청했다는 것은 아마 자연스러운 일이었을 것이다. 알콕은 이 직책에서 또 한번 만국박람회에 관여하게 되었다. 프랑스가 1878년에 제3회 파리 만국박람회 개최를 결정하였고, 이에 초청을 받아 참가하게 된 영국이 출품준비를 위해 설치한 왕립위원회의 일원이 된 것이다. 임명은 박람회가 열리기 전해인 1877년 1월이었다.[38]

하지만 왕립위원회 총 위원은 60명 정도의 대규모였으며, 실제로 움직이는 부대는 별도로 있어서 위원들은 높은 곳에서 의견을 심의하는 역할이었으므로 능동적으로 출품준비에 관여하는 일은 없었을 것이다. 불행하게도 위원 한 사람으로서 알콕의 움직임을 구체적으로 기록에서 찾는 것도 불가능하다. 그러나 위원회 발족 후, 이것을 7개의 부회로 구분하여 각각의 분야에 대한 논의를 전문적으로 담당하게 되었을 때 그가 '인도제국'부회에 배치되었던 것은 특별히 서술해둘 필요가 있다.[39] 대영제국의 주요한 일부로서의 식민지 인도의 출품을 통괄하는 역할이었다.

이것도 또한 아시아를 잘 아는 알콕에게 알맞은 배치라고 생각되었을 것이다. 그리고 좋은 관계를 유지해왔던 왕립지리학협회회장 전임자이자 알콕을 차기 회장에 추천한 헨리 롤린슨Henry Rawlinson이 동인도회사 출신이고, 이 때 같은 부회의 멤버였다는 것도 관계가 있겠지만,[40] 상세한 설명은 이제부터이다. 어쨌든 결과적으로 알콕은 직접 근무 경험을 가진 극동의 두 나라의 경우와는 크게 다른 식민지와 깊게 관계하게 되었다. 전시 준비에 직접 손을 쓴 것은 아니라 할지라도, 바로 명예직이기 때문에 '인도제국부회위원'으로서 '왕립지리학협회회장'이라는 직함으로 각종 식전에 출석하였으며, 영국 내외의 공적인 인쇄물 등에 이름을 싣는 기회가 매우 많았다. 이것은 필연적인 것으로, 알콕이 다시 오랫동안 활동적인 '여생'을 보내면서 만들어지는 사회적인 이미지나 만년의 방향성에 영향을 미쳤다고 생각한다.

한편, 알콕이 남긴 2대 저서 중 하나로 알려진 『일본의 미술과 미술산업』[41]을 출판한 것이 이 파리박람회의 해였다는 것은 흥미롭다. 이 글이 주목하는 것은 이 책의 본론이 아니라 서론 및 결론부에 드러난 저자의 생각이다.

이 책의 서론은 "1862년의 대국제박람회를 준비하고 있을 때, 일본에 있던 나에게 공식적인 통지가 도착했다. 그 시점에 나는 여왕폐하의 공사로 상당 기간 그 나라에서 생활하고 있었다"라는 말로 시작했다. 그리고 "1862년에 일본에서 착수한 일을 보충하고, 적당한 매듭을 짓기 위해" 출판하는 것이라고 했다. 이어 당시에 자신이 그 일을 매우 즐겁게 생각했고, 일본의 미술, 문화에 애착을 가지고 있었다는 것을 서술하는 한편, 결론부에서는 현재의 일본문화는 "본래의 취미(훌륭함)를 잃어가고 있다"고 했다. 그렇다면 "서양국가들이 그 훌륭함을 취하여 우리 것으로 해 버리면 된다"고 말하면서 다음과 같이 이어나간다.

만약 우리가 현존하는 유일한 살아있는 장식미술의 일파를 읽게 된다면, (…중략…) 그 원조를 완전하게 잃거나 쇠퇴해버리기 전에 훌륭함을 유지하고 있는 원리와 기술 방식을 다소라도 배워버려야 하는게 아닌가.

나는 모든 사람이 칭송해마지않는 일본 작품의 훌륭함이 변해가는 운명에 처한 것을 확신해야만 했기에, 가슴으로부터 슬프다. 아름다움, 훌륭함의 많은 부분이 지금 다양한 이유로 소멸되고 있다. 최대의 원인은 외국인의 수요가 급증하여, 질 좋은 상품을 공급할 수 있는 기간을 초과하는 페이스로 요구하게 된 것이다. 한편 선장이나 대량수출업자들은 뭐든 상관없다는 식으로 수요에 맞춘 질 낮은 물품 생산을 가속시켰다. 그리고 혁명(메이지유신)이 있었다. 이것도 역시 외국이 부추긴 것이다. 이 때문에 일본의 미술을 지탱해 왔던 후원자들 ─ 다이묘라 불리는 봉건영주가 숙련 직인을 보호하고 있었다 ─ 은 격류에 휘말려 사라져 버렸다. (…중략…) 근래 우리가 목격한 것처럼, 일본에서는 갑자기 유럽의 문명이나 사상, 지식을 강하게 요구하게 되었다. 그런 일이 순식간에 가져온 결과는 종래의 제도나 일의 훌륭한 부분을 부당하게 낮게 평가하고, 외국 것은 무엇이든 좋다는 풍조가 그들의 독창성을 잃게 하는 사태였다. (…중략…) 그들은 매일 매우 훌륭한 것, 진심으로 가치가 있는 것을 많이 잃어가고 있다.

앞에 인용한 현역을 끝내고 런던으로 돌아온 직후의 아시아 칭송과, 여기에 나타난 우려는 같은 상황을 겉과 밖에서 평가하고 있다고 할 수 있는데, 위의 문장에서 알콕이 토로한 일본 미술의 질이 떨어지는 현상에 대한 한탄은 매우 깊다. 그러나 동시에 일본이 잃은 부분을 유럽이 획득한다는 방향으로 주장을 전환하여 현재 문화의 흐름을 희망적으로 결론짓고자 하고 있다. 그것이야말로 유럽에서 자포니즘이 융성한 결과여야하며, 서론과 함께 보면 1862년에 일본 미술을 유럽에 가져온 자신의 공적은 거기에 있다고 말하고자 한 것 같다. 그의 시야는 변함없이 유럽과 아시아를 교차하면서 중심은 확실하게 유럽으로 돌아와 있었다.

그리고 결론에서 지금 유럽을 석관하고 있는 자포니즘은 도자기만의 문제가 아니라, 모든 미술 산업에 영향을 미치고 있다는 것을 서술하는 필치에서는 그 원류를 만든 사람으로서의 자기주장이라고도 할 수 있는 자신감이 넘쳐난다. "파리의 대박람회를 방문한다면 그것을 입증할 재료는 부족하지 않을 것이다"라고 말한 것은, 이번 파리박람회에서 반드시 일본의 전시에 주목하자는 것보다는, 오히려 유럽 국가의 물산에 끼친 일본의 영향을 찾아내야 한다는 취지로도 읽힌다.

안타깝게도 알콕이 집필하고 있던 시점에 이미 파리박람회에 방문한 것인지, 어디까지나 예측으로 쓴 것인지는 명확하지 않다. 그리고 파리박람회의 시기에 맞추어서 간행하려는 의도가 있었는지도 판단할 수 없지만, 그가 파리박람회 출품을 위한 왕립위원회의 일원이 되어 논의에 참가하고 있던 시기에 병행해서 집필하고 있었다는 것은 틀림없다. 알콕은 파리박람회라는 계기로 다시 일본문화나 유럽과의 관계에 관심을 돌렸다고 생각할 수 있다. 그리고 결론에서 한마디지만 일본과 닮은 과정을 밟아 인도도 훌륭함을 잃어가고 있다는 기술을 한 것은 파리박람회 인도부문위원으로서의 시각이 잠시 들어간 것일까.

알콕은 이 파리 만국박람회 직후인 1880년에 일본에 관한 그의 마지막이라고 할 수 있는 논고를 출판했다.[42] 이 책에서는 일본이 지금 향하고 있는 방향에 대해 기본적으로 앞의 책에서 강조한 것을 반복하면서도, 거기에 대해서 외견만으로 평가해서는 안 된다고 입장을 바꾸고 최근에 일본의 예상을 넘는 진보를 절찬했다. 물론 잃어버린 문화의 홀륭함이 되돌아온 것은 아니지만, 아마 그는 1878년 파리박람회장을 포함하여 최근에 일본의 한층 더 비약적인 발전 모습을 접하면서 평가의 시점을 바꿨을 것이다. 동시에 "새로운 일본 (…중략…) 을 바르게 이해하기 위해서는 옛 시대의 상황을 알지 않으면 안 된다"고 말하면서, 그 "옛 시대"를 아는 특권이라고도 할 수 있는 자신의 입장을 주장하고 있다고 이해할 수 있다.

어쨌든 알콕은 극동에 있는 나라의 계속적인 변용에 대해 만년까지 계속 관심을 가졌다. 그리고 이 시점에 70세를 넘은 알콕은 아시아의 다른 지역에 깊게 관여하고, 이를 통해 또 하나의 박람회에 관여하게 된다.

4. 1886년·식민지 인도박람회

알콕이 마지막으로 관여한 아시아 지역은 영국령 북보르네오이다. 현재는 말레이시아의 일부가 되어 있는 지역으로 열강들은 말라카해협의 요충지로 서로 쟁탈전을 벌였으며, 1877년에는 영국무역상 알프레드 덴트Alfred Dent가 이 땅을 통치하고 있던 브루나이Brunei와 스루Sulu의 술탄으로부터 관리권을 획득했다.[43] 알콕은 늦어도 1879년에 이 지역을 영국의 새로운 식민지로 편입시키려는 운동의 리더 역할을 맡았다.[44] 1881년에 영국령 북보르네오 준비회British North Borneo Provisional Association가 발족하여 칙허를 받았으며, 다음 해인 82년에 이것을 개조하여 영국령 북보르네오 칙허회사British North Borneo Chartered Company(이하 북보르네오회사)가 설립되자 이사회 회장에 취임하여 이후 10년 동안 직책을 맡았다.[45]

이 회사는 영국여왕의 이름으로 북보르네오 개발을 담당한 이른바 식민회사이다. 알콕은 이 지역의 중요성을 극동으로 향하는 방법으로 인식하고는 있었겠지만, 이전부터 식민지화에 관심을 가지고 있었는지는 알 수 없다. 이 직책을 수락하는데 덴트상회와의 오랜 인연이 작용했을 가능성은 충분하다. 그렇더라도 그가 보르네오 지배를 적극적으로 지지하여, 실질적으로 이 운동을 이끌었다는 것은 다음 회의록을 보면 명확하다. 1879년 3월 26일에 런던의 고급호텔에서 개최된 '보르네오 사정에 관한 토론회'의 기록이다.[46] 알콕은 회의 모두에서 의장으로서 다음과 같이 발언했다.

여러분은 오늘 여기에서 보고(각종 보르네오 현지정보)를 들으신다면, (북보르네오의) 권리 획득에 매우 큰 가치가 있다는 결론에 도달할 것입니다. 풍양(豊穰)한 토지, 건강한 기후뿐만 아니라 지리적인 위치의 관점에서입니다. (…중략…) 저의 솔직한 견해로는 단순한 상업상의 문제에 그치지 않는 폭넓은 시야에 서서, 이 해역에서 영국해군의 우월성, 그리고 여기가 영국이 보유한 많은 식민지 항로로 이어지고 있다는 것을 생각할 경우, 이 보르네오 북부의 땅을 타국의 손에 넘기지 않아야 한다는 점에 심대한 국가적 중요성이 동반한다고 생각합니다.

여기까지는 시나리오를 받아서 의사를 진행하는 의장으로서가 아니라, 직접 북보르네오 경영의 의의를 찾아내서 그것을 추진하고자 하는 의지가 전해진다. 실제로 덴트상회를 비롯한 "단순한 상업상의" 이익추구에서 시작한 이 지역에 대한 영국의 관심은, 아시아를 아는 외교관인 알콕이 운동의 정점에 서게 되면서 정치·외교 안건으로 바꾸어 바로 이날부터 칙허 획득으로 정책을 선회했다.

초대 알콕 회장 시대 중반인 1886년에 런던에서 「식민지·인도박람회」가 개최되었다. 이 박람회는 대영제국의 발전을 축하하고, 연대를 확인, 강화하기 위해 인도를 포함한 영국 식민지를 구성요소로 하여 개최된 소위 대영제국내부박람회였다. 그 규모는 충분히 국제박람회에 필적하지만 외국에 참가를 구하지는 않았다. 이 박람회는 일찍이 1851년 제1회 런던박람회를 발안하여, 세계 최초의 국제박람회로 성공을 이끈 알버트 전하와 빅토리아 여왕의 아들인 에드워드 황태자(후에 에드워드 7세)가 아버지의 위업에 대비하여 자기 세대의 특색을 내세우는 형태로 발안하여 적극적으로 추진했다.[47] 만국박람회를 탄생시킨 영국이 여왕의 정치 종반終盤에 미증유의 대제국을 이룬 당시의 분위기를 잘 반영한 사업이었던 것이다.[48]

1884년 11월에 개최가 결정된 후, 초기에는 참가예정 식민지에 북보르네오의 이름은 나오지 않았다.[49] 당시에는 전 세기 이전의 동인도회사 구조와 비슷한 특허회사에 의한 통치는 특수한 것으로, 이 시점에 북보르네오는 정식 식민지로 인정하지 않았던 것이다.[50] 그러나 알콕이 통솔하는 북보르네오 회사 이사회는 다음 해인 1885년 7월이 되자 박람회 참가에 입후보할 것을 결정하고, 박람회를 주최하는 왕립위원회에 작업을 시작했다. 당초 이사회의 비서관 명의로 왕립위원회에 송부한 서한은 참가를 위한 수속에 대한 질의였지만, 이미 그 과정이나 효과적인 전시 방법까지 숙지한 서술방식이었기 때문에, 배후에는 알콕의 경험과 지식이 있었다고 생각해도 결코 억측이라 할 수 없다.[51] 9월 말에 정식으로 초청장을 받아 이사회에서 바로 참가를 결정하고,[52] 이후부터 북보르네오는 박람회 카달로그를 비롯한 다양한 공식인쇄에서 영국식민지의 리스트에 들어가게 되었다. 후에 알콕은 회사의 인물 앞으로 보낸 사적인 편지에서, 이 박람회에 '영국식민지'로 당당하게 참가했던 일에 대해 회사로서의 가치를 강조하고 있다.[53]

출품을 위한 구체적인 준비는 현지에 주재하는 사원이 담당했지만,[54] 알콕이 이 박람회에서 북보르네오를 대표하는 위원에 취임했기 때문에, 그 지위로 1886년 5월 4일 개회식 퍼레이드에 참가했다.[55] 이 박람회 회장이 설치된 곳은 런던의 사우스 켄싱턴South Kensington 지구로, 로얄 알버트 홀Royal Albert Hall에서 현재 과학박물관까지 이어지는 지역에[56] 거대한 박람회장이 건설되었는데, 그 위치는 1862년 만국박람회 회장과 많이 겹쳤다. 그날 알콕은 24년 전 7월에 일본을 대표해 퍼레이드에 참가했을 때를 추억했을까?

또한 그는 회장에서 배포하기 위해 북보르네오 지역에 대한 충실한 소개문을 게재한 핸드북을 준비했다. 1862년에 일본을 위해 행한 것을 여기 북보르네오를 위해서도 반복한 것이다. 다음은 그 소개문의 첫머리 부분이다.

북보르네오는 세계의 온갖 지역에서 종주국과 크건 작건 밀접한 관계를 갖는 영국식민지의 대가족에 가담한 최신 멤버의 하나이며, 대영제국을 연결하는 쇠사슬의 또 하나의 바퀴가 되었다. (…중략…)

당사의 목표는 자금과 노동을 투여하고, 한편으로는 문명국 정부가 제공할 수 있는 모든 은혜를 부여함으로써 이 나라의 방대한 천연자원을 개발하는 것이다. (…중략…) 우리나라의 현재 경제 상황과 미래 전망을 고려하면, 무역 진전의 열쇠가 되는 것은 문명도가 떨어지는 준(準)야만 지역에 새로운 시장을 개척하여 개발해 가는 것이다.[57]

그리고 알콕이 식민지 · 인도박람회 전체의 공식 카탈로그에 보낸 문장도 함께 소개하고자 한다.

아주 젊지만, 결코 중요성이 부족하지 않다. 북보르네오는 세계의 온갖 지역에서 종주국과 크건 작건 밀접한 관계를 갖는 영국식민지의 대가족에 가담한 최신 멤버의 하나이다. (…중략…) 이 미숙한 식민지가 지금 처음으로 영국의 다른 식민지 대열에 가담한 것은 (…중략…) 국가의 중대사를 동반한 국가목표추진의 일환이라고 할 수 있다. 이번 출품은 규모는 작지만 머지않은 장래에 약속된 중대한 상업적 가치를 여기에 드러내고자 한다는 것, 그리고 이후의 중요성에 일반인 모두가 관심을 가져주실 것을 바라는 것이다.[58]

알콕은 이전에 자신이 깊이 관여한 중국이나 일본 때문에라도 세계에 공적으로 데뷔할 수 있는 찬스로 박람회라는 무대를 활용할 기회를 만나, 그 효용성을 알고 있었다. 여기에서 식민지 · 인도박람회를 무대로 북보르네오의 데뷔를 성공시킨 수완은 일단 알콕의 면목이 활발하게 드러났다고 해야 할까?

그러나 위에서처럼 대영제국의 발전을 제1의 의의로 삼아 그 관점에서 식민지를 평가하고, 그 아래 세계를 줄 세운다는 입장이 명백하게 드러난, 한마디로 평가하면 노골적인 제국지배자라고 해도 좋을 알콕의 발언은 앞에 소개한 중국 시대, 일본 시대의 "아시아로부터의 파도"를 예측하고, 기대한 의식과는 크게 달라져 있다. 알콕의 아시아에 대한 시선은 앞 절에서 다룬 1878년 파리박람회 전후부터 런던으로 돌아올 때까지 계속 변했다. 여기에서 그것이 드디어 명백하게 된 것처럼 보이는데, 과연 단순히 그가 변절한 것일까? 그 질문에 대해 생각하는 것은 다음 절에 남겨두고, 일단 여기까지해서 알콕과 만국박람회의 관계에서 추이를 밝히는 작업을 끝내는 것으로 한다.

이후 알콕이 1893년에 미국 시카고에서 개최된 만국박람회에 영국 물품 중 식민지 부문 담당위원을 담당했다는 사실을 기록에서 확인했다. 먼 곳에서 거행된 이 만국박람회에 북보르네오회사는 출전하지 않았고,[59] 알콕 본인도 회장직을 퇴임한 전후 시기였는데, 그는 식민지 일반을 자신의 전문분야로 하여 박람회에 관여하게 되었다. 단, 이 박람회와 알콕의 관계에 대해서는 사료가 부족하여 이 글에서는 소개에 멈춘다.

5. 맺음말 — 만국박람회로 성장한 사람

이렇게 추적해 보면, 러더포드 알콕이라는 인물은 1851년부터 반세기 동안 거의 10년에 한 번씩 (만국)박람회에 관여하였고, 그때마다 일정한 임펙트를 준 것을 알 수 있다. 이 글에서 주로 다룬 것은 마지막 시카고박

〈그림 3〉 만년의 알콕(Michie, Alexander, *The Englishman in China during the Victorian era. As illustrated in the career of Sir Rutherford Alcock*, Vol.II, Edinburgh : William Blackwood and Sons, 1900)

람회를 제외하고, 1851년, 1862년, 1878년, 1886년 4번의 박람회였는데, 앞의 두 번에서는 아시아에 대한 외교의 최전선에서 런던과 마주했고, 뒤의 두 번에서는 런던에서 아시아를 다시 바라보는 위치에 있었다. 이 과정에서 동서의 관계, 쌍방의 문화에 대한 알콕의 이해방식은 확실히 변화하였고, 그 것은 그때마다 그가 남긴 문장에 잘 나타나 있다.

(만국)박람회라는 것이 오늘날과 달리 다른 유사한 예를 볼 수 없는 유일한 국제적 대이벤트였던 시대에, 그것을 주최한 구미선진국의 소위 "명사"들이 기용되어, 위원으로 이름을 날리는 것 자체는 드문 일이 아니었을 것이다. 그리고 영국 회장에는 앞에 나온 헨리 콜이나 필립 컬리페 오웬Philip Cunliffe-Owen 등 실행부대로서 박람회의 현장을 움직인, 오늘날로 말하면 역전의 박람회 프로듀서들도 있다. 그러나 위에서 본 바와 같이 조금씩 서 있는 위치를 바꿔가면서 인생의 매우 오랜 기간에 걸쳐 박람회에 계속 관여한 알콕과 같은 인연은 '만국박람회의 사람'으로 주목할 가치가 있다.

그 '인연'을 개괄하면, 젊은이다운 열의를 주요한 요인으로 삼아 그 결과 중국 참가의 추진역이 된 1851년 런던 만국박람회에서부터, 충분한 계산 아래 일본의 유럽 데뷔를 연출한 1862년 제2회 런던 만국박람회까지이다. 이 과정은 그가 아시아를 아시아의 입장으로 보는 시점을 획득하고, 나아가 아시아에 붙는 자세를 취하는 시기와 겹친다. 그것은 우연히 겹친 것이 아니라, 그가 처음 만국박람회 관련 업무에 관여했던 때부터 영향을 받았고, 그러한 자신의 변화가 나아가 다음 만국박람회에 일본을 참가하게 하는 행동에 탄력을 주는 형태로 나선을 그리고 있었던 것이다.

그리고 알콕은 후반에 두 번의 만국박람회에 관여했을 때 긴 아시아 주재 이력으로 인한 전문가로서의 자의식을 토대로 아시아 내지 비서양 특히 지배대상으로서의 식민지에 대한 영국 본국의 사고방식을 급속하게 받아들였다. 이것도 역시 박람회에 관여한다는 계기가 자극이 되어 변화를 촉진하였고, 그리고 그렇게 새롭게 체득한 자세가 그의 박람회에 대한 자세로 나타났다고 이해할 수 있다.

그럼 이러한 추이는 특별히 전반과 후반에 모순된 문화관을 드러냄으로써 한 인물의 결정적인 변질을 나타내는 것일까? 그 질문에 답하기 위해, 알콕이 북보르네오의 핸드북에 쓴 이 지역이 "대영제국을 연결하는 쇠사슬의 또 다른 바퀴가 되었다"는 표현이 하나의 열쇠가 될 것 같다. 사실 알콕의 일본체재기로 유명한 저서 『대군의 도읍지大君の都』에는 일본 내지 그 주변 해역을 "세계를 둘러싼 제국의 연쇄를 완성시키는데, 부족한 단 하나의 바퀴"[60]로 보고, 그 결합이야말로 중요하다는 의식이 명확하게 서술되어 있다. 여기에 19세기를 산 영국인으로서 알콕의 변하지 않은 중심이 있는 것은 틀림없는 듯하다.

이 글에서 살펴본 알콕의 사고의 변천이 나타내는 것은 "세계를 둘러싼 제국의 연쇄"가 가지고 있던 양의성일 것이다. 영국을 중심으로 한 지배·피지배의 구조를 확대하고, 격차를 고정화하는 것과, 다양한 이문화를 상찬하고, 적극적으로 포용하는 것이 적어도 영국의 가치관에서는 양립하고 있었다. 이것들은 하나의 행위, 하나의 시선의 표리에 지나지 않았던 것이다. 그리고 이 양립이 그대로 당시의 만국박람회에 투영되었다는 사실에 대해서는 재차 말할 필요가 없다. 그렇기 때문에 박람회의 효용을 알고, 그것을 완전하게 활용한 알콕이 진지하게 몰두할수록, 자신이 서 있는 위치의 변화와 함께 이 글에서 관찰해온 바와 같은 '변절'을 노정하게 된다. 반대로 보면, 다른 어떤 요소를 활용하는 것보다도 알콕이라는 한 인물이 기이하게 표출하고 있는 양의적인 자세야말로 만국박람회가 어떠했는가를 잘 설명하고 있다.

이 글에서 소개한 모든 사실은 알콕의 인물연구로서도 새로운 발견을 많이 포함하고 있지만, 그것들을 시대에 따라 해석하는 하나의 중요한 열쇠가 만국박람회라는 것은 틀림없다. 물론 만국박람회가 가진 양의적인 성격 자체는 새로운 발견은 아니다. 그러나 이것을 구체적으로 부각시키는 하나의 각도로 인생의 여러 마디에서 만국박람회에 관여한 인물을 좇는 수법이 있고, 그중에서도 전형이라고 할 수 있는 인물에 러더포드 알콕이 있다는 것을 다시 확인할 수 있었다.

유지아 옮김

주석

1 佐野真由子, 『オールコックの江戸』(中央公論新社, 2003) 참조. 이하 알콕의 행동에 관한 기술이 이 책과 겹치는 경우에는 주석을 생략한다.

2 당시 아직 영중(청) 간에 정식 외교관계는 없고, 중국연안 5개항의 영국 영사를 총괄하는 입장에 있었던 것은 홍콩에 주재하는 '무역감독관(Superintendent of Trade)'이었다. 무역감독관의 직책은 실질적으로 영국식민지 홍콩의 수장인 '무역총독'이 겸임하고 있다.

3 "On our present position and the state of our relations in China", Alcock to Bonham, 19 Tan. 1849, FO 228/104, The Nationl Archives, UK(이하 NA) 원문은 영어, 일본어 번역은 필자의 책임하에 했다.(이하, 원문이 외국어인 경우에는 동일함)

4 Auerbach, Jeffery, A., *The Great Exhibition of 1851 : A nation on display*, New Haven and London : Yale University Press, 1999, pp.14~20.

5 이 글에서 날짜는 (이하 일본을 포함한 모든 나라의 사건에 대해서도 일괄적으로) 서력으로 표시한다.

6 Collection of printed documents and forms used in carying the business of the Exhibition of 1851, BT 342/1, NA(see PartI)

7 앞의 주(6) (PartIII)

8 Palmerston to Bonham, 25 Mar.1850, FO 17/164, NA.

9 왕립위원회에서 작성한 당초의 계획서류에는 '외국'으로서의 중국과는 달리 홍콩이 '식민지'로서 참가 후보로 올라가 있다. 중국에서 출품할 물품을 수배하는 과정에서 홍콩으로부터의 전시품은 '없음'으로 처리되어 있다. 앞의 주(6) (PartIV)

10 Alcock to Lin, 6 Jun. 1850, incl., Alcock to Bonham, 12 Jul. 1850, FO 228/117, NA.

11 Alcock to Bonham, 12 Jul. 1850, FO 228/117, NA.

12 앞의 주(6) (PartIII), 그리고 Bonham to Bowring, 10 Jun. 1850, FO 228/112.

13 Bonham to Palmerston, 28 Sep. 1850, FO 19/169, NA.

14 Bonham to Palmerston, 29 Oct. 1850, FO 17/170, NA.

15 Alcock to Bonham, 5 Dec. 1850, FO 228/117, NA.

16 Bonham to Palmerston, 2 Dec. 1850, FO 17/170, NA.

17 Authority of the Royal Commission, *Official catalogue of the Great Exhibition if the Works of industry of All Nations*, 1851, Corr. Ed., London : Spicer Brothers and W. Clowes & Sons, 1851, p.8.

18 앞의 주(15).

19 Alcock, Rutherford, *The capital of the Tycoon : A Narrative of a three years' residence in Japan*, vol.I, London : Longman, Green, Longman, Roberts, & Green, 1863, pp.82~83.

20 Foster (Secretary to the Society of Arts) to Bowring (Secretary to the Commissioners for the Exhibition of 1851), 15 Dec. 1858, Collection of printed documents and forms used in carrying on the business of the International Exhibition, 1862.(영국 National Arts Library 소장)

21　Circular No.29, 13 Mar. 1861, FO 262/21, NA.

22　Alcock to Russell, 27 May 1861, FO 46/12, NA.

23　Foreign Office to Commissioners for the Exhibition of 1861, 24 Aug. 1861, FO 46/18, NA.

24　알콕 자신이 쓴 여행 보고 Alcock, Rutherford, "Narative of a Journey through the interior of Japan, form Nagasaki to Ueddo, in 1861", *The Journal of the Geographical Society,* Vol.32(1862), pp.280〜293.

25　원문에서는 Kowo-o라고 표기되어 있어서 갈포(葛布, 넝쿨로 짠 직물)가 되기 전인 실의 상태를 가리키는 쿠즈오(葛苧)의 발음을 썼을 가능성이 높다.

26　Alcock, Rutherford, *International Exhibition, 1862 : Catalogue of works of industry and art, sent from Japan,* London : Willam Clowes and Sons, 1862, 그리고 졸저「ロンドン万博へ続く道――一八六一(文久元)年オールコックの旅と日本の「開国」」(『明治聖徳記念学会紀要』復刊第四八号, 二〇一一年, p.九一〜一〇九) 참조.

27　Alcock to the Ministers of Foreign Affairs, 16 Jul.1861, FO 46/14, NA.

28　通信全覧編集委員会 編, 『続通信全覧 編年之部 二』(雄松堂出版, 一九八三), p.六五四. (구독점은 필자)

29　Alcock to the Ministers of Foreign Affairs, 27 Aug. 1861, incl., Alcock to Russell, 19 Sep. 1861, FO 46/14, NA.

30　Alcock to Russell, 19 Sep. 1861, FO 46/14, NA.

31　Foreign Office to Sandford, 10 Dec. 1861, FO 46/19, NA.

32　Authority of Her Majesty's Commissioners, *International Exhibition 1862 : Offical catalogue of the industial department,* 2nd Ed., London : Truscott, Son & Simmons, 1862, p.ix.

33　International Exhibition of 1862, *Official programe : State ceremonial of the declaration of prizes to exhibitors, July 11, 1862,* Printed for Her Majestry's Commissioners, 1862.

34　Fraser to Stanley, 10 Nov. 1869, FO 17/525, NA.

35　Hertslet, Edward, Compiled, *The Foreign Office list, forming a complete British diplomatic and consular handbook,* Fortieth Publication, London : Harrison, 1872, p.xii.

36　Alcock, Rutherford, "The future of Eastern Asia", Macmillan's magazine, Vol.XXX(1874), pp.435〜448.

37　Website of the Royal Geographical Society(See "History" : http://www.rgs.org/AboutUs/History.htm), accessed May 2015.

38　*Report of Her Majesty's Commssioners for the Paris Unicersal Exhibition of 1878 to the Queen's Most Encellent Majesty,* vol.I, London : Gerorge E. Eyre・William Spottiswoode, 1880, pp.1〜14.

39　앞의 주(38) p.54. 다른 6개 부분은 '재정', '미술', '식민지', '과학 및 교육', '통상', '기계일반'.

40　앞의 주(38) p.54. 그리고 Alcock to Rawlinson, 1 Feb. 1876, CB6, The Royal Geographical Society, uk 참조.

41　Alcock, Rutherford, Art and art industries in Japan, London : Viretue and Co., 1878, 이하에 볼 수 있는 서론은 pp.1〜12, 결론은 (제4장) pp.237〜297. 또 하나의 대작은 『大君の都』(원제는 앞의 주(19))

42　Alcock, Rutherford, "Old and new Japan : A decade of Japanese progress", *The con-*

temporary review, Vol.XXXVIII(1880), pp.827~850.

43 Alcock, Rutherford, "Introduction", *Colonial and Indian Exhibition, 1886 : Handboos of British North Borneo,* London : William Clowes amd Sons, 1886, p.5.

44 "North Borneo, Report of a meeting held at the Westminster Palace Hotel, March 26, 1879, for the discussion of affairs in Borneo", British Museum Anthropology Library 소장.

45 British North Borneo Chartered Company, *Views of British North Borneo with a brief history of the colony, compiled from official records and other sources of information of an authentic nature, with trade returns, &c., showing the progress and development of the Chartered company's terriory to the latest date,* London : William brown & Co. Limited, 1899, p.29.

46 앞의 주(44).

47 Seeley, J.R., "Introduction", Trendel, A.J.R., Ed., Colonial and Indian Exhibition, 1886 : Her Majesty's colonise : A series of original papers issued under the authority of the Royal Commission, 2nd. Ed., London : William Clowes and Sons, 1886, p.xiii.

48 福士純, 「1886年「植民地・インド博覧会」と植民地間の競争意識」(『駿台史學』131, 2007), pp.45~68.

49 Collections of documents relating to the Colonial and Indian Exhibition held in London in 1886. (영국 National Art Library 소장)

50 북보르네오가 정식으로 영국보호령이 된 것은 1888년이다. 그리고 이후에도 북보르네오의 실질적인 통치는 특허회사에 정부한 상태로 1942년에 이르게 된다.

51 Kingdersley to Secrtary to the Royal Commission, 31 Jul. 1885, CO 874/137, NA. 그리고 British North Borneo Company, Court of Directors Minute Book, 29 Jul. 1885, CO 874/108, NA.

52 British North Borneo Company, Court of Directors Minute Book, 30 Sep. 1885, CO 874/108, NA. 그리고 Kingdersley to Secrtary to the Royal Commission, 30 Sep. 1885, CO 874/137, NA.

53 Alcock to Reid, 29 Oct.1886, CO 874/119, NA.

54 앞의 주(52).

55 *Report of the Royal Commission for the Colonial and Indian Exhibition, London, 1886 :* William Clowes amd Sons, 1887, p.xxxvi, pp.66~67, pp.165~171.

56 앞의 주(49) 그리고 Colonial and Indian Exhibition, 1886 : *Official catalogue,* London : William Clowes and Sons, 1886 (회장도면 일러스트) Challoner, Jacl, Science Museum" *Souvenir guide,* SCMG Enterprises, pp.4~6.

57 *Colonial and Indian Exhibition, 1886 : Handbook of British North Borneo,* London : William Clowes and Sons, 1886, p.5.

58 *Colonial and Indian Exhibition, 1886 : Official catalogue,* London : William Clowes and Sons, 1886, pp.358~359.

59 Royal Commission for the Chicago Exhibition, 1893, *Handbook of regulations and general information,* London; William Clowes and Sons, 1893, pp.13~21.

60 앞의 주(19) Vol.II, p.219.

이와쿠라岩倉 사절단이 본 빈과 빈 만국박람회

하가 도루(芳賀徹)

1. 베네치아에서 빈으로

특명전권대사 이와쿠라 도모미岩倉具視를 필두로 한 미구회람米欧回覧 사절단 일행은 베네치아에서 1주일 동안 체재한 뒤, 1873년 6월 3일 밤에 야간열차를 타고 이 '유쾌하고 멋진 곳'에 작별을 고했다. 다음으로 향한 곳은 오스트리아 제국의 수도 빈이었는데, 이 고도古都에서 막 시작된 만국박람회를 견학하는 것이 가장 중요한 목적이었다.

요코하마橫浜에서 출항한 이후 이미 1년 반이 지났다. 이들의 여행 목적은 구미문명의 다양하고 세세한 부분을 현장에서 직접 학습하고 그 역사의 총체까지도 이해하고자 하는 것이었다. 이 스케일 큰 전대미문의 여행은 가히 모험이라 할 만 했다. 일행 중 가장 나이가 많은 이와쿠라 대사는 곧 만 48세가 되는 시점이었고, 메이지 신정부의 전권대표로서 연일 책무에 시달린 결과 피로한 기색이 짙어지고 있었다. 특히 상트페

테르부르크 방문 이후에는 건강 문제를 호소하는 경우도 잦아졌다고 한다. 하지만 구미 열강과 어깨를 나란히 해야 할 앞으로의 일본의 근대화, 문명개화와 식산흥업殖産興業의 방도를 확인하는 것은 오로지 그와 휘하 인재들의 손에 달려 있었다. 그들에게 피로를 탓할 틈은 없었다.

일행을 태운 열차는 다음날인 6월 4일 이른 아침, 트리에스테Trieste 북쪽의 베네치아와 오스트리아의 국경에 있는 나플레시아라는 역에 도착했다. 이 역에는 오스트리아 정부의 접대역이자 전 주일변리공사駐日弁理公使인 하인리히 폰 카리체Heinrich von Calice와, 빈 만박 일본사무국 부총재인 사노 쓰네타미佐野常民(1823~1902) 두 사람이 사절 일행을 맞이하러 와 있었다. 사노는 에도 막부江戸幕府 말, 사가 번佐賀藩 제일의 고급기술관료로서 1867년 파리 만국박람회에도 번의 특명을 받아 도항하여 히젠노쿠니肥前国 명의로 물산을 출품한 인물이다. 그는 이 해(1873)에 주 오스트리아 헝가리 변리공사 겸 주 이탈리아 변리공사에도 임명되었다. 그는 같은 해 3월 21일에 일본 정부에서 고용한 외국인御雇外国人으로서 만국박람회 고문을 맡은 독일인 고트프리트 바게너Gottfried Wagener 등과 함께 트리에스테 항구에 도착한 뒤, 즉시 빈으로 가서 박람회장의 일본 전시장에서 진두지휘를 하고 있었다. 이와쿠라 사절단 일행은 나플레시아 역 앞에서 아침식사를 한 뒤 오스트리아 정부가 제공한 특별열차로 알프스 산맥 동쪽 슬로베니아 산간지역을 지나, 그라츠Graz를 경유하여 6월 4일 밤 10시에 겨우 빈에 도착했다.

2. 프란츠 요제프 황제 치하의 빈

이하, 이 글에서는 이와쿠라 사절단 일행이 메이지 일본의 엘리트로서 빈 방문 최대의 목적으로 삼은 빈 만국박람회를 어떻게 보고 평가하였으며 무엇을 배웠는지에 대해 논하고자 한다. 그것도 오로지 사절단의 공식 견문보고서인, 구메 구니타케久米邦武 편저『특명전권대사 미구회람실기特命全權大使米欧回覧実記』(전5책, 1878)의 기술에 따라 보고자 한다. 이 기술은 지금 이와나미 문고岩波文庫에 수록되어 있는 해당 서적의 제5권 머리말「만국박람회 견문기万博博覧会見聞ノ記」상하 30쪽에 걸쳐 실려 있다. 편자인 구메 구니타케(1839~1931)는 사절단이 출발했을 때부터 대사인 이와쿠라에 의해 회람의 기록담당비서관(권소외사權少外史)이자 직속 수행원으로 선택된 구 사가 번 출신의 한학자였다. 만박 일본 사무국 총재 오쿠마 시게노부大隈重信, 부총재 사노 쓰네타미 등과 마찬가지로 그 역시 구 번주藩主 간소 나베시마 나오마사閑叟 鍋島直正(1814~1871)가 키워낸 유능한 개화파 수재였다. 새로이 탄생한 일본이 철저히 준비한 끝에 처음으로 정식 참가한 빈 만국박람회, 선진국들의 문명이 경합하는 바로 그 현장을 메이지 초기 일본 최고의 지적 엘리트가 어떻게 관찰했는가? 이는 만국박람회의 변천사와는 조금 방향성이 다르지만 지극히 흥미로운 비교문화사의 한 장면임이 분명하다.

구메 구니타케는「만국박람회 견문기」에 들어가기 전에, 다른 방문국들에 대해 했던 것과 마찬가지로 문고판 제4책 권말에「오스텐레이키국 총설墺地利国ノ総説」('오스텐레이키'는 독일어로 오스트리아를 뜻하는 'Österreich'—역주), 그리고「우린부 총설維納(ウリーン)府ノ総説」('우린'은 빈을 뜻함—역주)이라

제목을 붙였다. 이 개설은 방문 당시의 오스트리아 제국과 수도 빈에 대해 상당히 자세한데다가 신랄한 느낌마저 든다.

예컨대 당시의 황제인 프란츠 요제프 1세는 파리의 블루바르 드 이탈리앙boulevard de italien('이탈리아 대로'라는 뜻으로 파리의 4대 거리 중 하나－역주) 등의 선례를 보고, 1857년에 빈 구시가지를 둘러싼 성벽을 철거하고 도로 폭이 57미터에 이르는 그 유명한 '링슈트라세Ringstrasse(고리 모양의 거리라는 뜻으로, 빈에 있는 유명한 순환도로－역주)를 개설했다. 이는 베를린의 운터 덴 린덴Unter den Linden(베를린의 유명한 거리－역주)에 필적하는 '기상이 매우 웅장하고 미려'한 큰 거리였다. 하지만 착공되고 나서 15년이 지나 '포석을 깔아야 하는데 아직 정비되지 않았고, 날씨가 건조할 때에는 흙먼지가 흩날리며 비가 온 뒤에는 진흙물이 튄다. 수도 설비는 부족하며, 물을 뿌려 먼지를 가라앉히는 방법도 아직 완전치 못하다'(IV386쪽. 이하, 이와나미 문고판으로부터 인용한 경우 '제4권 386쪽'을 이 형태로 약식 표기한다)며 구메는 토목공사 상황을 빠뜨리지 않고 덧붙인다. 어느 나라든 간에 유명한 도시나 큰 도시에 가면 반드시 거리나 도로, 가로수의 정비 정도에 주목하고, 때로는 이로써 해당 국가의 문명도를 평가하는 것이 그의 버릇이었다. 아니, 버릇이라기보다는 그 이상으로 그의 구 사가 번사藩士(번에 소속된 무사－역주)적인 실학·실무파로서의 착안점이었다고 할 수 있으리라.

이런 행정의 세세한 부분만이 아니라, 중세 이후 합스부르크 가문이 계속해서 지배해 온 이 대제국이 19세기 중반 이후 급속히 쇠퇴하는 모습에 대해서도 구메는 의외로 자세하고 훌륭하게 요점을 파악하고 있다. 2주 정도의 체재 경험에 덧붙여 『실기実記』 집필 시에 어떠한 문헌을 참고했는지에 대해서는 지금 확인할 수 없으나, 1870년대의 일본 내지 동아시아에 있어 간결하면서도 지극히 뛰어난 자료였던 「우린부총설」을 참고했을 가능성이 높다.

오스트리아 제국은 광대한 영지를 지닌 황족, 귀족, 성직자, 종신 원로원 의원들이 합스부르크 가문 출신 황제에 의한 장기간의 전제지배를 지탱하면서, 시민의 사상과 활동의 자유가 억압받고 상공업의 발전마저도 저해되는 상황에 놓여 있었다. 이는 1848년 파리 2월혁명의 여파로 동요했고, 드디어 구체제(앙시앙 레짐)에서 입헌정치로의 전환을 약속하는 데 이르렀다. 그럼에도 불구하고 반동세력의 저항 하에서 어떠한 진보도 이루어지지 않는 와중에, 오스트리아는 1850년대 말부터 혁명파 이탈리아, 패권주의 프로이센과의 분규와 양면전쟁(1866년의 보오전쟁)에 말려들고 말았다. '앞뒤로 적을 두어 오스트리아는 누란지세에 빠졌고, (…중략…) 군비는 정비되지 못했으며 국가의 재산은 궁핍해져', 이윽고 연전연패하여 '남쪽은 베니스를 이탈리아에게 빼앗기고, 북쪽으로는 독일 맹주의 권리를 상실하고, 동쪽은 헝가리의 독립을 허용하였다. 이후 처음으로 국내 입헌정치 체제가 실제로 이루어지게 되었고, 이후 지금(1873 – 인용자주)에 이르기까지 불과 6년 만에 자유의 정신이 처음으로 왕성해졌는데 서북쪽 여러 나라들과는 40년의 간격이 생기고 말았다.'(IV390쪽)

도쿠가와德川에서 메이지로의 정치변혁 과정의 일부를 직접 경험한 무사 지식인으로서의 감회도 어느 정도 담겨 있는 듯한 기술이다. 그렇다고 해서 만국박람회 주최국인 오스트리아는 이제 서유럽 한구석의 궁핍한 약소국에 지나지 않는다고 단정하지는 않는다. 구메가 그다지 호감을 가지지 못했던 프로이센에 비해, 오히려 그 세련된 문명에 호의마저 가지고 있던 것처럼 보인다.

(프로이센은)현재 사방으로 전쟁 중이며, 베를린의 분위기는 특히 살벌하다. 오스트리아는 이와는 달리 땅이 비옥하며 분위기가 화목한데다, 오랫동안 명도(名都, 빈)의 문물에 익숙해져 부로써 그 분위기를 화합하여 다스린다. 고상한 기풍을 즐기며, 그 뜻은 세밀하며 문(文)을 탐닉하며 왕왕 아름답고 화려해진다.(IV389쪽)

이와쿠라 사절단이 빈에 도착하고 나서 다음날 아침, 만국박람회를 방문하고 있던 러시아 황제를 환영하기 위한 큰 관병식觀兵式이 빈 교외에서 개최되었다. 이 때 일본 사절들도 초대받아 구경하였다. 보병, 기병, 포병연대 군인 2만 명의 대행진은 초대석의 귀빈 및 숙녀들의 모습과 함께 그 화려함을 뽐냈다. '군장軍裝의 아름다움은 봄날의 꽃과 같으며, 따라서 유럽 제일이라 해도 과장이 아니다'라고 쓴 바와 같이, 구메는 눈을 뗄 수 없는 행사에 감동했다. 하지만 이 항목의 마지막 부분에서 그는 역시 신랄한 한 마디를 덧붙일 수밖에 없었다. ― '오스트리아의 병사는 화려하기는 하나, 화려함이 독이 되지는 않을런가.'(IV393쪽)

3. 빈 만국박람회의 보편적, 역사적 의의

이와쿠라 대사 일행이 빈의 쇤브룬^{Schönbrunn} 궁전에서 오스트리아 황제 프란츠 요제프 1세^{Franz Joseph I}(1830~1916)와 황후 엘리자베트^{Elisabeth}를 배알한 것은 도착 후 4일째인 6월 8일 오후였다. 황제는 이 때 43세였고, 2월혁명이 있었던 해(1848)에 즉위하여 마침 25년째 되는 해였다. 그동안 잇따른 내우외환을 힘들게 극복하여 겨우 소강상태에 들어선 것을 기념하기 위해, 무리하게 거액을 들여 이번 만국박람회를 기획한 것이었다. 국정이 소강상태에 접어들었다고는 하나, 만국박람회의 개회(1873.5.1)로부터 1주일 뒤인 5월 9일에는 주가 대폭락으로 인한 경제공황이 발생하여 이 날은 후에 '암흑의 금요일'로 불리게 된다. 은행, 철도, 기타 기업들이 줄줄이 도산하여 시작부터 만국박람회의 운영에 암운을 드리우게 되었지만, 당연하게도 알현식에서 일본, 오스트리아 양쪽에서 그런 이야기는 나오지 않았다.

일본 사절들의 만국박람회 견학은 알현식 이틀 전부터 이미 시작되었다. 빈 북쪽 도나우 강변의 플라터^{Prater} 공원에 신설된 박람회장은 직경 108미터, 높이 84미터의 큰 원형 돔(로툰데^{Rotunde})을 중심으로 한 주 박람회장이 동서로 합계 905미터의 전시익展示翼을 펼치는 형태로 지어진 장대한 건축물로서, 기타 몇몇 별관(파빌리온)과 작은 공원, 점포들이 언덕 위에 배치되어 있었다. 이와쿠라 일행은 실로 근면하게 6월 6일, 9일, 14일, 그리고 빈을 출발하기 전날인 17일, 이렇게 합쳐서 나흘 동안 각국의 전시장을 연구하며 돌아보았다.

이와쿠라 사절단은 2년 전인 1871년 연말에 요코하마를 출발한 뒤,

〈그림 1〉빈 만국박람회 중심 건물(久米邦武 編, 『特命全権大使欧米回覧実記』第5卷, 岩波文庫版)

미국, 영국, 프랑스, 벨기에, 네덜란드, 독일, 러시아, 덴마크, 스웨덴, 그리고 이탈리아를 이미 1년 반에 걸쳐 순회하고 이제 열한 번째 나라인 오스트리아에 머무르고 있었다. 각 나라와 각 지방에서 매일같이 매우 다채로운 생산과 유통이 이루어지는 현장을 관찰할 수 있었지만, 실은 이 역시 해당 지역에서 가장 융성한 지역을 본 것일 뿐이며 실제로 가동 중인 것의 극히 일부를 보고 왔을 따름이었다. 지금 '다행히 오스트리아에서 만국박람회를 개최하는데, 그 현장을 보고 어제 목격한 것을 재검토하며 보지 못한 여러 공산품을 실제로 열람하였으니 이 기행記行을 맺음에 있어 크게 힘을 얻었다.'(V22쪽) 구메 구니타케는『만국박람회 견문기』상권 머리말에서 그렇게 적고 있다. 이는 사절단 일행 전원의 참된 감회였을 것이며, 기록 집필자인 구메 자신은 특히 강하게 실감했을 터이다. 이러한 감회의 말이『견문기』머리말에 갑자기 나오는 부분은 (이는『미구회람실기』에 대해서도 전반적으로 말할 수 있는 부분이지만), 이 보고서가 단순한 관보나 귀국신고서와는 달랐다는 점을 증명한다. 빈에서 입수한 안내 팜플렛이나 개설서를 적당히 번역한 글이 아니었다는 점을 보여 준다.

이 1년 반 동안의 회람 체험과 감회를 내포한『실기』편자의 만국박람회론 일부는 위와 같은 이유로 인해 어법도 훌륭한데다 그 능력도 발휘되어 일종의 박력마저 느껴진다. 적어도 19세기의 세계 만국박람회의 역사를 논할 때 빼놓을 수 없는 마니페스토로 여겨지기도 한다. 그 일부를 전문 그대로 여기에 인용해 둔다.

○ 박람회는 '익스히비션'이라 하며, 각국에서 산물을 모아서 한 건물(파빌리온) 안에 늘어 놓고 이를 여러 사람에게 보여 각지 인민의 생의(生意, 활기, 기력-역주), 토의(土宜, 해당 지역의 풍토에서 나거나 맞는 작물-역주), 공예 및 기호, 풍습을 알린다. 이로써 모인 사람들은 자신의 물품을 사람들에게 보임으로써 판로를 넓히고 영구한 이익을 꾀하기에 편리하다. 또한 타인이 모은 물품을 보고 자신이 이에 이르지 못하는 이유를 알고, 그로부터 연구하여 요령을 생각해 여러 방면의 기호에 따라 자신의 생의를 넓힌다는 목적을 달성한다. 뿐만 아니라 명사(名士)의 호평을 얻고자 하며, 그 주의를

끌어 한층 진보를 이룩할 수 있는 수단을 구하기에 편리하다. 따라서(박람회는-역주) 무역을 번창케 하고 제작에 힘쓰게 하여 여러 사람의 식견을 넓히기 위해 절실히 필요한 회장(会場)에서 국민의 치안, 부강의 매개로 삼는 기획이다.(V22쪽)

간결하고 힘차게 요점을 짚는다는 것은 그야말로 이러한 구절을 두고 하는 말이리라. 어제까지는 사가 번 한학자였던 사람이 이제는 그 한어漢語 능력을 발휘하여 개명한 국제파가 되어 있는 모습을 과시하고 있다고도 할 수 있겠다. 1872년(메이지 5) 5月에 공부대승工部大丞(메이지 초기 설치된 공부성工部省의 관직명-역주) 사노 쓰네타미가 박람회 사무이사관에 임명되었을 때에도, 사노는 즉시 박람회 출품 목적 5개조를 써서 이를 태정관太政官(메이지 초기의 최고 행정기관-역주)의 정원正院에 제출했다. 이것도 기본적인 문명개화·식산흥업 사상에 있어서는 물론 구메의 생각과 상통하였다. 하지만 사노의 경우, 일본 측의 총괄자로서 당연하게도 '어국御国', 즉 일본국의 영예를 드높이고 문명을 진보시키는 것을 주안점으로 두어야만 했다.

제1목적 (…중략…)국토의 풍요와 인공(人工)의 교묘함으로써 어국의 영예를 해외에 드높일 수 있도록 깊이 주의를 기울일 것

제2목적 (…중략…)현재 서양 각국의 풍토·물산과 학예의 정묘함을 보고 배우며 기계를 교묘하게 사용하는 기술도 배워서 전습(伝習)하여 힘써 어국의 학예진보와 물산번식(蕃殖)의 길을 열 수 있도록 할 것 (…후략…)
(『墺国博覧会参同記要』, 1897)

구메의『회람실기』는, 말하자면 위에서 사노가 말한 '어국을 위해'라는 부분을 빼고 만국박람회가 갖는 의의를 보다 보편화한 것이었다. 또한 구메는 만국박람회라는 국제적이고 거대한 행사가 여태까지 거쳐온 역사의 이면에는 프랑스혁명 이후 유럽 각국에서의 자유·민주·입헌이라는 근대적 기본원리에 따른 정치·사회 개혁의 역사가 있다는 점까지 언급한다. '유럽의 문명은 이 개혁의 깊고 얕음에 근원을 두고, 그 정화精華는 발산되어 공예의 산물이 되며, 이익의 근원은 세차게 솟아오른다.'(V21쪽) 마치 이와쿠라 도모미의 비서관이 단숨에 후쿠자와 유키치마저 초월하여 자유민권파의 계몽논객이라도 된 것 같은 느낌마저 든다. 구메 구니타케가 미국과 유럽 여러 나라를 돌아다니면서 막부 말기 이래 이미 그의 마음속에 깃들어 있었을 근대주의적 사고를 꾸준히 확인하고 긍정적인 태도를 굳혀 나갔다는 사실은『회람실기』전편을 통독해보면 명확해진다.

만국박람회가 가질 수 있는 보편적 의미와 19세기 유럽에서의 정치사적 배경을 이렇게 파악한 뒤, 구메 구니타케는「만국박람회 견문기」상권 머리말의 한 단락에서 위의 두 관점에 근거하여 유럽 각국의 출품물을 평가하고 격까지 매기고 있다. 이 두 관점에 입각하는 이상, 극동의 개국한 지 얼마 지나지 않은 일개 섬나라로부터 온 손님이라는 데서 오는 위축과 후진국 의식은 이제 존재하지 않는다고 말하는 것만 같다. 동아시아의 발전도상국 중 최첨단을 달리는 자로서의 자부심과 지적 활력, 자국에 대한 책임감을 하나로 집중시킨 판정문判定文이라고도 할 수 있겠다.

유럽 열국의 크고 작음은 서로 나뉘는데, 영국, 프랑스, 러시아, 프로이센, 오스트리아는 대국이다. 또한 벨기에, 네덜란드, 작센, 스웨덴, 덴마크는 소국이다. **국민 자주의 생리에 있어서는 대국도 마냥 외경할 수 없으며 소국이라 해서 얕보아서도 안 된다.** 영국과 프랑스 양국은 모두 문명이 왕성한 곳으로서 상공업 모두 뛰어나지만, 벨기에나 스위스의 출품물을 보면 국민이 자주를 이룩하고 뛰어난 재보를 소중히 간직하는 데에 대국도 감동한다. 프로이센은 크고 작센은 작지만, 공예에 있어서는 서로 우열을 가리기 힘들다. 러시아는 대국이지만 이들 나라와는 또한 같은 급에 있다고 할 수 없다. 오스트리아의 진열품을 보면 배우고 노력하여 문명국 반열에 들어설 수 있었던 것에 불과하며 **이 말고는 볼만한 것이 없다. 국민에게 자주의 정신이 부족하기 때문이다.** 아아, 이러한 경쟁은 태평한 전쟁으로서 개명한 시대에 가장 중요한 일인데, 깊이 주의해야 하겠다.(V22쪽, 강조는 구메)

박람회장에서 여러 나라의 출품물을 관찰하다 보면, 그 품질은 반드시 국토나 국력의 대소에 좌우되지만은 않는다. '국민 자주의 생리(=구메가 즐겨 쓰던 말로, '생업', '영위'라는 뜻)에 있어서는 대국도 마냥 외경할 수 없으며 소국이라 해서 얕보아서도 안 된다'라는 말은 그야말로 날카롭고 재미있는 평가가 아닌가. 현장에서 실물을 자세하게 본 사람만이 가능한 감상이며, 소국 일본에 대한 자기격려의 의도도 담겨 있었을 것이다.

이 해 봄에 현장을 보고 온 대국 러시아에 대해서는, 전제적 제정에 대해 알고 있었으므로 평가가 낮아질 수밖에 없었다. 또한 지금 실제로 시찰 중인 오스트리아에 대해서조차 거리낌 없이 평가하는 것은 과연 사가의 구 번사다운 행위로서 훌륭하다고 할 만하다. 이 대제국은 이제 겨우 '배우고 노력하여' 영국과 프랑스 등 문명선진국과 나란히 서고자 할 뿐이다. 왜냐하면 프란츠 요제프 황제가 등장한 이후 이루어진 개혁의 시행착오에도 불구하고, '백성에게 자주의 정신이 부족하기 때문이다'라며 식산흥업의 진전은 곧 국민의 자주독립의 정신에 따른다는 원리에 입각하여 호되게 비판하고 있기 때문이다. 그리고 결론에서 '아아, 이러한 경쟁은 태평한 전쟁으로서 개명한 시대에 가장 중요한 일'이라고 하는 것은 21세기인 지금도 통용되는 시원스럽고 씩씩한 계몽파의 명언이라고 평가할 수 있겠다. 후쿠자와 유키치가 『서양사정·초편西洋事情·初編』 1권(1866)에 '박람회' 항목을 만들어 '이를 예를 들어 설명하자면, 지력智力 연구의 교역을 하는 것과 같다. 또한 각국 고금의 물품을 보고 그 나라의 연혁과 풍속, 인물의 현명함과 어리석음을 알 수 있으므로 어리석은 자는 스스로 힘쓰고 현명한 자는 스스로를 경계하여 이로써 세상의 문명에 크게 도움이 된다고 한다'(『福沢諭吉選集』 第1卷, 岩波書店, 1980, 128쪽)고 소개하고 있다. 구메의 결론은 이를 확실하게 받아들여 일찌감치 자기 것으로 만들고 나서 산업혁명 시대의 역사적 뒷받침을 부여한 발언이었다.

4. 여러 참가국의 전시에 대한 평가

플라터 공원의 박람회장에 들어서자, 호기심으로 충만한 일본 사절들도 일단 호화로운 설비와 거대한 규모에 질려 압도되고 말았다. '원당圓堂에 도착하면', 즉 주 박람회장 중앙의 대규모 원형 홀(로툰데)에 들어서

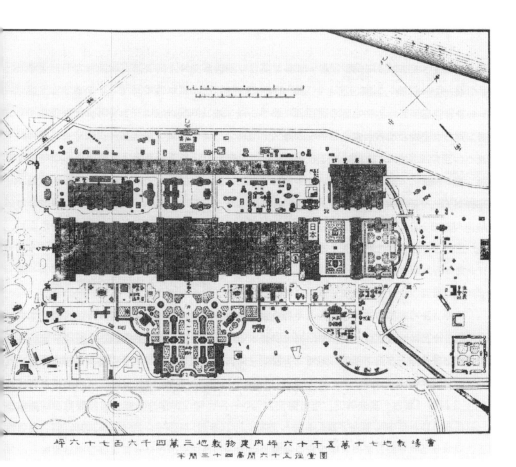

〈그림 2〉 빈 박람회장 전도(田中芳男·平山成信 編, 『澳国博覧会参同記要』)(1897), フジミ書房復刻, 1998)

면 '망연자실하여 회람하는 마음이 산만해지고, 그저 강당의 광대함에 놀란다.'(V39쪽) 그리고 대규모 원형 홀의 우익동(서쪽)에는 오스트리아 보다 서쪽에 있는 나라들, 즉 미국, 영국, 브라질, 스페인에서 이탈리아, 벨기에, 네덜란드에 이르는 여러 나라들의 자리가 늘어서 있었다. 좌익 동(동쪽)에는 마찬가지로 동쪽 나라들, 즉 헝가리, 러시아, 북유럽 나라 들, 그리스, 루마니아에서 터키, 일본에 이르는 나라들의 진열실이 이어졌다. 중앙 홀 좌우는 오스트리아와 독일 연방이 차지하고 있었다. 이리하여 합계 35개국이 출품하는 식으로 구성되어 있었다.(〈그림 2〉)

각국 진열품이 엄청나서, 이를 보는 데 눈이 지치고 평가하려 해도 정력이 꺾인다. 화려한 광휘에 마음을 빼앗기고 정치(精緻)하고 교묘한 기술에 정신이 혼미해지며, 혹은 거대한 공예에 낙담하고, 혹은 신기한 기계에 경악한다. 세밀하고 작은 물건 하나에도 만금의 가치가 있다. 소소한 소품에 기이한 생각을 더한다. 이는 그야말로 여러 나라 억조창생의 정신을 모아 영화(英華)를 뛰어나게 하여 이 중에 진열한 것인데, 물건들 중 진귀하지 않은 것이 없으며 기이하지 않은 것이 없다. 이런 물건들이 5만 보 넓이에 가득 차 있는데, 우리가 여태까지 본 것은 100분의 1, 2나 될까?(V29쪽)

한번이라도 만국박람회라는 행사에 입장한 적이 있는 사람이라면 누구나 공감할 수밖에 없는, 솔직하기 짝이 없는 감상이다. 그럼에도 구매 일행은 이것이야말로 자기들의 직책이라고 생각한 듯, 앞서 말한 것처럼 네 번이나 회장에 방문하여 실로 바지런하게 견문하고 각각의 전시를 기탄없이 비평하며 세부에 이르기까지 상세하게 기술했다. 각 전시품들에 대한 서술은 가능한 한 생략하고, 몇몇 주요 국가에 대한 총평에 해당하는 부분을 다시 읽어 보도록 하자.

우선 주요국 오스트리아에서는 다양한 모직물, 유리 제품, 도예품, 해포석海泡石(광물의 일종―역주) 파이프 등 진기한 물건들의 화려함이 눈길을 끌었다. 광산학교가 제작했다는 전국의 지질·토지 생산력 조사에 기반한 지도나, 등고선을 표시한 산맥도, 석탄맥도 등은 특히 이과계

기질을 가진 구메 구니타케를 감동시켰다. 하지만 1년 전까지 이 나라의 맹우였던 독일 연방(프로이센)의 출품물과 아무래도 비교가 되었는데, 구메는 다음과 같이 서술하고 있다.

> 이를 요약하자면, **프로이센과 오스트리아의 정치는 형제와 같다. 제작 기풍은 모두 동류이며, 지극히 화려함을 중시한다.** 베를린은 빈과 서로 쌍을 이루는데, 보헤미아는 작센과 서로 쌍을 이루며, '모라비아'는 '슐레지엔'과 서로 쌍을 이룬다. 하지만 오스트리아의 화려한 기풍은 지나친 면이 있어 그 물품도 또한 지나치게 화려하다. 이 나라는 오래된 명국(名国)으로서, 문벌귀족이 많아 이미 그 기풍이 점차 그렇게 물든 지 오래되었기 때문이다. 따라서 프랑스, 이탈리아 양국은 재주가 같지만 한쪽은 부유하고 한쪽은 가난하다. 프로이센과 오스트리아 양국은 공예가 같지만 한쪽은 강하고 한쪽은 약하다. **국력의 부강함은 국민 정신에 관계되며, 공예의 아름다움과 나쁨은 국민의 기호에 관계된다.** 벨기에, 덴마크, 스웨덴과 같은 나라들은 사람 눈을 현란케 하는 물품이 없으나 다른 분야에서는 부강하다. (V40쪽)

필자인 구메에게는 이즈음 이미 빈의 문물은 귀족 취미가 너무 강해 화려하지만 '지나치게 사치奢靡'스럽다는 관념 내지 편견이 생긴 것 같다. 당시 유럽에 이미 그러한 스테레오타입이 상당히 퍼져 있었기에 구메조차 어느 정도는 그 영향을 받았던 것일까? 아니면 실학자 구메는 고도 빈의 문물을 매일 접하고 그 역사를 배우는 사이 그런 느낌을 받고, 그에 의해 오스트리아의 문물을 보게 되었던 것일까? 아마 후자일 테지만, 조금 시간이 지나 19세기 말 빈의 슈니츨러Schnitzler나 호프만

스탈Hofmannsthal의 시나 희곡을 사랑하고, '빈 분리파'인 구스타프 클림트Gustav Klimt나 콜로만 모저Koloman Moser의 그림이나 공예품의 퇴폐미를 즐기는 현대의 우리들은 오히려 한학자 출신인 구메 구니타케가 가진 생각보다 뛰어나고 날카로운 감각에 감탄한다.

그런데 오스트리아의 '약함'에 비해 '강하다'고 한 독일의 출품물에 대해 『회람실기』는 '그 수가 엄청나며, 관람하기에 지칠 정도다'라고 하며 독일 연방 여러 지역의 산물명을 차례대로 들고 있다. 구메는 정말로 지쳤는지 베를린의 '학술기계, 화학 산물은 이 나라에 특히 많다'(V38쪽)고 적은 부분이 약간 눈에 띄는 정도다. 또 큰 원형 홀에 진열된 알자스 직물은 '유럽 제일의 영예를 얻었다. 단 이 지역은 최근 프랑스로부터 빼앗은 부분으로, 독일의 명예라 할 수는 없다'(V37쪽)며 객관적인 코멘트를 잊지 않고 덧붙인 부분이 너무나도 구메답다고 할 만하다.

독일에 비해 프랑스와 이탈리아는 구메의 식견을 더욱 충족시킨 듯하다. '프랑스의 공예는 이미 유럽을 응시雄視한다.(다른 나라에 비해 한층 더 뛰어나 보인다) 각국이 모두 진보를 경쟁하는 작금의 상황 속에서도, 특히 회장 내의 정화精華를 나타내 보였다. 도기 코플랑(고블랭gobelins 직물)의 두 기술은 마침내 세상에 나와 유정愍精하다'(V32쪽)며 일단 칭찬한 뒤, 싯포야키七寶燒(금속을 바탕으로 법랑을 입혀 여러가지 무늬를 나타낸 공예의 일종 – 역주)는 시누와즈리(중국취미)를, 상감제품은 자포네즈리(일본취미)를 교묘하게 모방하고 있다고 지적하는 것도 잊지 않는다. 전체적으로 프랑스의 전시품은 '공예가 정밀하고 품질이 뛰어나며, 사람의 기호에 잘 맞으며 가게는 수많은 관객을 관접歡接(기쁘게 하다)한다. 매우 영리하고 좋게 교제하며 박람회장에서도 특히 매상이 높으며 이익을 얻는다'(V33쪽)며, 과연 6년 전(1867)의 만국박람회 개최 경험국은 전시품이 뛰어난데다가 전시법이나 관객 접대도 뛰어나고 사근사근한데다가 부속 매점마저 장사를 잘 한다고 높이 평가한다.

이탈리아인의 공예 솜씨는 프랑스인마저 한 수 접을지도 모른다고 말한 뒤, 구메는 전에 피렌체에서 꽃병을 샀을 때 들은 가게 주인의 이야기를 기억해내고 도기에 대해 이렇게 서술한다. '대개 프랑스인은 매우 화려하며 풍치를 중시하는데, 새롭고 기이한 것에 기뻐한다. **이탈리아인은 미려한 것을 선호하며 여러 물건이 온당하고 자연스러운 것을 중시한다**. 이것이 두 나라 기술과 공예의 차이이다.'(V34쪽) 이 이야기는 로마 시대 이후 이탈리아인의 전통인 고전취미를 가리키는 것일까? 그 점을 강조하듯 구메는 이탈리아 항목에서 별관의 미술품 전시에서 본 이탈리아의 석조 소년소녀상을 기억해낸다. 이 석상은 '이 나라 독보적인 기술'로 만들어졌고, '정신활동을 하여 마음의 상태가 외모에 넘쳐나며, 실로 조각 묘미의 극치를 이루었다고 할 만하다'고 찬미한다. 서양문물을 학습 중인 구 일본 무사가 로댕이 출현하기 직전의 유럽 조각사에 대해 내린 평가로서는 타당하다 하겠다.

프랑스 항목의 마지막 부분에서 구메는 '대개 프랑스의 물품은 영국과는 그 취향이 다르다. **영국은 품질이 훌륭하다**. 가격이 비싸지만 오래 쓸 수 있다. **프랑스는 기교가 뛰어나다**. 가격이 저렴하고 안모顔貌가 매우 화려하다'(V33쪽)라고 적었다. '안모'란 '외견'이라는 의미이니 '의장', '디자인'을 뜻하는 것이리라. 이것도 1870년대 유럽에서는 이미 정형화된 평가 표현이었을지도 모른다. 하지만 이와쿠라 사절단은 영국에서는 3개월 동안이나(1872.8.17~11.16) 녹초가 될 정도로 철저하게 각종 공장을 시찰하며 돌았고, 이어서 프랑스에서도 마찬가지로 두 달이라는 시간을 썼다. 이상의 기록은 역시 사절단원의 체험과 실감에 바탕을 둔 감상이었을 것이다.

구메는 영국의 진열품 회장에 들어간 적이 있는데, 그곳 물건의 태반이 영국 체재 중에 본 기업들이 출품한 것이어서 조금 과장하여 '고인故人을 만난 기분이다'(V31쪽)라고 적었다. 게다가 다른 나라의 전시관에서는 여태까지 경험했듯이 중심이 되는 전시는 아직 직물이나 공예품 등 수공업 생산품이었다. 그에 비해 영국 회장에서는 '특히 독보적인 것은 철공이다'라며, 증기기관을 동력으로 삼는 대규모 철공업 제품이 한가운데 놓여 있던 점에 주목한다. 얼마 지나지 않아 독일이나 프랑스가 급격하게 쫓아오기는 하지만, 1870년대 초 영국은 유럽의 산업혁명·공업혁명의 선두를 달리고 있었다. 사실 맨체스터나 리버풀, 버밍엄에서 밤하늘을 붉게 물들이는 중공업 공장의 불기운이 서린 연기를 보고, 오쿠보 도시미치大久保利通 등 사절단 일행은 조만간 일본의 밤하늘도 이렇게 붉게 불태우겠노라고 비통한 염원을 품은 바 있다.

그런 뼈아픈 경험도 있고 해서, 구메는 영국 전시 항목에서 '원래 강철로 된 여러 기계는 수많은 공업의 근본이다. 공업을 개선하고자 한다면 반드시 먼저 그 기계를 이용한다'고 하며 셰필드 철공장에서 보았을 터인 거대한 공작기계, '지름 1장 5, 6척(약 4미터 반)이나 되는 큰 톱니바퀴'(이상, V31쪽)를 예로 들었다. 동시대 구미 공업의 현장을 이미 통달한 상태였던 전문가 구메 구니타케만이 주목할 수 있었던 부분이라고 평가하고 싶다.

기계류 전시관은 본관 북쪽 별동에 만들어져 있었는데, 다른 나라들도 그곳에 각각 크고 작은 각종 제작기계, 인쇄기, 차량을 출품했다. 여기서도 구매는 '유럽의 공예가 뛰어난 것은 원래 그 기계 덕분이며, 이 기利器를 만드는 것은 철야鐵冶업을 성대히 하고자 함이다'(V49쪽)라고 반복해서 강조한다. 그리고 조국 일본의 대장간에서는 지금도 한 자루의 망치를 들고 한 대의 모루를 앞에 둔 채 작은 풀무를 누르며 대중없이 일하고 있는 모습을 떠올리고선 '개화의 정도가 너무나도 벌어져 있다'(위와 같음)고 개탄하고야 만다.

5. 일본 산물에 대한 혹평

고국 일본의 전시장은 중앙 홀 왼쪽 날개, 즉 동쪽편의 가장 끝부분 갤러리에 있었다. 만국박람회 개회식이 열린 5월 1일에는 도저히 전시를 할 시간이 없어 5월 18일에 겨우 반만 개장했고, 이와쿠라 사절단이 도착하기 닷새 전인 5월 28일에 전부 개장하게 되었다. 공간이 부족해 주최국 사무국과 교섭을 거듭하여, 일본 전시장과 이웃 러시아 전시장 사이에 있는 빈 공간에 작은 회랑을 설치하는 등 고생을 했다.

일본 회장에 대한 『회람실기』의 기술은 뜻밖에 혹독했다. 분명히 일본의 출품물은 관중 사이에서 평판이 높았던 데다 예찬하는 목소리도 들려 왔다. 하지만 이는 극동의 나라 일본이 물산을 이 정도로 다양하게 많이 모아서 출품한 적이 1862년 런던 만국박람회나 1867년 파리 만국박람회를 비롯하여 여태까지 없었기 때문이다. 게다가 유럽의 물산과는 취향이 전혀 다른데다가 유럽인의 눈에 신기한, 즉 '진이珍異(이국적)한' 것이기 때문이기도 했다. 다음으로, '이웃 여러 나라들이 모두 뛰어난 제품을 별로 내지 않았기 때문이다.'(V43쪽) 즉 일본 회장 옆에 늘어선 루마니아나 페르시아, 터키, 그리스 모두 출품은 했으나 모두 눈을 끌 정도의 물건이 전혀 없었던 것이다. 아시아의 영국령, 네덜란드령 식민지 지역들은 출품할 자격이 없었고, 조선은 여전히 완고하게 쇄국주의를 고집했다. 1862년 런던 만국박람회에서 주일공사 R. 알콕R.Alcock 이 일본 전시 일체를 지휘했듯 청나라는 외국 외교관이나 상사에 일임한 것인지, 전시장에는 적은 수의 물품이 진열되어 있을 뿐이었다. 구메는 청나라의 출품에 대해 '지나支那(중국－역주)의 물품은 우수하거나 아름답지 못하며 싯포누리七宝塗(싯포야키의 장식, 마감 기법－역주) 마키에蒔絵(금이나 은가루로 칠기를 장식하는 일본 공예－역주)가 매우 많았다'(V43쪽) 고 딱 한 줄 남기고 있을 뿐이다.

그리고 일본이 호평받은 또 다른 이유로 '최근 일본의 평판이 유럽에서 높기 때문이다'라 말한다. 즉, 1853년 개국 이래 20년 동안 서양에 준하는 근대화를 진행하고자 하는 적극적이고 진취적인 자세가 유럽 국가들에게도 점차 잘 알려지게 되었다는 것이다. 1867년 파리 만국박람회, 정확히는 그 이전인 1862년 런던 만국박람회 이래 이미 시작되어 있던 자포니즘의 급전개 역시 유효했을 터이다. 이와쿠라 일행은 일본 취미가 유행하는 모습을 영국이나 프랑스에서 몇 번 목격한 바 있었다. 또한 무엇보다도 이와쿠라를 단장으로 삼는 이 대규모 사절단의 여정 그 자체가 일본의 평판을 한층 드높였을 터이다.

하지만 이러한 명성에도 불구하고 이번 일본관의 전시물은 아직 빈약하며 결함이 많다는 구메 구니타케의 평가는 '일본 만세'를 외치는 분위기와는 거리가 멀며 굉장히 혹독하다. 일본 도기는 분명히 평판이 좋았다. 하지만 이는 '품질이 견고하며 제작의 거대함 때문일 뿐'(V43쪽)이라고 구메는 말한다. 구 사가 번 아리타有田(도자기로 유명한 지역-역주) 대관代官의 아들이기도 해서인지, 굽기 정도, 안료 배합, 화법의 연구 등에 있어서는 아직 유럽 제품의 '문호門戶조차 엿보기 힘들다'(발끝에도 미치지 못한다)며 전문 지식을 드러내며 심하게 혹평한다. 견직물 종류도 견사의 질이 좋을 뿐, 직조법이나 염색법 모두 아직 거칠며 광택이 모자라다. 칠기나 싯포, 상감 종류는 일본의 특기로 크게 호평을 받고 있다. 하지만 일단 여기 그림을 그리려고 할 경우 꽃이나 새를 그린다면 모를까, '인물화에 이르러서는, 혹은 배우의 화장을 모사하여 더럽고 추한 모습은 사람으로 하여금 등에 땀이 흐르게 한다'며 한층 더 극단적으로 혹평한다. 구메는 귀국 후 이와쿠라 도모미 등과 함께 노가쿠能樂(일본의 전통예능-역주) 재흥에 진력하는데, 여기에는 가부키나 우키요에 등 이른바 조닌모노町人物(에도시대 도시 서민의 생활 모습을 테마로 한 작품들-역주)에 대한 구 무사로서의 편견도 작용하고 있던 것은 아닐까. 구메는 분명 실로 터프하며 열심인 연구자이기는 했으나, 한편으로는 자신의 취미나 사상에 치우친 까닭에 까다로운 비평가이기도 했던 것이다.

그리고 일본의 나무쪽 세공은 접합 부분이 약하며, 보릿짚 세공 따위는 애초에 싸구려라서 금세 망가지고 말았다. 각종 종이만은 유럽인들의 호평대로 제대로 된 출품물로 보였다. 마지막으로 '유화 등은 옛날 유럽의 아동에게도 미치지 못한다. 본색本色의 화법(일본화)이 오히려 가치가 있다'(이상, V43~44쪽)고 딱 잘라 평가하며 일본에 관한 항목을 매듭짓는다.(구메의 장남 게이치로桂一朗(1866~1934)는 아버지의 뜻에 반하여 유화 학습을 지망하여, 1886년에 프랑스로 건너간다. 그리고 귀국 후에는 구로

다 기요테루黑田清輝와 함께 도쿄미술학교의 초대 서양화 교수가 된다.)

　일본 갤러리 옆에 있던 러시아의 전시품에 대해 구메는 오히려 호의적으로 비평했다. 그리고 그 결어結語에서는

　　러시아의 출품물을 보면 자연히 주의를 기울이게 된다. 화려한 미를 포함하며 기운이 왕성하며 떨치고 일어서는 기상이 있다. 유럽의 정수가 지금은 **이미 찬란하게 빛나고 있는데, 러시아가 홀로 향기를 품고 아직 피어나지 못한 것**과 같다. 장래 오랫동안 세계에서 경외를 받을 만한 대국이다.(V41쪽)

라고 하여 찬란하게 꽃핀 유럽에 비해, 이제부터 꽃이 필 봉오리에 빗대어 '오랫동안 세계에서 경외를 받을 만한 대국이다'라는 표현을 써 가면서까지 러시아의 번창을 예고했다. 이를 생각해 보면, 일본 부문에 대해 비평할 때 조금 더 관용적이었어도 되지 않았을까. 하다못해 꽃을 피우기 시작한 벚꽃 정도로는 인정해도 되지 않았을까.

　『미구회람실기』가 간행되고 나서 약 20년 후(1897), 같은 구 사가 번동지로서 빈 만국박람회 일본사무국 총재가 되는 오쿠마 시게노부의 초상을 머리말에 싣고 부총재 사노 쓰네타미의 한문으로 된 서문을 달아 다나카 요시오田中芳男, 히라야마 나리노부平山成信가 편집한 『오스트리아 박람회 참동기요澳国博覧会参同記要』가 출판되었다. 300쪽에 달하는 이 책에는 만국박람회에 참가하게 된 모든 경과에 대한 공식 기록과 각 부문에서의 수상 및 평가에 대한 보고, 현지에서의 설영設營에 관여한 기술자들이나 기술 전수를 위해 동행시킨 각종 분야의 기술자들의 실습 및 그 성과에 대한 보고는 물론, 고문인 고트프리트 바게너 박사의 간략한 전

기까지도 메이지 일본의 공식 편찬물답게 진지하고 꼼꼼하게 담겨 있다. 전체적인 논조는 물론, 일본이 빈 만국박람회에 참가한 것이 얼마나 유럽에서 일본의 평가를 드높였는지, 이 경험이 그 후 일본의 식산흥업, 물품개량을 얼마나 훌륭하게 촉진했는지, 그리고 일본에서의 박물관 건설이나 내국권업박람회의 창시에도 얼마나 공헌했는지를 적극적으로, 그리고 긍정적으로 기술하고 있다.

1873년 당시의 현장에서 이루어진 구메 구니타케의 일본 비평은 이에 비해 지나치게 신랄한 것이 아니었을까. 분명 그는 일본의 만국박람회 참가가 그 후 조국의 식산흥업에 어떤 식의 좋은 자극을 줄지에 대해서는 아직 충분히 내다보지 못하였다. 또 이미 1년 반 동안 구미를 돌고 왔던 그에게는 서양에 대한 열등감과 콤플렉스는 없었다지만, 메이지 시대가 되고 아직 5, 6년밖에 지나지 않은 고국의 향방에 대한 불안과 위기감, 그리고 초조감이 한층 강해져 있었음에 틀림없다. 그렇게 추측해 보면 한때 무사였던 이 메이지의 전위前衛 지식인이 동시대 유럽의 일본 찬미에 쉽게 부화뇌동하지 않고, 오히려 신랄하게 일본 물산의 부족함을 지적했다는 점은 메이지 일본 지성의 건전함과 당참을 입증하는 것으로서 오히려 중시해야 할 부분이다.

6. 만국박람회 자포니즘의 쾌감

하지만 이렇듯 신랄한 구메 구니타케도 주 박람회장 동남쪽에 있는 작은 공원 안에 일본에서 데려온 목수들에 의해 만들어진 일본식 신사

〈그림 3〉 일본관을 건설하는 목수들(*The Illustrated London News*, 京都大学附属図書館蔵・吉田光邦 編, 『図説万国博覧会史 1851~1942』, 思文閣出版, 1985)

나 일본 물산 매점 건축에서 엿보이는 뛰어난 솜씨 그 자체가 이미 빈 시민들의 흥미를 끌어, 프란츠 요제프 황제마저도 목수가 만들어내는 노송나무의 긴 대팻밥을 시녀에게 줍게 하여 '이런 것은 처음 보았다. 마치 향나무 같구나'라며 기쁘게 가져갔다는 이야기를 마지막 절에 적고 있다.(〈그림 3〉) 매점에서도 특히 일본의 비단 헝겊(비단 보?)나 부채가 날개 돋친 듯 팔려, 빈 시민 사이에서 '이곳에 들어와서 일본 물건을 사서 돌아가지 않으면 긴요한 보물을 잊은 것만 같아, 경쟁하듯 무리지어 와서 매우 번화하였다'(V52쪽)고 할 정도로 센세이션한 상황에 이르렀다는 것을 역시 기쁘게 이야기하고 있다.

1862년의 런던 만국박람회에 대해서는 때마침 그해 5월 1일 개회식에 출석하여 일본 전시실에 직접 진열품처럼 서 있던 도쿠가와 막부 견구遺歐 사절단의 일원(후치베 도쿠조淵辺德蔵)이 '그야말로 골동품점처럼 잡화를 모아 두니 차마 봐 줄 수가 없다'고 개탄하는 한 마디를 남겼다. (「구행일기歐行日記」, 하가 『쇼군의 사절大君の使節』, 142쪽) 1867년 파리 만국박람회에 대해서는 쇼군의 대리인인 도쿠가와 아키타케德川昭武를 수행한 시부사와 에이이치, 그리고 구리모토 조운栗本鋤雲 등이 각각 기록과 감상문을 남겼다. 하지만 1873년 빈 만국박람회에 대한 『미구회람실기』의 기술만큼 주도면밀한 만박론은 아직 존재하지 않았으며, 이만큼 자국 전시에 대해 객관적인 비평을 제시한 문장도 아직 없었다.

구메 구니타케는 이와쿠라 대사의 수행원으로서 빈 만국박람회에 대해서도 충분히 그 지적 사명을 다했다고 할 수 있으리라. 현대 중국 유수의 일본학자인 옌안성严安生이 논하는 청조 말기 중국의 주영공사 곽숭도郭嵩燾(1818~1882)가 원래는 1878년 파리 만국박람회에 청나라가 참가할 준비를 하도록 명령을 받았다. 그러나 결국에는 양무파의 총수이자 상사인 이홍장李鴻章조차 이 공적인 일을 애매하게 만들었으며, 결국에는 공사관 부하들로부터도 서양물이 들었다며 배척당했다. 귀국 후에는 한을 품고 지방에 묻혀 지낼 수밖에 없었던 그의 운명과 비교해 보더라도, 도쿠가와 막부에서 유신을 거쳐 메이지로 발전하는 일본이 가지고 있던 언론과 사상의 자유와 관용, 비판력을 지닌 근대화로의 강한 비전, 그리고 주도면밀함과 일관성은 명백하다.

이와쿠라 대사 일행은 빈에서 2주 동안 근면하게 학습한 후에야, 이웃 나라 스위스의 풍경을 즐긴 뒤 우수한 공업 현장을 시찰하기만 하면 된다고 겨우 안도할 수 있었다. 1873년 6월 18일 저녁 6시 15분, 이들은 증기열차로 빈을 떠나 늦은 밤부터 새벽에 걸쳐 린츠, 잘츠부르크, 인스브루크를 경유하여 보덴 호숫가에 있는 취리히로 향하였다.

박기태 옮김

참고문헌

久米邦武編(田中彰校注),『特命全権大使米欧回覧実記』1~5, 岩波文庫, 1977~1982(원본은 1878).

田中芳男, 平山成信 編,『澳国博覧会参同記要』, 1897.

芳賀徹,『大君の使節－幕末日本人の西欧体験』, 中公新書, 1968.

芳賀徹 編,『岩倉使節団の比較文化的研究』, 思文閣出版, 2003(芳賀『岩倉使節団の西洋都市研究』에서 전재).

泉三朗,『岩倉使節団－誇り高き男たちの物語』, 祥伝社黄金文庫, 2012(원본은 PHP研究所, 2008).

吉田光邦,『図説万国博覧会史 一八五一－一九四二』, 思文閣出版, 1985.

Wolfgang Kos und Ralph Gleis, *Experiment Metropole, 1873 : Wine und die Weltausstellung*, Czerin Verlag(Wien Museum), 2014.

(이하의 여러 논문은 모두 본 연구 프로젝트 대표인 사노 마유코(佐野真由子) 씨의 가르침에 따라 접하였다)

严安生,「中日近代化における先見の効用－『特命全権大使米欧回覧実記』と『郭嵩燾倫敦与巴黎日記』」,『大手前大学人文科学部論集』7, 2006.

西川智之,「ウィーンのジャポニスム――八七三年ウィーン万国博覧会)」(前編),『言語文化論集)』28巻2号, 名古屋大学大学院国際言語文化研究科, 2006.

藤原隆男,「一八七三年ウォーン万国博覧会参同の産業発達史上の意義」上・中・下1~下3,『富士大学紀要』, 2006~2008.

戸田清子,「近代日本における博覧会の産業振興的意義と役割－ウィーン万国博覧会を中心に」, 奈良県立大研究季報,『地域創造学研究』V, 2010.

西夏希,「万国博覧会と佐野常民―慶応三年(一八六七)パリ博から明治六年(一八七三)ウィーン博へ』静岡文化芸術大学大学院文化政策研究科修士論文(未刊), 2011(기술이 명쾌하고 뛰어난 사노 쓰네타미론이다[하가]).

* 이 외에도 빈 만국박람회와 특수 주제의 연관에 관한 논문이 많지만 여기서는 모두 생략하였다.

1878년 파리 만국박람회와 마에다 마사나前田正名

자포니즘 유행의 주역

데라모토 노리코(寺本敬子)

우리는 샹 드 마르스(Champ de Mars) 박람회장의 일본 전시장에 있는 모든 물품이 우리의 수집가들 손에 의해 꽤 높은 가격이 매겨져, 불과 며칠 만에 동이 난 것을 목격했다. 이는 이미 유행이라기보다 열광이자 광기이다.[1]

1878년 파리 만국박람회에서 일본 전시장을 관람한 미술비평가 에른스트 세노Ernest Chesneau는 일본이 출품한 물건들에 대해 프랑스인들이 얼마나 열광했는지를 위와 같이 서술했다. 실제로 파리 만국박람회에서 일본 출품물은 높은 평가를 받았는데, 메이지明治 정부가 처음으로 공식 참가한 1873년 빈 만국박람회, 그 다음의 1876년 필라델피아 만국박람회와 비교했을 때 가장 많은 수상 수(242점)를 기록했다.[2] 특히 일본 도자기는 파리 만국박람회에서 최고의 상을 탔을 뿐만 아니라, 이후 10년 동안 일본 도자기의 대불 수출액이 약 2.7배로 증가하는 등 상업적 성공을 거두게 된다.[3] 선행연구에서는 구미歐美의 자포니즘 유행과 관련지어 일본에 대한 이러한 평가를 논한 바 있으며, 1878년 파리 만국박람회는 그 징표로 인식되어 왔다.[4]

그러나 일본의 1878년 파리 만국박람회 참가가 사실은 중지 직전까지 내몰린 적이 있다는 사실은 여태까지 거의 언급되지 않았다. 대부분의 선행연구는 일본의 1878년 파리 만국박람회 참가를 전제로 하여 자포니즘을 논했다.

일본의 만국박람회 참가가 위태로웠던 경위는 당시 일본 정세를 생각해 보면 명백하다. 1876년(메이지 9)에 신푸렌神風連의 난, 아키즈키秋月의 난, 하기萩의 난 등 각지에서 사족士族(구 무사 계급−역주)들의 반란이 이어진데다, 1877년에는 세이난西南전쟁(규슈 일대에서 사이고 다카모리西鄕隆盛를 중심으로 사족세력이 반란을 일으킨 사건−역주)이 발발했다. 메이지 초기에 박람회 행정을 지휘한 내무성의 오쿠보 도시미치大久保利通를 포함하여, 정부는 세이난전쟁 대응에 정신이 없었기 때문에 일본의 파리 만국박람회 참가 준비는 정체되어 있었다. 이러한 상황은 파리 만국박람회를 통괄하는 프랑스 만국박람회 고등위원회(정식명칭은 La commission supérieure des expositions internationales)가 우려할 정도로 심각한 사태로 발전했다. 만약 일본이 그대로 불참했다면 자포니즘은 1878년 파리 만국박람회에서 그렇게 강한 존재감을 뽐내지 못했을 것이다.

이런 난국을 타개하고 일본의 만국박람회 참가를 실현해낸 인물이 바로 마에다 마사나(1850~1921)였다.[5] 마에다는 1877년에 27세의 젊은 나이로 일본사무관장(정식명칭은 Commissaire général du Japon)으로 취임했고, 그 때까지 정체되어 있던 출품 준비를 정력적으로 진행시켜 나간다. 마에다는 '메이지 시대의 경제관료이자, 농업 및 재래산업을 중시

〈그림1〉 1878년 파리 만국박람회의 일본 박람회 사무국. 하단 오른쪽에서 세 번째가 마에다 마사나, 네 번째가 마쓰카타 마사요시
(松方正義)(『海外博覧会本邦参同史料』第二輯, 1928)

한 식산흥업 정책의 실천자'로서 특히 『식산흥업^{殖産興業}』(1884)의 편
찬, 지방 산업 진흥 추진 등의 공적으로 알려져 있다. 그러나 커리어의
출발점이 된 1878년 파리 만국박람회 일본 사무관장으로서의 임무에
대해서는 연구가 그다지 이루어지지 않았다.[6]

따라서 본론에서는 1878년 파리 만국박람회에서 마에다 마사나가 사
무관장으로서 일본의 출품 및 전시를 위해 어떠한 역할을 수행했는지에
대해 초점을 맞추어 보고자 한다. 특히 그가 이미 1869년부터 1877년까
지 약 8년 동안 파리에 유학을 가서 1870년대의 프랑스와 자포니즘의
상황을 직접 피부로 느낀 바 있고, 사무관장으로서 그 경험을 다양한 형
태로 1878년 파리 만국박람회에서의 '일본'에 반영해 나갔다는 사실은

흥미롭다. 또한 마에다는 프랑스의 만국박람회 고등위원회와 밀접한 관계를 구축하여 '우리의 친구'로 불렸으며, 프랑스 미디어는 그를 '일본의 걸출한 사무관장'이라 보도하는 등 파리 만국박람회와 관련하여 그 이름이 널리 알려지게 된다. 본론은 제1절에서 일본의 1878년 파리 만국박람회 참가 경위를, 제2절에서 마에다 마사나의 사무관장 취임과 출품 준비를, 제3절에서 일본이 박람회장에 전시한 것들에 대해 다루고자 한다.

1. 1878년 파리 만국박람회 개최를 향해

1) 일본의 참가 경위

1878년 파리 만국박람회는 제3공화정 시기에 처음으로 개최된 만국박람회였다. 그 이전에 파리 만국박람회는 각각 제2제정기와 나폴레옹 3세 치하에 해당하는 1855년과 1867년에 두 번 개최된 적이 있다.

애초에 만국박람회가 탄생한 역사적 경위를 되돌아보면, 18세기 말부터 유럽 각국에서 개최된 '산업박람회Exposition de l'industrie'가 그 전신에 해당한다. 프랑스에서는 정부 주도하에 혁명 후 정체된 산업을 활성화시키고자 파리에서 1798년부터 1849년까지 총 11회의 산업박람회가 지속적으로 개최되었다. 이 산업박람회에서는 국내 산업 제품이 전시되었을 뿐만 아니라, 심사제도를 도입하여 우수한 제품에 표창을 하는 등 교육적 효과도 더하는 식으로 산업을 육성하는 데 중점을 두었다. 이렇게 '국내적'인 산업 육성에 중점을 둔 산업박람회는 1830년대에 프랑스에서 '국제화'의 필요성이 제기된 후에도 보호무역을 지지하는 상공업자층의 반대 때문에 국내 차원의 행사에 머물렀다. 그러나 자유무역을 선도하는 영국이 1851년에 사상 최초의 만국박람회를 런던에서 개최함으로써, 나폴레옹 3세는 본래 1854년으로 예정되어 있던 파리 산업박람회를 급히 국제적 규모로 확대시켜 다음 해에 '만국박람회Exposition universelle'로서 개최하도록 했다. 나아가 나폴레옹 3세는 그 후 1860년에 영불통상조약을 체결, 보호무역에서 자유무역으로 전환한 뒤 1867년에 두 번째 파리 만국박람회를 개최하게 된다. 이상과 같이 최초로 개최된 두 번의 파리 만국박람회는 영국에 대한 대항 의식에서 비롯되었으며, 유럽에서 무역의 자유화가 확산되는 가운데 자국의 산업 발전 및 무역 진흥을 목적으로 삼았다.[7]

그런데 1878년 파리 만국박람회의 최대 목적은 종래의 경제적 목적보다는 1870년 보불전쟁과 다음 해 일어난 내란의 복구, 그리고 제3공화정의 정착을 프랑스 국내외에 선전하는 것이었다. 만국박람회 개최를 위한 협의는 1876년 3월에 대통령 마크마옹Macmahon의 발령으로 개시되었다.[8] 그해 4월에는 회기會期를 1878년 5월 1일에서 10월 31일까지로 정했고, 박람회장을 지난 1867년 파리 만국박람회와 마찬가지로 샹 드 마르스로 하되 트로카데로Trocadéro를 추가하기로 결정했다.[9] 8월에는 상원과 하원 양쪽에서 정식으로 1878년 만국박람회 개최가 승인되었고, 만국박람회를 준비할 만국박람회 고등위원회의 구성원이 정식으로 결정되었다.[10] 이후 만국박람회 고등위원회는 위원장 크란츠의 통솔 하에 박람회장 및 출품물의 구성, 해외 각국과의 교섭 등 파리 만국박람회 개최를 위한 준비 전반을 진행시켜 나가게 된다.

그런데 일본은 어떠한 경위로 파리 만국박람회에 참가하게 되었을까? 일본 정부에 대한 참가 요청은 주일 프랑스 공사관의 드 생캉탱de Saint-Quentin

대리공사로부터 데라시마 무네노리寺島宗則 외무경外務卿에게 보낸 1876년 6월 15일 자 서간을 통해 이루어졌다.[11] 이 참가 요청을 받고, 파리 만국박람회에 대한 참가 여부를 내무성과 대장성大藏省(현재의 재무성−역주)이 검토했다. 그 결과 오쿠보 도시미치 내무경과 오쿠마 시게노부大熊重信 대장경大藏卿은 연서連署를 통해 찬성의 뜻을 표명했고, 1876년(메이지 9) 8월 17일에 파리 만국박람회 참가를 일반에 공식적으로 알렸다.

이상과 같이 일본의 1878년 파리 만국박람회 참가는 프랑스의 요청 이후 불과 2개월 만에 결정되었다. 이 시점에서 메이지 정부는 파리 만국박람회 참가에 적극적인 자세를 보이고 있었다고 할 수 있다. 특히 오쿠보 도시미치 내무경은 1873년(메이지 6)에 이와쿠라岩倉 사절단의 일원으로 빈 만국박람회를 시찰했고, 식산흥업 정책으로서 '박람회의 유익함을 깨달은' 인물이었다.[12] 이리하여 이후 1876년 필라델피아 만국박람회에서는 오쿠보가 직접 총재로서 일본의 만국박람회 참가 준비를 주도했다. 그리고 오쿠보는 예전부터 구상하던 '내국권업박람회內國勸業博覽會'의 개최를 1876년 2월로 건의했고, 제1회 내국권업박람회(1877)는 1876년 7월에 정식으로 정부의 인가를 받았다.[13] 즉, 오쿠보를 중심으로 '박람회'가 식산흥업에 유효하다는 명확한 인식이 존재했던 시기에 1878년 파리 만국박람회 참가가 결정된 것이다.

2) 난항을 겪는 일본 박람회 사무국 설치

1878년 파리 만국박람회 개최를 2년 앞둔 프랑스 만국박람회 고등위원회는 즉시 준비에 착수하여, 각 참가국에 대해서도 출품을 총괄하는 사무국을 조속히 설치하도록 요청했다. 일본에 대해서는 1876년 9월

13일 자 문서를 통해, 파리 일본공사관에 만국박람회 관련 문서를 보낼 것과 사무국 설치를 요구했다.[14] 나카노 겐메이中野健明 대리공사는 이 요청을 일본 외무성에 전달하면서 다음 세 가지를 보고했다.[15] 첫 번째는 각 참가국이 사무국을 설치하고 이미 출품을 위한 준비에 착수했다는 사실이었다. 두 번째는 만국박람회 고등위원회가 10월 1일부터 각국 사무관과의 교섭을 희망하고 있다는 사실이었다. 그리고 세 번째는 만국박람회 고등위원회가 정한 박람회장 배치도에서 일본의 전시 구획은 박람회장 중앙에 위치하고 있으며 그 면적도 크다는 사실이었다.[16]

이상의 내용을 통해, 일본이 다른 참가국보다 움직임이 느렸기 때문에 만국박람회 고등위원회가 조속한 대응을 요구하고 있다는 사실을 알 수 있다. 그리고 여기서 주목할 부분은 프랑스 측이 처음부터 박람회장 중앙에 일본의 전시 구획을 배치하여 우대하고 있다는 점이다. 1867년 파리 만국박람회 당시 일본은 중국, 시암(태국-역주)과 공동 전시 구획에 배치되었으며 전시관의 규모 역시 작았다. 그러나 이번 1878년 파리 만국박람회에서 일본은 독립된 구획을 배정받았고, 전시 면적도 확대되었다. 나카노는 이 기회에 일본이 각종 산물을 출품, 전시하면 이것이 '일본의 국익에 지극히 도움이 된다'는 사실을 강조했다.[17]

이렇게 일본이 프랑스로부터 우대를 받게 된 이유로서 다음과 같은 점을 생각해 볼 수 있다. 첫 번째로, 당시까지의 만국박람회에서 일본 출품물이 성공을 거두었다는 사실이다. 일본은 1867년 파리 만국박람회에서 공예품이 높은 평가를 받아 그랑프리를 획득했는데, 이후 1873년 빈 만국박람회, 1876년 필라델피아 만국박람회에서도 다양한 상을 수상하여 성공을 거둔 바 있다.[18] 두 번째로, 1870년대 프랑스에서는 일본 공예품(특히 도자기)와 장식이 사회적인 관심을 모으고 있었다는 사실이다.[19] 프랑스에서 '자포니즘Japonisme'이라는 신조어가 생긴 것도 이 시대인데, 이 시점에서는 '일본제 기물器物 장식과 유사한 장식에 대한 연구'를 의미했다.[20] 이러한 배경 때문에 1878년 파리 만국박람회를 기획한 만국박람회 고등위원회는 일본을 우대하게 된 듯하다.

한편으로 일본 정부의 대응은 지체되었다. 만국박람회 참가 준비를 주도하는 내무성에서도 사무국 설치를 위한 움직임이 정체되었다. 앞서 서술했듯이 1877년 2월에 발발한 세이난전쟁 때문에 지극히 혼란해진 내정이 원인이었다. 오쿠보는 급거 교토京都로 향했고, 만국박람회 사무는 마에지마 히소카前島密 내무소보內務少輔가 대행하게 된다. 그러나 이는 실상 총괄자가 부재 중인 연락소에 지나지 않았다.[21] 당연히 내국권업박람회 준비도 동시에 정체되었고, 점차 연기나 중지를 호소하는 목소리가 여러 곳에서 나오게 되었다.[22]

이러한 상황에 놓여 있던 1873년 3월, 프랑스에서 마에다 마사나가 귀국한다. 마에다는 오쿠보 도시미치 내무경, 오쿠마 시게노부 대장경, 마쓰카타 마사요시 대장대보大蔵大輔 겸 권업료장勸業寮長에게 일본이 1878년 파리 만국박람회에 참가해야 한다고 주장했다. 이에 대해 마쓰카타는 교토에 머무르고 있던 오쿠보에게 보낸 편지에서 내국권업박람회의 단행과 파리 만국박람회 참가 준비를 계속해야 한다고 주장하는데, 거기서 '마에다 마사나가 돌아와 여러 가지로 몹시 재촉했다'고 증언한다.[23] 이리하여 마에다는 8년에 이르는 프랑스에서의 현지답사 및 파리 만국박람회에 대한 정보를 가지고 귀국하여 일본의 출품 준비를 주도하게 된다.

2. 마에다 마사나의 일본사무관장 취임

1) 마에다 마사나의 등장

1878년 파리 만국박람회에 일본이 참가하는 과정에서, 사무관장으로서 출품 실무를 주도한 마에다 마사나는 지극히 중요한 역할을 수행했다. 여기서는 주로 마에다의 '자서전'을 참조하면서 그가 일본사무관장에 취임하기까지의 경위를 보고자 한다.[24]

(1) 프랑스 유학과 식산흥업에 대한 자각(1869~1876)

마에다 마사나는 1850년(가에이嘉永 3)에 사쓰마薩摩(지금의 가고시마鹿児島 현－역주) 번 무사 가문에서 태어나 가이세이조開成所(1862년에 설치된 에도 막부의 서양학문 교육기관－역주)에서 공부했다.[25] 메이지 신정부 수립 후인 1869년(메이지 2) 6월, 마에다는 19세의 나이로 프랑스인 몽블랑Charles de Montblanc 백작과 함께 요코하마橫浜에서 배를 타고 처음으로 프랑스로 건너갔다. 몽블랑 백작은 1867년 파리 만국박람회에서 사쓰마 번의 출품을 총괄하는 사무관장을 역임했으며, 사쓰마 번의 존재를 선전하는 데 있어 큰 역할을 수행한 인물이다. 1867년 10월에 내일來日한 몽블랑은 신정부가 성립되면서 외교고문으로서 활약했다.[26] 1869년 11월, 몽블랑은 메이지 정부로부터 프랑스 주재 '대일본공무변리직'(총영사)으로 임명되었다. 마에다는 '외국 고요가카리外国御用掛(외국 담당 실무자－역주)'로서 동행하도록 명령받았다.[27]

마에다에게 있어서는 바라고 바라던 해외 도항이었다. 마에다는 사쓰마 번이 1865년에 영국으로 유학생을 파견할 때 함께 가기를 희망했지만, 당시에는 아직 15세의 소년이었으며 상급 무사의 자제가 우선적으로 선발되었기 때문에 참가하지 못했다. 그러나 마에다의 의욕을 높이 산 사쓰마 번은 나가사키長崎 공비 유학을 인정해 주었고, 거기서 마에다는 영어를 배웠다. 마에다는 해외 유학 자금을 얻기 위해『화역영사서和訳英辞書』편찬에 종사했고, 이를 1869년에 출판했다. 이 사전은 오쿠보 도시미치와 오쿠마 시게노부의 알선으로 정부가 구매하게 되었고, 이것이 직접적인 계기가 되어 마에다의 프랑스행이 결정되었다.[28] 오쿠보와의 관계는 이 때 시작된 것으로 보인다.

마에다의 '자서전'에 따르면, 그는 파리에서 몽블랑의 저택에 체재하면서 몽블랑과 함께 외교 사무에 종사하며 학교에 다녔다.[29] 다만, 1870년 9월에 초대 주불 일본대리공사로서 사메시마 나오노부鮫島尚信의 파견이 결정되자 몽블랑은 불과 1년도 되지 않아 공무변리직 직무에서 해임되었고, 따라서 마에다도 외교 사무로부터 일단 손을 떼게 된다.[30] 마에다는 그 후에도 파리에 머무르면서 학교에도 다닌 듯하나, '풍문에 귀를 기울이고 이야기를 열심히 들어, 사물을 실제로 보는 데에만 전념'했다.[31] '허망하게 파리에서의 1년이 경과했'고 하는 말에도 나타나듯이, 첫 1년은 암담한 기분으로 지낸 듯하다.[32] 특히 프랑스 및 유럽의 높은 문명 수준에 충격을 받아, 그런 문명을 쌓아올리는 것은 '아시아인인 우리 일본인이 하기 어려운 바이다'라 생각하여 일본인은 유럽인을 도저히 쫓아갈 수 없는 '인종'이라며 비탄에 빠진 것이 그 원인이었다.[33]

그러나 당초의 비관적인 견해에 큰 변화를 초래하고, 일본이 유럽 문명을 노력해서 따라잡을 수 있다고 생각하게 된 계기는 1870년에 발발한 보불전쟁이었다.[34] 마에다는 '전쟁 현지답사에 몸을 맡기고' 전쟁터

근처까지 매일 나가서 전쟁 경과를 지켜보았다.[35] 마에다는 보불전쟁에서 여태까지 그야말로 '경탄'의 대상이었던 프랑스의 군대조직이나 무기는 도움이 되지 못했고, 형식만 훌륭했을 뿐 병사의 사기가 낮았기 때문에 프랑스가 패퇴했다고 분석했다. 또한 이 전쟁으로 인해 '전 유럽을 풍미한 프랑스인'도 쇠퇴하고 프랑스 사회는 혼란의 극치에 이르렀다고 한다. 여기서 마에다는 처음으로 '여러 종의 문명이 있다는 사실을 깨닫고, 그 물질적 문명이 자랑하는 바에 이르지 못함을 이해했다'고 '자서전'에 적고 있다.[36]

마에다는 유럽 문명의 절대적 우위성이라는 의식적 속박에서 해방되어, 선진국과 후진국의 차이는 인종의 우열과 사회 수준에 따른 것이 아니라, 우연히 한 쪽이 문명적 기술을 선취한 데 지나지 않으며 '오늘날 유럽이 부강한 것은 전부 인도와 그 외(식민지-인용자주)의 재원財源이 가진 힘 때문이라는 것도 깨달았다'고 한다.[37] 또한 전쟁에서 패퇴한 프랑스 사회의 황폐함을 목도하고, '도저히 그들은 우리 위에 설 인간이 아니다'라고까지 적고 있다.[38] 여기서 '유럽 문명과 어깨를 나란히 할 수 있다고 확신'했다고 언급하듯이, 마에다는 프랑스인과 일본인 사이에 우열은 없으며 일본인도 유럽 문명을 노력해서 따라잡을 수 있다는 확신에 이른 것이다.[39]

그런데 마에다의 '자서전'은 1870년의 보불전쟁에 관한 기술에서 바로 1875년으로 넘어가기 때문에, 그 사이에는 공백기가 있다. 다만 이 공백기에 마에다가 식산흥업에 뜻을 두게 된 결정적인 계기가 있었다. 1873년 3월, 이와쿠라 사절단에 속해 있던 오쿠보 도시미치가 프랑스에 왔을 때 사쓰마 번 출신 유학생이 모여 '가고시마 현인 향우회'가 열렸는데, 여기 참석한 마에다는 오쿠보와 재회했다.[40] 『오쿠보 도시미치전大久保利道伝』에 따르면 '메이지 7년(1874—필자주), 정부는 경비 절약을 하여 일시적으로 해외 유학생들도 소환했는데, 마에다 마사나를 특히 프랑스 공사관 서기생으로 임명하고 권업료 고요가카리를 겸하게 하며 오로지 식산공업 조사에 종사하게끔 하였다'고 한다.[41] 이렇듯 오쿠보의 알선으로 마에다는 1875년 6월 18일 자로 일본공사관 서기생으로 정식 임명되어 파리에 머무르게 되었다. 그리고 프랑스 농상무성에서 농업국 차관을 역임한 외젠 테스랑Eugéne Teisserenc를 스승으로 삼아 프랑스의 행정과 농업경제 지식을 흡수하였으며, 본격적으로 식산흥업 연구를 시작했다.[42]

(2) 1878년 파리 만국박람회 개최 결정— 일본의 만국박람회 참가에 대한 기대

1876년 4월에 1878년 파리 만국박람회 개최가 결정되어 프랑스 만국박람회 고등위원회가 창설되자, 마에다는 '위원회 계획자 중 지인이 있어, 그 도움을 받아' 만국박람회 고등위원회에서 일하게 된다.[43] 파리 만국박람회를 주도한 것은 프랑스 농상무성이었는데, 앞서 언급한 테스랑은 파리 만국박람회의 농업, 원예, 양어養魚 부문 부장을 맡았다. 그를 통해 마에다는 만국박람회 고등위원회에서 일할 기회를 얻었을 가능성이 높다. 만국박람회 고등위원회 문서에 따르면, 마에다는 '외국국外国局'에 소속되어 파리 만국박람회 준비를 위한 실무에 종사했다.[44] 이리하여 마에다는 일본공사관 서기생과 프랑스 만국박람회 고등위원회 사무원을 겸직하면서 파리 만국박람회 준비와 운영에 관한 경험을 쌓게 된다. 그런 가운데 앞서 언급한 일본의 정체된 진행 상황과 이를 우

려하는 프랑스 측의 동향을 재빨리 알아차렸을 것으로 생각된다. 그리하여 1876년 9월, 일본의 만국박람회 참가를 자기가 직접 추진할 수 있는 자리에 임명되기를 희망한 마에다는 당시 파리를 방문한 이노우에 가오루井上馨를 다음과 같이 설득했다.

이번 프랑스 박람회는 참으로 우리나라의 농업, 상업, 공업 발전의 기회가 될 것입니다. 이 좋은 기회를 놓친다면 과연 언제 다시 때가 오겠습니까? 그리고 이 박람회는 평범한 박람회와 동일시하지 말고, 마땅히 일본 상품의 판로가 열리는 길로 여겨 모두 떨쳐 일어나 여기 출품을 해야 합니다. 이로써 영국, 프랑스에 일본의 매장을 열어 직접 무역을 개시하고, 요코하마, 나가사키, 고베(神戶)의 상권을 우리 손 안에 거머쥐어야만 단연코 외국 무역의 이해(利害)를 향유하며 또한 우리 상업상의 지식을 진전시킬 수 있을 것입니다. 불초 소인은 이 9년 동안(원문 그대로 표기함─필자주) 오로지 이 일만을 보고 들었으며 적이 마음속으로 기대하는 바가 있습니다. 이에 대해 글월을 써서 의견을 우송해야 하겠습니까, 아니면 저 마사나가 귀국하여 직접 선배 제후와 논의를 해야 하겠습니까? 감히 의견을 여쭙습니다.[45]

위와 같이 마에다는 만국박람회를 외국 무역 발전 및 상업상의 신지식을 획득하는 장으로서 중시했다. 또 파리 만국박람회 참가를 기회로, 일본이 유럽에서 직접 무역을 개시하는 것이 수출 진흥에 필수적이라 주장한다. 이러한 연유로 마에다는 '이 좋은 기회를 놓친다면 과연 언제 때가 오겠습니까?'라며 직접 귀국해 일본의 출품 준비를 진행시키고 싶다고 생각하게 된 듯하다.

이리하여 마에다는 1876년 11월에 내무성 권업료 고요가카리에 임명되었고, 다음 달인 12월 18일 귀국 명령을 받는다.[46] 프랑스 만국박람회 고등위원회도 이를 파악했다. 외무국장 베르제는 1877년 1월 15일 자 문서에서 마에다의 귀국 목적이 일본에서 출품 준비를 하는 것이며, 일본 전시장을 건설할 목수들을 데리고 다시 파리로 돌아올 예정이라고 위원장 크란츠에게 보고했다.[47] 이리하여 7년 만에 귀국길에 오른 마에다는 1877년(메이지10) 3월 초, 요코하마에 도착했다.

그러나 마에다는 세이난전쟁으로 혼란스러운 일본의 상황을 목도하고, '크게 경악하고 말아 아쉬움과 유감스러움을 실로 말로 표현하기 어려울 정도로 비통'했다는 이야기를 '자서전'에 적고 있다.[48] 또한 그는 만국박람회 고등위원회 위원장 크란츠에게 보낸 편지에서 다음과 같이 보고하고 있다.

저는 일본에 귀국하기 전, 당신처럼 훌륭한 위원장이 이끄는 이 위대한 만국박람회에 우리 나라를 참가시킬 생각을 가지고 있었습니다. 이전의 박람회에서 우리나라는 가장 명예로운 지위 중 하나를 차지했으며, 파리에서도 마찬가지로 성공을 기대할 수 있게 되었습니다. 그러나 일본에 도착하고 나서, 내전 때문에 피로 얼룩진 조국의 땅을 보고 저는 크게 놀랐습니다. 원수(元首), 대신, 모든 사람들이 이 골육상쟁을 끝내는 데 전념하고 있었습니다. 이 혹독하고도 가장 괴로운 상황에도 불구하고, 그러는 동안 저는 친구의 큰 도움에 힘입어 일본의 파리 만국박람회 참가 결정을 달성할 수 있었습니다. 그리고 저는 이 국제적인 박람회에 참가하기 위해 준비한 물품의 선택을 담당했습니다. 이 일은 우리나라가 막 경험한 위기의 영향을 앞으로도 받게 될 것입니다. 그러나 당신께 전하고 있는 이 불행한 상황 하에서, 가능한 한 좋은 결과에 이르기 위한 다양한 노력을 할 작정입니다.[49]

앞서 서술했듯이, 파리 만국박람회 참가를 위한 일본의 준비는 마에다가 귀국했을 때에는 아직 백지 상태로 정체되어 있었다. 그러나 오쿠보 도시미치는 세이난전쟁이라는 비상사태에 대응하면서, 한편으로는 '즉시 마에다를 교토로 불러 해외 각국 실업의 상황과 프랑스 대박람회 계획 등에 관해 열심히 질문했고', 마에다에게 출품 준비를 일임했다.[50] 마에다가 프랑스에서 얻은 식산흥업의 지식과, 일본의 만국박람회 참가를 적극적으로 추진하여 무역 진흥을 꾀하도록 설득한 그 열의는 일본 출품물의 선정을 포함하여 만국박람회 준비를 크게 진전시켰다.[51]

이리하여 마에다가 일본에 귀국하고 나서 약 5개월이 지난 1877년 8월 23일, 정식으로 '프랑스 파리부府 대박람회사무국佛蘭西巴里府大博覧会事務局'(이하, 일본 박람회사무국)이 창설되었다.[52] 일본 박람회사무국은 총재 오쿠보 도시미치, 부총재 마쓰카타 마사요시, 그리고 사무관으로 임명된 마에다 마사나를 비롯하여 총 23명의 위원으로 구성되었다. 위원들 중 12명이 프랑스(파리)로 파견되었다. 마에다 마사나는 1877년 10월 8일에 한 발 앞서 도쿄를 출발하여 파리로 향했다.[53] 파리에서는 원활한 사무작업을 위해 부총재 마쓰카타 마사요시를 총재로, 주불 일본공사 사메시마 나오노부를 총재대리로, 사무관 마에다 마사나를 사무관장으로 다시금 정식 재임명하게 되었다.[54]

2) 일본 출품물 수집

일본의 출품 준비를 총괄한 마에다가 주의를 기울인 것은 다음 두 가지였다.[55] 첫 번째로, '이번 박람회는 일시적인 박람회가 아니므로 영원한 매장을 여는 것을 주창'했다. 마에다는 만국박람회 참가를 발판삼아 프랑스로의 직수출 추진을 제창한 것이다. 실제로 파리 만국박람회의 주요 출품자인 미쓰이三井 물산회사와 기리쓰起立 공상工商회사는 1878년에 파리 지점을 열어 직접 무역을 개시하게 된다.[56] 두 번째로 '우리의 미술, 공예는 대부분 완구에 속해 실용적이지 못하므로 구미의 실용적 미술, 공예를 진작할 것'을 강조했다. 여기서도 수출 확대를 목적으로 출품물을 단순히 취미용품으로만 삼지 않고 '구미의 실용'적인 목적에 맞아야 한다는 점을 중시했다. 마에다는 '특히 주의를 기울인 부분은 단지 물건을 판매하는 것만이 아니었다. 장래 영원히 일본 물건을 팔고자 노력한 것이다'라고 한다. 이를 위해 '직물 혹은 도자기, 금속 기물 따위도 단순히 박람회에서 팔기만 하는 것이 아니라, 그 용법을 넓혀 장래 판로를 확보'하는 것이 중요하다고 말했다.[57] 이렇게 일본 공예품의 '용법'을 넓히는 데 중점을 둔 전시 방식은 파리박람회장에서 힘을 발휘하여 '다행히도 이들 품목은 특히 높은 가격에 팔려나가는' 결과를 끌어냈다.[58]

이러한 마에다의 의도는 여태까지 오쿠보가 추진해 온 식산흥업 정책에 합치되는 것이었다. 1878년 파리 만국박람회에서 일본 박람회사무국이 지정한 '출품자 유의사항出品人心得'에는, 출품 목적이 '(파리 만국박람회의) 심사 때 상을 타서 아름다운 이름을 해외에 빛내고 장래 국산품 수출을 증진하'는 데 있다는 점이 명시되었다.[59] 그리고 출품물에 대해서는 첫 번째로 일본의 정신을 반영한 정교하고 아름다운 물품일 것,

만국박람회	사무국파출원	출품자	출품물	수상수	경비*
1873년 빈	23명	전부 정부가 출품	미상	200점	573,125엔
1876년 필라델피아	32명	40명	미상	142점	293,276엔
1878년 파리	12명	262명	45,316점	242점	180,113엔

* 경비는 여비 및 출품물 운송비 등을 합계한 정부의 총 경비를 나타냄(출품물 가격은 포함하지 않음).
『메이지 11년 프랑스 파리부 만국대박람회 보고서 부록(明治十一年仏蘭西巴里府万国大博覧会報告書 附録)』第一, 1879. 「파리부 박람회 보고서 부록 일람 제표(巴里府博覧会報告書附録一覧諸表)」를 참고하여 필자가 작성함.

두 번째로 구미 각국의 실용에 적합한 것, 세 번째로 저렴한 물품도 중후하게 제작할 것을 출품자들이 유의하도록 당부했다.[60]

1878년 파리 만국박람회에 출품된 일본 물품은 합계 4만 5,316점에 이르렀다. 그 내역은 원가 기반으로 관청 및 부현府県 출품분 33,971엔, 그리고 민간 출품분 170,895엔(합계 204,866엔)이다.[61] 이를 통해 알 수 있듯이, 민간 출품이 대부분을 차지한 점이 과거 빈 만국박람회나 필라델피아 만국박람회와 비교하여 결정적으로 다른 부분이다. 그리고 민간 출품자의 총 수 역시 표에 나타나 있듯 필라델피아 만국박람회의 40명에 비해, 그 여섯 배 이상인 262명으로 증가했다.[62] 이렇듯 일본의 1878년 파리 만국박람회 출품은 국가사업으로서 추진되었을 뿐만 아니라, 민간에서도 이를 적극적으로 지지하며 참가했다. 그야말로 '해외 무역 발전에 대한 관민의 열의와 노력이 얼마나 왕성했는지를 알 수 있을 것이다'라 평가받는 상황이었다.[63] 출품자의 중심적 존재는 메이지 시대가 시작된 뒤 설립된 무역회사(기리쓰 공상회사, 미쓰이 물산회사), 수출을 위한 도자기 등을 제작하는 민간회사(고란사香蘭社, 싯포七宝회사, 가나자와 동기金沢銅器회사, 효치엔瓢池園 등)였는데, 출품물의 태반은 공예품(도자기, 칠기, 금속 기물 등)이었다.[64]

3) 프랑스 만국박람회 고등위원회가 요구한 일본 고미술품

마에다 마사나의 지휘하에 주로 수출을 위한 공예품의 출품 준비가 이루어졌는데, 한편 프랑스 만국박람회 고등위원회는 일본 고미술품의 출품을 요청해 왔다. 위원장 크란츠는 프랑스 농상무장관에게 부친 1877년 1월 19일 자 편지에서 다음과 같이 말했다.

각하(농상무장관─필자주)께는 공화국 대통령 각하께서 천황 폐하께 직접 편지를 쓰시는 것이 중요하다는 점을 이미 전해 드렸습니다. 이 편지에서는 우선 프랑스의 초대를 수락해 주신 점에 대한 사례를 표하고, 또한 일본의 훌륭한 고미술품 중 엄선된 것을 파리로 보내도록 요청해 주시기를 바라는 바입니다.

이러한 고미술품의 실물은 아직 무엇 하나 프랑스에 도착하지 않았습니다. 왜냐하면 일본의 법은 통상적인 경우, 이러한 물품을 국외로 반출하는 것을 설령 일시적이라 할지라도 금하고 있기 때문입니다. 트로카데로 궁의 갤러리에 일본 고미술품을 전시한다면 이보다 관중의 흥미를 끄는 것은 없을 것입니다.[65]

이 편지로부터 일본 고미술품에 대한 프랑스 사람들의 관심을 배경삼아, 크란츠가 고미술품 출품에 특별한 기대를 품고 있었다는 사실을 알 수 있다. 크란츠는 이를 실현시키기 위해 프랑스 대통령이 일본 천황에게 직접 요청을 하도록 프랑스 농상무장관에게 청원을 한 것이다. 이 편지에서 크란츠가 지적하는 '일본 고미술품의 해외 반출을 금지한 규정'이란, 1871년(메이지 4) 5월 23일에 일본 태정관太政官이 포고한 「고기구물보존법古器旧物保存方」일 것이다.[66] 이는 일본에서 처음으로 제정된 문화재 보호법령이다. 1868년(메이지 원년)부터 시작된 폐불훼석廃仏毀釈(메이지 초에 신도神道를 내세우며 불교를 탄압한 사건-역주)의 영향으로 옛 것을 파괴하는 풍조나 미술공예품 등의 해외 유출이 이어졌는데, 메이지 정부가 이를 우려했기 때문에 제정되었다. 위와 같이 크란츠의 편지는 프랑스 대통령에게 직접 요청을 함으로써 반출 규제를 일시적으로 해제하는 것이 목적이었으며, 파리 만국박람회에서 일본 고미술품이 관중의 흥미를 끌 것이라는 크란츠의 확신을 읽어낼 수 있다.

이렇게 프랑스 대통령으로부터 요청받는 형태로, 메이지 정부는 당초 예산과는 별개로 11,000엔의 비용을 들여 박물국에 '고기물古器物'을 수집케 했다.[67] 구체적으로는 '옛 도자기 수백 종', '고대품 모조 소도小刀', '옛 동기銅器 각종', '옛 칠기 각종', '옛 도검 각종'이 박물국에서 출품되었다.[68] 실제로 일본에서 파리로 돌아온 마에다는 '그 어떤 박람회에서도 여태까지 본 적 없는 다양한 시대의 미술품을 우리나라의 신사, 사원과 박물관에서 출품시켜서 파리로 보냈습니다'라고 위원장 크란츠에게 보고하여 프랑스의 기대에 부응했다.[69]

다만 이들 고미술품 출품은 어디까지나 프랑스 대통령의 요청을 받아 결정된 것이었다. 일본 박람회사무국의 주안점은 일본 제품의 수출 진흥이었다. 실제로 마에다는 이 때 '일본 미술 공예와 관련된 고기물 매매를 본업으로 하는 것은 치욕이라는 사실을 훈유하여', 종래 이루어지던 고미술품의 매매는 부끄러운 행위라는 점을 분명히 밝히고 있다.[70] 마에다가 추진한 것은 앞서 말한 대로 '구미의 실용적 목적에 부응하는 미술공예의 진작'과 동시대 일본 공예품의 수출 진흥이었다. 이를 보면 프랑스 만국박람회 고등위원회가 요구하는 '일본 고미술품'과, 일본 박람회사무국이 추구하는 '구미의 실용적 목적에 부응하는 미술공예의 제작과 수출 진흥'

이라는 완전히 상반된 두 나라의 지향점이 충돌하고 있었던 듯하다.

3. 박람회장의 '일본' 전시와 연출

1) 일본 전시장

1878년 파리 만국박람회는 센Seine강을 사이에 끼고 샹 드 마르스 광장과 트로카데로 광장 두 곳에서 개최되었다. 두 박람회장에 일본 전시장과 파빌리온이 설치되는데, 마에다 마사나가 양쪽의 설계에도 관여를 하며 지휘했다는 사실이 확인된다. 마에다는 어떤 방식으로 '일본'을 전시하고 연출하고자 했을까?

(1) 샹 드 마르스 박람회장

샹 드 마르스 박람회장에는 각 참가국의 신제품이 국가별로 전시되었다. 외국 전시장은 샹 드 마르스 박람회장에 있는 '나시옹Nation 거리'에 접하게 세워졌는데, 프랑스 만국박람회 고등위원회는 각국에 전시장 정면 부분을 각자 독자적인 형태로 꾸미도록 요청했다. 각국 전시장의 설계안은 상당히 이른 시기인 1876년 11월 25일 자『르몽드 이류스트레Le Monde Illustré』지에 도판과 함께 게재되었다.[71] 그 도판(〈그림 2〉)에서 일본 전시장을 보면, 왼쪽에 높은 탑을 설치한 비교적 호화로운 건물이었다는 사실을 알 수 있다. 마에다는 이 설계안에 대해 위원장 크란츠에게 보낸 편지에서 다음과 같이 언급했다.

저는 일본의 전시를 위해 특별한 정면 부분을 건설케 할 작정이었습니다. 조르주 베르제(Georges Berger) 씨는 제가 지참한 도면을 검토해 주었습니다. 하지만 제가 세운 설계안대로 이 건축물을 만들게 할 수 없어 아쉽습니다. 얼마 전 우리나라를 덮친 위기의 영향으로 시간과 목수가 부족합니다.[72]

이 편지에서 '제가 세운 설계안'이라 명기되어 있듯이, 일본 전시장 설계안은 마에다가 직접 만든 것이었다. 그러나 여기서 마에다가 말하듯 해당 설계안을 실현시키기에는 건설기간 및 목수가 부족했기 때문에, 어쩔 수 없이 설계안이 변경되었던 것이다. 실제로 건축된 일본 전시장(〈그림 3〉)을 보면, 일본 전시장 정문은 당초의 설계안과 크게 다른 외관을 하고 있다는 점을 알 수 있다. 일본 전시장은 나무 기둥을 조합한 큰 문을 중앙에 배치한 간소한 건물이었는데, 첫 설계안에 보이는 높은 탑은 설치되지 않았다. 마에다에게 이러한 설계 변경은 아쉬운 일이었지만, 한편으로 프랑스 저널리즘은 일본 전시장의 '간소함'을 오히려 호의적으로 받아들였다.[73]

또한 일본 전시장 정면 오른쪽 벽에는 일본 지도가, 왼쪽 벽에는 도쿄 지도가 걸렸다. 이 일본 지도에는 폐번치현廢藩置県(메이지 정부가 에도 시대 이래의 번을 폐지하고 근대적 행정구역인 현을 설치한 정책―역주)으로 성립한

〈그림 3〉 일본 전시장(『海外博覧会本邦参同史料』第二輯, 1928)

3부 72현이 그려져 있었으며, 일본 인구와 항구 등이 표기되었다. 도쿄 지도에는 황거皇居, 관청, 학교, 병원, 공원 등이 표기되었다.[74] 이런 지도를 걸어 둠으로써 마에다는 일본 도시 등의 다양한 모습을 시각적으로 전달하여, 일본이 미개하지 않으며 근대화가 진행된 국가라는 사실을 적극적으로 알리는 효과를 노린 듯하다. 그 외에도 마에다는 일본 전시장 정문에 일본 정원이나 신사, 사원에 둘 법한 '조즈바치手水鉢(절이나 신사 등에서 손을 정결히 하기 위해 돌로 만들어 둔 큰 용기―역주)'를 설치했다.[75] 마에다가 이를 설치한 의도는 명확히 알기 어려운데, 일본 전통문화를 연출해내고자 했던 것 같다. 어느 쪽이든 간에 이 조즈바치는 프랑스 관중의 호기심을 자극하는 '이국적'인 물건으로 매우 인기를 끌었다.

(2) 트로카데로 박람회장

트로카데로 박람회장에는 고미술 전시장이 마련되어 참가국들의 전통적인 미술 공예품이 전시되었다. 프랑스 대통령이 요청한 일본 고미술품도 여기 출품되었다. 그러나 박물국이 수집한 일본 고미술품 전시는 위원장 크란츠의 기대와는 달리, '잡다'하다 하여 그다지 주목받지는 못했던 듯하다.[76]

한편 트로카데로 박람회장의 정원 부분에는 일본 파빌리온이 설치되었다. 일본 파빌리온은 트로카데로에서 샹 드 마르스로 이어지는 중앙대로에 위치했는데, 이곳은 구경꾼들이 가장 주목하는 장소였다. '일본농가La ferme japonaise'라 불린 일본 파빌리온의 설치를 지휘한 사람도 다름아닌 마에다였다.[77] 일본 파빌리온 안에는 일본 정원과 다실이 만들어졌고, 구경꾼들은 다과를 대접받았다. 그리고 여기에는 마에다가 미타三田육종장育種場에서 파리로 가져온 일본 식물이 이식됐다. 이는 일본 농산물 수출 진흥을 중시한 마에다의 성향이 드러난 것이라 할 수 있다. 1877년 9월, 미타 육종장 개장식에서 마에다는 다음과 같이 말했다.

> 저는 메이지 2년(1869 – 역주)부터 프랑스에 가서 외국 농업을 조사했습니다. 일본 농업은 결코 해외에 뒤떨어지지 않았습니다. 하지만 일본인이 농업이라 하면 오곡이나 채소류만 떠올리는 데에 문제가 있는 것 같습니다. 외국에서 농업이라 하면 과수, 화초 재배에서 목재 제조, 목축까지 포함됩니다. (…중략…) 앞으로 농업은 일본 국내만 생각하지 말고 외국인이 선호하는 음식물, 의복, 기물 등에 사용되는 농산물을 만들어 판매해야 합니다.[78]

이렇듯 마에다는 일본 농업은 해외에 뒤떨어지지 않는다고 주장하며, 장래 일본의 새로운 수출품이 될 수 있는 '산품'인 일본의 수목을 위시한 식물 이식과 전시에 힘을 쏟았다. 실제로 이 정도로 많은 일본 수목이 유럽에서 전시된 것은 처음이었으며, 프랑스에서 '엄청난 갈채를 받아' 만국박람회 과수 부문에서 미타 육종장은 그랑프리를 획득했다.[79]

이렇듯 마에다는 전시에 관한 장식이나 연출을 통해 일본의 근대화와 전통문화 양 측면을 강조했다. 그리고 샹 드 마르스와 트로카데로 두 박람회장에 미쓰이 물산과 기리쓰 공상회사의 매점을 설치하여 직접무역의 발판으로서 일본 공예품을 매각했다. 전체적으로 마에다는 장래의 수출 진흥을 지향했던 것이다.

2) 마에다의 미디어 전략―일본문화의 전달

마에다 마사나가 힘을 쏟은 것은 일본 출품물과 전시뿐만이 아니었다. 마에다는 다양한 수단을 이용해 일본의 역사, 사회, 문화, 산업에 대해 프랑스어로 올바르게 전달하는 것을 중시했다는 사실을 강조해 둘 필요가 있다. 마에다는 '자서전'에서 그러한 생각에 이르게 된 배경을 프랑스 유학 중의 고뇌였다고 적고 있다.

가장 고심하는 바는 돈이나 말, 부자유, 병이 아니었다. 일본이 치욕을 당하는 일이었다. 일본에는 종교가 없어 야만스러우며, 일본은 중국의 속국이라는 등의 이야기가 밤낮으로 유럽인들의 입에서 떠나지 않는다. 이는 실로 나 마사나가 괴롭게 여기는 바이다.[80]

이리하여 마에다는 '일본'에 대한 오해나 편견을 직접 '일본'에 대해 프랑스어로 전달함으로써 올바르게 고쳐 나갈 필요가 있다고 생각하게 되었다. 특히 '본 박람회를 호기로 삼아 일본제국 그 자체의 소개에 힘쓰는 것은 가장 좋은 방법'이라는 내용을 통해, 마에다가 '일본'을 어필하는 절호의 기회로서 파리 만국박람회에 기대를 걸었다는 사실을 알 수 있다.[81] 이렇듯 1878년 파리 만국박람회에서는 일본 박람회사무국이 편찬한 단행본, 마에다 마사나가 쓴 논문이나 단행본이 발표되는 등 일본 측 미디어 전략이 하나의 특징으로서 돋보인다. 이전 빈 만국박람회나 필라델피아 만국박람회에 비해서도 간행 수나 내용이 훨씬 충실하다.

일본 박람회사무국은 『1878년 만국박람회의 일본―八七八年万博の日本』을 프랑스어로 편찬하여 파리에서 출판했다.[82] 본서는 2500부가 인쇄되어 프랑스 정부 관계자 및 만국박람회 고등위원회, 참가국 사무관 등에게 증여되었고, 동시에 일반인들에게도 판매되었다. 본서 서문에는 총재 마쓰카타 마사요시가 '본서가 일본 부문을 방문한 관중의 흥미를 끌고, 일본 전시품을 관람한 뒤에 그 나라에 대해 알고자 하는 것'을 기대한다는 취지의 내용이 적혀 있다.[83] 즉, 이는 주로 프랑스의 일반 관중을 대상으로 '일본'의 정보를 전달하는 것을 목적으로 삼은 단행본이었다는 점은 틀림없어 보인다. 명시되어 있지는 않으나 이 책의 구상에 마에다가 관련되어 있었던 것으로 추측된다. 적어도 후술하듯이 집필에 관여했다는 사실은 분명하다.

이 『1878년 만국박람회의 일본』의 개요를 보도록 하자. 본서는 제1부 「일본의 지리지 및 역사日本の地誌および歴史」와 제2부 「일본의 출품 해설日本の出品解説」로 구성되어 있다. 제1부의 원본은 태정관 수사국修史局이 편찬했으며, 프랑스어 번역은 일본 박람회사무국의 히라야마 나리노부平山成

信가 담당했다.[84] 제1부에서는 일본의 인구, 지방 구분, 행정 구분, 산과 강, 바다 등 지리적 특성, 주요 산업, 일본 역사에 대해 다루고 있다. 일본의 지방 구분에 대해서는 폐번치현 이후의 행정구분으로서 '3부 35현 1번'을 기록했고, 군사, 교육, 법률 분야에 대해 해설했다. 이 외에도 일본의 우편제도, 전보, 철도 및 일본에서 채굴 가능한 광물, 산업(도자기, 칠기, 생사, 견직물 등)에 대해서도 정리했다. 역사에 대해서는 진무神武 천황 즉위로부터 메이지 10년(1877)에 이르기까지 총 122대 천황을 연대순으로 다루었다.

이어서 제2부에서는 1878년 파리 만국박람회에 나온 일본 출품물에 대해 해설했다. 해설 중 가장 많은 쪽수가 할애된 것은 '도자기'였으며, ① 이마리야키伊万里燒, ② 사쓰마야키薩摩燒, ③ 아와타야키粟田燒와 교토야키京都燒, ④ 기요미즈야키清水燒, ⑤ 라쿠야키樂燒, ⑥ 에이라쿠야키永樂燒, ⑦ 세토야키瀬戸燒, ⑧ 미노야키美濃燒, ⑨ 구타니야키九谷燒, ⑩ 반코야키万古燒의 10종의 도자기를 다루며 각각의 역사와 제조법에 대해 기술적인 부분에 역점을 두고 설명했다.

한편, 마에다 마사나는 공저를 포함하여 프랑스 학술지에 총 다섯 편의 논문을 기고했다. 우선, 마에다는『프랑스 내외과학잡지フランス内外科学雜誌』에 세 편의 논문을 기고했다. 첫 번째는「일본의 칠기日本の漆器」(6월 15일호)라는 제목의 논문이며,[85] 일본 칠기의 역사와 제조법을 설명했다. 두 번째는 마쓰카타 마사요시와 함께 이름을 올린「일본의 도자기 – 역사와 제법日本の陶磁器 – 歴史と製法」(6월 22일호, 6월 29일호)다.[86] 그리고 이 두 편의 논문은『1878년 만국박람회의 일본』제2부에 게재된「도자기」,「칠기」와 거의 동일한 내용이다.[87] 이들 항목은 마에다가 집필한 것으로 생각된다. 각각의 역사와 제조법의 설명에 덧붙여, 마에다는 일본 공예품이 '계속 진보'했다는 점을 주장했다. 메이지 정부가 직접 공예품 제작을 지원, 지도하였으며 그 성과는 이전 만국박람회에서 획득한 수상 수, 박람회장에서 널리 호평을 받은 점 등을 통해 보면 명확하다고 말한다. 이 논문들은 프랑스어 단행본으로 정리되어 『일본의 도자기-역사와 제법日本の陶磁器-歴史と製法』(1878), 『일본의 칠기와 도자기日本の漆器と陶磁器』(1879)로 출판되었다.[88]

그리고 세 번째로 마에다는 「일본의 사회日本の社会」(8월 10일)를 같은 잡지에 기고했다. 여기서는 일본 사회에 대해 이해하기 위해서는 일본 봉건사회의 역사를 알 필요가 있다고 하며, 천황과 쇼군의 이중통치부터 메이지유신을 거쳐 천황을 정점으로 하는 사회의 구축에 대해 설명했다. 그리고 특히 화족, 사족, 평민이라는 계층과 생활양식에 대해서도 해설했다. 다만 마에다는 단순히 역사적 해설로 일관하지 않고, 유럽을 비판하고 있다는 점도 주목할 만하다. 일본은 1858년 수호통상조약 체결 이후 유럽문화를 적극적으로 받아들이고 있는데, 한편으로 일본이 외국과의 접촉을 기다리지 않고 오히려 외국에 대한 혐오를 품어 온 이유로서 다음과 같은 점을 들고 있다. 하나는 외국인과 기독교로 인해 국내 평화가 위협을 받았다는 것, 그리고 또 하나는 아편전쟁을 비롯한 중국의 참상, 마지막으로 일본의 종교나 규율이 해외 여러 나라로부터 존중받지 못하고 있다는 것이다. 이렇게 마에다는 일본 사회 및 규범에 대한 '존중'을 유럽에 요구하는 일도 소홀히 하지 않았다.[89]

게다가 『경제개혁経済改革』지에도 「일본과 그 개혁의 필요성日本とその改革の必要性」(4월 1일, 4월 15일), 「일본의 농업日本の農業」(5월 15일)이라 제목

을 붙인 글을 기고했다.[90] 이 중 「일본의 농업」은 마에다가 감독한 미타 육종장의 구성에 대해 해설하고 있다. 이러한 정력적인 활동을 통해 마에다가 일본 출품물의 중심을 이루던 도자기와 칠기뿐만이 아니라, 사회나 농업을 비롯하여 일본의 전체상에 대한 '올바른' 지식을 프랑스에서 보급하는 것을 얼마나 중시했는지를 알 수 있다.

마에다가 중시한 분야는 이뿐만이 아니다. 직접 프랑스어로 각본을 써서 「일본미담日本美談」이라는 주신구라忠臣蔵(에도 시대 주군에게 충성을 바친 무사들에 대한 이야기로 널리 인기를 얻었다-역주) 비슷한 연극 대본을 써서 박람회장에서 프랑스 배우들에게 상연시키기도 했다. 마에다가 목적으로 삼은 것은, 첫 번째로 '할복하는 야만인'이라는 오명에서 벗어나기 위해 극중에서 종교(신도, 불교), 습관, 신의, 애정표현 등 '일본 및 일본국민의 혼'을 강조하는 것이었다. 두 번째로, 극중에 기모노, 병풍, 꽃병 등 일본의 공예품을 삽입하여 '일본의 기물, 기모노, 병풍 등의 용법'을 알리는 것이 목적이었다.[91] 이렇게 마에다는 연극을 통해 일본 공예품의 '용법'을 전달하고자 했던 것이다. 이 연극은 많은 관람객을 불러 모았고, 다음 해에도 파리에서 상연될 정도로 인기를 얻었다. 마에다가 일본의 공예품이나 역사에 관한 출판물의 공식 간행과 연극 상연 등을 실천해낸 것은 '일본 문화'를 많은 프랑스 관중에게 알리는 데 큰 효과를 발휘했다고 생각된다.

5. 맺음말

1878년 파리 만국박람회에서 마에다 마사나가 사무관장으로서 일본의 출품 및 전시와 관련해 수행한 역할은 그야말로 지대한 것이었다. 마에다가 내놓은 방향성은 구미의 실용적 목적에 적합한 형태로 제품을 개량하여 수출 진흥을 지향한다는 만국박람회 본래의 이념에 맞는 것이었다고 할 수 있다. 특히 일본 도자기는 파리 만국박람회에서 그랑프리를 획득하고 높은 평가를 얻었다. 단, 이에 대해 여태까지 전문가의 입장에서 일본 전통공예를 높이 평가하고 칭찬했던 프랑스 비평가들이 일본 공예품의 상업주의화로 인한 질 저하를 우려했다는 사실을 부언해 둔다.[92] 특히 비판의 초점은 유럽 취미에 맞도록 이루어진 일본 공예품의 도안이 바뀌거나, 이로 인해 일본 고유의 독창성이 상실된다는 점에 맞춰졌다. 전문가들이 추구했던 것은 서양의 가치관에 적합하도록 상업주의화된 '일본'이 아니라, 서양적 요소와는 이질적인 것으로서 유지된 전통적인 '일본'의 모습이었다. 이 점에서 보면, 유럽 사람들의 기호에 맞춘 출품에 주력한 마에다의 의도는 전문가로부터 좋은 평가를 받았다고 하기는 어려울 것이다.

하지만 한편으로 박람회장에서 전시된 일본 공예품은 많은 부르주아층 소비자에게 환영을 받았고, 널리 수용되었다는 사실도 놓쳐서는 안된다. 실제로 1878년 파리 만국박람회에서 일본 출품물은 높은 매상을 기록했고, 상업적으로 성공을 거두었다 할 수 있다. 그리고 만국박람회 폐막 후에도 일본 도자기의 대불 수출은 확대되었는데, 앞서 말한 대로 10년 사이에 2.7배 증가했다.[93] 일본이 출품한 1878년 파리 만국박람회는 프랑스에서의 일본 공예품 구매층을 넓히고 일본의 상업적 성공을 가져다 준 중요한 계기가 되었다. 그런 의미에서는 1878년 파리 만국박람회에서 마에다가 지향한 수출 진흥책은 큰 성과를 거두었다고 할 수 있다.

어찌 되었건, 1878년 파리 만국박람회에서 '일본'의 문화 이미지는 결코 일방적으로 형성된 것이 아니었다. 마에다 자신도 '전통적' 일본과 '근대화'하는 일본이라는 이중성을 적극적으로 활용했다. 한편, 프랑스 만국박람회 고등위원회나 비평가들이 추구한 것은 일본의 고미술품 등 '전통적'인 일본의 모습이었다. 그러나 출품자가 보여주고자 했던 '일본'상과 개최자 측인 프랑스가 추구한 '일본'상이 반드시 일치하지만은 않았다. 이 불일치는 일본 공예품을 수용한 프랑스인들 사이에도 차이를 초래했다. 그리고 일본 전시장에 발을 들인 관중이나 애호가들 대부분이 일본의 공예품을 구매하게 되었고, '자포니즘'의 전성기가 도래하게 된다. 그러나 비평가들은 이러한 일본 공예품 유행의 흐름 이면에서 서양화나 상업주의화라는 '쇠퇴'의 징후를 발견했다.

박기태 옮김

주석

1 E. Chesneau, "Exposition universelle : Le Japon a Paris", *Gazette des Beaux-Arts*, Paris, le 1er septembre 1878, p.388. 이하, 프랑스어 문헌은 필자가 번역함.

2 仏国博覧会事務局, 『仏蘭西巴里府万国博覧会報告書 付録』第一(1879)에 따르면 일본이 탄 '상패의 수'는 1873년 빈 만국박람회에서는 200점, 1876년 필라델피아 만국박람회에서는 142점, 1878년 파리 만국박람회에서는 242점이었다.

3 대장성(大蔵省)이 편찬한 『大日本外国貿易年表』(국립국회도서관 소장 마이크로 필름 자료, 1964)에서 확인할 수 있는 것은 1880년(메이지 13) 이후 일본 도자기의 대불 수출액이다. 1880년 프랑스에 대한 일본 도자기의 수출액은 7만 8534엔이었으며, 1889년에는 21만 2,979엔이었다.

4 F.Pinot de Vilechenon, *Les Expositions universelles*, Presses universitaires de France, 1992; L.Aimone et C.olmo, *Les Expositions universelles*, 1851-1900, Belin, 1993; 『ジャポニスム』(国立西洋美術館, 1988), ジャポニスム学会 編, 『ジャポニスム入門』(思文閣出版, 2000).

5 마에다 마사나의 전기(伝記)는 다음을 참조. 今野賢三, 『前田正名』(新潮社, 1943), 祖田修, 『前田正名』(吉川弘文館, 1987, 초판은 1973).(원문에는 '今野賢三'가 '今田賢三'로 표기되어 있으나 오기임-역주)

6 1878년 파리 만국박람회에서 활약한 마에다 마사나에 대한 연구는 다음을 참조. 앞의 주(5) 祖田의 책, 岩壁義光, 「明治十一年パリ万国博覧会と日本の参同」(『神奈川県立博物館研究報告書 人文科学』12号, 1985), 樋口いずみ, 「日本の万国博覧会参加における「実演」とその役割に関する一考察――八七八年パリ万国博覧会を事例として」(『早稲田大学大学院教育学研究科紀要』16, 2008.9).

7 제2 제정기에 열린 파리 만국박람회의 개최 경위와, 일본의 1867년 파리 만국박람회 참가 경위에 대해서는 다음 논문에서 논했다. 寺本敬子, 「一八六七年パリ万国博覧会における『日本』」(『日仏歴史学会会報』28, 2013).

8 Journal Officiel de la Republique Française, Paris, le 28 mars 1876.

9 Ibid., le 5 avril 1876.

10 만국박람회 고등위원회의 구성원에 대해서는 이하를 참조. S. de Vandiéres, *L'Exposition universelle de 1878, illustràe*, Calmann-Lévy, 1879, pp.43~44; A.Bitard, *L'Exposition de Paris*, Librairie illustrée, Jes 6, 20 et 27 avril 1878.

11 일본이 1878년 파리 만국박람회에 참가하게 된 경위는 다음을 참조. 앞의 주(6) 岩壁의 글, 寺本敬子, 「フランスにおける「日本文化」の受容と生成――八七八年パリ万国博覧会とジャポニスム」(森村敏己 編, 『視覚表象と集合的記憶』, 旬報社, 2006).

12 勝田孫彌, 『大久保利通伝』下巻(同文館, 1911), pp.520~521.

13 내국권업박람회에 대해서는 다음을 참조. 國雄行, 『博覧会の時代-明治政府の博覧会政策』(岩田書院, 2005).

14 Lettre de Nakano à Teisserenc de Bort, le 16 septembre 1876, "Sections étrangéres,

Commissions nationalres, Japon", Archives du Cabinet du Commissaire général, Exposition universelle 1878, F/12/3496, Archives Nationales(이하, AN으로 줄여 씀)

15 「第九号, 在仏中野代理公使ヨリ会場図価弁規則書送到」(外務省外交史料館蔵, 外務省記録, 『仏蘭西国巴里開設万国博覧会ニ帝国政府参同一件』)(이하, 『参同一件』으로 약칭함)

16 「第十二号, 内務大少丞前件ニ付在仏我公使館ヨリノ報告ヲ回送スル段往書」, 「在仏国公使館報告書」(外務省外交史料館蔵, 『参同一件』).

17 위와 같음.

18 메이지 시대 일본의 만국박람회 참가에 대해서는 다음을 참조. 앞의 주(13) 國의 책, 伊藤真実子, 『明治日本と万国博覧会』(吉川弘文館, 2008), D. Hedinger, *Im Wettstreit mit dem Westen : Japans Zeitalter der Ausstellungen 1854~1941*, Campus Verlag, 2011.

19 1867년 파리 만국박람회와 자포니즘의 관계에 대해서는 다음 논문에서 논했다. 寺本敬子, 「一八六七年パリ万国博覧会とジャポニスム」(喜多崎親 編, 『パリ―一九世紀の首都』竹林舎, 2014).

20 P. Larousse, *Grand Dictionnaire universel du XIXe siècle*, t.16, 1er supplèment, Paris, 1877, p.1003.

21 앞의 주(6) 岩壁의 글, p.98.

22 앞의 주(13) 國의 책, p.58.

23 앞의 주(6) 岩壁의 글, p.108.

24 마에다 마사나의 '자서전'은 마에다의 전 생애를 대상으로 한 것이 아니다. 사쓰마 번 무사 시절부터 1878년 파리 만국박람회에 이르는 시기만 다루고 있다. 前田正名, 「前田正名自叙伝」上・下 (『社会及国家』251・252, 1937), 前田正名, 「上海日記」(『社会及国家』253, 1937).

25 앞의 주(24) 前田, 「前田正名自叙伝」上, 앞의 주(5) 祖田의 책, p.1~11.

26 몽블랑 백작에 대해서는 다음을 참조. 宮永孝, 「ベルギー貴族モンブラン伯と日本人」(『社会志林』47巻, 法政大学, 2000), W.F.Vande Walle, "An Extraordinary Destiny : Count de Montblanc(1833~1894)", in W.F.Vande Walle(ed.), *Japan & Belgium : four centuries of exchange*, Commissioners-General of the Belgian Government at the Universal Exposition of Aichi 2005, 2005.

27 앞의 주(24) 「前田正名自叙伝 上」, p.13.

28 위와 같음.

29 앞의 주(24) 「前田正名自叙伝 下」, pp.89~98.

30 犬塚孝明, 『明治外交官物語―鹿鳴館の時代』(吉川弘文館, 2009).

31 앞의 주(24) 「前田正名自叙伝」下, pp.92~93.

32 위와 같음, p.93.

33 위와 같음.

34 위와 같음, pp.93~96; 앞의 주(5) 祖田의 책, pp.43~46.

35 앞의 주(24), 「前田正名自叙伝」下, p.93.

36 위와 같음, p.95.

37 위와 같음, p.94.

38 위와 같음, p.95.

39 위와 같음.

40 勝田孫彌, 『大久保利通伝』下卷(同文館, 1911), p.57, 앞의 주(5) 祖田의 책, pp.47~48.

41 앞의 주(40) 勝田의 책, p.528, 앞의 주(5) 祖田의 책, pp.47~48.

42 앞의 주(5) 祖田의 책, pp.49~50. 테스랑은 유럽 각국에서 농업경제를 연구하고 1871년에 총감으로서 프랑스 농상무성에 들어간 뒤 1874년에 농업국 차관이 되었다. 그 후 1876년에 농학원을 재건하여 원장을 역임했다. 1879년에는 농상무성 농업국 장관으로 임명되어 과학연구와 교육체제를 재편함으로써 농업교육 발전에 공헌했다. E.Tisserand, *Notice sur les titres et travaux de M.Eugéne Tisserand*, Impr. de l'Etoile, 1883.

43 앞의 주(24) 「前田正名自叙伝 下」, p.96.

44 Lettre de Berger à Krantz, Paris, le 31 janvier 1877, F/12/3582, Direction des sections étrangéres : copies de lettres, AN.

45 앞의 주(24) 「前田正名自叙伝 下」, p.97.

46 앞의 주(5) 祖田의 책, p.55.

47 Rapport adressé par le Directeur des Sections étrangéres au Commissaire général, le 15 janvier 1877, F/12/3492, AN; Lettre de Berger à Krantz, Paris, le 31 janvier 1877, F/12/3492 et F/12/3582, Direction des sections étrangéres : copies de lettres, AN.

48 앞의 주(24) 「前田正名自叙伝 下」, p.98.

49 Lettre de Maeda à Krantz, F/12/3496, AN. 마에다 마사나가 보낸 이 서간은 만국박람회 고등위원회가 발행한 『파리박람회(パリ博覧会)』지에도 게재되었다. Cf. "L'Exposition japonaise", *L'Exposition de Paris*, le 29 juin 1878.

50 앞의 주(40) 勝田의 책, pp.528~529, 앞의 주(5) 祖田의 책, pp.57~58.

51 박람회 사무국에서의 업무를 맡고 있던 마에다는 오쿠보에 의해 미타 육종장장(長)으로도 임명되었다. 마에다는 프랑스에서 수집한 식물 종자나 묘목을 일본에 가지고 돌아와, 이들을 미타 육종장에 심어 농장 개설에 힘썼다. 미타 육종장은 1877년 9월에 개장했는데, 전국에서 각종 농산물을 출품받아 진열하고 우수한 것에는 상을 주는 등 일본 농업 개량에 영향을 주었다.

52 仏国博覧会事務局, 『明治十一年仏蘭西巴里府万国大博覧会報告書』第二篇(1879) pp.1~5, 博覧会倶楽部 編, 『海外博覧会本邦参同史料』第二輯(1928), pp.22~25.

53 위와 같음.

54 위와 같음, Lettre de Matsugata à Krantz, Paris, le 15 avril, 1878, F/12/3496, AN; Commissariat impérial du Japon à Paris, F/12/3493, AN; Liste des Commissaires étrangers et de leurs collaborateurs, F/12/3493, AN.

55 앞의 주(24) 「前田正名自叙伝 下」, p.100.

56 1878년 파리 만국박람회에서 미쓰이 물산회사가 수행한 역할에 대해서는 앞의 주(6) 岩壁의 글, pp.108~119을 참조.

57 앞의 주(24) 「前田正名自叙伝 下」, p.102.

58 위와 같음.

59 앞의 주(52) 『海外博覧会本邦参同史料』第二輯, pp.34~41.

60 위와 같음.

61 앞의 주(52) 『明治十一年仏蘭西巴里府万国大博覧会報告書』第二篇, pp.9~10.

62 위와 같음, pp.6~9. 같은 자료 부록(第一).

63 앞의 주(52) 『海外博覧会本邦参同史料』 第二輯, p.72.

64 위와 같음, 仏国博覧会事務局, 『明治十一年仏国博覧会出品目録』(1880).

65 Lettre de Krants au Ministre de l'Agriculture et du Commerce, le 19 janvier 1877, Direction des sections étrangéres, Copie de lettres, 1876~1879, numéro 1, F/12/3582, AN.

66 메이지 전기 문화재 보호행정의 역사에 대해서는 다음 논문을 참조. 西村幸夫, 「建造物の保存に至る明治前期の文化財保護行政の展開ー「歴史的環境」概念の生成史その1」(『日本建築学会論文報告集』 340, 1984), 枝川明敬, 「我か国における文化財保護の史的展開」(『文化情報学 : 駿河台大学文化情報学部紀要』) 9巻1号, 2002).

67 앞의 주(52) 『明治十一年仏蘭西巴里府万国大博覧会報告書』 第二篇, p.22.

68 伊藤嘉章, 「一八七八年パリ万国博覧会における日仏陶磁の交換」, 『世紀の祭典 万国博覧会の美術』 東京国立博物館, 展覧会カタログ, 2005), p.156.

69 Lettre de Maeda à Krantz, op. cit., F/12/3496, AN.

70 앞의 주(24) 前田, 「前田正名自叙伝 下」, p.100.

71 1876년 11월 25일 호 『르몽드 이류스트레』지에는 샹 드 마르스 박람회장에 세워질 각국 전시장 설계안이 도판으로 게재되었다. "La section étrangére de l'Exposition de 1878", Le Monde illustré, le 25 novembre 1876.

72 Lettre de Maeda à Krantz, op. cit., F/12/3496, AN. 베르제는 프랑스 만국박람회 고등위원회에서 외국담당국장을 맡은 인물이다.

73 CF G.Hippolyte, Les Chriosités de l'Exposition universelle de 1878. Guide du Visiteur, Librairie Ch.Delagrave, 1878, p.35 : "La caractéristique du Japon est une grande simplicité".

74 앞의 주(52) 『明治十一年仏蘭西巴里府万国大博覧会報告書』 第二篇, p.21.

75 CF Lettre de Maeda à Berger, le 18 mars 1878 dans "Sections étrangéres, Commissions nationales, Japon, numéro 19", F/12/3496, AN.

76 今野裕子, 「一八七八年パリ万博と日本陶磁器ー日本の茶陶への関心はどのようにして芽生えたか」(『国際文化学』 6号, 2002).

77 Lettre de Maeda à Berger, le 22 janvier 1878 : Lettre de Maeda à Krantz, le 6 février 1878 dans "Section de l'Agriculture, Expositions étrangéres, Japon, Ferme, Parc du Trocadéro", F/12/3232, AN.

78 앞의 주(5) 祖田의 책, pp.60~61, 앞의 주(51)을 참조.

79 앞의 주(24) 前田正名, 「前田正名自叙伝」 下, pp.100~101. Catalogue officiel : liste des récompenses, Impr. nationale, 1878.

80 위와 같음, p.102.

81 앞의 주(52) 『海外博覧会本邦参同史料』 第二輯, p.49.

82 La Commission impériale du Japon, Le Japon à L'Exposition universelle de 1878 Première partie : Géographie et histoire du Japon, Paris, 1878; La Commission impériale du Japon, Le Japon à L'Exposition universelle de 1878, Deuxiéme partie : Art, éducation et enseignement, industrie, productions, agriculture et horticulture, Paris, 1878.

83 Préface : Ibid., Première partie. 마쓰카타 마사요시의 1878년 유럽행에 대해서는 藤村通監修, 『松方正義関係文書』 第一巻(大東文化大学東洋研究所, 1979), pp.381~486.

84 앞의 주(52) 『明治十一年仏蘭西巴里府万国大博覧会報告書』 第二篇, pp.25~28. 앞의

주(52) 『海外博覧会本邦参同史料』第二輯, p.49.

85 M.Maeda, "Les Laques du Japon", *La Revue scientifique de la France et de l'Etranger*, le 15 juin 1878.

86 Matsugata et Maeda, "Porcelaines et faiences japonaises", *La Revue scientifique de la France et de l'Etranger*, le 22 juin et le 29 juin 1878.

87 La Commission impériale du Japon, *Le Japon à L'Exposition universelle de 1878*, Deuxiéme partie, op. cit., p.23~81.

88 Matsugata et Maeda, *Porcelaines et faiences japonaises. Histoire et fabrication*, Paris, 1878; La Commission impériale japonaise, *Les Laques et la céramique du Japon*, Yokohama, 1879.

89 M.Maeda, "Société japonaise", *La Revue scientifique de la France et de l'Etranger*, le 10 août 1878.

90 M.Maeda, "Le Japon et ses réformes nécessaires", *La Réforme économique*, le 1er avril et le 15 avril, 1878; "L'agriculture au Japon", le 15 mai 1878.

91 앞의 주(5) 祖田의 책, pp.66~67, 앞의 주(24) 前田正名, 「前田正名自叙伝」下, pp.102~103.

92 앞의 주(11) 寺本의 글.

93 앞의 주(3) 『大日本外国貿易年表』.

'은자隱者의 나라' 조선 사대부의 미국 문명견문록*

출품사무대원 정경원鄭敬源과 1893년 시카고·콜롬비아 세계박람회

육영수(陸榮洙)

1. 1893년 시카고 세계박람회와 동아시아—누구를 위한 세계박람회인가?

1851년 영국 런던 수정궁 세계박람회를 시작으로 19세기 말과 20세기 초에 전성기를 구가했던 세계박람회는 서구가 주도했던 근대화·국제화·문명화 사명의 도구이며 결정판이었다. 대부분 서유럽과 미국에서 개최되었던 세계박람회는 첨단의 과학기술제품이 데뷔하는 흥업興業 무대였고, 피부색깔이 다른 나라들이 상호교류했던 국제 사교장이었으며, 만국공법과 같은 보편지식을 배우는 계몽의 교육장이었다.[1] 에펠탑과 회전식 관람기구Ferris Wheel, 인종 전시장과 세계종교집회 등으로 대변되는 19세기 후반의 세계박람회는 근대적 구경꾼과 시각문화의 요람이었으며,[2] 상업적 소비사회와 사회진화론적 민족주의가 경쟁하는 아레나arena였다. 말하자면, 거대한 영토적 점령, 규모의 경제와 집약적인 노동력, 인위이며 멋진 도회지 풍경landscape 등으로 특징 지워지는 '고

체근대', '무거운 근대', 혹은 '하드웨어 근대'[3]의 총체적인 표상물이 19세기 후반에서 20세기 전반 사이에 개최되었던 세계박람회의 역사적 성격이었다.

1893년 미국 시카고에서 개최되었던 '콜럼버스 세계박람회World's Columbian Exposition'(이하 '시카고박람회'로 약칭)도 예외가 아니었다. 1876년 필라델피아 세계박람회가 흑인노예 문제로 분열되었던 미국이 남북전쟁(1856~1865) 후 통일국가로 성장했음을 공표하는 국제행사였다면, 1893년 시카고박람회는 미국이 세계제국으로 발돋움하려는 도약대였다.[4] '아메리카주의Americanism' 혹은 '미국 예외주의'를 구성하는 도덕적 개인주의, 자민족 중심주의, 문명적 우월주의 등의 이데올로기가 시카고박람회를 통해 선전·전파·강화되었다.[5] '콜럼버스 신대륙 발견 400주년'을 기념한다는 박람회의 공식명분에도 이런 야망이 묻어있다. '아메리카합중국United States of America'은 1492년 10월 12일에 발생했던 '카스티야 사람들의 바하마 침략'이라는 하찮은 사건을 '신대륙 발견'이라는 거창한 이름으로 포장해 '콜럼버스 기념일' 국가공휴일로 지정했다. '제노아 출신의 모험가'에 불과한 콜럼버스를 데카르트가 규정한 '생각하는 자아ego cogito'가 코르테스Hernán Cortés가 대변하는 '정복하는 자아ego conquiro'로 이행하는 결정적인 전환점에 선 역사적 위인으로 홍보함으로써 19세기 말에 진행되는 미국의 제국주의적 정복과 팽창에 합법성을 부여하려는 것이 시카고박람회의 또 다른 목표였다.[6]

콜럼버스의 신화를 '발명'함으로써 세계강국으로 발돋움하려는 시카고박람회의 의도는 여러 형식으로 실천되었다. 애국주의를 고양하기 위해 고안된 '국기에 대한 맹세'가 시카고박람회 개최에 맞춰 특별히 제정된 것은 우연이 아니었다.[7] 또한, 유명한 '프런티어 테제Frontier Thesis'가 시카고 박람회장에서 발표되었음에 주목해야 한다. 당시 소장역사가 터너Frederick Jackson Turner(1861~1932)는 1893년 미국역사학회 연례학술대회에서 프런티어는 "야만과 문명의 접촉지점"이며 "가장 신속하고도 효과적인 미국화Americanization의 경계선"이라고 선언했다.[8] 미국이 지향하는 개인주의, 개척정신, 진보주의는 서부개척으로 완료된 것이 아니라 태평양 저 너머 미지의 영토로 확장되어야 할 미완의 과제라고 그는 강조했다. 미국 인류학자들도 프런티어 테제에 맞장구쳤다. 시카고박람회에서는 '인류학 건물Anthropology Building'로 명명된 전시관이 처음으로 선보였는데, 이곳은 미국 인종의 우월함을 과학적으로 과시하는 장소였다. 하버드대 민족(인종)학과 Department of Ethnology 푸트남Frederic Ward Putnam 교수는 2만 5천 명에 달하는 백인 남녀의 체형을 채집하여 '오리지널 조상에 가장 완벽하게 부합되는 가장 완전한 타입의 미국 남성과 여성'으로 조합하여 각각 '아담'과 '이브'로 명명했다.[9] 더 이상 유럽 국가들을 모방하거나 뒤쫓는 대신, 새로운 원조元朝로 뽑힌 아담과 이브를 중심으로 이제부터는 미국이 인류문명을 선도할 것임을 선언한 것이다. 시카고박람회 공식모토인 "예루살렘이 이곳 (시카고)에 건설되었는가?And Was Jerusalem Builded Here?"라는 질문에 대답한 것이다.

아메리카니즘으로 구현된 새로운 예루살렘을 '지구 끝까지' 전파하려는 시카고박람회의 초대에 아시아 여러 국가들이 응했다. 1893년 세계박람회는 "서구의 모든 식민지 국가들이 전시대를 마련한 최초의 세계박람회"[10]라고 홍보되었는데, 아시아에서는 영국 식민지였던 실론과 인디아 등이 들러리로 포함되었다. 독립된 동아시아와 동남아시아 국가들

중에서는 샴Siam(오늘날의 Thailand), 조선, 일본 등 3개국이 공식적으로 대표단을 파견했다. 일본은 일찌감치 1867년 파리세계박람회에 최초로 참가한 이래, 1873년 비엔나세계박람회, 1876년 필라델피아세계박람회 등에 연속으로 참가했다. 아편전쟁 이후 서양열국에 시달리던 중국은 세계박람회에 기웃거릴 여력이 없었다. 시카고박람회에는 1882년 '중국인 이민금지법Chinese Exclusion Act'보다 더 엄격한 '기어리법Geary Act'이 1892년에 미국에서 통과되자 항의 표시로 불참했다. 중국은 공식적으로는 처음으로 1900년 파리세계박람회에 참석했다. 조선은 1876년 일본과의 수교 이후 1882년에 미국과 수교한 것을 신호탄 삼아 독일, 프랑스, 러시아, 이탈리아 등 서양 여러 나라들에게 문호를 개방했다. 시카고박람회는 국제사회의 새내기 조선이 참석하는 첫 세계박람회였다.[11]

조선(한국)의 세계박람회 참석에 관한 국내외 선행연구들은 양적·질적으로 다소 빈약하다. 1893년 시카고박람회 참가 100주년을 기념하여 개최된 1993년 대전세계박람회를 계기로 과거 조선의 세계박람회 참여 배경을 탐구하려는 논문들이 뒤늦게 선보였다. 그리고 2012년 여수 해양세계박람회 개최를 전후로 세계박람회의 이모저모를 소개하는 서적들이 활발하게 출간되었다.[12] 1893년 시카고박람회와 1900년 파리세계박람회에 한정해서 분석하면, 국제정치적인 이해관계와 조선 문화예술의 첫 해외 나들이라는 관점에 초점을 맞춘 연구들이 주류였다. 말하자면, 만국공법에 근거한 독립국가로서 주권을 전 세계에서 인정받으려는 외교적인 게임으로 평가하거나,[13] 전시관과 전시물품에 대한 실증적인 추적과 복원 등 박물관학적인 주제로 접근하려는 경향[14]이 지배적이었다. 최근에는 세계박람회에 각인된 서구중심주의와 오리엔탈리즘이 조선의

박람회 참석에 어떻게 투영되었는지를 관찰한 논문들도 이어졌다.[15]

유감스럽게도 대부분의 선행연구들은 세계박람회에 참석한 개인들의 감상感想과 목소리를 간과·과소평가했던 약점을 가진다. '국가', '문명', '국제화', '근대화', '민족주의' 등과 같은 거대담론적인 키워드로 박람회를 해부하고 수렴함으로써 그 국제행사를 움직인 실질적인 역할은 실명을 가진 개인들이었다는 당연한 사실을 망각한 것이다. 문화적 전통과 역사적 배경이 각기 다른 나라에서 파견된 박람회 대표자들은 타자와 낯선 문명을 어떻게 이해·전유했을까? 세계박람회에서 획득한 지식과 경험은 특정 개인의 세계관을 변화시켰는가? '박람회에 관한 사적인 기억'이라는 미시적 차원에서 재조명한 세계박람회는 국가와 문명이라는 거시적 차원으로 서술된 기존의 역사와 어떻게 다른가? 출품사무대원 자격으로 시카고박람회에 파견되었던 40대 초반의 한 사대부士大夫 남자의 사례연구를 통해 이런 물음에 대답해 보려는 것이 이 논문의 목표이다. 한 개인의 언어로 재창출된 세계박람회의 또 다른 모습을 재발견함으로써 기존연구의 한계를 미력하나마 보완하려는 의도이다.

2. 개인과 직업─출품사무대원 정경원은 누구인가?

시카고박람회 개최를 코앞에 둔 1893년 3월 12일에 고종은 출품사무대원으로 정경원鄭敬源(1851~1898)을 임명했다. 그는 1890년 사십이라는 늦은 나이에 과거시험을 통과해 홍문관弘文館 하급관리로 공직을 시작한 신참이었다. 1891년에는 왕세자를 교육하는 겸사서兼司書를 겸

처 1893년에는 정3품 직급에 해당하는 참의내무부사參議內務府事로 빠르게 승진했다.[16] 중국 천진의 조선공사관에 짧게 근무한 것을 제외하면 해외 체류 경험이 부족하고 영어를 한 마디도 못하는 정경원이 시카고 박람회 대표자로 뽑힌 배경은 무엇일까?[17] "민상서閔尚書로부터 편지를 받아 미국박람회에 파원으로 파견된다는 사실을 알게 되었다"는 일기 내용으로 미루어 그가 당시 세도가인 민비 가문의 후원을 받은 것으로 짐작된다. 어쩌면 집안 배경도 초라하고 공직 경험도 일천한 정경원을 발탁하여 정치적인 편견이나 권력의 이해관계에 영향 받지 않고 미국 문명에 관한 객관적인 보고를 받기 원했던 고종의 의도가 반영된 선택일 수도 있으리라.

정경원은 1893년 3월 23일(이하 양력날짜 기준) 일본 기선伊勢丸에 몸을 실고 제물포를 출발하여 박람회 개막 3일 전인 4월 28일에 시카고에 도착했다. 공식적인 박람회대표단은 행정사무원 최문현崔文鉉과 통역사 안기선安琪善 및 축하사절단인 국악단원 10명 등 모두 13명으로 구성되었다. "비록 영어를 할 줄 아나 본래 숙달이 덜 되어 통역하는 일이 심히 소략疏略"했던 안기선의 업무는 시카고 현장에서 고용된 영어에 능숙한 미국유학생 2명(박영규와 서병규)이 대신했다.[18] 고종이 미국대통령에게 축하의 표시로 특명으로 파견한 '어전법악御前法樂의 일부'인 국악단원들은 박람회장 입장과 숙박에 다소 문제가 있었지만, 개막일인 5월 1일에 클리블랜드 대통령이 조선전시관이 소재한 제품전시관을 지나갈 때에 맞춰 풍악을 울려 그들의 임무를 완수했다.[19] 그러나 "(박람회) 개회 이후엔 다소 소용되는 것이 아니었"고, "그들의 의관은 이색적인 양식을 하였으며 언어가 불통하며", 단체로 외출 시에 차비가 비싸고 숙박료도 감

KOREAN WORLD'S-FAIR COMMISSIONERS.

〈그림 1〉 시카고 세계박람회에 참석한 조선 대표단

당하기 어렵다는 이유로 국악단원들은 5월 3일 시카고를 떠나 조선으로 돌아가는 기선에 몸을 실어야만 했다.[20] '조선 전통문화예술의 최초의 해외선양'[21]은 단 한 차례의 깜짝 공연으로 아쉽게 막을 내렸던 것이다.[22] 정경원은 박람회 개최지인 시카고에서의 4개월 체류를 포함해 총 184일을 미국에 머물렀다. 그의 구체적인 체류도시와 여행경로 및 체류도시와 체류기간은 아래와 같다.

부산항(3월 25일) → 일본 적마관(赤馬關) : 3월 26일 → 고베(神戶) : 3월 27일 → 기차로 이동하여 도쿄 도착·체류(3월 28일~4월 5일) → 요코하마 : 4월 6일 → 요코하마 출발 : 4월 8일 → 미국 샌프란시스코 도착·체류 : 4월 23일(현지 날짜는 4월 22일)~4월 24일 → 샌프란시스코 출발 시카고 행 열차 : 4월 24일 → 시카고 도착·체류 : 4월 28일~5월 18일 → 워싱턴 D. C 도착·체류 : 5월 20일~7월 18일 → 시카고 귀환·체류 : 7월 19일 ~9월 30일 → 세인트루이스 방문 : 10월 1일~10월 4일 → 시카고 귀환·체류 : 10월 5일~10월 30일 → 귀국 후 고종 복명 : 12월 18일

미국에서 약 6개월간 머물렀던 정경원은 자신이 보고 듣고 직접 체험했던 일상을 여러 형식의 글들로 남겼다. "외국의 정형情形을 탐구하고 천하의 시세를 관찰하여 조야에 보고"함으로써 "대소백공大小百工을 (조선인들이) 모두 알게 되고 곧 교의交誼를 돈독히 하는 것을 좋아하게 되고 인재를 널리 구하여 나라와 백성을 이롭게 하는데 효과"를 기대했기 때문이었다. 시카고박람회 소개와 감상소감을 합친 『박람회약기博覽會略記』, "미국의 정치·풍속·기계 제조 등 일에 대하여 상세히 묻고 널리 방문한 것"을 기록한 『참호견문록參互見聞錄』, "귀와 눈으로 接하고 마음으로 物과 접촉하여 느끼고 漫筆"로 서술한 『잡식雜識』, "고금의 문자 중에서 西國의 풍속을 기록하여 자료로 認證된 것"을 종합한 『봉사기奉使記』 등이 그것이다.[23] 그는 이 자료들이 "들은 바를 모두 통변通辯하고 전하였으나 거짓의 잘못된 점이 있을 수밖에 없고 본 바가 피부와 털에 불과하니 심오하게 보고 익힌 것은 아니었다"고 겸손해 했다. 흔히 '정경원문서'로 통칭되는 이 자료들은 한 세기 이상 그 존재조차 확인되지 않

고 후손들이 소장해 오다가 1998년에야 역사가 이민식에 의해 발굴·번역되었다.[24]

'정경원문서'는 몇 가지 측면에서 사료적 가치와 역사적 중요성을 갖는다. 첫째, '정경원문서'는 조선의 초대 주미공사 박정양朴定陽이 쓴 최초의 미국견문록인『미행일기美行日記』, 이범진 주미공사가 남긴『미사일록美槎日錄』, 조선 최초의 미국유학생 출신 유길준이 쓴『서유견문西遊見聞』등과 함께 19세기 말 미국의 정치경제와 사회문화를 현장에서 관찰한 주요 사료 중의 하나이다.[25] 미국과의 수교 직후 1883년 7월에 파견된 민영익을 대표로 한 '보빙사報聘使' 일행이 미국에 3개월 동안 체류하면서 아무런 기록을 남기지 않았다는 사실을 기억한다면,[26] 6개월 체류기록인 '정경원문서'의 사료적 유용성이 부각된다. 둘째, '정경원문서'는 한국인이 남긴 세계박람회 현장기록물 중에서 지금까지 공개된 유일한 사료이다. 그와 동행했던 통역관들이나 국악단원들이 남긴 시카고박람회 관련 기록들이 아직까지도 발견·공개되지 않았다. 또한 조선이 시카고박람회에 이어 두 번째이자 마지막으로 참석했던 1900년 파리세계박람회에서 조선 대표단이 남긴 기록도 전혀 없다.[27] 그러므로 '정경원문서'야말로 조선인의 세계박람회에 대한 인상印象과 비평을 담은 생생하고도 매우 귀중한 보물인 것이다. 셋째, '정경원문서'에 등장하는 특정 번역어와 서양외래어 한자표기법은 당시 조선지식인의 언어세계의 변천과정을 해독할 수 있는 기준이 된다. 근대문물과 서양사상을 표현하는 중국식 혹은 일본식 한자사용범례를 통해서 '에크리튀르Ecriture' — 글쓰기의 형식과 전략 및 스타일 등 — 에 각인된 변화된 시대정신을 감지할 수 있는 언어역사학적 가치를 지닌 것이다.[28]

3. 사람과 사람－정경원은 미국에서 누구를 만났는가?

정경원이 미국에 체류하면서 만났던 인물들을 편의상 세 부류로 나눌 수 있다. 첫 번째 집단은 그가 출품사무대원 신분으로 공무수행을 위해 만났던 사람들이다. 고종이 정경원에게 내린 칙서에 따르면, 양국수교 10년이 경과한 시점에 개최되는 시카고박람회에 그를 파견한 것은 "미국 및 각국과 공히 우의와 화목을 돈독히 할" 목적이었다.[29] 그에게 부여된 이런 공무를 충실히 수행하기 위해 그는 시카고박람회 사무총장 토마스 팔머Thomas Palmer, 박람회 평가위원 게이지Lyman J. Gage, 여성부전시관 Woman's Building 관장 버사 팔머Bertha Honoré Palmer, 클리블랜드Stephane Grover Cleveland 미국대통령, 그레샴Walter Q. Gresham 국무장관 등을 만났다. 정경원 이 각국 외교사절과 박람회 대표단을 초대하여 9월 5일에 개최한 감사·송 별파티 연설[30]에서 밝힌 것처럼, '은자의 나라'였던 조선은 최초로 세계박 람회에 대표단을 파견함으로써 "각기 다른 사람들의 언어·문학·종교· 과학·예술·공공기관 등에 관한 우애적 화합의 교훈"을 배우려고 노력했 다.[31] '조선의 위대한 친구' 미국의 부름에 응하여 시카고박람회 참가국들 의 숫자와 규모가 더욱 빛나는 데 미력하나마 기여하려는 의도였다.

정경원이 만난 두 번째 부류는 공무와는 공식적인 연관이 없지만 비 공식적으로는 연관된 인물들이다. 일본 출품대원 염전진鹽田眞과 미국 주재 청나라 참찬관 팽광예彭光譽이 이 경우에 해당한다. 정경원과 염전 진의 첫 만남은 요코하마에서 출발하는 샌프란시스코 행 선상船上에서 이루어졌다. 염전진은 "나는 21년 전(1873) 구주歐洲 오지리奧地利 유납 부維納府(비엔나) 만국대박람회萬國大博覽會 일급사무관 및 심사관이 되어

도선渡船하였고 18년 전에는 미국 비납특비費拉特費(필라델피아)에 미국 독립 100주년 기념회(1876년 필라델피아 세계박람회)가 개최되었을 적에 역시 같은 직책을 띠고 참가한 바 있습니다"라고 자신을 소개했다.[32] 정경원은 4월 14일 자 일기에 "이 배에는 양인洋人이 많이 타고 있어 언어·문자가 통하지 못하여 미련스럽게도 얻는 것은 없었다. 오로지 일본인 염전진이 박람회 일로 시카고로 가는 중이라 문사文辭 사용이 가능하여 만나 많이 술을 마셨다"고 적었다.[33] 서구문명은 물론 세계박람회에 대한 기초지식마저 빈약했던 정경원은 염전진에게 미국 입국절차, 환전 및 화물 통관 등에 대한 실용적인 도움을 얻었다.

정경원과 염전진은 박람회 개최기간에 시카고에서 다시 만나 전시관 준비현황과 전시물품 등에 관한 정보를 교환했다. 정경원은 웅대한 일본 전시관과 질적·양적으로 우월한 일본 전시품과 비교해서 조선의 그것들은 초라하고 볼품이 없다고 부끄러워했다. "아시아 여러 나라 중에서 귀국이 유독 먼저 개항하여 기기제도가 유럽 여러 나라와 겨루고 있으니 어찌 나라가 번성하지 않겠"는가 하며 일본의 재빠른 서양화를 '청출어익靑出於益'에 비유했다.[34] 정경원의 칭찬에 염전진은 "일본은 무릇 개국開國에 관한 일을 점차적으로 수행하지 않고 급진적으로 수행하고" 있다고 신중하게 응대했다.[35] 친분을 쌓은 두 사람의 대화는 때로는 민감한 정치문제로까지 옮겨갔다. 염전진이 조선에 민란이 발생했다는 외신을 언급하자, 정경원은 동학도들이 일으킨 '미치광이 소란'은 다행히 평정되었음을 귀띔해 주었다.[36]

정경원은 청나라 외교관 팽광예를 8월 16일에 시카고에서 처음 만났다. 그는 조선이 외교적으로 여전히 청나라 속국임을 주장하면서 주미

조선 초대 공사 박정양을 1888년에 강제 귀국시키는데 앞장섰던 인물이었다. 그는 조선에서 파견된 출품사무대원을 감시하고 청국에 우호적인 인물로 섭외하기 위해 정경원과 자주 만났다. 정경원은 펑광예와 "필담을 나누었다"고 일기에 적었는데 수담手談 주제와 토론내용에 대해서는 생략하고 단편적인 인상印象만을 간략히 남겼다.[37] 일본 박람대원 염전진과 나눈 대화를 일기와 다른 별도의 형식으로 남겼다는 것과 대조적이다. 조선 외교관에 대한 집요한 괴롭힘의 나쁜 기억과 '지는 해' 청국에 대한 냉담한 반응이었을까? 사실, 중국·청나라에 대한 부정적인 언급이 '정경원문서'에서 드러난다. 그는 박람회 공사에 동원된 청나라 노동자를 "스러질 듯 위로 쳐다보면서 일하는 것을 상세히 보니 나무로 만든 인형木偶人"처럼 보인다고 측은해 했다.[38] 정경원은 또한 "서양인들은 중국을 지나支那라고 부르는 것이 오래"임을 환기시킴으로써[39]함으로써 조선 사대부들이 오랫동안 사용했던 '중화中華'라는 명칭에 묻어있던 신성한 아우라를 털어버렸다. 요약하자면, 정경원이 '필담을 주고받으며' 염전진과 펑광예 사이를 왕래했던 것은 중화주의의 원심력과 근대 메이지일본의 구심력 사이에서 설왕설래 했던 19세기 말 조선의 진면목이었다.

정경원이 만난 세 번째 부류는 일반 미국인들이었다. 그가 워싱턴의 스미소니언 박물관을 방문했을 때 정경원 일행이 입은 낯선 의관을 보고 "고려의 물건이 저기 있다"고 놀렸던 미국아이들과의 만남도 이에 속한다. 그는 초등학생들이 박물관에 전시된 세계 각국의 의복이나 민속품을 공부하여 낯선 동양인의 정체를 맞추었으니 "박물원 설립이 진정 쓸모 있는 것이군!"이라고 냉소했다.[40] 세인트루이스를 방문했을 때 그가 조선인임을 알고 "미국이 좋습니까?" 하고 호기심을 표현했던 13세 미국소녀와 "많은 번민과 한恨은 통하지 못하나 대화하여 보기를 원한다"며 시내 관광을 안내했던 '어떤 유망한 노인'도 정경원이 현지에서 우연히 만난 보통 미국인들이었다.[41]

정경원이 우연히 만났던 일반 미국인들 중에서 가장 기억할만한 인물은 그리피스William F. Griffis(1843~1928)였다. 정경원은 5월 2일 자 일기에 "미국인으로 문학文學을 하는 사람이 (조선전시관을) 내방하여 오랫동안 담론하였다"고 기록했는데, 그가 바로 『은자의 나라 한국Corea, the Hermit Nation』의 저자인 그리피스였다.[42] 이 책은 1882년에 간행된 이후 조선에 관심이 있는 학자, 선교사, 모험가, 사업가, 관광객 등에게 인기를 얻었던 '조선의 역사와 문화에 관한 표준 텍스트'였다. 일본 정부 초청으로 1870년부터 3년간 일본대학에서 과학을 가르쳤던 그는 귀국 후 극동전문가로 변신했다. 그리피스는 환태평양 시대의 도래를 예견하고 미국이 "위대한 태평양 강대국Great Pacific Power"으로 성장하기 위해서는 극동에 거점을 확보해야 한다고 확신했다.[43] 사망 직전인 1927년까지 '은자의 나라'를 방문하지 못했던 그리피스는 미국을 방문하는 조선인들과 직접 만나서 조선에 대한 부족한 지식을 벌충하려 뉴욕 주에서 시카고까지 달려와 조선 전시관을 노크했다. 그리피스는 '거인giant 중국'과 '강자athlete 일본'의 권력다툼으로 "호두깎이에 낀 호두" 신세가 된 '피그미pigmy 조선'이야말로 태평양권에서 미국이 강대국으로 도약할 '지레받침fulcrum'으로 기능할 지정학적 중요성이 있다고 강조했다.[44]

조선 외교관을 만난 오랜만의 귀한 기회가 헛되지 않도록 그리피스는 정경원에게 조선의 역사문화에 관한 많은 질문을 던졌다. 그리피스가 조선에서 학문적으로 가장 으뜸가는 인물이 누구인가 묻자, 정경원은 퇴계李滉와 율곡李珥이라고 대답했다. 또, 조선이 주자학이라는 학문文에 치중하고 군비軍備에 소홀함으로써 최근에 국세國勢가 위태롭게 되었다는 그리피스의 지적에 정경원도 공감했다. 두 사람이 (박용규의 통역으로) 나눈 대화의 하이라이트는 '조선 나라말'에 관한 논쟁이었다. 그리피스는 조선정부는 왜 백성들이 배우기 쉬운 '국문(한글)'을 업신여기고 "죽을 때까지 가르쳐도 어려운" 한문淸國文을 아직까지도 공식문자로 쓰느냐고 힐난詰難했다. 정경원은 한글은 "말言語로만 되어 있는 고로 음音은 있으되 뜻이 없"다는 약점이 있는 반면에, "한문은 음과 뜻 둘 다 있어 가히 전후前後로 막힘이 없고 성현이 이바지한 것은 심법心法·정치政治가 다 이 한문에 실려 있어" 조선 사대부가 숭상한다고 설명했다.[45] 자기 나라 말도 인정하지 않는 조선이 어찌 자주국가임을 자처하느냐는 그리피스의 가시 돋친 비난에 정경원은 같은 논리에 따르면 영어를 쓰는 미국도 아직 영국의 속국屬國이 아니냐고 항변했다.

두 사람의 대화는 어수선한 현장 분위기 속에서 마무리 되었지만, '조선문제 전문가' 그리피스의 활동은 지속되었다.[46] 조선의 시카고박람회 참가로 높아진 학계와 일반 교양인들의 관심을 반영하여 미국지리학회American Geographical Society는 『은자의 나라』 저자 그리피스를 공개 강연자로 초대했다. 비록 조선을 아직 방문해 보지는 못했지만 '은자의 나라'에 관한 자신의 지식은 "미국이나 일본에서 살고 있는 조선인들로부터 획득한" 생생한 것이라고 자랑했다.[47] 그리피스는 자기 나라말의 중요성조차도 깨닫지 못하는 최근에 만난 무지한 조선 출품사무대원(정경원)을 꾸짖기라도 하듯이, 한 나라의 언어는 역사문화의 거울이며 전통사상의 보물창고라고 역설했다. "조선은 극동에서 진정한 알파벳을 만든 유일한 국가"로서 한글은 "세계에서 가장 완결한 문자의 하나이며 완전히 이성적이며 정확한 음성학적·언어학적 원칙에 입각한 진정한 제 나라 알파벳"이라고 극찬했다.[48] 그리고 '은자의 나라' 조선은 서양문명과 기독교를 영접하기 이전의 '낡고 개혁되지 않았던 일본'과 현재 유사한 문명단계에 있으며, "새로운 조선은 새로운 일본의 모델을 따라 상승할 것"이라고 그리피스는 전망했다.[49]

4. 유람遊覽 혹은 감성교육 — 정경원은 미국에서 무엇을 보고 체험했는가?

'은자의 나라'에서 찾아온 정경원은 공무 외에도 미국문명에 대한 옵서버observer 역할을 능동적으로 수행했다. "국교 활동역할이 정하여졌으나 시론時論이 분명하기 때문에 박람회 일이 끝나면 문을 닫고 누워서 쉬거나 스스로 유람을 할 수 있었"다.[50] 이런 짬과 여유를 활용하여 그는 시카고 외에도 샌프란시스코, 워싱턴 D. C. 세인트루이스 등을 여행하면서 국립묘지와 국회의사당, 스미스소니언 박물관, 우체국과 신문사, 식물원과 동물원, 조지 워싱턴 생가生家, 퇴역군인 복지관 등 다양한 곳을 견학했다. 영어를 전혀 못함에도 불구하고 그는 미국·영국·프랑스·독일·일본·시암(태국) 등이 주최한 사교파티에 적극적으로 참석하여 견문을 넓히려고 애썼다. 심지어 박람회 개최기간 일요일에 상점을 열 것인가 말 것인가를 둘러싼 5시간이 넘는 열띤 시민공청회에도 모습을 드러냈다. 미국시민들이 자유롭게 갑론을박 하면서 다수결 원칙으로 공청회를 마감하는 광경

"Jueng Kiung Won Marvels at Western Ways"
The Chicago Times, May 24, 1893

〈그림2〉 시카고 시민 공청회를 견학하는 출품사무대원 정경원

을 지켜본 그는 "서양 방식에 놀라는 (조선출품사물대원) 정경원Jueng Kiung Won Marvels at Western Ways"이라는 캡션과 함께 조선 전통관복을 입은 "in the full blaze of the Corean court costume" 인물삽화의 주인공으로 시카고 지방신문 독자들에게 선보였다.[51]

서양에 첫발을 디딘 호기심 많은 '초짜 여행객'에게 미국문명은 놀라움의 연속이었다. '불을 켜서 사다리꼴로 밤새도록 쉬지 않고 빙빙 돌아가는 옥玉으로 만든 함艦'(네온사인), 바다고기를 '파리방玻璃房'(어항)에 분류하여 키우는 수족관, 물줄기가 수직으로 길게 위로 올라가는 '신인神人', 변소 볼일을 "향긋하고 청결하게" 세척하는 '용수법用水法' 등은 정경원이 직접 보고 체험했던 미국 과학기술 문명의 산물들이었다.[52] 그는 전문적인 노동 분업에 기초한 생산적인 작업공정과 정확하고 합리적인 시간관념이 미국 산업발전의 원동력이라고 파악했다.[53] 미국이 자랑하는 과학기술 문명과 실용주의에 대한 경이로운 호감에도 불구하고, 정경원은 주자학적 세계관의 견고한 갑옷을 탈피하지 못했다.

정경원의 주장에 따르면 동양 유교에도 미국 민주주의와 유사한 전통이 존재했다. "귀천존비의 구분이 없고 자유권이 백성에게 있게 하여 비록 대통령의 존귀함도 백성과 다름이 없"을 정도의 평등권이 미국에서

보장되지만, 자유권은 "우리의 유가儒家에도 있는 말"이라고 정경원은 확인했다. 유가에서의 자유권이란 "모두 예를 따라 법을 지키는 것"으로서 "천리인정天理人情에 합치되는 것"이라고 그는 해설했다.[54] 동아시아에서 오래전부터 사용되었던 '자유自由'라는 한자어를 정경원은 "제멋대로 하기"라는 전통적이며 부정적인 의미로 이해하여 '수신제가치국평천하修身齊家治國平天下' 담론에 종속되어야 부품으로 취급했다. 그 연장선상에서 그는 만약 "내행內行이 부정한 집의 사람이 자유권을 가지면 몽매와 압력과 핍박의 환患이 되어 (…중략…) 가족들에게 이로운 것이 없다"고 경계했다.[55] 일본에서 서양 근대정치사상의 핵심어인 'freedom'과 'liberty'가 '자유'라는 긍정적이며 개인적인 권리라는 의미로 새롭게 번역되어 정착된 것이 1880년대 전후 무렵[56]이었다는 것을 상기한다면, 미국정치제도에서 작동하는 자유라는 개념을 정경원은 이기적인 개인주의를 조장하는 위험하고 부정적인 단어로 전유專有했던 것이다.

미국문명의 특징을 유교주의로 덧칠해서 전유하려는 정경원의 시각은 구체적인 정치제도에도 적용된다. 만약 서양이 자랑하는 '공화정共和之政'이 민의民意를 대변하는 의원들의 토론정치議員之議에 다름 아니라면, "대신大臣이 의정議政하고 육조六曹가 행정하며 헌부憲府가 사법絹政을 관장"하는 삼대제도三代制度를 실시하는 조선도 마땅히 공화정 국가에 속한다고 그는 확신했다[57] 서양근대 정치체제의 근간을 이루는 공화정과 삼권분리를 조선의 전통적인 통치구조에 억지로 대입하여 이해하려는 정경원의 태도는 유교의 거대한 용광로에 서양과 미국의 정치제도를 용해하려는 또 다른 사례였다.

유교적 세계관으로 무장한 정경원에게 물질우선주의는 미국문명의 치명적인 약점으로 보였다. 서양풍속이 "재리財利에만 치중하여 부를 우러러보고 (…중략…) 인품의 고하와 사리의 당부가 다 이해관계에 놓여있"다고 비판했다.[58] 이런 천박한 손익계산법에 기초한 인간관계는 "제후諸侯는 이해관계의 말을 하지 않으며 (…중략…) 총명한 관리는 돈을 따르지 않으며 (…중략…) 선비라면 이利를 부끄럽게 여겨 백성과 같이 업業을 다투지 않"아야 한다는 유교의 도덕정치론과 상치相馳된다.[59] 유교적 관점에 비춰보면 세계박람회의 바람직한 목표는 "격물치지格物致知를 위하여 여는 것이요 장사를 억제하기 위함"이어야 마땅하고, 그러므로 "조선의 이번 (시카고박람회) 출품은 우의를 돈독히 하는 것이지 이익을 얻으려고 하는 것이 아"니라고 정경원은 자신이 맡은 공무의 의의를 스스로 자리매김했다.[60]

국제적 친교와 우애의 무대가 되어야 할 시카고박람회가 물질만능주의로 심각히 오염되었다고 정경원은 지적했다. "인심과 물정이 (…중략…) 오로지 화리貨利만 알아 사면事面을 무시하고 가게 음식점 값이 20$였으며 멀리 떨어져 있는 집에는 그나마 음식을 배달하여 주지 않으니 이것은 도둑의 심보와 무엇이 다른가!"하며 바가지요금에 분노했다. 특히 시카고박람회의 주인이며 초청자인 미국이 멀리서 찾아온 손님들을 귀하게 접대하기는커녕 오히려 이들을 돈벌이 대상으로 희롱하고 있다고 호통쳤다. "박람회를 설設한 것은 미국인인데 이 미국인이 희원戲院에 빠져 먼데서 온 손님 행세를 하니 이것은 미국이 박람회를 개최한 목적이 사람의 재산을 뺏으려고 하는 것이 아닌가!"[61] '희원戲院'은 여흥과 볼거리를 위해 만든 특별공간인 '미드웨이 프레장스Midway Plaisance'를 지칭하는데, 이집트 배꼽댄서 공연과 자바와 에스키모 원주민 '인종 전시관'을 상품화한 일종의 테마 오락공원 이었다.[62] 시카고박람회 총무국에서 조선 국악단원들을 '희원戱院' 소속 연예인으로 간주하여 숙소배정을 거부하자, 정경원 일행은 국악단원들은 이익을 바라며 공연하는 싸구려 광대가 아니라 "우리나라의 대 군주께서 (…중략…) 특명으로 귀국 대통령에게 축하로 제공하는" 문화사절단이라고 항의했다.[63]

경박한 상업소비주의에 대한 정경원의 비판의 불똥은 조선의 친미주의자들에게도 튀었다. 정경원은 소위 개화파 인사들이 "서학西學을 좋아하거나 전공하여 화문華文에 통달하지 못하여 그 마음 성정性情이 서양사람과 다름이 없으니 나라에 무슨 이익이 되는가?"라고 반문했다. 젊은이들에게 영어를 교육하여 국가인재로 쓸 요량으로 1886년에 설립한 육영공원育英公院마저도 "교도敎導의 방향이 없고 상벌을 엄히 하지 않아 녹봉을 허비하니 아무 효과가 없어 애석하다"고 했다. 또한, "요사이 먼 이역異域에 가서 서양학문을 공부하는 상층계급은 미국을 위하는 일을 더 많이 하고 아래계급은 각 부두 양행에 나라를 파는 일을 할까 염려된다"[64]고 경계했다. 다시 말하면, 권력층 출신인 미국유학파는 조선이 아니라 미국의 이익과 가치관을 먼저 앞세우는 친미파가 되고, 서양언어와 서양기술을 습득한 하급실무자들은 해관海關, Custom House업무에 종사하면서 국가재정의 증대가 아니라 서양 고용인들의 사익私益을 위해 근무한다고 따졌다. 개화파를 향한 정경원의 신랄한 비판은 시카고박람회 조선관을 방문하여 그에게 면담을 요청했던 미국유학파이며 친미주의자인 윤치호에 대한 냉대로 표출되었다.[65] 사회진화론과 기독교 문명주의의 전도사임을 자임하며 조선의 근대화를 역설하는 윤치호를 그는 '양복입고 유창한 영어로 떠드는 미국 앞잡이'로 문전박대했다.

한편, 시카고박람회는 '여성의 여성에 의한 여성을 위한' 최초의 국제행사였다. 여성행정가Board of Lady Managers들이 기획하고 여성 건축가Sophia Hayden가 설계하여 여성과 관련된 물품만 전시하는 단독 건축물Woman's Building이 박람회 역사상 처음으로 선보였다.[66] 프랑스 태생 미국 언론인이며 시카고박람회 명예 커미셔너인 궤르빌Amédée Baillot de Guerville이 홍보차 동아시아를 1892년 봄에 방문했을 때 조선과 일본 왕실은 여성전시관에 흥미를 보였다. 궤르빌이 경복궁을 방문해 첨단의 매킨토시 환등기McIntosh Magic Lantern로 미국의 사회문화와 시카고박람회 준비상황 등을 보여주자 민비는 여성전시관에 출품할 의향을 내비쳤다.[67] 국내외로 어려운 여건상 실행되지 못했던 조선여성의 박람회 참여와 달리, 일본은 황후와 황태후의 각별한 후원으로 여성전시관에 동참했다. 일본 여성의 사회경제적 지위와 일상생활상 및 예술적 재능을 외국인에게 자랑할 자료들이 출품되었고, 일본여성의 가정적·공적 지위, 여성교육과 종교생활 등을 총체적으로 소개하는 영어소책자도 간행되었다.[68]

정경원도 '여공원女工院'을 직접 둘러보았다. 그는 "미국의 풍속은 여자는 귀하나 남자는 천하게 여기"므로, 여성들이 "천문·지리·격물치지·산수·정법 등 여러 학문을 남자에게 양보하지 않았"고, "총무 및 출품대원 수가 (다른 전시관들의 남자 출품대원 수자와) 비슷하고 진陳의 물건에 모두 여공이 관여하고 있"음을 발견하고 매우 당황했다.[69] 남녀평등교육을 실시하고 여성들의 사회 참여를 독려하는 미국의 개방성과 관용정신이 여성들의 도덕적 타락으로 점화될 것으로 걱정했기 때문이었다. "허리가 가늘고 유방이 볼록하고腰細乳凸" "교태롭고 아름다우며 (…중략…) 가끔 비단옷 수놓은 치마에 가지런한 어깨를 노출"하고 처음 만난 남자를 부둥켜안고 춤추는 여성 '대무자對舞者(춤 상대)' 혹은 '협행자俠行者(바짝 껴안고 춤추는 사람)'가 기생이 아니라 유명하고 부유한 집안의 여성이라는 사실에 그는 경악했다.[70] 미국에서는 "여자는 바람을 피워도 남자는 재취再娶를 선 듯 결단하지 않았는데" 이는 조선과는 정반대 사회풍속으로 미국인들이 남비여존男卑女尊을 추종하는 증거라고 정경원은 생각했다.[71]

한 걸음 더 나아가서, 정경원은 개방적인 남녀평등이 도덕적 타락에 거치지 않고 정치적 위계질서의 붕괴로 이어질 것을 염려했다. 그는 자신이 견학했던 여공원의 책임자가 여자Bertha Palmer라는 것을 깨닫자 "하물며 여자 중에 통령統領이 된 이도 있다하니 어찌 이보다 더하지 않은 하풍下風이 있다고 하겠는가?"하고 한탄했다.[72] 다른 것은 다 양보하더라도 여성들이 세계박람회와 같은 중요한 국제행사에 감히 감투를 쓰고 공적 영역에 진입했다는 사실을 그는 참을 수 없었던 것이다. 남성의 배타적인 정치권력에 도전하는 건방진 미국여성들에 대한 전경원의 반발은 남성 전용 멤버십 사교장에 대한 환영으로 나타났다. 워싱턴 체류 때 그는 여자입장이 금지되고 '벼슬아치'들과 엄격한 입회자격 조회를 통과한 남자 선량善良들만이 "언제든지 술을 마시며 놀 수 있"는 '신민회사紳民會社'에 초대되었다. 이런 가부장적인 신민회사의 존재야말로 "이 나라 문명의 운運이 점점 열려 양陽이 성하고 음陰이 쇄하여 가는 조짐"이라고 그는 환호했다.[73] "미국이 장차 여자 대통령을 세운다고 하니 과연 그렇지 않습니까?"라고 정경원이 워싱턴 정계에서 만나 한 미국여성에게 문의한 것[74]은 여성상위시대가 미국 미래에 끼친 부정적인 영향에 대한 반의법反意法 표현이었으리라.

다른 한편, 특이한 전통복장으로 가는 곳마다 언론과 대중의 주목을 받았던 정경원[75]은 자신이 미국에서 만났거나 지나쳤던 다른 '타자'들을 어떻게 인식했을까? 흥미롭게도 '정경원문서'에는 당시 미국의 대표적인 타자 집단인 흑인에 대한 언급이 전혀 등장하지 않는다. 19세기 말 시카고가 흑인들이 최대로 집결한 대표적인 도시 중의 하나였다는 점을 상기한다면, 그의 철저한 침묵은 기이하다.[76] 혹시 '아프리카 아메리칸'을 자신의 일기와 견문록에 출연시킬 필요조차도 없는 '인간 아닌 인간'으로 취급했던 정경원의 인종차별의식이 무의식적으로 드러난 결과가 아니었을까. 정경원은 아메리카 원주민에 대해서는 매우 간략하게 언급했다. 샌프란시스코에서 대륙횡단 열차를 타고 시카고로 향하는 도중에 그는 "터럭이 흩어져 있고 붉은 얼굴과 오관이 우리들과 비슷"하고 아이를 업고 다니는 한 종족을 보았다. 이들 '토번土番'에 대한 자신의 인상을 밝히는 대신 정경원은 "성품이 우매하며 믿음이 없고 나태하여 선을 행하지 않는" 어리석은 종족이라는 '차부車夫'의 멸시를 그대로 일기장에 옮겨 적었다.[77] '아메리칸 인디언'에 비해 '쒸族'(유태인)에 대한 정경원은 인상은 우호적이었다. 유태인들이 자기 나라가 망한 뒤 전 세계로 흩어져 상업에 종사하여 부자가 되었고 종족들 사이의 단결력이 강하다는 측면에서 "우리나라 개성상인들이 조선의 벼슬을 거부하고 상업을 하여 어언 500년여 년이나 오래 된 것과 비슷하다"고 말했다.[78] 미국 다문화사회를 구성하는 소수종족들에 대한 정경원의 타자인식은 피부색깔의 흑백에 정비례하여 호의적이었던 것이다.

그렇다면, 극동의 '은자의 나라'에서 온 정경원은 시카고박람회에 동참했던 다른—이웃나라 중국과 일본을 제외한—아시아 타자를 어떻게 인식했을까? 오랫동안 중화주의 궤도에서 이탈하지 못했던 조선 사대부로서 그는 동남아시아의 역사적인 '차이'에 관해서 무지했다. 정경원은 "샴은 상아 및 동은기銅銀器가 주종을 이루고 있었는데 대개 중국과 비슷하고 동기 및 돗자리는 우리나라의 것과 같았다"고 촌평했다.[79] 아시아 국가들 중에서는 일찌감치 1855년에 영국과 수교하여 서구화에 앞장섰고 세계박람회에 참석했던 전력前歷이 있고 조선전시관(446 평방피트)의 두 배가 넘는 규모의 전시관(1,096 평방피트)에 선보인 "괄목할만한 장인정신의 제품"을 정경원은 '중국 아니면 우리나라'와 유사하다고 무심하게 폄하貶下했던 것이다. 정경원의 이런 견해는 조선관이 위치했던 같은 "제조전시관에서 가장 독창적이며 매력적인 전시관"을 뽑냈다는 샴 전시관에 대한 공식안내책자의 칭찬[80]과도 어긋났다. 중국 화이론華夷論의 시각으로 동남아시아 불교문화를 깔보는 유교주의자 혹은 소중화주의자의 분별력 없는 몸짓이었거나, 동아시아에서 지리적으로 떨어져 있는 '먼 오랑캐'에 대한 근거 없는 문화적 우월감의 표시였으리라.[81]

5. 따라잡기와 경계사유―세계박람회가 남긴 흔적과 역사적 과제는 무엇인가?

앞에서 언급했듯이, 20세기 중반까지 서구가 배타적으로 주도했던 세계박람회는 서양에서 발명한 국제공법, 사회진화론, 근대지식(물품)분류 체계 등을 세계적으로 전파하기 위한 전쟁터이며 동시에 문명화사명을 고취鼓吹하는 '감성교육'의 교실이었다. 세계박람회이 겨냥하는 이런 은밀한 목표는 '역사주의'에 의해 글로벌하게 보급·후원되었다. 다시 말하면, 단일하고 보편적인 시간 축에 세계사를 대입하고 "서구가 먼저, 비서구국가들은 나중에" 근대화와 민주주의로 이행한다는 역사주의적 사고양식[82]이 세계박람회를 통해 정당화되고 복창復唱되었다. 역사주의가 요구하는 '역사적 운명'을 비서구권 국가들이 스스로 내면화하고 복종하여 서구문명을 모방하여 따라잡으려고 경주한 것이 세계박람회의 또 다른 성격이었다.

세계박람회를 "근대문명의 성장" 그 자체와 동일시하면서 서구 따라잡기에 열중했던 가장 대표적인 나라가 일본이었다. 일본이 시카고박람회에 성공적으로 참석함으로써 "다른 국가들의 존경과 신뢰를 받은 자격이 있는 위치"에 마침내 도달했음을 전 세계에 과시했던 고조 타테노建野郷三(1842~1908) 당시 미국주재 일본대사의 발언[83]이야말로 역사주의 담론이 동양에서 실천된 좋은 사례이다. 세계박람회가 부추기는 위계질서적인 국가서열과 문명화등급에 맞장구치며 그 상층부에 "일본이 먼저 (다른 아시아 국가들은 나중에!)" 편입하였음을 세계에 공언公言했던 것이다. 만약 '문명의 표준'을 한 국가에게 강요되었던 불평등한 치외법권治外法權, extraterritoriality의 철폐여부로 판정할 수 있다면, 시카고박람회 이후 일본은 야만-문명을 가르는 '문지기Gate Keeper' 서구가 부여하는 '문명표준국가'라는 외교적 훈장을 획득했다. 국가 자존심을 치명적으로 훼손시켰던 미국과의 치외법권 외교조항을 1899년에 기필코 무효화시킴으로써 일본은 아시아 국가들 중에서 가장 먼저 역사주의 담론을 실천한 빛나는 우등생이 되었던 것이다.[84]

다른 한편, 우리가 문명·근대화·국민국가라는 거창한 꼬리표를 떼고 세계박람회를 바라보면 어떻게 다르게 보일까? 그리고 '출품사무대원'이라는 직함을 떼고 정경원의 사적인 일기와 여행기를 다시 읽는다면 이 사료에 투영된 시카고박람회는 어떤 다른 모습일까? 우선, 미국 장기출장의 경험은 공직자로서의 그의 경력에는 확실히 보탬이 되었다. 귀국 후 정경원은 1894년에 근대적으로 개편된 정부조직에서 내무참의內務參議로 임명되었고, 조선 최초의 근대헌법이 선언되었던 1895년에는 법부협판法部協辦과 평양부관찰사平壤府觀察使로 임명되었다. 미국 초대공사였던 박정양이 학부대신과 총리대신으로 임명되었고, 시카고박람회 당시 미국에서 근무했던 이채연이 상공부협판과 한성부관찰사를 역임했다는 것으로 미루어 '미국 커넥션'이 정경원의 출세에 긍정적으로 작용했음을 알 수 있다.[85] 근대 서양문물을 체험했던 인물들이 매우 적었던 '은자의 나라' 실정을 고려한다면, 정경원 같은 해외서구파들을 주요 관직에 중용한 것은 '계몽군주' 고종의 근대화 프로젝트의 일환이었을 것이다.

그렇다면, 국가공무원 신분이 아닌 개인 정경원은 시카고박람회 이후 '다른 인간'으로 변화하였을까? 사료의 한계로 이 질문에 대해 명확히 답변하기는 어렵다. 다만, 미국문명에 갑자기 던져진 '마지막 유교주의 사대부'로서 그가 경험했을 문화충격과 정체성 혼란의 흔적들을 그가 남긴 사료에서 감지할 수 있다. 미국이 이룩한 과학기술 문명에 대한 놀라움과 반대되는 물질주의의 천박성에 대한 경멸감, 미국의 민주주의·법치주의에 대한 존경심과 대비되는 여성해방과 남녀평등의 위험성에 대한 경계심, 소중화주의자로서의 유교에 대한 도덕적 우월감과 모순되는 만국공법에 기초한 독립국가로서의 동등한 국가자격 요구, 서양열강에 능멸당한 늙은 호랑이 청나라에 대한 실망·환멸과 대조되는 근대화 일본에 대한 동경과 질투—이런 상반된 세계관과 가치체제의 극단을 왕래하며 갈등했던 정경원을 당시 많은 조선 사대부들이 공유했던 '동도서기론자東道西器論者'로 분류할 수도 있을 것이다. '동양-도덕-가치관 vs. 서양-기술-도구론'이라는 이분법적인 시대정신에서 그도 예외 없이 비켜서지 못했을 것이다.

그럼에도 불구하고 두 문명이 충돌하는 '접촉지대contact zone'에서 파생·생성된 그의 세계관을 단순히 '동도서기론東道西器論'으로 축소·환원시킬 수만은 없다. 19세기 말 '은자의 나라' 40대 엘리트 남성이 간직한 흑인, 미국여성, 미국원주민, 동아시아인 등에 대한 타자인식은 '동양적 격물치지格物致知'와 '서양적 이용후생利用厚生'이라는 기계적인 대비담론으로는 번역될 수 없는 복잡한 성격을 갖기 때문이다. 지독히도 가부장적이고 은근히 인종주의적이며 당연하게도 계급적인 중층구조로 형성된 그의 정신세계와 감정구조를 우리는 조선식으로 번역된 '경계사유border thinking'의 일종이라고 볼 수도 있을 것이다.[86] 다시 말하면, 서양·미국문명이 지향하는 근대성과 식민주의적인 세계관을 거부하고, 통합·왜곡될 수 없는 독특하고 혼성적인 사고방식으로 세계박람회의 안팎과 명암을 이해·전유·소비·비평하려는 순수함과 절박함이 정경원문서의 '에크리튀르'에 구현 혹은 은폐되어 있는 경계사유이다. 시카고박람회 조선관을 깜짝 방문했던 손님이며 『은자의 나라 한국』 저자였던 그리피스가 결코 대변할 수 없었던 '다른 조선'에 대한 '다른 이야기'를 정경원은 때로는 시대착오적이고 때로는 예언적인 '자기 목소리'로 증언했던 것이다.[87]

회고적으로 되돌아보면, 세계박람회의 전성시대는 20세기 중후반에 저물었다. 전 세계인들의 관심과 환호를 독점했던 세계박람회는 이제 올림픽과 월드컵에 그 영광과 명예의 자리를 내주었다. 지난 반세기 동안 약 20년의 간격을 두고 일본은 1970년 오사카 세계박람회를, 한국은 1993년 대전 세계박람회를, 중국은 2010년 상하이 세계박람회를 각각 주최하면서 박람회 열풍에 뒤늦게 합류했다. 동아시아 3국이 앞서거나 뒤따르며 펼쳤던 세계박람회의 복고적인 축제를 계기로 19세기 말 한국·일본·중국에서 각각 유행했던 동도서기東道西器·화혼양재和魂洋材·중체서용中體西用 등이 '동아시아담론'으로 이름표를 바꿔달고 부활할 것을 기대해서는 안 될 것이다. 한 세기 전 서구열강들이 추구했던 제국주의적 힘겨루기와 계몽적인 문명화 사명이 문화상대주의와 동아시아 패권주의라는 유령으로 20세기 말~21세기 초에 귀환하는 것을 경계해야 하기 때문이다. 세계박람회의 다른 미래는 세계 각국이 간직한 '역사적 차이'에 관한 개방적인 존경과 조건 없는 관용으로 시작되어야 한다. '미신적', '주변적', '퇴행적', '목가적', '지방적', '신비적', '야만적', '비정상적' 등의 형용사로 포획·요약되지 않는 타자의 존재를 존경하고, 진보·근대성·자본주의 등의 키워드로 서열화하지 않는 대안적인 세계박람회를 발명해야 할 과제에 우리는 직면한 것이다.

주석

* 이 글은 같은 제목으로 『역사민속학』 48(한국역사민속학회, 2015.7)에 게재된 논문을 다소 수정한 것이다.
1 세계박람회의 역사적 성격에 관한 종합적인 소개서는 Paul Greenhalgh, Ephemeral Vistas : The Expositions Universelles, Great Exhibitions and World's Fairs, 1851~1939 (Manchester, UK : Manchester University Press, 1988) 참조.
2 바네사 슈와르츠 · 노명우 외역, 『구경꾼의 탄생-세기말 파리, 시각문화의 폭발』(마티, 2006) 참조. 세계박람회가 근대적 시각-전시문화의 탄생과 성장에 기여했다는 사실은 박물관과 백화점에 끼친 영향력에서 잘 드러난다. 예를 들면, 1851년 런던 수정궁 세계박람회의 전시물들이 1856년에 설립된 사우스 켄싱턴박물관(South Kensington Museum : 이후 Victoria and Albert Museum으로 개칭)에 보관되었고, 시카고박람회의 인류학건물이 필드박물관(Field Museum)으로 전용되었고 현재는 자연사 박물관으로 사용되고 있다.
3 지그문트 바우만 · 이일수 역, 『액체근대』(강, 2009), 94~95 · 184~186쪽 참조.
4 미국이 주최한 여러 세계박람회들에 대한 소개는 Robert W. Rydell, All the World's a Fair : Visions of Empire at American International Expositions, 1876~1916 (Chicago : University of Chicago Press, 1984) 참조.
5 '미국 예외주의'(American Exceptionalism)에 대해서는 세이뮤어 마틴 립셋 · 문지영 외역, 『미국 예외주의-미국에는 왜 사회주의 정당이 없는가』(후마니타스, 2006) 참조.
6 '콜럼버스 신화'에 대한 비판적 시각으로는 엔리케 두셀, 박병규 역, 『1492년 타자의 은폐-'근대성 신화'의 기원을 찾아서』(그린비, 2011), 39~40쪽; 미셸 롤프-트루요, 김명혜 역, 『과거 침묵시키기-권력과 역사의 생산』(그린비, 2001). "시카고 박람회를 통해서 쓰인 콜럼버스 이야기는 미국 권력이 미 대륙 영토들 내부에서 바쁘게 쓰고 있었던 당시의 정복서사와 중첩되는 것이었다. 1492년에 어떤 일이 일어났었다고 이야기되는 것은 1890년대 초에 실제로 일어나고 있었던 것을 합법화하였다." 242~243쪽.
7 '국기에 대한 맹세(Pledge of Allegiance)' 탄생에 관여한 인물들과 그 의례가 시카고박람회에서 공식적으로 채택된 상세한 과정에 대해서는 Robert W. Rydell & Rob Kroes, *Buffalo Bill in Bologna : The Americanization of the World*, 1869~1922(Chicago : University of Chicago Press, 2005), pp.55~62 참조.
8 F. J. 터너, 이주형 역, 『프론티어와 미국사』(박문사, 1978), 13~14쪽. 원제는 Frederick Jackson Turner, *The Frontier in American History*(1920).
9 John Joseph Flinn, *Official Guide to the World's Columbian Exposition*(Chicago, 1893), p.38; John Joseph Flinn, *The Best Things To Be Seen at the World's Fair*(Chicago, 1893), pp.69~70.
10 John Joseph Flinn, *Official Guide to the World's Columbian Exposition*(Chicago, 1893), p.15.
11 아시아 국가들의 세계박람회 참석 약사(略史)와 각국 전시관 소개는 Christiane Demeulenaere-Douyère, *Exotiques Expositions : Les Expositions Univerrselles et Les Cultures Extra-E*

uropéennes France, 1855～1937(Paris : Archives Nationales, 2000), pp.186～211 참조.

12 예를 들면 이민식, 『세계박람회란 무엇인가』(한국학술정보, 2010); 이각규, 『한국의 근대박람회』(커뮤니케이션북스, 2010); 주강현, 『세계박람회, 1851～2012』(블루& 노트, 2012) 등 참조.

13 조선의 세계박람회 참석을 서술한 초기 논문들은 대부분 정치외교적인 이슈에 초점을 맞추었다. Daniel C. Kane, "Korea in the White City : Korean Participation in the Columbian Exhibition of 1893(Chicago)", *Transactions of the Royal Society, Korea Branch* 77(2005); "Display at Empire's End. Korea Participation in the 1900 Paris Universal Exposition", *Sungkyun Journal of East Asian Studies* 4-2(2004); Elisabeth Chabanol, "Le pavillon de la Corée a l'Exposition universelle de 1900 à Paris", Ecole Française d'Extreme-Orient & Musée de la Korea University eds., *Souvenirs de Seoul : France/Corée 1886～1905*(Paris-Seoul, 2006) 등이 이런 경우에 해당된다.

14 건축미술사・박물관학 관점의 연구로는 김영나, 「'박람회'라는 전시공간—1893년 시카고 만국박람회와 조선관 전시」, 『서양미술사학회논문집』13(서양미술사학회, 2000); 진경돈・박미나, 「1900년 파리 만국박람회 한국관의 건축경위 및 건축적 특성에 관한 연구」, 『한국실내디자인학회논문집』17-3(한국실내디자인학회, 2008) 등이 있다.

15 박진빈, 「만국박람회에 표현된 미국과 타자, 1876～1904」, 『미국사연구』18, 한국미국사학회, 2003; YoungSoo Yook, "Fin de Sièle Korea as Exhibited at the World's Columbian Exposition of 1893 in Chicago : Revisited," Seoul Journal of Korean Studies 24, no.1 (June 2011); 육영수, 「'은자(隱者) 왕국'의 세상 엿보기 혹은 좌절된 접속—1900년 파리 세계박람회에 전시된 '세기말' 조선」, 『대구사학』114, 대구사학회, 2014.

16 정경원의 가족배경과 공직경력 등에 대해서는 『한국민족문화대백과사전』19권(한국정신문화연구원, 1991), 700쪽 참조.

17 미국 측 인사가 "귀국은 관원을 많이 파견하였는데 영어를 못하는 사람은 어떻게 합니까?"하고 묻자, 현지에서 통역관으로 고용된 박용규는 "우리나라는 교통이 외국과 여러 해 이루어지지 않았던 고로 영어를 이해하는 사람은 다 신진소년입니다. 박람회처럼 중대한 일은 비록 영어를 이해하지 못하더라도 나이든 사람을 파견하였습니다"라고 설명했다. 정경원, 「귀국하려 함에 동행자와의 문답」, 『정경원문서』1, 522쪽.

18 「정경원 일기(5월 3일)」, 『정경원문서』1, 512쪽.

19 시카고 현지신문은 국악단원("Native Corean Orchestra")을 다음과 같이 소개했다. "They have with them their curious reed and string musical instruments, and programme which they will offer during the Fair will be distinctly native in its character. They are noted musicians, and in fact are the stars of the corean musical world. In their appearance they resemble the Japanese, though their costume is distinctive alone of the Coreans, and had but little in common with the Japanese habit." The Chicago Evening Journal, "From Far Away Corea." April 28, 1893.

20 「정경원 일기(5월 3일)」, 「귀국하는 악공 인편으로 고종 어전(御前)에 올리는 서신」이 일기 내용에 포함됨. 『정경원문서』1, 515～156쪽.

21 이민식, 「19세기 콜럼비아 박람기에 비친 정경원의 대비 외교와 문화 활동」, 『근대 한미 관계사』(백산자료원, 2001), 579쪽. 원문은 『한국사상과 문화』3-5(한국사상문

화학회, 1999) 게재.

22 The Chicago Record's History of The World's Fair. Copiously Illustrated, (Chicago
    : The Chicago Daily News Co, 1893), p.163.
23 정경원, 「귀국하려 함에 동행자와의 문답」, 『정경원문서』 1, 548~549쪽.
24 정경원이 남긴 시카고박람회 관련 기록과 사료들은 이민식의 두 저서 『근대 한미 관계
    사』(백산자료원, 2001)와 『콜럼비아 세계박람회와 한국』(백산자료원, 2006)에 나눠
    번역·수록되었다. 『근대 한미 관계사』에는 「정경원 일기」, 「귀국하려 함에 동행자와의
    문답」, 「會中 각국인사와 交歡 및 定他」, 「博覽會略記」 등이 489~574쪽에, 『콜럼비아
    세계박람회와 한국』에는 「정경원이 일본인 염전진과 나눈 필담」, 「유럽제국과 미국의
    유래와 풍속 略記」, 「風俗의 部」, 「店舍의 制」, 「街路之制」, 「船制」 등의 소제목으로 분류
    된 글이 170~247쪽에 각각 번역·수록되었다. 편의상 이 글에서는 앞의 사료들을
    『정경원문서』 1로, 뒤의 사료들을 『정경원문서』 2로 각각 통칭하여 표기한다.
25 박정양의 『美行日記』는 한철호 역(푸른역사, 2015)으로 얼마 전에 출간되었다. 이범진
    이 남긴 1896년 6월 20일~1897년 1월 31일까지의 기록인 『美槎日錄』의 원본은 현재
    단국대 박물관이 소장하고 있다. 김철웅, 「주미공사 李範晉의 미국여정과 활동」, 『역사학
    보』 205(2010.3) 참조. 위 서지정보를 공유해준 익명의 심사위원에게 감사한다.
26 김원모, 『한미수교사－조선보빙사의 미국사행편(1883)』(철학과현실사, 1999), 1쪽.
27 1900년 파리 세계박람회 당시 프랑스 조선영사관이었던 이범진과 사무위원 신분이었
    던 민영찬 등 주요 인물들이 사행록이나 여행기 등을 전혀 남기지 않은 기이함에 대해서
    는 육영수, 「'은자(隱者) 왕국'의 세상 엿보기 혹은 좌절된 접속－1900년 파리세계박람
    회에 전시된 '세기말' 조선」, 『대구사학』 114, 대구사학회, 2014, 23~24쪽 참조.
28 특정시대의 글쓰기의 형식과 스타일을 총칭하는 '에크리튀르'를 분석하여 한국어 발명
    과 내셔널리즘의 연관성을 추적한 황호덕, 『근대 네이션과 그 표상들－타자·교통·번
    역·에크리튀르』(소명출판, 2005) 참조.
29 『고종순종실록』, 癸巳 高宗 30年 1月 14日. 이민식, 『근대 한미 관계사』, 481쪽 재인용.
30 정경원의 연설은 공식적으로 미국에서 조선어로 행해진 두 번째 사건이었다. 보빙사
    책임자였던 민영익이 1883년 9월 아서(Chester Alam Arthur) 미국대통령 면담 때 조선
    어로 인사한 것이 최초 사례이다. 이민식, 『근대 한미 관계사』, 482쪽, 주석 5 참조
31 The Japan Weekly Mail : A Review of Japanese Commerce, *Literature, and Art* (Yokohama,
    Japan), October 7, 이 신문기사 수집을 도와준 유지아 박사에게 고마움을 표시한다. 아일
    랜드 출신으로 영국 The Times 일본특파원이었던 브링클린(Frank Brinkley)가 창간한
    주요 영자주간지로 친정부적인 논조를 가진 매체이다. 출품대원 정경원이 조선말로 행한
    송별 공식만찬 연설 내용이 유일하게 일본에서 발행되는 영자 주간지에 게재되었다는
    사실에 유의할 필요가 있다. 1910년 한일합방 이전부터 조선은 스스로 발언하지 못하고
    타자에 의해 대변되었던 것이다.
32 정경원, 「도미도중 정경원과 일본 염전진과의 필담」, 『정경원문서』 2, 174쪽. 필자 조사
    결과, 염전진은 시카고박람회에 일본 정부가 파견한 10명의 참사관(Councilor) 중의
    한 명인 Mr. Shioda Makoto임이 확인되었다. 일본 측의 박람회대표단 공식 명부는
    Official Catalogue of Exhibits : World's Columbian Exposition (Chicago : W. B.
    Conkey Co, 1893), p.131. 일본 이름 해독을 도와준 이승희 박사에게 고마움을 표시한다.

33 「정경원 일기(4월 14일)」, 『정경원문서』 1, 498~499쪽.

34 정경원은 "日本所陳(Japanese Pavilions)은 조각·회화·수채·기물 등이 구비되어 있지 않은 것이 없고 모두 정교하고 좋으며 그 기묘한 것이 모두 서양식과 비슷하여 …서양 여러 나라와 조금도 뒤지지 않게 가원의 진열장이 준비되어 있지 않은 곳이 없으므로 會院內에서 서양 여러 나라들은 屋事를 일으키려면 일본식을 본 따야 한다고 하였다"고 감탄했다. 「博覽會弱氣」, 『정경원문서』 1, 563쪽.

35 「정경원이 일본인 염전진과 나눈 필담」, 『정경원문서』 2, 180~183쪽.

36 위의 글, 181쪽.

37 예를 들면, "팽광예가 와서 오랫동안 필담을 나누었다"(「정경원 일기」, 8월 20일 자 전문). "팽광예가 술을 같이 마시자고 약속하였으나 팽은 돈이 약간 부족하였다"(「정경원 일기」, 9월 3일 자 전문). "팽광예가 예방하였다가 기뻐하면서 돌아갔다"(「정경원 일기」, 8월 14일 자 전문). "팽광예가 이별하려고 왔다. 팽광예는 한 권의 책을 주었으며 그 논의 내용이 사뭇 순전(수수)하였다"(「정경원 일기」, 9월 30일 자 일부). 팽광예가 정경원에게 이별선물로 준 서적이 『조선책략』이 아니었을까 짐작해 본다.

38 정경원, 「博覽會略記」, 『정경원문서』 1, 562쪽.

39 정경원, 「유럽제국과 미국의 유래와 풍속 略記」, 『정경원문서』 2, 220쪽. 영어 China의 음차인 '지나'는 원래 일본이 중국의 중화사상을 거부하고 단순히 지리적 이름으로 대체한 경멸적인 명칭이다.

40 「정경원 일기(6월 9일)」, 『정경원문서』 1, 531쪽.

41 「정경원 일기(10월 4일)」, 『정경원문서』 1, 545~546쪽.

42 「정경원 일기(5월 2일)」, 『정경원문서』 1, 508쪽. 정경원과 그리피스의 조우(遭遇)에 관한 간략한 스케치는 YoungSoo Yook, "Fin de Sièle Korea as Exhibited at the World's Columbian Exposition of 1893 in Chicago, pp.19~21 참조. 아마도 정경원은 그리피스가 만난 3번째 조선 관리였을 것이다. 그리피스는 민영익이 보빙사 신분으로 미국 뉴욕 빅토리아 호텔에 체류했던 1883년 11월 27일에 그 일행을 방문했다. 민영익은 "그리피스가 조선 기독교와 네덜란드 출신으로 표류하여 조선에 체류했던 하멜에 대해서 문의했지만 관련 정보를 제공해주지 못하고 그 대신 인삼을 선물로 주었다"고 기록했다. 이민식, 『근대 한미 관계사』, 482쪽, 주석 5 참조. 그리피스가 만난 두 번째 조선인은 박정양 주미초대공사였다. 당시 보스턴에 거주하던 그리피스는 1888년 10월 4일에 워싱턴 D. C.의 조선공사관을 방문하여 자신의 저서인 Corea, the Hermit Nation을 기증했다. 박정양은 고마운 선물이었지만 영문 저서이기 때문에 읽지 못해 서운했다고 기록했다. 이민식, 『근대 한미 관계사』, pp.334-335. 재인용.

43 William Elliot Griffis, "American Relations with the Far East", in *The New England Magazine*, Vol.XI, No.3, 1894.11, pp.267·271~272.

44 William Elliot Griffis, "Korea, the Pigmy Empire", in *The New England Magazine*, Vol.26 1902, p.469.

45 「정경원 일기(5월 2일)」, 『정경원문서』 1, 509~510쪽.

46 그리피스의 한국학에 활동에 관한 연구는 Sung-hwa Cheong, "William Elliot Griffis and Emerging American Korea," The Review of Korean Studies, Vol. 3. No. 2 (2000); 김수태, 「윌리엄 그리피스의 한국 근대사 인식」, 『진단학보』 110 (2010) 등 참조.

47 William Elliot Griffis, "Korea and the Koreans : In the Mirror of Their Language and History," in Bulletin of the American Geographical Society, Vol. XXXII No. 1 (1895), p.1. 이 글에서 그리피스는 자신이 "the Koreans who came to ratify the first treaty"을 만났다고 밝혔는데, 보빙사로 미국을 방문했던 민영익 일행을 지칭하는 것으로 보인다. 그는 정경원과의 만남에 대해서는 이 글에서 언급하지 않았다.

48 William Elliot Griffis, "Korea and the Koreans", p.7.

49 위의 글, p.20.

50 정경원, 「귀국하려 함에 동행자와의 문답」, 『정경원문서』 1, 547~548쪽.

51 *The Chicago Times*, 1893년 5월 24일 자.

52 정경원, 「風俗의 部」, 『정경원문서』 2, 226~228쪽.

53 "차공(車工)의 경우 바퀴 맡은 자는 바퀴 만드는 일에만 종사하고 수레를 맡은 자는 수레 일에만 종사하여 서로 간섭하지 않고 오로지 교(巧)를 살려 업(業)을 전문화하고 이득이 많이 생기도록 하여 그 복(福)이 많고 영화가 넘치고 있다." 정경원, 「유럽제국과 미국의 유래와 풍속 약기」, 『정경원문서』 2, 203쪽; "마차(기차)를 탄 사람이 도로의 원근(遠近)을 주지하여 가는 곳이 얼마나 먼 곳이 몇 리(里)나 되느냐고 물어보면 그곳에 몇 시 몇 분에 도착할 수 있다고 하여 터럭만큼도 어김이 없고 차비를 시각에 맞추어 정하여지는 고로 사람을 방문하거나 유람하는데 방해가 되지 않는다." 정경원, 「가로지체(街路之制)」, 『정경원문서』 2, 231쪽.

54 정경원, 「유럽제국과 미국의 유래와 풍속 略記」, 『정경원문서』 2, 135쪽.

55 위의 글.

56 근대일본에서 서구의 주요 개념들이 번역어로 정착하는 과정과 그 언어역사학적 배경에 관해서는 야나부 아키라, 김옥희 역, 『번역어의 성립─서구어가 일본 근대를 만나 새로운 언어가 되기까지』(마음산책, 2011) 참조. 특히 '자유(自由)' 개념에 관해서는 175~189쪽.

57 정경원, 「유럽제국과 미국의 유래와 풍속 略記」, 『정경원문서』 2, 195쪽.

58 위의 글, 190~191쪽.

59 위의 글, 199쪽.

60 「정경원이 일본인 염전진과 나눈 필담」, 『정경원문서』 2, 180 · 182쪽.

61 「정경원 일기(7월 30일)」, 『정경원문서』 1, 539쪽. 물질적인 탐욕에 전염된 미국문명에 대한 정경원의 비난은 필자의 다른 논문에서도 언급되었다. YoungSoo Yook, "Fin de Sièle Korea as Exhibited at the World's Columbian Exposition", 23~24쪽.

62 '미드웨이 프레장스'에 마련된 인간(원주민) 전시장의 인종적 상업주의에 관해서는 Curtis M. Hinsley, "The World as Marketplace : Commodification of the Exotic at the World's Columbian Exposition, Chicago, 1893", in Ivan Karp & Steven D. Lavine ed. *Exhibiting Cultures : The Poetics and Politics of Museum Display*(Washington, D. C · Smithsonian Institution Press, 1991), pp.344~365 참조.

63 국악단원을 둘러싼 소동에 관해서는 정경원, 「御前에 올리는 서신」 · 「정경원 일기(5월 3일)」 참조. 『정경원문서』 1, 515쪽.

64 정경원, 「유럽제국과 미국의 유래와 풍속 略記」, 『정경원문서』 2, 215~216쪽.

65 시카고박람회장에서의 정경원과 윤치호의 만남에 대해서는 YoungSoo Yook, "Fin de Sièle Korea as Exhibited at the World's Columbian Exposition of 1893 in Chicago",

pp.18~19 참조.

66 Mary Pepchinski, "Woman's Building at European and American World's Fairs, 1893 ~1939," in T. J. Boisseau & Abigail M. Markwyn ed. *Gendering the Fair : Histories of Women and Gender at World's Fairs*(Urbana : University of Illinois Press, 2010), p.187.

67 Introduction, Amédée Baillot de Guerville, Au Japon : The Memoirs of a Foreign Correspondent in Japan, Korea, and China, 1892~1894(West Lafayette, Indiana : Parlor Press, 2009), xix. Tans. by Daniel C. Kane. 게르빌은 슬라이드 쇼에 대한 민비의 반응을 다음과 같이 묘사했다. "외국인들이 볼 수 없도록 왕비와 궁녀들은 장막 뒤에 자리 잡았다. 그러나 내가 환등기 첫 이미지를 비췄을 때 왕비를 너무 흥분하여 은신처에 숨어있지 못하고 슬라이드가 쏘아진 흰색 커튼으로 접근했다. 그녀는 그것을 손가락으로 만져보고 나에게 수많은 질문들을 던졌다. 왕비는 예외적인 지성과 의지의 소유자라는 인상을 나에게 남겼다." Guerville, Au Japon, pp.80~81. 필자 번역. 이 에피소드는 케인 논문에서도 언급되었다. Kane, "Korea in the White City", p.19.

68 Gozo Tateno, "Foreign Nations at the World's Fair : Japan," The North American Review 156(1893), pp.41~42. 일본 정부가 시카고박람회 여성전시관에 사무라이-가부장주의 이미지와 대비되는 전통적인 일본여성의 신비로운 심미주의를 선전하는 물품과 이미지를 전시함으로써 서양과는 미묘하게 차별화된 '일본적인 근대성의 이중성'을 부각시키는데 성공했다는 해석에 대해서는 Lisa K. Langlois, "Japan—Modern, Ancient, and Gendered at the 1893 Chicago World's Fair", in *Gendering the Fair*, p.57.

69 정경원, 「博覽會略記」, 『정경원문서』 1, 569~570쪽.

70 정경원, 「유럽제국과 미국의 유래와 풍속 略記」, 『정경원문서』 2, p.218; 0월 1일 자 일기. 『정경원문서』 1, 545쪽. '춤추며 노는 미국 아녀자'에 대한 정경원의 이런 편견은 초대공사 박정양의 시각과 유사했다. 휘트니(W. C. Whitney) 미국해군장관이 1888년 1월 워싱턴 D. C에서 주최한 연회에 참석했던 박정양 일행은 호사스런 복장의 여성들이 홀에 운집(雲集)해 있는 것을 보았다. 그들이 기생이라고 오해했다가 '미국에서 가장 저명한 시민들의 부인과 딸'이라는 귀띔에 조선 외교관들은 당혹했다. H. N. Allen, 신복룡 역, 『조선견문기』(집문당, 1999), 147~148쪽. 원서는 *Things Korean : A Collection of Sketches and Anecdotes, Missionary and Diplomatic*(New York, 1908). 사족삼아 덧붙인다면, "서양인의 집회에는 꼭 남녀가 모인다"는 정경원의 보고 아닌 보고[정경원, 「유럽제국과 미국의 유래와 풍속 약기」, 『정경원문서』 2, 221쪽]는 황송하게도(?) 1895년 고종이 경회루에서 주최한 조선 왕조 개국기념 '부부동반' 공식연회에서 실천되었다. 황현의 꼼꼼한 기록에 따르면, "각국의 공사가 모두 부인을 동반하여 (고종 부부를) 알현하였고 각부의 칙임관들도 부인을 대동하고 연회에 참석하였다. 구미의 풍속을 따른 것이다." 황현, 임형택 역, 『역주 매천야록』 상권(문학과지성사, 2005), 456쪽.

71 정경원, 「유럽제국과 미국의 유래와 풍속 略記」, 『정경원문서』 2, 193쪽. 미국에서 목도한 여성 상위시대에 대한 정경원의 놀라움과 비탄은 필자의 영어논문에서도 간략히 스케치 되었다. YoungSoo Yook, "Fin de Sièle Korea as Exhibited at the World's Columbian Exposition", pp.24~25.

72 「정경원 일기(5월 8일)」, 『정경원문서』 1, 518쪽.

73 「정경원 일기(6월 1일)」, 『정경원문서』 1, 526쪽.

74 정경원, 「博覽會略記」, 『정경원문서』 1, 569~570쪽.

75 예를 들면 정경원이 세인트루이스를 방문했을 때 그가 착용한 신기한 조선 의관(衣冠)을 보고 몰려든 시민들의 소동을 통제하려고 8명의 경찰―그의 표현으로는 '騎士'와 '巡捕' ―이 동원되었지만 소용이 없었다고 다소 과장스럽게 기록했다. 「정경원 일기(10월 2일)」, 『정경원문서』 1, 543~544쪽.

76 미국 흑인들의 시카고박람회 참석 찬반논쟁과 역할 및 결과 등에 대해서는 Christopher R. Reed, "All the World Is Here!", *The Black Presence at White City*(Bloomington : Indiana University Press, 2000); Robert W. Rydell ed. *The Reason Why the Colored American Is Not In the World's Columbian Exposition*(Urbana : University of Illinois Press, 1999) 참조.

77 「정경원 일기(4월 26일)」, 『정경원문서』 1, 502~503쪽. 정경원은 '토번'들이 "실제로는 아시아 인종"이라고 확인했다. 정경원, 「유럽제국과 미국의 유래와 풍속 略記」, 『정경원문서』 2, 219쪽.

78 정경원, 「유럽제국과 미국의 유래와 풍속 略記」, 『정경원문서』 2, 221쪽.

79 정경원, 「博覽會略記」, 『정경원문서』 1, 565쪽.

80 Hubert Howe Bancroft, *The Book of the Fair : An Historical and Descriptive*, Vol. 1 (New York : Bouonty Books, 1893), pp.219~210.

81 근대조선(한국)인들이 견지한 인종주의의 역사문화적인 배경과 특징에 대해서는 박노자, 「근대 한국의 인종 및 인종주의 담론-1890~1910」, 이경구 외, 『개념의 번역과 창조-개념사로 본 동아시아 근대』(돌베개, 2012), 특히 41~42쪽.

82 '역사주의'의 세계사적인 담론수행과 그 권력효과에 관해서는 디페시 차크라바르티, 김태현 외역, 『유럽을 지방화하기-포스트식민 사상과 역사적 차이』(그린비, 2014), 52~55·81~83쪽 참조.

83 Gozo Tateno, "Foreign Nations at the World's Fair : Japan", pp.42~43.

84 Gerrit W. Gong, *The Standard of 'Civilization' in International Society*(Oxford, UK : Clarendon Press, 1984), p.164 참조. 중국은 1943년에야 치외법권 조항을 폐기시키는데 성공했다. 조선(한국)에서는 서양인·미국인에 대한 치외법권이 다소 경감된 채 아직까지도 유지되고 있다.

85 정경원의 귀국 후 행적과 주미외교관 출신들의 공직활동에 대해서는 이민식, 『근대 한미 관계사』, 574~577쪽 참조.

86 '경계사유'의 역사적 배경과 인식론적인 해방성에 대해서는 월터 미뇰로, 이성훈 역, 『로컬 히스토리/글로벌 디자인-식민주의성, 서발턴 지식, 그리고 경계사유』(에코리브르, 2013), 56~58·137쪽 참조.

87 18세기 유럽에서 태동했던 계몽주의·문명관이 19세기 아시아의 로컬적인 지적 전통과 접목하고 상호 전유하는 과정을 걸쳐 혼성적인 '또 다른 계몽주의·문명관'을 창출하였다는 주장에 관해서는 Sebastian Conrad, "Enlightenment in Global History : A Historiographical Critique", in *American Historical Review* 117-4(October, 2012), pp.1,025~1,026 참조.

참고문헌

김수태, 「윌리엄 그리피스의 한국 근대사 인식」, 『진단학보』 110, 진단학회, 2010.

김원모, 『한·미 외교관계 100년사』, 철학과현실사, 2002.

_____, 『한미수교사-조선보빙사의 미국사행편(1883)』, 철학과현실사, 1999.

김영나, 『20세기의 한국미술』 2(변화와 도전의 시기), 예경, 2010.

월터 미뇰로, 이성훈 역, 『로컬 히스토리/글로벌 디자인-식민주의성, 서발턴 지식, 그리고 경계사유』, 에코리브르, 2013.

세이뮤어 마틴 립셋, 문지영 외역, 『미국 예외주의-미국에는 왜 사회주의 정당이 없는가』, 후마니타스, 2006.

앙드레 슈미드, 정여울 역, 『제국 그 사이의 한국 1895~1919』, 휴머니스트, 2007.

N. Allen, 신복룡 역, 『조선견문기』, 집문당, 1999.

육영수(YoungSoo Yook), "Fin de Sièle Korea as Exhibited at the World's Columbian Exposition of 1893 in Chicago : Revisited", *Seoul Journal of Korean Studies* 24, no.1, 2011.6.

_____, 「'은자(隱者) 왕국'의 세상 엿보기 혹은 좌절된 접속-1900년 파리세계박람회에 전시된 '세기말' 조선」, 『대구사학』 114, 대구사학회, 2014.

이각규, 『한국의 근대박람회』, 커뮤니케이션북스, 2010.

이경구 외, 『개념의 번역과 창조-개념사로 본 동아시아 근대』, 돌베개, 2012.

이경미, 『제복의 탄생-대한제국 서구식 문관대례복의 성립과 변천』, 민속원, 2012.

이민식, 『근대 한미 관계사』, 백산자료원, 2001.

_____, 『콜럼비아 세계박람회와 한국』, 백산자료원, 2006.

_____, 『세계박람회 100장면-1851년 런던 세계박람회에서 2012년 여수 세계박람회까지』, 이담, 2012.

이화여대 한국문화연구원, 『근대계몽기 지식 개념의 수용과 그 변용』, 소명출판, 2004.

_____, 『근대계몽기 지식의 발견과 사유 지평의 확대』, 소명출판, 2006.

다나카 아키라, 현명철 역, 『메이지유신과 서양 문명-이와쿠라 사절단은 무엇을 보았는가』, 소화, 2006.

바네사 슈와르츠, 노명우 외역, 『구경꾼의 탄생-세기말 파리, 시각문화의 폭발』, 마티, 2006.

박성희, 「明治期 日本의 西洋地名 表記 硏究-『特命全權大使 米毆回覽實記』를 中心으로」, 고려대 박사논문, 2013.

지그문트 바우만, 이일수 역, 『액체근대』, 강, 2009.

박정양, 한철호 역, 『美行日記』, 푸른역사, 2015.

박진빈, 「만국박람회에 표현된 미국과 타자, 1876~1904」, 『미국사연구』 18. 한국미국사학회, 2003.

_____, 『백색국가 건설사―미국 혁신주의의 빛과 그림자』, 엘피, 2006.

박찬승 편, 『여행의 발견 타자의 표상』, 민속원, 2010.

韓國學文獻硏究所 編, 『朴定陽全集 제6권―海上日記 & 美行日記』, 亞細亞文化社, 1984.

나부 아키라, 김옥희 역, 『번역어의 성립―서구어가 일본 근대를 만나 새로운 언어가 되기까지』, 마음산책, 2011.

연세대 국학연구원 편, 『서구문화의 수용과 근대개혁』, 태학사, 2004.

정병욱·이타가키 류카 편, 『일기를 통해 본 전통과 근대, 식민지와 국가』, 소명출판, 2013.

주강현, 『세계박람회 1851~2012』, 블루&노트, 2012.

디페시 차크라바르티, 김태현 외역, 『유럽을 지방화하기―포스트식민 사상과 역사적 차이』, 그린비, 2014.

F. J. 터너, 이주형 역, 『프론티어와 미국사』, 박문사, 1978.

하영선 외, 『근대한국의 사회과학 개념 형성사』, 창비, 2009.

황현·임형택 역, 『역주 매천야록』 상, 문학과지성사, 2005.

황호덕, 『근대 네이션과 그 표상들―타자·교통·번역·에크리튀르』, 소명출판, 2005.

히라노 시게오미, 이각규 역, 『국제박람회 역사와 일본의 경험』, 커뮤니케이션북스, 2011.

T. J. Boisseau · Abigail M. Markwyn eds. *Gendering the Fair : Histories of Women and Gender at World's Fairs*, Urbana : University of Illinois Press, 2010.

Elisabeth Chabanol, "Le pavillon de la Corée a l'Exposition universelle de 1900 à Paris", Ecole Française d'Extreme-Orient & Musée de la Korea University eds. *Souvenirs de Seoul : France/Corée 1886~1905*, Paris-Seoul, 2006.

Sung-hwa Cheong, "William Elliot Griffis and Emerging American Korea", *The Review of Korean Studies*, Vol.3. No.2, 2000

Christiane Demeulenaere-Douyère, *Exotiques Expositions : Les Expositions Univerrselles et Les Cultures Extra-Européennes France, 1855~1937*, Paris : Archives Nationales, 2000.

John Joseph Flinn, *Official Guide to the World's Columbian Exposition*, Chicago, 1893.

_____, *The Best Things To Be Seen at the World's Fair*, Chicago, 1893,

Gerrit W. Gong, *The Standard of 'Civilization' in International Society*, Oxford, UK : Clarendon Press, 1984.

Paul Greenhalgh, Ephemeral Vistas : The Expositions Universelles, Great Exhibitions and World's Fairs, 1851~1939, Manchester, UK : Manchester University Press, 1988.

William Elliot Griffis, "American Relations with the Far East", *The New England Magazine*, Vol.XI. No.3, November, 1894.

_____, "Korea, the Pigmy Empire", *The New England Magazine*, Vol.26,

1902.

Amédée Baillot de Guerville, *Au Japon : The Memoirs of a Foreign Correspondent in Japan, Korea, and China, 1892 ~1894*, Trans. by Daniel C. Kane, West Lafayette. Indiana : Parlor Press, 2009.

Daniel C. Kane, "Korea in the White City : Korean Participation in the Columbian Exhibition of 1893 (Chicago)", *Transactions of the Royal Society, Korea Branch* 77, 2005.

_____, "Display at Empire's End. Korea Participation in the 1900 Paris Universal Exposition", *Sungkyun Journal of East Asian Studies* 4-2, 2004.

Ivan Karp & Steven D. Lavine ed. *Exhibiting Cultures : The Poetics and Politics of Museum Display*, Washington, D. C : Smithsonian Institution Press, 1991.

Robert D. Neff · Sunghwa Cheong, *Korea through Western Eyes*, Seoul National University Press, 2009.

Christopher R. Reed, *"All the World Is Here!" : The Black Presence at White City*, Bloomington : Indiana University Press, 2000.

Robert W. Rydell, *All the World's a Fair : Visions of Empire at American International Expositions, 1876 ~1916*, Chicago : University of Chicago Press, 1984.

_____, *The Reason Why the Colored American Is Not In the World's Columbian Exposition*, Urbana : University of Illinois Press, 1999.

Robert W. Rydell · Rob Kroes, *Buffalo Bill in Bologna : The Americanization of the World, 1869 ~1922*, Chicago : University of Chicago Press, 2005.

Chaim M. Rosenberg, *American at the Fair Chicago's 1893 World's Columbian Exposition*, Chicago : Arcadia Publishing, 2008.

만국박람회와 후지타 쓰구하루藤田嗣治

1900년 파리, 1937년 파리, 그리고 1950년 도쿄

하야시 요코(林洋子)

현재까지 일본의 미술사 학계에서 만국박람회에 대한 연구는 1900년 파리 만국박람회로 대표되는 19세기 후반 유럽을 중심으로 한 공간에 어떻게 일본과 일본의 미술가·공예가들이 참가하였으며, 그것이 일본의 이미지 형성에 얼마나 큰 영향을 미쳐왔는지에 대한 연구가 중심이 되어 왔다. 대표적인 연구 성과로 개별 작가들에 대한 연구와 함께 1997년에 도쿄국립문화재연구소가 간행한『메이지 시기 만국박람회 미술 출품 목록明治期万国博覧会美術出品目録』, 전람회「세기의 제전 만국박람회의 미술世紀の祭典 万国博覧会の美術」(東京国立博物館, 2004)과「제실 기예원과 1900년 파리 만국박람회帝室技芸員と一九〇〇年パリ万国博覧会」(宮内庁三の丸尚蔵館, 2008)를 들 수 있다.

한편, 일본의 첫 만국박람회로 개최된 1970년 오사카 만국박람회에 대한 연구도 기존에는 박람회에 대한 추억이나 기억에 초점을 두었다면, 박람회 그 자체를 역사 연구의 대상으로 삼는 큰 전환이 이루어지고 있다.[1] 오사카 만국박람회의 상징 타워인 '태양의 탑'과 이것의 제작자

인 오카모토 다로岡本太郎의 이름은 탑이 세워진 이후에도 40년 이상, 작가의 죽음 이후로도 20년 가까운 세월이 흐르는 동안, 호쿠세쓰北摂(오사카부의 북쪽) 지역의 상징이 되었다. 더 나아가서 쇼와 후기를 상징하는 일종의 팝 아이콘이 되어 미술 애호가뿐만 아니라 젊은 세대에게까지 폭 넓게 알려져 있어 감회가 깊다.

후지타 쓰구하루(1886~1968)를 중심으로 20세기 전반 국제적인 미술사, 문화 교류에 관심을 가진 필자가 검토과제로 삼는 것은 '1900년 파리 만국박람회' 이후 '1970년 오사카 만국박람회'까지, 양차대전 사이의 시기부터 전후戰後에 걸쳐 개최된 만국박람회에 일본인 미술가들이 어떻게 관여했는가에 대한 문제이다.[2] 19세기 후반에 개최된 만국박람회에서 활약했던 이들은 구로다 세이키黑田淸輝 등 후지타의 스승 세대이고, 오사카 만국박람회에서 활약했던 것은 오카모토 다로 등 후지타의 다음 세대(정확히 다로는 도쿄미술학교를 다닌 후지타의 동급생이자, 만화가로 대성했던 오카모토 잇페이의 자식이다), 전후에 데뷔하기 시작한 세대이다.

오랫동안 후지타는(일본인 미술가에 의해) '만국박람회 공백기'를 살았던 작가로 만국박람회와는 인연이 없었다고 여겨졌으나, 이 글은 다시금 그의 업적을 20세기 전반의 만국박람회의 맥락과 조합해 보는 것을 목적으로 한다. 이러한 시도는 앞서 운노 히로시海野弘『만국박람회의 20세기 万国博覧会の二十世紀』(平凡社新書, 2013)에서 제시된 바 있다. 또한 '20세기'라는 틀, 즉 1900년 파리박람회, 1925년 파리 장식미술박람회, 1937년 파리박람회, 1939년 뉴욕박람회, 1970년 오사카박람회라는 흐름에서 만국박람회를 새롭게 보는 관점에 시사받은 것이다.

1. 오카모토 다로의 만국박람회 체험

우선은 오카모토 다로(1911~1996)부터 살펴보고자 한다. 그는 1929년(쇼와 4) 말에 아버지인 오카모토 잇페이가 아사히신문사朝日新聞社 사원으로 해외 출장을 떠날 때 동행했다. 어머니인 소설가 가노코かの子와 함께 유럽으로 건너간 다로는 18세의 겨울부터 11년간 파리에서 지내게 되었다. 파리를 떠난 것은 어머니의 사망(1939.2), 제2차 세계대전 발발(같은 해 9월)을 지나 나치스에 의한 '파리 함락' 직전인 1940년 초 여름의 일이었다. 그 사이의 시기인 1937년에 이 도시에서 만국박람회가 개최되었다.[3] 귀국 후 다로는 1942년 1월 중국 대륙으로 출정을 떠났다. 그 전에 그는 미술잡지 『미즈에みづゑ』(1941.6)에 「파리 화단의 황혼巴里画壇のたそがれ」을 기고했다. 제목에서도 짐작해 볼 수 있듯이 시국을 반영한 부분도 있지만, 주목해야 할 것은 이 글에서 다로가 1937년 만국박람회에서 이목을 끌었던 출품작, 스페인관에서 전시된 〈게르니카〉를 봤다고 표명했다는 점이다. 그는 이 피카소의 대작을 "근대 미술사상 하나의 빛나는 특주점特註点을 찍은 것이라고 생각한다"라고 절찬하고, 다음과 같이 파리박람회 전후를 회상하고 있다.

1937년의 파리 만국박람회는 파리 미술계 최후의 꽃이었으리라. 이 성대한 박람회를 치장하기 위해 프랑스의 예술가가 총동원되었다. 외국관도 각각 자국의 우수한 미술가에게 벽화를 그리게 하여 실내를 장식했다. 그중에 스페인관의 피카소가 그린 큰 벽화 〈게르니카〉가 홀로 출중하게 빛나고 있었다.

그러한 관람자의 머리 위로 천둥처럼 나타났던 것이 〈게르니카〉이다. 이 벽화 앞에서 예술가들은 압도되었고, 속인(俗人)들은 뒷걸음질 쳤던 것이다.

내가 이 작품이 파리 화단(画壇)에 최후의 점을 찍은 것이었다고 생각하는 이유는 이 이후 파리 화단에서 신선한 창작을 볼 수 없었기 때문이다. 만국박람회가 개최된 해인 1937년을 경계로 파리 화단에는 급속하게 반동이 일어났다.[4]

만국박람회 당시 '압도되었'던 다로는 26세, 그리고 이 글을 집필한 시점은 30세를 맞이한 때였다. 그는 10년 동안 일본에 없었던 '우라시마 다로浦島太郎(거북이를 살려준 덕으로 용궁에서 호화롭게 지내다가 돌아와 보니 많은 세월이 지나 아는 사람이 모두 죽어버렸다는 전설의 주인공－역주)'였지만, 이미 1937년 12월에 일본이 스페인, 프랑코 정권을 승인했고, 1940년 9월에는 독일, 일본, 이탈리아가 3국 동맹을 맺었기 때문에 이를 바탕으로 한 발언이었을 것이다. 정치적인 문맥에서 반反파시즘, 반反나치를 선명하게 드러낸 이 〈게르니카〉를 상찬한 것은 발표 모체가 미술 잡지였기 때문에, 그리고 아직 일본과 미국이 전쟁 전이었기 때문에 가능할 수 있었던 것일지도 모른다.

그렇다 하더라도 젊은 다로의 '1937년 파리 만국박람회' 체험을 확인한 것은 의미가 크다.[5] 1937년 파리 만국박람회는 5월 25일부터 11월 25일까지 개최되었다. 프랑스어로 된 첫 화집 *Okamoto*의 간행(G.L.M사)이 같은 해 6월에 이루어졌다는 점에서도 그가 만국박람회를 통해 화려한 파리 미술계와 연결되어 있었다는 것을 짐작해 볼 수 있을 것이다. 다로의 기고문에는 나타나지 않지만, 이 만국박람회의 일본관은 르 꼬르뷔지에Le Corbusier

에게 사사받은 사카쿠라 준조坂倉準三가 설계했으며 모더니즘 건축과 일본의 전통적인 디자인을 융합한 것이었음이 잘 알려져 있다. 만국박람회 사무국이 설정한 "근대 생활에서 예술과 기술"이라는 테마에 응하여 일본관 내의 출품작은 일본에서 보내 온 공예 디자인이 중심이 되었기 때문에 다로가 관여할 기회는 없었다. 다만, 박람회장 전체의 체험이 이후 1970년 오사카 만국박람회를 설계할 때의 바탕이 되었던 것은 틀림없다. 특히 abstraction=création(추상=창조, 1931년 파리에서 결성된 전위미술 그룹)에서 함께 활동한 로베르Robert Delaunay와 소니아 들로네Sonia Delaunay 부부가 현대의 과학기술과 미술의 통합을 목표로 삼아 여러 파빌리온에서 활동하던 모습에 영향을 받았다고 생각된다.

또한 박람회 종료 후 만국박람회가 개최되었던 자리에 인류학박물관이 개관되고, 여기에서 마르셀 모스Marcel Mauss가 강연한 인류학 강의를 다로가 수강했다는 점에서도 역시 〈태양의 탑太陽の塔〉의 원점에는 1937년 파리 만국박람회가 있었다. 다로는 이 탑의 유명한 토용土俑 같은 외관뿐만 아니라 내부적으로도 문화인류학적인 시선을 담은 '생명의 나무生命の樹'를 연출한다.

2. 후지타 쓰구하루의 만국박람회 체험

그러면 후지타에 대해 이야기해보자. 후지타는 오카모토 다로의 아버지 잇페이로부터 의뢰받은 것으로 보이는 에세이 「오카모토 군이 파리에서 한 작업パリに於ける岡本君の仕事」을 써서 오카모토 다로가 귀국한 이후

처음 개최한 개인전(긴자, 미쓰코시, 1940.11)에 보냈다. 그렇다고는 해도 후지타와 다로는 파리에서는 거의 접점이 없었으며, 실제로 에세이의 내용도 친밀해 보이지는 않는다. 다로가 아버지의 옛 친구를 피하고 있던 탓도 컸을 테지만, 어쨌든 1930년대에는 후지타가 거의 파리에 없었기 때문이다. 후지타는 1931년 늦가을에 20년에 가까운 파리에서의 삶을 정리하고, 중남미로 약 2년간 여행을 떠났다가 일본으로 돌아왔다.[6] 1937년(쇼와 12)에는 일본에 있었기 때문에 파리 만국박람회는 보지 못했고 일본에서 간접적으로 정보를 접할 수밖에 없었다. 후지타는 1910년대 제1차 세계대전 하의 파리에서 피카소에게 재능을 인정받은 적이 있어 그의 동향에는 항상 관심을 갖고 있었을 터였다.[7]

이 시기에 출간되었던 상당히 흥미로운 기사가 있다. 월간지 『분게이슈쥬文藝春秋』의 별책 *Japan To-day* 창간호(1938.4)에 게재되었던 프랑스어로 작성된 「도쿄의 최근의 삶ー후지타 쓰구하루가 파블로 피카소에게 보낸 편지東京での今の暮らしー藤田嗣治がパブロピカソに宛てた手紙」이다.[8] 이 글은 '도쿄, 1938년 3월 2일' 자에 사적으로 보내는 편지 형식을 취한 글이었다. 그러나 이것은 중일전쟁 발발 후 일본이 군사적으로 강력하다는 것을 보여주고자 한 것뿐만 아니라 얼마나 좋은 자질을 가진 나라인가를 알리는 것에 역점을 둔, 명백하게 대외문화선전적인 글이다.[9] 피카소에게 보내는 편지라고 했으나, 제1차 세계대전의 시기를 파리에서 보낸 공통적인 체험에 관한 내용을 제외한다면, 당시 파리에 있던 예술가 누구에게 보냈다고 해도 이상하지 않은 내용이었다. 1938년(쇼와 13) 봄에 보내는 것이었으나 〈게르니카〉나 만국박람회에 대해서는 다루고 있지 않다. 이미 미술잡지 『아틀리에アトリエ』 1938년 1월 호에서 화가 이하라 우사부

로伊原宇三郎가 이 작품을 도판에 넣어 상세하게 소개했으며, 일본 미술계에서도 화제가 되었던 것을 헤아릴 수 있었음에도 불구하고 말이다.

이로부터 1년 후 1939년 4월에 후지타는 급히 다시 프랑스로 가기로 결정했다. 9월에는 제2차 대전이 발발했고, 다음 해 봄 조속히 귀국했으나 이 1년에 채 미치지 못하는 채재기간 중에 그가 피카소와 접촉한 행적은 보이지 않는다. 다로와도 만나지 않았다. 중요한 〈게르니카〉도 만국박람회에서 공개된 이후 북유럽, 영국, 미국으로 순회 중이었기 때문에 파리에는 없었다. 귀국 후에 후지타가 전시하의 군부로부터 주문받은 그림, 즉 작전기록화作戰記錄畵 제작에 점차 착수했던 것은 잘 알려져 있다. 그 마지막 작업이 1945년에 그린 〈사이판섬 동포 신하의 충절을 다하다サイパン島同胞臣節を全うす〉이다. 후지타의 작전기록화 가운데 거의 유일하게 '총후銃後'의 일반인을 그린 이 작품은 놀라울 정도로 〈게르니카〉의 구도, 가로로 긴 화면의 비율, 인물의 포즈와 통하는 부분이 있다.

그런데, 2005년에 곤도 후미토近藤史人가 처음으로 소개한 후지타의 미발표 초고「나의 성장私の生い立ち」(東京藝術大学藏)은 후지타가 만년에 성장부터 도쿄미술학교에 입학하기까지의 추억을 엮어낸 글로 추정된다. 이 초고는 따로 청서淸書된 것도 없고, 그의 부인 기미요君代의 수중에 남겨진 것이다. 이 초고의 내용 가운데 후지타와 만국박람회의 관계를 파악할 수 있는 중요한 증언이 보인다.

학생들 가운데 우등생으로 1900년 파리 대박람회에서 일본의 아동화 분야에 내 작품도 출품되었다. 진심으로 나는 1900년 파리에서 나의 그림을 발표했던 일이 나에게는 일생의 실마리가 되었다.[10] (방점은 필자)

그는 당시에 14세였다. 어떻게 해서 이러한 기회를 얻었는지 조사해 보았는데, 미술 부문에는 없었고, 그가 재적 중이던 도쿄고등사범학교 부속중학교의 '교육자료'의 한 사례로 수업 중에 그렸던 수채화가 보내 진 것 같다. 만국박람회 관련 자료에 개인의 이름이 등장하지 않은 것은 교육자료이므로 단체로 전시되었기 때문일 것이다.[11] 그렇다고는 해도 후지타의 증언에 따르면 자기의 작품이 '파리', '만국박람회'에서 전시 되었다는 사실에는 변함이 없다. 당시 후지타는 대만에 부임 중이던 부모와 떨어져 도쿄에 있는 누나의 시집에 4년 정도 머물게 되었다. 이때 아버지 밑의 사관이기도 했던 매형義兄, 육군 군의인 아시하라 노부유키 蘆原信之(샹송 연구가 아시하라 에이료와 건축가 아시하라 요시노부의 아버지)가 독일에서 유학하던 중에 이 만국박람회를 방문한다.[12]

> 매형이 1900년 파리 대박람회를 구경하고 가져온 그림엽서나 루브르 미술관의 화집 같은 것들, 매해 봄에 개최되는 백마회 등의 파리 풍경이나 부인 상 등은 내가 파리를 동경하게 된 큰 원인이었으며 파리 유학은 나의 제2의 소망이 되어갔다.[13]

이렇게 만국박람회와의 인연이 쌓여 소년 후지타는 장래에 화가가 되는 것, 그리고 파리에 유학하는 것을 꿈꾸고 수년 후에는 프랑스어를 배우기 시작하여 도쿄미술학교로 진학하는 것을 염두에 두게 되었다고 한다면 이해하기 쉽다. 그러나 신중을 기할 필요가 있는데, 왜냐하면 언제 기록된 것인지 모르는 만년의 수고 이 외에 현역 시대의 후지타가 자신의 경력 가운데 1900년 만국박람회의 의미를 다루고 있는 글은 거의 없기 때문이다.[14] 이 점에 대해서는 뒷부분에서 다시 생각해보고자 한다.

이후 후지타는 도쿄미술학교 졸업 후인 1913년 초여름에 간신히 첫 번째 프랑스행을 결정했다. 그리고 제1차 세계대전을 지나 1929년 가을까지 일본으로 돌아오지 않고 프랑스에서 머물렀다. 그 사이 파리에서 개최되었던 것이 1925년 파리 국제근대장식미술·산업(아르데코) 박람회이다. 기본적으로는 공예·장식미술의 전람회인 이 박람회에 그가 출품한 것은 아니었지만 일본의 출품자나 방문객들이 참석했다.[15]

박람회 개최 1년 전인 1924년, 이 거리에서는 올림픽이 개최되었다. 1896년에 아테네에서 시작된 근대 올림픽은 1900년 파리, 1904년 세인트루이스에서 개최되었고, 올림픽과 함께 만국박람회가 어우러져 개최되는 양상이 계속되었다. 올림픽 자체도 스포츠 제전이면서 동시에 '예술경기'라는 종목을 포함했고, 여기에 미술품 전시까지 이루어졌던 것이다. 이후의 일이기는 하지만 1936년 베를린 대회에 관한 연구에 따르면,[16] 이 올림픽에 일본이 스포츠를 주제로 하는 회화를 출품하기로 결정했고, 여행 중에 베이징 거리의 기예인을 그린 후지타의 작품 〈베이징의 역사北京の力士〉(平野政吉美術財団藏, 1935)가 후보에 올랐다. 그러나 최종적으로 제외되었다.

그런데 세계대공황 이후인 1931년 가을에 후지타는 파리에서의 생활 거점을 포기하고 중남미를 유랑한다. 이후 후지타가 일본에 돌아왔던 시기가 1933년(쇼와 8) 11월이다. 거의 20년 만에 자국에서의 생활이 시작된 것인데, 그는 다이쇼 시대를 거의 알지 못했고 관동대지진과도 관련이 없었다. 게다가 만주사변에 의해 일본은 전시체제에 들어갔고, 이미 국제연맹도 탈퇴했다. 이러한 가운데 1936년(쇼와 11) 6월, 일본 정부는

1937년에 개최 예정이었던 파리 만국박람회에 한 국가로서 참가할 것을 결정했다. 『1937년 '근대 생활에서 미술과 공예' 파리 만국박람회협회 사무보고一九三七年「近代生活ニ於ケル美術ト工芸」巴里万国博覧会協会事務報告』(巴里万国博覧会協会, 1939)에 따르면 만국박람회를 파리에서 개최한다는 것 자체는 1932년 10월에 결정되었으며, 프랑스 정부가 일본 정부에 참가 요청을 보냈던 것은 1934년 12월이었다. 1936년 7월에는 1940년에 있을 '기원 2600년'을 기념하여 도쿄에서 올림픽을 개최하는 것이 결정된다. 같은 해 도쿄에서 만국박람회를 개최하려는 움직임이 시작되고 있었다.[17] 국내에서 누구보다도 국제파라고 자부한 후지타의 감정이 고양되었던 것은 틀림없다. 이미 그는 일본에 머물기 시작한 후 외무성의 외곽 단체로 1934년에 설립되었던 국제문화진흥회 등과 관계를 맺고 있었다. 때문에 대외적으로 일본의 문화를 소개하는 등의 업무를 받게 되었다. 1936년에는 영화 〈현대일본現代日本〉[18]을 제작하고, 1941년 가을에는 문화 사절단으로 프랑스령 인도차이나에 파견되었다.[19]

베네치아 비엔날레와 같은 국제적인 미술전이 세계 각지에서 열리는 오늘날에는 일본이 각 현지에서 문화를 홍보하는 것이 일상적이지만, 1930년대라는 시기에는 그렇게 할 수 있는 장소가 거의 없었다. 1936년의 베를린 올림픽, 1937년의 파리 만국박람회 때에는 후지타에게 출품의 기회가 오지 않았다.[20] 이 만국박람회가 개최 중이던 1937년 7월에 루거우차오 사건蘆溝橋事件이 일어나 일본은 중일전쟁에 돌입한다.

3. 1937년작 〈아키타의 행사(秋田の行事)〉와 만국박람회 – '관광자원' 이라는 의미

여기에서 1936년(쇼와 11)부터 1937년까지 후지타의 활동을 만국박람회 및 올림픽 일정과 관련지어 확인해 보고자 한다.

1936년

[2월 2·26사건 도쿄에서 계엄령]

3월   아키타에서 영화 〈현대일본〉을 촬영

5월   장 콕토(Jean Maurice Eugène Clément Cocteau)의 일본 방문과 재회

6월   부인 마들렌(Madeleine Lequeux)의 갑작스러운 죽음

[6월   1937년 파리 만국박람회에 일본 정부가 참가할 것을 결정함]

[7월   1940년 도쿄 올림픽 개최 결정(38년 7월 반려)]

7월   후지타, 아키타에서 〈잠자는 여자(眠れる女)〉를 지참.

아키타에서 미술관 구상 시작

[8월   베를린 올림픽 개최]

여름 요쓰야(四谷)로 이사하여 호리우치 기미요(堀內君代)와 동거를 시작함

9월   제23회 니카텐(二科展, 일본 미술가 단체인 니카카이(二科会)에서 정기적으로 개최하는 전람회 – 역주) 〈자화상(自画像)〉

가을 큰 벽화 제작을 위해 아키타를 다시 방문함

12월   영화 〈현대일본〉 시사회

12월   수필집 『팔 하나(腕一本)』 간행

1937년

1월 　영화 〈현대일본〉 해외 공개, 중지

2월 21일~3월 7일 　아키타에서 〈아키타의 행사〉 제작

[5~11일 파리 만국박람회 개최]

7월 　고지마치(麴町)에서 일본풍의 자택을 신축, 이사

[7월 7일 루거우차오 사건, 중일전쟁 시작]

9월 　제24회 니카텐 〈1900년〉, 〈센닌바리(千人針)〉

　이 글의 서두에서 현재까지 후지타에 대한 연구들은 후지타와 만국박람회의 관계를 회피해 왔다고 서술했다. 그런데, 2013년에 아키타현립미술관이 개관 기념으로 개최한 전람회 〈벽화 〈아키타의 행사〉로부터의 메시지 후지타 쓰구하루의 1930년대〉의 카달로그에서 학예원学芸員인 하라다 구미코原田久美子가 기고한 논문 「후지타 쓰구하루와 만국박람회藤田嗣治と万国博覧会」[21]는 다른 시각을 제시했다는 의미에서 중요하다. 하라다는 후지타가 아키타에서 체재, 작품을 제작한 시기의 지역 신문 등을 세심하게 파헤쳤다. 이를 통해 후지타가 자신이 아키타의 재력가 히라노 마사기치平野政吉의 주문으로 그린 〈아키타의 행사〉(1937)를 1937년 파리 만국박람회를 통해 관광자원화할 수 있다고 자각했다는 것을 읽어냈다. 후지타는 본래 아키타와 지연·혈연이 거의 없었지만(매형이자 육군 군의였던 나카무라 로쿠야中村緑野가 아키타 출신), 1929년 파리에서 일시 귀국한 때에 도쿄에서 개최한 개인전에서 히라노와 연이 닿았다. 그 이후인 1935년 여름에 사적인 여행으로 처음 방문하여 이 지역의 자연이나 풍속에 매료되었던 것이다.

이 대작을 제작한 것은 1937년 2월 하순부터 3월 상순의 일이었는데, 1935년부터 조금씩 아키타를 찾았던 후지타는 1936년 11월에 "4년 후의 올림픽을 준비합시다"라며 외국인의 방문을 상정하고,[22] "다가올 대大박람회를 준비하는"[23] 벽화를 제작하려 했다고 하라다는 지적한다.

이 해에 후지타가 아키타를 방문했던 것은 국제영화협회에서 의뢰한 영화 촬영도 있었기 때문이었다. 그래서 3, 7, 8, 10, 11월에 아키타 방문이 잦았다. 1936년의 시점에서 '4년 뒤의 올림픽'이라는 것은 말할 것도 없이 1940년 도쿄 올림픽을 지적하는 것인데, "다가올 대박람회"라는 것은 무엇을 상정했던 것일까? 무엇이 되었든 후지타는 지방 도시에서 제작한 작품을 단순히 현지의 재력가가 주문한 그림으로 한정하지 않고, 국내외의 관광객을 이 지역으로 불러 모으는 관광자원으로 여겼다. 더 나아가 이러한 작품을 나라 안팎의 도시, '만국박람회'로 보내 공개하는 것을 통해 이 지역의 관광 유치에 이바지할 수 있다고 주장한 것이다. 1930년대 일본 국내의 국제관광(외부 관광객 유지) 정책과의 상관관계를 맞추어 보는 것은 앞으로의 과제이지만,[24] 그의 수필집 『팔 하나』(1936)의 한 장인 「세계를 돌다世界を廻る」와 같이 유럽과 중남미, 북미까지 유랑한 경험을 계속해 온 후지타였기 때문에 할 수 있는 발언이었다고 볼 수 있을 것이다.

이러한 관점은 당시의 후지타가 남긴 저작을 제대로 다시 읽어 보면 선명하게 드러난다. 1942년 2월에 출판되었던 『수필집 땅을 헤엄치다随筆集地を泳ぐ』(書物展望社)는 1930년대 중반부터 태평양전쟁 직전까지의 사이에 그가 신문이나 잡지에 기고한 문장을 한 데 모은 것이다. 이 책에 수록된 글들, 예를 들면 「가두 광고와 시민의 둔감街頭広告と市民の鈍感」(1938.6), 「재인식을 요하는 일본 복장미술再認識を要する日本服装美術」(1938.1) 등에서는 다채로운 이문화 체험을 살려서 "관광 일본, 국제문화 교환의 오늘날",[25] "2년 후를 앞두고 있는 만국박람회, 올림픽까지"[26] 염두에 두고 제언하고 있다.

4. 1937년 작 〈1900년〉이라는 수수께끼

하라다의 논의를 바탕으로 후지타와 만국박람회라는 주제에서 이 글이 보다 주목하는 작품은, 〈아키타의 행사〉 제작으로부터 반년 후, 중일전쟁 발발 직후인 1937년(쇼와 12) 9월에 개최된 제24회 니카텐에 후지타가 출품한 작품 2점이다. 즉, 〈1900년〉(〈그림 1〉: 144×119.5cm, 平野政吉美術財団藏)과 〈센닌바리千人針〉(〈그림 2〉: 소재불명)이다. 두 그림은 '유백색의 밑바탕'에 세밀한 윤곽선으로 나체의 여인을 그린 1920년대의 화풍과는 대조되는 농채濃彩한 회화이다. 후자는 전쟁의 시작과 함께 전국에 퍼진 합력合力을 기원하는 〈센닌바리〉를 주제로 거리의 여인들을 그린 (마치 피카소의 〈게르니카〉를 빠르게 스케치한 것과 같은) 보도사진급으로 단기간에 제작된 시국화時局畵이다. 이 그림의 그림자에 가려져 현재까지 거의 주목받지 못했던 것이 〈1900년〉이다. "1937년에 그린 1900년의 파리"라는 타임슬립-이것이 무엇을 의미하는 것인지 필자 스스로도 오래 생각해 본 적이 없었다. 벨 에포크Belle Époque풍의 풍속, 로트렉Henri de Toulouse-Lautrec풍의 화풍으로 다소 향수를 불러일으키는nostalgic 풍이면서 회고적retro이기도 한 그림으로 지금까지 후지타의 전람회나 화집에서도 거의 소개되지 않았다.[27] 다음에서는 이 작품을 독해해 보고자 한다.

〈그림 1〉 후지타 쓰구하루, 〈1900년〉, 1937. 유채,
캔버스, 144×110.5cm(平野政吉美術財 団(秋田)藏)
© Foujita Foundation / ADAGP, Paris−SACK, Seoul, 2020.

〈그림 2〉 후지타 쓰구하루, 〈센닌바리〉, 1937.
소재불명;『二科画集・第24回』, 〈1937년〉에서)
© Foujita Foundation / ADAGP, Paris−SACK, Seoul,

    후지타는 어떻게 보아도 대조적인 두 그림을 같은 전람회에 나란히
출품했다. 유감스럽게도 〈센닌바리〉는 오랫동안 행방불명된 상태이기
때문에 크기조차 알 수 없으나,[28] 1930년대 후반 그가 니카텐에 출품한
작품들의 크기나 전시 효과를 생각했을 때 〈1900년〉의 80호와 같은,
또는 그 이상이었을 것이라고 추측한다. 동시에 두 그림은 여성의 전신
군상을 표현한 것으로 한쪽은 당대 일본의, 다른 한쪽은 과거 유럽의 거
리 풍경이다. 전자에는 제작 연도(서력)뿐이지만, 후자에는 화면 오른쪽

아래에 쇼와12년 8월이라고 원호도 기입해 두었다. 〈1900년〉은 중일전쟁 발발 전에, 〈센닌바리〉는 그 후에 급하게 제작되었다고 여겨진다. 〈1900년〉은 1937년 말에 히라노 마사키치平野政吉가 소장하게 되었으나, 〈센닌바리〉의 이후 행적은 현 시점에서는 거의 추적할 수 없다.[29]

해당 작품의 '1900년'이라는 제목처럼, 2층으로 만들어진 탈 것이나 여성의 복장은 유럽의 벨 에포크 세기말적인 것은 분명하다. 거의 같은 시기에 그가 쓴 「전쟁과 유행戰爭と流行」과도 대조해 보자.

유럽 대전쟁 이전에 프랑스 부인들 사이의 유행은 1900년의 여파를 간직하고 있었다. 가슴 가까이에 높이 띠를 두르고, 벌처럼 잘록하고, 뒤쪽으로 돌출된 허리 등은 장발의 여성의 아름다움을 있는 그대로 우아하고 아름답게 보여주는 그야말로 여성다운 여성이었다. 챙이 넓은 모자에 갖가지 꽃 장식과 열매 장식 등을 모아 장식한 머리 주변의 장식도 위엄 있고, 손목에도 마찬가지로 귀금속 장식, 반지 등으로 요란했다. 1914년에 큰 전쟁이 한 번 파리를 향해 선고되어 파리의 여성들은 갑자기 약속이라도 한 듯 모두 흑색의 의복을 착용하고 간소해졌다. 붉은색, 푸른색, 녹색 등의 눈에 띠는 긴 소매의 드레스도 모두 그림자를 감추었다(1937.11).[30]

여성들뿐만 아니라 화면 오른쪽의 남성도 예복과 실크모자, 장갑까지 착용한 화려한 차림새이다. 이 장소가 파리로 보이는 이유는 오른쪽의 승합버스(마차)의 행선지 표시(오페라 극장행?)나 왼쪽의 아파트 외관, 그리고 그 왼쪽 아래의 먼 부분에 희미하게 보이는 '관람차'가 있기 때문이다. '1900년'과 '관람차'를 조합해보면, 이 관람차가 1900년 파리 만국박람회에

서 이목을 집중시키기 위해 100m 이상의 높이로 만든 대관람차La Grande roue de Paris였다고 할 수 있다. 1889년 파리 만국박람회의 트레이드마크로 만들어진 것은 300m를 넘는 철조 건축물인 에펠탑이었고, 1900년에는 대관람차였다.[31] 〈그림 3〉은 1905년 12월에 교토고등공예학교京都高等工芸学校 (현재 교토공예섬유대학京都工芸繊維大学) 가 구입한 만국박람회장 사진

〈그림3〉 미조 E 〈幻燈写真画1900年パリ万国博覧会場靑景〉 유리 슬라이드(京都工芸繊維大学美術工芸資料館藏, AN.1010-1)

(유리 슬라이드) 67매 세트에서 고른 것이다. 만국박람회장 뿐만 아니라 파리 내에서의 존재감이 엿보인다. 관람차의 기원은 18세기부터라고 하지만 모터를 구동한 것은 1893년 시카고 박람회의 놀이기구가 최초이다. 1900년의 파리에서는 이를 높이의 측면에서 뛰어넘는 기구를 준비한 것이다. 만국박람회에는 오락성이 요구되기 시작했다.

센강Seine.R.의 왼편, 에펠탑의 가까이에 있던 대관람차는 1920년에 철거되었다. 즉 1913년에 프랑스로 건너간 후지타는 이 건조물을 실제로 본 것이다. "파리를 아는 내"가 "1900년 파리 만국박람회"의 상징인 관람차를 화면에 그려 넣었다. 파리에서라면 이 의도를 제목과 맞추어 보았을 때 이해할 수 있었을 것이다. 그러나 일본에서는 그 취지가 전해지기 어려웠을 것이라는 점은 부정할 수 없을 것이다. 어쩌면 화가는 해외에서의 전시를 염두에 두고 있던 것은 아니었을까.

하라타는 앞에서 소개한 논문 외의 다른 글에서 〈1900년〉의 화면 오른쪽에 그려진 남성이 화가 조반니 세간티니Giovanni Segantini(1858~1899)일 가능성을 보여주고 있다.[32] 1900년이 되기 1년 전에 사망하여 만국박람회에 갈 수 없었던 이 스위스의 화가에게 후지타가 자신을 겹쳐보았다는 것이다. 세간티의 자화상과 갖는 유사성이나 당시 이 화가를 일본에서 소개한 것 등 개연성은 있으나, 왜 여기에서 스위스인 화가를 선택한 것인가에 관한 문제는 더 검토할 필요가 있다.[33] 1900년 파리, 만국박람회, 세간티, 무엇이든 1937년 당시에는 없던 것의 조합이다. 덧붙이자면 2명의 여성 모델은 1936년에 사망한 부인 마들렌이다. 1930년대 초엽 이래, 중남미 체재부터 동행했던 그녀는 비서구권에서 살았던 후지타의 사실상 오직 단 하나뿐인 전속 백인 모델로서 여러 차례 화면에 등장한다. 마치 잃어버린 시간을 찾는 것과 같은 이 작품의 화면 구상은 1930년대의 후지타가 제작한 작품들 중에서도 상당히 특이한 것이다. 도쿄로 돌아온 이 시기에 후지타에게는 계속 벽화(실내 장식) 주문 제작이 들어왔으나 이 작품에서는 그러한 형적도 보이지 않는다. 때문에 강한 사적인 의도가 있었다고 상상해본다.

이렇게 〈1900년〉이 1900년 파리 만국박람회를 언급한 것을 확인했다. 그런데 그렇다면 그것이 왜 1937년에 그려진 것일까라는 의문이 새삼스럽게 떠오른다. 이 글의 전반부에서 보았던 것 같이 1937년은 1900년 이래 처음으로 파리에서 종합적인 만국박람회가 개최된 해이다. 또한 당시 후지타가 살던 도쿄에서는 수년 후에 만국박람회를 개최할 것이 결정되어 준비와 기대가 고양되고 있었다. 37년 전이라는 가까운 과거를 표상하지만 실제로는 시사적인 작품이었으며, 후지타 스스로가 '만국박람회 선언万博宣言'을 했다고 보는 것은 불가능한 것일까. 관람차가 내려다보는 만국박람회장에는 '나'의 '작품'이 있었다는 메시지를 일부러 1937년에 발표해서, 다가올 1940년(쇼와 15)의 도쿄 만국박람회를 겨냥하여 스스로가 1900년 파리 만국박람회의 '적장자'임을 어필했던 것이다. 제2장에서 보았던 후지타의 초고에서 그가 자신의 '인생의 실마리'에 파리박람회를 두게 되었다는 시기는 실제로 이 때였던 것이 아닐까. "다가올 대大박람회"는 1940년 도쿄박람회를 가리키고 있을 터였다. 일본의 대외문화정책 진흥, 그리고 이것과 연동된 국제전 참가에 대한 기대가 이 그림의 제작에 담겨 있다.

한편 〈브라질 커피점 벽화プラジル珈琲店壁画〉(1936)나 〈아키타의 행사〉 등 1930년대 중반에 몰두한 '벽화' 작업은 후지타가 '미술가의 거리 진출'과 '실제 사회의 현실'에 임하게 된 기회로 인식했듯이,[34] 거의 처음으로 그가 사회참여적인 주제를 담은 것이었다. 그러나 중일전쟁이 시작되었기 때문에 순식간에 미술가이자 한 국민으로써 사회에 참여하여 '채관보국彩管報国(그림과 글로써 나라를 위해 봉공한다는 의미-역주)'을 하고자 '실제 사회의 현실'에 임해 한발 앞서 〈센닌바리〉라는 거리 풍속을 다룬 것이다.

그래서 1937년 전반 후지타는 다가올 1940년에 자신의 근거지(이다바시飯田橋 부근에서 태어나 자람)인 도쿄에서 처음으로 개최될 본격적인 국제 이벤트에 점점 더 큰 기대를 갖게 되었다. 1937년의 파리 만국박람회에서 제외된 이상, 필연적으로 1940년을 목표로 삼았던 것이다. 그러나 결과적으로는 중일전쟁 발발로 인해 다음 해인 1938년 7월, 일본 정부가 1940년으로 예정된 올림픽 개최권을 반환하기로 결정했다. 또한 공식적으로 만국박람회 개최를 중일전쟁이 종료된 이후로 연기할 것을 결정했다. 그리고 10월, 후지타는 해군성 촉탁이 되어 처음으로 전선 취재를 위해 대륙으로 향했다. 그의 꿈은 무너진 것일까?

그런데, 1939년 4월 후지타는 급히 다시 프랑스로 건너간다. 그는 전쟁이 시작되기 전의 유럽을 다시 한번 본다, 그리고 "예술을 매개로 삼아 국제친선"[35]을 행하기 위해서였다고 말하고 있지만, 여기에서 한 가지 설득력이 결여된다.[36] 만국박람회나 올림픽의 반환이 결정되었다고 해도 '기원 2600년' 봉축행사가 임박한 때에 왜 이로부터 도피하는 듯이 여행을 떠난 것일까. 다른 관점에서 후지타의 프랑스행을 재검토하기 위해서는 미국 경유 항로를 취하고 있다는 점에 주목해야 한다. 출발 전인 1939년 4월의 신문기사에서 흥미로운 언급을 찾았다.

미국에 건너오자마자 가장 나의 흥미를 끈 것은 상공성(商工省)을 시작으로 문부성(文部省) 국제문화진흥회, 관광국 등이 출품한 현대 일본의 다양한 모습이 샌프란시스코와 뉴욕에서 얼마나 진가를 발휘했을까라는 것을 비교해 보는 것이었다. 장래(將來)라는 제목을 붙인 뉴욕의 박람회는 나에게 놀랄 만한 수확을 줄 것 같은 직감이 들고, 3년 후인 로마 박람회는 더욱 인류로서는 상상할 수 없는, 참신한 발명을 보여줄 것 같은 느낌이 든 것이다. 나는 배워야 할 것이 너무나 많은 것 같은 기분이 들어 두려워 견딜 수 없다. 나는 이대로 혼자 일본에 머무르는 것보다도 이러한 변화를 가능한 한 빠르게 일본에 소개해야 한다는 또 하나의 책임이 있어 어깨의 무거움을 느끼고 있다.[37]

놀랍게도 당시 뉴욕에서 개최 중인 '내일의 세계'를 테마로 삼은 만국박람회를 방문할 계획을 세우고 있었던 것이다. 더 나아가서는 뉴욕과 같은 시기에 서해안 쪽의 샌프란시스코에서 개최되고 있던 만국박람회,[38] 1942년으로 예정되었으나 결과적으로 중지된 로마 만국박람회[39]로도 시야를 넓히고 있다. 실제 방문 전에 국내에서 이러한 정보를 수집하고 있었다는 것에서도 후지타의 의욕이 엿보이는 듯하다. 그는 아직 언젠가 '만국박람회의 인물'이 될 것을 포기하지 않았던 것이다. 그런데 뉴욕, 샌프란시스코 박람회에서 일본관 전시의 방향성이 달라졌다. 앞서 개최된 1937년 파리 만국박람회까지는 무역진흥을 위해 '물건'을 진열하는 것이 중심이었으나, 이후에는 나라를 선전하는 것을 주안점으로 삼았고, 사진을 다양하게 이용한 '이미지'를 전시하는 방향으로 큰 전환이 이루어진 것이다. 그리고 후지타는 북미에서 두 개의 만국박람회 시찰을 마치고 5월에 파리로 들어간다. 이후, 9월에는 유럽에서 대전이 발발한다. 이 소식을 파리에서 접한 후지타는 1940년 초여름에 일정을 일단락 짓고 일본으로 돌아왔다. 그리고 결과적으로는 10월에 봉축미술전람회奉祝美術展覽会에 파리 체재 중에 제작한 〈개犬〉를 출품한다.[40] 이 그림은 서커스의 개가 늘어서 있는 그림으로, 다른 작가들의 작품과 비교해 보아도 봉축하는 자리에 어울리는 것은 아니었다. 그리고 후지타는 9월부터 10월까지 육군성의 촉탁으로 중국과 소련의 국경인 노몬한에서 1939년에 일어난 전쟁의 전적지에 도착한 후 작전기록화 제작에 끌려갔다.

다시 한번 정리하자면, 후지타는 1940년에 만국박람회·올림픽이라는 '국제적인 제전'에서 '나라를 위해 도움이 되는 것'을 목적으로 삼았으나, 점차 전쟁 표상을 통해 '채관보국'하는 모습으로 변화해 갔음을 알 수 있다. 1930년대 중반, 약 20년 만에 채재하게 된 일본이라는 극동 지역에서 후지타는 지방 풍속을 그리는 모종의 지역주의localism에서 벗어나 세계 규모의 대전을 표상하는 담당자로도 변신했던 것이다.

5. 맺음말

그런데 전후 후지타는 1949년 3월에 일본을 떠나 두 번 다시 돌아오지 않는다. 그는 뉴욕을 경유하여 다음 해 2월에 파리로 귀환하고 이곳에서 자리를 잡는다. 1955년에는 프랑스 국적을 취득하고 일본 국적을 포기한다. 전후 초인 1958년 브뤼셀에서 만국박람회가 개최되었으나, 그가 이웃 국가에서 개최되는 만국박람회로 향했는지 여부는 앞으로 공개될 전후의 일기류(東京藝術大学藏)에서 확인할 수 있는 날이 올지도 모른다. 그러나 이미 그는 일본관에 관계할 가능성도, 그럴 감정도 없었을 터였다.[41] 후지타가 사망한 것은 1968년 1월이었기 때문에 일본에서 만국박람회를 개최가 할 것이 결정되었다는 뉴스 자체는 알고 있었을 것이다. 1965년에는 개최가 결정되었고, 1967년 7월 오카모토 다로가 테마관 전시 프로듀서에 취임했다. 개최를 끝까지 지켜본 것은 아니었지만, 다로가 EXPO'70의 풍운아가 된 것은 운명적이었다고 볼 수 있다.

사와라기 노이椹木野衣는 『만국박람회와 전쟁万博と戦争』에서 "만국박람회 예술을 전쟁화의 반복으로 보는 동시에 역으로 전쟁화야말로 만국박람회 예술(박람회 예술)의 반복일 수 있다는 관점이 필요할 것이다"[42]

라고 서술하고 있다. 이것은 전쟁화부터 1970년 대오사카 만국박람회, 그리고 1940년의 환상의 도쿄박람회 사이의 연관성을 가리키는 것이지만, 이 글에서의 논의를 통해 그 시야가 1937년 파리 만국박람회, 1900년 파리 만국박람회로도 거슬러 올라가 더욱 확대되었다고 할 수 있다.

1930년대 국제주의internationalism의 장소로 빛났던 만국박람회에 후지타는 등장할 수 없었다. 남보다 갑절이나 만국박람회에 눈길을 보냈지만 '만국박람회의 사람'은 되지 못했다. 그러나 '만국박람회와 후지타'라는 관점은 그의 작품을 다시 읽어야 할 가능성을 새롭게 제시해 주었다. 특히 1930년대 후지타의 작품은 동양인의 표상을 지나치게 개성적으로 표현했다고 평가받아 경원시되곤 했다. 그러나 그의 작품은 단순히 서양에 갔다 온 자의 이국적인 풍취exoticism로 치부될 것이 아니라, 해외로 소개될 것을 염두에 두며 그린 것이었다고 다시금 읽을 수 있다. 2018년에 사망 50주기를 맞이한 후지타를 기리기 위해 교토와 도쿄에서 대규모의 회고전이 준비되고 있다. 바야흐로 도쿄는 2020년 올림픽 전야이며 오사카는 2번째 만국박람회 유치 준비에 들어간다고 한다. 다시금 2010년대의 문화 동향을 생각해본다는 의미에서도 우리는 후지타의 1930년대를 재검토할 좋은 기회를 맞이한 것이다.

은희녕 옮김

주석

1 平野暁臣, 『大阪万博 20世紀が夢見る21世紀』(小学館, 2014); 暮沢剛巳・江藤光紀, 『大阪万博が演出した未来ー前衛芸術の想像力とその時代』(青弓社, 2014).

2 필자는 본서의 배경이 된 연구회에서는 이것과는 별개로 또 한 가지 19세기 후반 유럽의 만국박람회에 일본인은 무엇을 출품했는가라는 반대 방향-일본인은 무엇을 보았는가, 얻은 것은 무엇이었는가라는 시점의-에 관해서도 논했다. 19세기 후반의 만국박람회가 산업 견본 시장과 같은 경향이 강했던 것을 고려한다면 이 만국박람회에서 극동의 신흥국이 매입을 위해 만든 지침을 발견했다고 해도 이상하지 않다. 이 중요한 성과가 1909년 창건된 동궁어소(東宮御所, 아카사카 별궁(赤坂離宮))의 실내장식이라고 생각되지만, 이에 대해서는 원고를 수정하여 논하고자 한다. 木島隆康・佐藤一郎・山梨絵美子・林洋子ほか, 「迎賓館赤坂離宮天井絵画修復事業に関わる損但と劣化原因の解明(1)」(『東京藝術大学美術学部紀要』第52号, 2014) pp.51〜48; 林洋子, 「ペルツとは誰か」(『東京人』2015年 4月号), p.9.

3 유럽권에서는 1937년 만국박람회 연구가 1900년 만국박람회와 함께 활발하게 이루어지고 있다. 독일, 이탈리아, 소련으로 대표되는 전체주의 국가가 프로파간다를 하기 위한 장소였다고 보는 관점이 주를 이룬다. Exh. cat., *Face à l'histoire, l'artiste moderne devant l'événement historique 1933 ～1996*, Paris : Flammarion・Centre Georges Pompidou, 1996; Exh. cat., *Art and Power : Europe Under the Dictatiors*, London : Hayward Gallery Publishing, 1999, etc.

4 岡本太郎, 「巴里画壇のたそがれ」(『みづゑ』1941.6), p.33. 이 텍스트는 1948년 간행된 『岡本太郎画文集 アヴァンギャルド』(月曜書房, 1948)에 「巴里画壇の黄昏」이라는 제목으로 일부 수정되어 다시 게재되었다. 큰 차이는 다시 게재한 원고에 훌륭한 '외국관'의 사례로 "독일, 소비에트 러시아, 영국"이라고 구체적으로 명시한 점이다.

5 오카모토 다로의 만국박람회 체험은 한 가지 연구 테마가 될 수 있을 것이다. 다로는 1967년 7월 오사카 만국박람회 테마관 취임 후에 개최 중이었던 몬트리올 만국박람회를 시찰하러 갔다.

6 파리는 1931년에 식민지 박람회를 개최한다. 후지타와 다로가 이 박람회와 어떤 접점이 있는지에 대해서는 앞으로의 과제로 삼고자 한다. 적어도 후지타의 증언은 현 시점에서 확인할 수 없지만, 비서구적인 문물에 대한 관심이 높았던 그가 관련이 없었다고는 생각하기 어렵다.

7 林洋子, 「フジタとピカソー「パラード」と初個展から〈ゲルニカ〉まで」(『ユリイカ』2008.11), pp.129〜142.

8 復刻(林洋子訳)은 다음과 같다. 鈴木貞美編者, 『*Japan To-day*研究ー戦時期『文藝春秋』の海外発信』(国際日本文化研究センター, 作品社, 2011), pp.52〜56.

9 林洋子, 「一九三八年-ピカソ〈ゲルニカ〉とフジタ「作戦記録画」のはざまに」(앞의 주(8)『*Japan To-day*研究ー戦時期『文藝春秋』の海外発信』), pp.56〜60.

10 藤田嗣治, 「私の生い立ち」(近藤史人編『腕一本・巴里の横顔 藤田嗣治エッセイ選』, 講

談社学芸文庫, 2005), p.234.

11 이러한 파리 만국박람회 출품작의 행방은 확인되지 않는다.

12 蓋原英了,「フジタの心情」(『僕の二人のおじさん 藤田嗣治と小山内薫』, 新宿書房, 2007), 106. 初出 :「フジタの心情」(『芸術新潮』, 1968年 12月号). "私の父親は1900年にパリの万国博覧会を見て, それに出演した貞奴と同船で帰国している. いわゆるベル・エポックを見てきた私の父親の影響はフジタにも小山内薫にも強く策用している"

13 앞의 주(10). 藤田,「私の生い立ち」, p.235.

14 프랑스로 간 이후 일시적으로 처음 귀국했을 때(1929)에 낸 회상록「在仏一七年–自伝風に語る」(『藤田嗣治画集』, 東京朝日新聞社, 1929)이나「巴里に於ける画家の生活」(藤田,『巴里の横顔』, 実業之日本社, 1929)에서는 전혀 언급하지 않았다. 1900년 파리 만국박람회 수상 목록에는 고등사범학교 등「成績品其他」등의 기록이 보인다(『明治期万国博覧会美術出品目録』, 東京国立文化財研究所, 1997).

15 田代衞編集, 『巴里万国装飾美術工芸博覧会日本産業協会事務報告書』(日本産業協会, 1926); 商工省商務局編,『巴里万国装飾美術工芸博覧会政府参同事務報告』(商工省商務局, 1927). 후지타와 아르데코전의 관계는 앞으로의 연구 과제로 삼고자 한다.

16 長嶋圭哉,「オリンピック〈芸術競技〉と日本の美術界 ロサンゼルス, ベルリン, 東京」(五十殿利治 編,『「帝国」と美術 一九三〇年代日本の対外美術戦略』, 国書刊行会, 2010), pp.201~226.

17 1940년 도쿄 만국박람회와 올림픽의 개최, 중지(연기)의 경위는 古川隆久,『皇紀・万博・オリンピック 皇室ブランドと経済発展』(中公新書, 1998)에 자세히 정리되어 있다.

18 藤元直樹,「国辱映画論争をめぐって 映画監督・藤田嗣治」(『映画論叢』16号, 2006), pp.62~74.

19 林洋子,「パリ・東京 ・仏領インドシナ 親仏派日本人美術家の系譜」(稲賀繁美監修,『東洋意識 夢想と現実のあいだ 一八八七~一九五三』, ミネルヴァ書房, 2012), pp.461~484.

20 일본에서 출품한 품목 발표는 1937년 1월.『国際文化振興会出品巴里万国博覧会 日本館文化宣伝部陳列品作成費』(国際文化振興会, 発行年不明).

21 原田久美子,「藤田嗣治と万国博覧会」(『藤田嗣治の一九三〇年代 壁画〈秋田の行事〉からのメッセージ』秋田県立美術館, 2013), pp.100~104.

22 藤田嗣治,「美術館か建ったら外国人は来ますよと‥‥藤田画伯語る」(『秋田魁新報』, 1936.11.19).

23 藤田嗣治,「国際映画撮影とモデル秋田 壁画「秋田の全貌」揮毫」(『秋田魁新報』, 1937.1.1).

24 이 분야에서 참고해야 할 문헌으로 다음을 들 수 있다. 中村宏,「戦前における国際観光(外客誘致)政策」(『神州学院法学』36-2, 2006), pp.361~387; 中村宏,「戦時下における国際観光政策–満州事変, 日中戦争, 第二次大戦」(『神戸学院法学』36-3/4, 2007), pp.711~748; 砂本文彦,『近代日本の国際リゾート一一九三〇年代の国際観光ホテルを中心に』(青弓社, 2008); 白山眞理, 小原真史,『戦争と平和〈報道写真〉が伝えなかった日本』(平凡社, 2015)

25 藤田嗣治,「土産物への希望」(『随筆集 地を泳ぐ』, 書物展望社, 1942), p.230.

26 藤田嗣治,「街頭広告と市民の鈍感」(앞의 주(25)『地を泳ぐ』, p.286. 初出 :『東京日日新聞』, 1938.6.16)

27 컬러 도판의 게재 사례는 앞의 주(21) 전람회 카탈로그『藤田嗣治の一九三〇年代壁画

《秋田の行事》からのメッセージ」, 林洋子編, 『藤田嗣治壁画 異郷』(小学館, 2014)로 제한한다.

28 1930년대 미술잡지에 컬러 도판 게재력이 있다.

29 하라타 구미코(原田久美子)의 이 가르침에 따르자면 〈센닌바리〉는 1937년 11월 30일・12월 1일에 니이가타 신문(新潟新聞) 본사에서 열린 「후지타 쓰구하루 선생 생애 회고전(藤田嗣治先生油絵個展)」에 출품되었다.

30 藤田嗣治,「戦争と流行」(앞의 주(25) 『地を泳ぐ』), p.429.

31 관람차의 역사는 다음에서 상세히 볼 수 있다. 福井優子,『観覧車物語110年の歴史をめぐる』(平凡社, 2005)

32 앞의 주(21) 하라타(原田),「藤田嗣治と万国博覧会」;「パリへの郷愁」(앞의 주(21) 책), p.105.

33 展覧会カタログ,『セガンティーニ : 光と山 アルプスの画家』(佐川美術館, 2011).

34 藤田嗣治,「壁画の新しい方向」(『アトリエ』13-7, 1936.7)

35 藤田嗣治,「苦難を求める 再び海外に出る私の心情(上)」(『東京日日新聞』, 1939.4.5 夕刊).

36 林洋子,「藤田嗣治、一九三九年春の再渡仏の意味」(『日本比較文学会東京支部 研究報告』9号, 2012.9), pp.58〜62.

37 藤田嗣治,「富士山の智慧 再び海外に出る私の心境(下)」(『東京日日新聞』, 1939.4.6 夕刊)

38 뉴욕과 샌프란시스코 만국박람회에서 일본의 표상은 다음을 참조. 山本佐恵,『戦時下の万博と「日本」の表象』(森話社, 2012).

39 鯖江秀樹,『イタリア・ファシズムの芸術政治』(水声社, 2011)

40 林洋子,「紀元二千六百年奉祝美術展-帝展改組と東京美術学校改革のはざまで」(展覧会カタログ『東京府美術館の時代展 一九二六-一九七〇』(東京都現代美術館, 2005), pp.143〜149.

41 일본은 1952년부터 베네치아 비엔날레에 정식 참가하게 되었는데(제26회, 대표자 우메하라 류자부로(梅原龍三郎)), 강화조약 이후지만 아직 재외 일본인의 수도 예산도 제한되었던 시기인 1954년(제27회)에는 파리에 있던 후지타에게 위원(commissioner, 대표) 취임을 타진했던 흔적이 있다. 그는 사퇴했고 최종적으로는 유럽에 건너갈 예정이었던 히지카타 데이치(土方定一)가 대표로, 진열위원으로 이탈리아에 있던 일본 화가 하세가와 로카(長谷川路可)가 위촉되었다.(『ヴェネチア・ビエンナーレ -日本参加の四十年』, 国際交流基金, 毎日新聞, 1995, p.56)

42 椹木野衣,『万博と戦争』(美術出版社, 2005), p.65.

제2부

박람회의 장소

환상의 박람도시계획
도쿄 쓰키시마月島· 일본 만국박람회

마시야마 가즈시게

환상의 박람도시계획

도쿄 쓰키시마月島 · 일본 만국박람회

마시야마 가즈시게(增山一成)

　　도쿄東京 저지대 중 임해臨海 지역의 매립 조성 과정에는 17세기 초엽부터 시작된 에도江戸 조카마치城下町(전국시대 이후, 다이묘의 성을 중심으로 형성된 도시-역주) 건설에 수반하는 연안沿岸이나 후미진 만灣에 펼쳐진 간석지 매립과, 19세기 말 이후 근대도시계획을 계기로 시작되는 매립 조성이라는 두 가지 큰 흐름이 존재한다. 또한 제2차 세계대전 후에도 항만 시설 정비를 목적으로 연안 지역의 매립 조성이 진행되어, 에도가와江戸川 하구로부터 아라카와荒川 · 스미다가와隅田川 하구, 그리고 남쪽의 다마가와多摩川 하구를 둘러싸듯이 잇는 도쿄 항 해역에 수변공간Waterfront이 형성되었다.

　　특히 근대 이후 조성된 임해 지역 매립지는 공장, 창고, 항만시설 혹은 상업, 이벤트, 거주 공간 등으로 새로 개발된 지역이었기에 매우 유연하게 토지가 이용될 수 있었다. 도쿄만에 인접한 광대한 부지와 수변공간이 있는 매립지는 2020년에 개최될 예정인 도쿄 올림픽 · 패럴림픽 경기대회용 부지이기도 하지만, 1996년에 개최될 예정이었던 세계

도시박람회용 부지이기도 했다. 또한 거슬러 올라가서 1940년의 기원
紀元 2600년 기념 일본 만국박람회(이하, 일본 만국박람회로 표기)의 박람
회장 예정지로서 준비되는 등, 제2차 세계대전 전부터 지금에 이르기까
지 국가적인 대형 이벤트 창출의 장이 되어 왔다.

이 글은 1940년에 개최될 예정이었던 일본 만국박람회를 대상으로,
사업 자체가 좌절되고 관계 자료가 산실되는 등 자료적 제약으로 인해
명료하지 못했던 부분을 해명하여 이 프로젝트의 실정을 파악하는 것을
목적으로 한다. 첫 번째로, 일본 만국박람회의 박람회장 지구가 어떠한
역사적 배경과 지리적 조건을 가지는 장소였는지를 에도 항(도쿄만)의 변
천과 쓰키시마 매립지 조성 프로세스[1]를 명확히 함으로써 밝혀낸다. 두
번째로 일본 만국박람회 구상이 어떠한 경위를 거쳐 봉축사업이 되었는
지, 쓰키시마 매립지를 박람회장으로 삼는 만국박람회 계획안이 갖는 결
절점結節点으로서의 의미를 명시한다. 세 번째로, 최종적으로 결정된 박
람회장 계획이나 배치 구성 개요와 함께 사업의 조직 형태나 진척 상황,
국내외에서의 선전·보도의 실정을 밝힌다. 그리고 마지막으로 쇼와昭和
(1926~1989) 시대 초기에 책정된 일본 만국박람회의 특색을 분석·고
찰하며 개최가 연기된 뒤의 전개에 대해서도 언급하고자 한다.

1. 쓰키시마 지역의 매립 조성과 토지 이용—매립 과정과 도시화의 형태

쇼와 시대 전기(1926~1945)에 계획된 일본 만국박람회를 위해 책정된 마스터 플랜은 도쿄만 내부의 쓰키시마 매립지를 메인 박람회장으로 설정했다. 이 장소는 간토關東 평야를 흐르는 아라카와 하류와 스미다가와가 도쿄만으로 나오는 하구 일대에 위치하며, 메이지 10년대(1877~1886)에 시작된 수도 도쿄의 도시 개조와 축항築港 계획을 계기로 조성된 인공섬이었다. 여기서는 메이지 시대부터 쇼와 초기에 걸쳐 매립 조성이 이루어진 쓰키시마 매립지의 전사前史를 알아보면서, 이 지역을 둘러싼 역사와 매립 조성 과정을 밝히고자 한다.

1) 도쿄의 도시 개조 계획—도쿄 시구市区 개정과 축항론의 경위[2]

도쿄만의 최심부에 해당하는 스미다가와 하구는 해상 교통을 통해 여러 지방으로부터 들어오는 물자가 집중되는 에도 항의 중심지였다. 근세의 에도 항에는 하구에 퇴적된 토사로 인해 사주砂洲(델타)가 형성되어 있었고, 연안에는 대형선을 해안에 대는 계류 시설이 없었다. 때문에 에도로 향하는 물자 수송을 담당했던 회선廻船(일본 근세의 화물 운송선—역주)은 스미다가와 하구의 이시카와石川섬, 쓰쿠다佃섬 부근의 바다에 정박한 뒤 그곳에서 작은 배로 짐을 옮겨 에도 시내의 강변이나 하역장으로 물자를 수송했다.

대도시 에도를 지탱하던 물류 거점인 에도 항은 에도 시대 말에 미국 페리 제독의 내항을 계기로 그 양상이 바뀌어 간다. 1853년, 막부의 명을 받은 미토水戸 번주 도쿠가와 나리아키德川斉昭는 이시카와섬에 서양식 조선소를 창설했는데, 같은 해에 외국 배가 침입할 수 있는 시나가와品川 앞바다에 여러 개의 포대가 축조되었다. 막부는 그 후에도 스미다가와 하구의 쓰쿠다섬 남쪽이나 엣추越中섬에도 포대를 신설하여 해안 방어 태세를 갖추어 나갔다. 하지만 1858년에 막부는 미국 총영사 해리스Harris와 수호통상조약을 체결하고 네덜란드, 러시아, 영국, 프랑스와도 같은 조약을 체결한다. 이 조약으로 '하코다테箱館 · 가나가와神奈川 · 나가사키長崎 · 니가타新潟 · 효고兵庫'의 개항과 '에도 · 오사카大坂'의 시장 개방이 결정되어, 일본은 본격적인 개국의 길을 걷게 되었다. 하지만 물가 폭등에 따른 경제 혼란과 긴박한 정치 정세 등을 이유로 막부는 니가타와 효고의 개항과 에도, 오사카의 시장 개방 연기를 요구하며 조약 체결국에 전권사절을 파견하였고, 여러 나라와 교섭한 끝에 이 조약들을 조인하기에 이른다.[3]

그 결과, 에도(도쿄)는 1862년 본래의 시장 개방 기일로부터 7년 후인 1869년 1월 1일에 메이지 신정부 하에서 시장을 개방하게 된다. 개시장開市場이 된 쓰키지 뎃포 모래사장築地鉄砲洲은 조약상 당사자 대여相対借り에 따른 '잡거지雑居地'와 함께, 1867년 11월에 막부가 여러 외국의 주일 외교대표와의 사이에서 의정議定한 '외국인이 에도에 거류하는 일에 대한 약정外国人江戸に居留する取極'에 근거하여 '거류지'가 설치되었다.[4] 또한 1868년에 개항장으로 변경된 오사카와는 달리, 에도는 무역을 목적으로 하지 않는 개시장이었다. 한편, 앞서 말한 조약으로 가나가와가 개항장이 되었지만 막부가 수륙교통의 요지인 해당 지역을 피하고자 하여 조약 체결 이듬해 요코하마横浜촌에 공사를 강행하여 항만 시설을 정비했다.(현재의 요코하마시 가나가와 구에 해당하는 가나가와 항구와 요코하마시 나카

中구에 해당하는 요코하마촌은 당시에는 별개의 구역이었다 −역주) 여기에는 요코하마에 에도의 외항으로서의 역할을 담당케 하여 무역에 관련된 이권을 에도에 집중시키고자 하는 막부의 의도가 존재했다. 그리고 개항 직후부터 메이지 20년대(1887~1896)에 걸쳐 압도적인 수출입액을 차지한 요코하마는 일본 내의 외국 무역을 선도하는 존재가 되었고, 에도는 요코하마와의 사이에서 수송되는 무역품의 집산지가 되었다.

메이지유신 이후에도 무역항 요코하마와 정치도시 에도를 잇는 교통 시스템이나 도시 형태는 지속되었으나, 1879년 8월에 자유주의 경제 사상가인 다구치 우키치田口卯吉가 발표한 항만 정비·선거船渠 개설론[5]을 계기로, 도쿄의 근대도시화와 축항 계획이 부상했다. 다구치는 이듬해에도 『도쿄경제잡지(도쿄케이자이잣시東京経済雑誌)』 34호에 수록된 「도쿄론東京論」에서 도쿄의 구획 개정과 세계의 중심시장으로서의 상업도시화, 시나가와 앞바다의 선거 개설에 따른 도쿄 항의 필요성 등을 설파했다. 다구치가 주장한 일련의 도쿄 축항론은 시부사와 에이이치渋沢栄一나 마쓰다 미치유키松田道之 도쿄 부지사府知事 등에게도 큰 영향을 미치게 되었다.

1880년 11월, 마쓰다 부지사는 도쿄를 근대도시로 개조하는 「도쿄 중앙시구 획정에 관한 문제東京中央市区画定之問題」[6]를 발표했다. 이 제안은 도쿄 시구 개정(이하, 시구 개정으로 표기)과 힌카이品海 축항에 관한 지론을 전개한 것으로, 부회 의원에 대한 자문을 시작으로 시중에도 널리 공표되었다. 마쓰다 안의 큰 틀은 후에 쓰키시마 매립지가 조성되는 모래사장 지구로부터 다이바台場에 이르는 시나가와 앞바다 일대에 대한 축항[7]을 상정하였는데, 무역항 기능을 갖춘 근대도시 도쿄의 형태에 관한 의견을 민간에 널리 구하게 되었다. 또한 1881년 11월에는 내무성 토목국에 고용된 네덜란드인 공사工師 물데르Anthonie Rouwenhorst Mulder가 도쿄만 축항에 관한 의견서를 제출했으나, 마쓰다 부지사는 이듬해 병사한다.

그 후, 도쿄 부지사로 내무소보內務少輔를 겸직하는 요시카와 아키마사芳川顕正가 취임했다. 1884년 11월, 요시카와 부지사는 도로, 하천, 교량, 철도 등 도시교통망 정비에 관련된 「시구 개정 건에 관한 상신市区改定之儀二付上申」[8]을 야마가타 아리토모山県有朋 내무경에게 제출했다. 이듬해 2월에는 앞서 말한 물데르 안을 첨부한 도쿄 축항에 관한 의견 「힌카이 축항 건에 관한 상신品海築港之儀二付上申」[9]을 제출하여 운수·교통 인프라 정비를 위한 도쿄 축항의 필요성을 강조했다. 한편 내무성에는 상신 내용이 적합한지 여부를 자문하는 도쿄 시구 개정 심사회(이하, 심사회로 표기)가 설치되었고, 심사회장에 요시카와 아키마사가 임명되었으며 심사회 위원은 내무성 관계자가 과반수를 차지했다. 심사회는 도쿄 상공회 대표로서 위원이 된 시부사와 에이이치와 마스다 다카시益田孝가 열심히 주장했던 바와 같이 축항을 통한 상업도시화를 꾀하게 된다.

1885년 10월의 결심結審에서는 요시카와 안을 수정한 심사회 안[10]이 입안되었고, 야마가타 아리토모 내무경으로부터 산조 사네토미三条実美 태정대신에게 상신되었다. 도쿄의 상업도시화를 강조한 심사회 안은 스미다가와 하구의 에이다이바시永代橋에서 쓰쿠다섬 남쪽에 걸쳐 광대한 매립지를 조성하고 대량의 선거船渠를 설치한다는 축항 계획이었다. 하지만 요코하마 측의 강한 반대와 조약 개정을 목표로 삼는 외무성에 의한 관청가 집중 계획, 그리고 태정관제에서 내각제로의 이행 등으로 인해 심의안은 재가를 얻지 못한 채 연기되고 말았다. 그리고 심의회의 상신 내용은 1888년 8월에 공포된 도쿄 시구 개정 조례에 근거하여, 내

무대신의 감독하에 설치된 도쿄 시구 개정 위원회(이하, 위원회로 표기)로 넘겨졌다.[11]

위원회의 조직은 내무성을 중심으로 대장성, 농상무성, 체신성, 육군, 도쿄 부, 도쿄 구 부회의원 등으로 구성되어 있었으며, 위원회에는 내무차관이 된 요시카와 아키마사가 임명되었다. 요시카와는 1888년 10월에 개최된 첫 회합에서 시구 개정을 위한 축항 사업의 중요성을 설파했는데, 무역항 요코하마로부터 강하게 간섭받은 도쿄 축항 계획은 심의 대상으로서 진전을 보지 못했다. 하지만 위원회와는 별개로 외국인 기술자에 의한 축항 플랜이 다수 작성되었다. 그중 내무성으로부터 의뢰를 받은 내무성 토목국 기술고문인 네덜란드인 공사 데 리즈커Johannis de Rijke가 작성한 도쿄만 축항 계획은 1889년 3월에 토목국장 니시무라 스테조西村捨三에게 상신되었다. 그리고 유럽을 조사하기 위해 건너간 후루이치 고이古市公威의 요청으로 프랑스 해군성 해공海工 감독관인 르노Reneaud가 작성한 도쿄만 축항 의견은 같은 해 12월에 요시카와에게 보고되었다.[12]

결국 1889년 5월에 고시된 시구 개정 설계[13]는 항만 시설이 제외된 교통 계획 중심의 도시 개조 플랜이었다. 다만 위원회에서 축항안이 소멸된 것과는 반대로, 축항 계획은 도쿄시의 독자 사업으로서 일시적으로 성황을 맞았다. 1900년 1월, 마쓰다 히데오松田秀雄 도쿄 시장에게 축항 설계를 위촉받은 후루이치 고이와 나카야마 히데사부로中山秀三郎가 도쿄 축항 계획서를 시에 제출했고, 6월에 열린 도쿄 시회 본회의에서 도쿄 축항안이 의결되었다. 이로써 축항 계획의 추진자였던 시회 의원 호시 도루星亨는 도쿄 축항 조사위원회를 발족하여 계획 실현을 위해 움직이기 시작했다. 그리고 1901년 3월에는 제15회 제국의회 중의원에서 도쿄시의 도쿄만 축항에 관한 건의안 및 국고 보조 요청이 가결되었다. 하지만 같은 해 6월에 발생한 호시 도루 사살刺殺 사건을 계기로, 축항 움직임은 추진력을 상실하게 된다.

2) 쓰키시마 매립 조성과 토지의 양상

쓰키시마 매립지의 전사前史라 할 만한 도쿄 축항 계획은 다구치 우키치나 시부사와 에이이치 등의 축항론을 배경으로 시작되었고, 도쿄 부와 내무성 관계자 사이에서 시구 개정 사업의 하나로서 검토되었으나 실시되지는 않았다. 또한 그 후에 결정된 도쿄시의 장대한 축항 사업도, 착수 직전에 리더 격인 호시 도루를 잃고 축항 방침의 궤도를 수정하게 된다. 이러한 과정은 앞 절에서 개괄한 바와 같지만, 실제로는 이와 병행하여 개시된 도쿄 부의 스미다가와 하구 준설 공사가 쓰키시마 매립지 조성으로 이어진다. 그리고 이 공사는 매립 조성을 수반하는 항만 사업으로 이어져서 오늘날에 이르는 도쿄 항만의 골격을 만들게 된다. 여기서는 일본 만국박람회장으로 설정된 쓰키시마 매립지의 조성 과정과 토지 이용의 양상을 살펴보고자 한다.

에도 시대 이래로 스미다가와 하구 일대는 상류로부터 떠내려 온 토사로 인해 수심이 얕아져, 시나가와 앞바다로부터 스미다가와 하구의 항로를 따라가는 선박은 약 100톤 규모를 넘어서지 못했다. 대형 증기선에 의한 대량·신속 수송이 주류를 이루는 메이지 시대에는 아라카와의 홍수로 생겨난 토사가 하구 일대에 퇴적되어 소형 선박의 항행에도 지장을 초래하게 되었다. 1880년에는 마쓰다 부지사가 제안한 도시 개조를 계기로 대규모 축항 계획이 모색되었으나. 부지사는 당면한 조치로서 도쿄만 항로 준설 공사 계획을 도쿄 상공회에 자문했다. 그 후 도쿄 부는 1883년에 구부區部 공유금을 재원으로 삼는 도쿄만 항로 준설 공사를 결정하고 이를 실시하기로 했다.

1887년에는 도쿄 부회에서 쓰쿠다섬 앞바다의 매립 조성을 수반하는 본격적인 항로 준설 사업이 결의되어, 일본토목회사에 의해 공사가 1896년까지 실시되었다. 또한 해당 사업은 1889년의 시제市制 시행으로 도쿄 시로 이관되어 계속되었고, 이 기간 중에 생겨난 준설 토사를 이용하여 쓰키시마 매립지가 조성되었다. 쓰쿠다섬 남쪽에 완성된 쓰키시마 제1호 매립지는 1892년 12월에 열린 부회에서 쓰키시마라는 정町('조'로 읽으며, 한국의 동과 비슷한 일본의 행정구역 – 역주) 이름이 붙게 되고, 이어서 1894년에 제2호 매립지가, 1896년에는 신 쓰쿠다섬이 조성되었다.

메이지 30년대(1897~1906)에 들어서면, 도쿄시에 의한 도쿄 축항이 정식으로 결정된다. 그러나 호시 도루(도쿄 축항 조사위원장)의 죽음과 함께 사업은 추진력을 상실하며 위기를 맞는다. 하지만 그 후 구미 여러 나라의 항만 조사를 한 도쿄시 기사 나오키 린타로直樹倫太郎가 귀국하여 1904년에 오자키 유키오尾崎行雄 도쿄 시장에게 의견서(「도쿄 축항에 관한 의견서 東京築港ニ関スル意見書」,[14] 「스미다가와 하구 개량 의견서隅田川口改良意見書」[15])를 제출한다. 이 중 도쿄 축항을 전제로 하는 스미다가와 하구 개량 의견이 도쿄 시회의 결의를 얻게 되어 도쿄 항을 개수하는 계기가 만들어진다.[16] 스미다가와 하구 개량 공사는 1906년 12월에 착수되었고, 이후 1935년에 이르기까지 3기에 걸쳐 항로의 폭을 늘리고 심도를 늘리는 개량 준설 및 매립 조성 공사가 계속되었다.[17] 그 결과, 쇼와 시대 초기가 되면 대형 선박(6,000톤급)의 접안 및 계류도 가능해졌다.

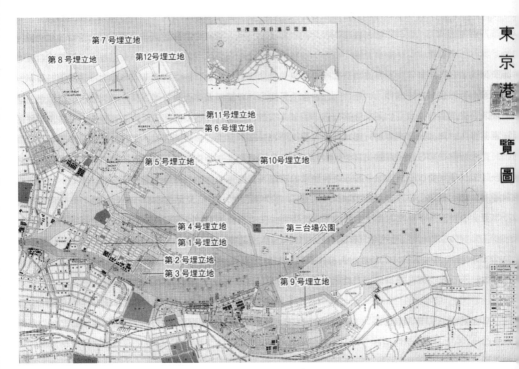

〈그림 1〉 도쿄시 항만부가 작성한 「東京湾一覧図」(1937)(위로부터―역주) 제7호 매립지, 제8호 매립지, 제12호 매립지, 제11호 매립지, 제6호 매립지, 제5호 매립지, 제10호 매립지, 제4호 매립지, 제3 다이바 공원, 제1호 매립지, 제2호 매립지, 제3호 매립지, 제9호 매립지

제1기 공사에서는 제3호 매립지(1913)와 시바우라芝浦 부근의 토지가 조성되었고, 이어서 제2기 공사에서는 시바우라 지구에 매립지가 조성되었다. 제3기 공사에서는 시바우라 해안 지구가 매립되었고, 이와 함께 제4호 매립지인 하루미晴海(1931), 제5호 매립지인 도요스豊洲(1933), 제6호 매립지인 시노노메東雲(1934) 등이 조성되었다.[18](〈그림 1〉)

도쿄만 내부의 준설 사업은 해상에 새로 개발한 매립지를 만들어 내면서, 대형 선박이 항행할 수 있는 항만도시를 위한 지반 조성으로 이어졌다. 이시카와섬 조선소(1876년에 민영화)에 인접한 쓰키시마 매립지에는

기계, 기구, 금속 제조를 업종으로 삼는 수많은 중소공장들이 진출했다. 그곳의 토지 이용 형태는 원청元請 공장인 이시카와섬의 조선 공장과 그 산하에 있는 하청 공장의 상호 의존 관계에서 기인하였고, 조선소의 생산 확대와 함께 하청 공장의 분포 범위가 확대되었다. 그 결과 이시카와섬으로 이어지는 쓰키시마 매립지는 메이지 후기에서 다이쇼 시대(1912~1926)에 걸쳐 중공업 지대로 발전하였고, 숙련 직공들과 그 가족들이 모여 사는 도쿄의 대표적 지역이 되었다.[19] 쇼와 초기(1920년대 후반~1930년대)에는 제4호 매립지가 완성되었고, 도쿄 시역이 확장되어 대大 도쿄 35구 시대를 맞이하게 되자 제5호, 제6호, 제7호 매립지 등의 조성이 진행되었다. 하지만 공채 지변支辨 사업인 스미다가와 하구 개량 공사는 매립지 매각비나 항만 사업 수입에 의한 공사비 회수가 뜻대로 되지 않아, 시유지市有地의 확대와는 정반대로 공채 상환을 꾀할 필요성이 생겨나고 있었다.

이러한 상황하에서, 바다에 임한 지역의 지리적 조건을 살려 공업 지대가 된 쓰키시마 매립지와는 달리 쇼와 시대 초기에 조성된 매립지를 일본 경제의 재건이나 디플레 탈출의 기폭제로 삼고자 여러 가지의 시유지 활용 계획이 나타나게 되었다.

그중에는 우시즈카 도라타로牛塚虎太郎 도쿄 시장에 의한 제4호 매립지로의 도쿄 시청사 이전 계획[20]이 있었고, 제12회 올림픽 대회의 도쿄 유치에 즈음하여 도쿄시가 구상한 후카가와深川 매립지(제7호 매립지·다쓰미辰巳)의 종합경기장 건설 시안[21]도 있었다. 그리고 여러 매립지를 박람회장으로 만드는 일본 만국박람회 계획이 있었다. 이 중 일본 만국박람회 계획만이 매립지 간의 박람회장 건설이나 배치 변경 등에 대해 재검토하면서 사업이 이어지게 된다.

2. 일본 만국박람회 개최에 대한 희망—결절점으로서의 도쿄만 매립지

　개항과 시장 개방을 연기해 달라고 요청하기 위해 유럽에 건너간 막부 말기의 견구사절단은 도중에 방문한 런던 만국박람회(1862)에서 유럽의 산업기술과 만국박람회라는 장場을 체험했다. 일본은 이를 계기로 파리 만국박람회(1867)에 출품, 참가했다. 메이지 정부가 들어서고 나서는 빈 만국박람회(1873)에 공식적으로 참가했고, 국내에서는 내국권업박람회 등을 개최했다. 모두 실현되지는 못했지만, 기원 2550년(1890)의 '아시아 대박람회亞細亞大博覽会'나 1912년의 '일본 대박람회' 등은 이러한 과정에서 구상된 일본 주최 만국박람회 계획이었다. 그리고 메이지 시대부터 열망한 만국박람회 개최는 관동대지진 이후 부흥을 거친 쇼와 시대 초기에 기원 2600년 봉축기념사업으로 결정되었다. 여기서는 일본 만국박람회가 봉축기념사업이 되어 가는 경위와 초기 계획안을 살펴보고자 한다.

1) 일본이 주최하는 만국박람회 구상과 기원 2600년 봉축기념사업

　쇼와 시대 초기에 계획된 일본에서의 만국박람회 구상은 다이쇼 시대 말에 해외 만국박람회와 내국권업박람회 관계자들이 중심이 되어 결성한 '박람회 구락부[22]'의 움직임에서 시작된다. 1929년 6월에 박람회 구락부 이사장인 히라야마 나리노부平山成信는 일본 만국박람회 개최를 위해 총리대신 및 각 성 대신들에게 건의하고, 전국의 시청, 상공회의소, 상공단체에도 협력을 구하는 운동을 벌였다. 이듬해 5월에는 박람회 구락부 멤버와 실업계의 여러 단체로 구성된 제1회 만국박람회 협의회[23]를 개최하여 만국박람회 계획 입안에 나섰다. 그리고 1930년 8월에는 박람회 구락부 회장인 후루이치 고이가 하마구치 오사치浜口雄幸 총리대신과 각 성 대신에게 만국박람회 계획의 구체안을 제시하며 다시금 일본 만국박람회의 개최를 요청했다. 이 시점에서는 시바우라 매립지를 주박람회장으로 하여 1935년 4월부터 7개월 동안 개최할 계획[24]이었다.

1931년 3월, 제59회 제국의회 중의원에 제출한 「일본 만국박람회 개최에 관한 건의日本万国博覧會開催ニ関スル建議」가 본회의에서 가결되어 1935년을 기하는 일본 만국박람회 개최가 결정되었다. 그러나 만주사변과 5.15사건에 따른 불안정한 국내 정세, 시카고 만국박람회(1933)에 가까운 회기會期로는 국제적인 출품이나 외국 방문객 유치가 곤란하다는 점 등이 고려되어 5년 뒤인 1940년에 개최할 가능성이 높아졌다.[25] 그리고 회기를 이 해로 설정한 배경에는, 1940년이 진무神武 천황 즉위 기원으로부터 2600년에 해당하므로 일본 만국박람회를 봉축기념사업으로 자리매김하여 준비기간을 확보하려는 의도도 있었다.

1934년에는 만국박람회 협의회에 관공서를 더한 임의 단체인 '일본 만국박람회 협회'(이하, 만국박람회 협회로 표기)가 결성되고, 초대 회장으로 우시즈카 도라타로 도쿄 시장이 취임했다. 그리고 이듬해 2월 11일의 기원절을 기하여 만국박람회 협회는 일본 만국박람회의 계획 개요를 발표함과 동시에, JOAK(도쿄중앙방송국)를 통한 우시즈카 회장의 전국 방송을 실시했다. 10월에는 오카다 게이스케岡田啓介 총리대신의 자문기관 '기원 2600년 축전준비위원회'(이하, 축전준비위원회로 표기)가 발족되었고, 위원에 임명된 만국박람회 협회 관계자(도쿄 부지사, 가나가와 현지사, 도쿄 시장, 요코하마 시장)를 포함하여 축전 사업 준비가 이루어졌다. 그리고 1936년 2월의 축전준비위원회 제3회 총회에서는 기원 2600년 봉축기념사업 중 하나로서 일본 만국박람회의 개최가 승인되었다. 여기서는 도쿄시 또는 만국박람회 협회를 주최자로 삼는 두 개의 계획안과, 보조금 교부와 할증금(현상금)이 붙는 예매 입장권을 발행할 필요성이 제기되었다.[26]

그 후 1936년 7월에 '기원 2600년 축전사무국'과 '기원 2600년 축전평의위원회'(이하, 축전평의위원회로 표기)가 내각에 정식으로 설치되었다. 8월 25일의 각의에서는 도쿄시와 관계 단체로 조직된 만국박람회 협회를 주최자로 하여, 국고 및 관계 공공 단체의 보조와 재원 확보를 위한 할증금이 붙는 예매 입장권 발행이 승인되었다. 같은 달에 상공성 상무국 내에 '박람회 감리과'(일본 만국박람회 개설 사무의 지도, 감독, 원조)가 설치되고, 12월에는 상공대신을 회장으로 하는 '기원 2600년 기념 일본 만국박람회 감리위원회'(이하, 감리위원회로 표기)가 설치되는 등 일본 만국박람회의 감독·조성助成 기관이 정비되었다. 이 사이에 개최된 1936년 11월의 축전평의위원회 제2회 총회에서는 봉축기념사업으로서 일본 만국박람회의 개최가 전회 일치로 승인되었고, 축전평의위원회 위원장인 사카타니 요시로阪谷芳郞는 이를 히로타 고키広田弘毅 총리대신에게 보고했다.

기원 2600년 봉축기념사업에 관한 건

기원 2600년 봉축기념사업은 대체로 다음과 같은 방침에 의거하여 실시함이 적당하다고 인정한다.

제1 다음에서 열거하는 사업을 봉축기념사업으로서 시행할 것

1. 가시하라(橿原) 신궁 경역 및 우네비(畝傍) 산 동북릉 참배길(参道)의 확장·정비

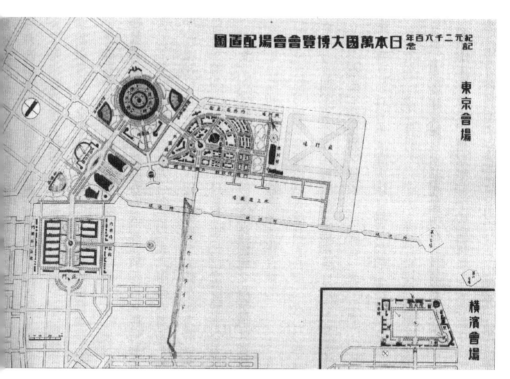

〈그림 2〉 일본 만국 대박람회의 박람회장 배치도(1935)

2. 진무 천황의 성스러운 유적에 대한 조사, 보존, 현창

3. 천황릉(御陵) 참배 도로의 개량

4. 일본 만국박람회의 개최

5. 국사관(国史舘)의 건설

6. 일본문화대관(日本文化大観)의 편찬, 출판[27]

2) 도쿄만 매립지에서의 일본 만국박람회 계획안

도쿄시에 의해 메이지 말부터 도쿄 항 수축(修築)의 전제로서 실시되어

온 스미다가와 하구 개량 공사는 항로 준설 부대 공사(매립 조성)로서 진행되었다. 그 결과, 제3기 개량 공사가 완료되는 쇼와 초기에는, 도쿄만 내부의 바다에 접한 지역에 광대한 도쿄 시유지(매립지)가 조성되었다. 이러한 매립 조성지의 이용(공업 용지, 시가지화, 시청사 건설, 대규모 이벤트 계획 등)은 앞 절에서 서술한 바와 같은데, 도쿄만 매립지를 박람회장으로 삼는 일본 주최 만국박람회 계획이 떠오른 배경에는 만국박람회 협회 초대 회장을 겸직하며 일본 만국박람회 개최를 추진한 우시즈카 도라타로 도쿄 시장의 존재가 컸다.

1935년 2월, 만국박람회 협회는 국가사업으로서의 정식 개최가 결정되기 전에 일본 주최 만국박람회 계획의 개요를 발표했다. '기원 2600년 기념 일본 만국 대박람회'(이하, 일본 만국박람회 당초안으로 표기)라는 이름이 붙은 일본 만국박람회 당초안은 도쿄만 바다에 접한 지역의 매립지(조성 예정지도 포함)를 상정한 면적 330만 평방미터(약 100만 평)를 무대로 하는 장대한 플랜이었다. 만국박람회 협회가 발행한 개요에는 도쿄박람회장에 제5호 매립지의 일부, 제6호, 제10호, 제11호 매립지 및 제3 다이바 공원을 포함시키는 계획안이 있었다. 또한 제2 박람회장에는 요코하마의 신야마시타新山下 정 매립지 16만 5천 평방미터(약 5만 평)가 나타나 있다.

도쿄박람회장 배치도[28](〈그림 2〉)에서는 운하로 둘러싸인 네 곳의 구획을 다리로 연결시켜 각 박람회장과 연속성을 갖게 하는 참신한 구성이 엿보인다. 광장을 중심으로 삼아 방사선상으로 펼쳐진 통로와 동심원상의 통로가 조합된 유럽형 도시 디자인이 이 플랜의 특징이다. 그리고 제6호 매립지 남쪽에서 제3 다이바 공원까지 이어지는 방파제에는 제4호 매립지까지 잇는 로프웨이인 '스카이라이드'가 설치되어 있다. 게다가 방파제와 제11호 매립지 사이에는 광대한 수상 유희장이 있으며, 제11호 매립지에는 부지 절반을 차지하는 비행장까지 배치되어 있다.

박람회장 부지 안에는 진열관(24동)[29]이나 부속관이 늘어섰으며, 교육, 학예, 종교, 산업 등에 관한 여러 국제적 대회, 육상 및 수상 각종 국제 경기 대회 등의 개최가 입안되었다.

3. 일본 만국박람회 사업계획과 준비활동의 실태

1936년 11월 축전평의위원회에서 일본 만국박람회가 기원 2600년 기념사업으로 정식 결정되었다. 12월의 감리위원회에서는 3500만 엔의 개최경비와 1200만 엔의 국고 보조금 등이 제시되었고, 도쿄시와 요코하마시가 손실을 부담한다는 방침도 보고되었다.[30] 하지만 제70회 제국의회에서 가결된 국고 보조금은 50만 엔에 그쳤고, 현상금이 붙는 예매 입장권 문제도 진전이 없는 상태였다.

정체되던 사업은 1937년 5월에 재계의 유력자였던 후지와라 긴타로藤原銀太郎(오지王子 제지 주식회사 사장)가 일본 만국박람회장에 취임하며 단번에 진전되었다. 후지와라는 일본 만국박람회 사업 추진자로서 정재계의 조정에 힘을 쏟았는데, 제71회 제국의회에서는 「기원 2600년 기념 일본 만국박람회 추첨권 첨부 회수 입장권 발행에 관한 법률안紀元二千六百年記念日本万国博覧会抽籤券付回数入場券発行に関する法律案」(1937.8.14 공포)이 통과되면서 예매 입장권 수입(발행 총액 3,650만 엔)을 만국박람회 개최 자금으로 사용할 수 있게 되었다.[31] 여기서는 재검토된 박람회장 전체

계획과 함께, 사업 수행에 관한 일본 만국박람회 조직과 국내외에서 전개된 선전 및 보도의 실정을 제시하고자 한다.

1) 박람회장 계획과 배치 구성

1935년에 입안되고, 박람회장 계획에 관한 전문위원회(회장계획위원회)에서 협의된 일본 만국박람회 당초안에서는 박람회장 부지, 진열관 배치, 내용 등이 재검토되었다. 그리고 임의 단체인 만국박람회 협회가 사단법인이 된 1937년 8월에는 최종적인 박람회장 계획안 작성이 결정되었다. 일본 만국박람회 당초안에서 '대大' 자가 빠진 새로운 계획 '기원 2600년 기념 일본 만국박람회'에서 도쿄박람회장은 150만 평방미터(약 45만 평)로, 요코하마 박람회장은 약 10만 평방미터(약 3만 평)로 규모가 대폭 축소되었다. 개최기간은 1940년 3월 15일~8월 31일의 170일간으로 설정하고, 국내외로부터 총 4,500만 명의 관람객 수를 상정했다.

일본 만국박람회의 개최 취지는 '유구한 과거를 가진 우리나라의 찬란한 문화 활동의 성과를 정치, 교육, 학예, 교통, 재정, 경제 등 제반 분야에 걸쳐 이를 가장 진보한 형태로 전시하고, 이로써 빛나는 기원 2600년을 봉축, 기념하고자 하는 것'을 중심축으로 삼았다. 또 그 목적은 '내외 산업문화의 정화精華를 수집, 전시함으로써 동서문화의 융합에 기여하고, 세계 산업의 발전 및 국제 평화 증진에 공헌하는 것'이었다.[32]

박람회장의 지도[33](〈그림 3〉)를 보면, 도쿄박람회장은 쓰키시마 제4호 매립지, 제5호 매립지, 제6호 매립지의 일부와 방파제 및 사적으로 지정된 제3 다이바 공원을 포함하는 구역에 펼쳐져 있다는 점을 알 수 있다. 그리고 요코하마 박람회장은 요코하마시 나카 구 야마시타山下 정

의 세로쓰기 텍스트: 紀元二千六百年記念日本萬國博覽會會場

〈그림 3〉 일본 만국박람회장과 전시관 배치(1938)

및 야마시타 공원 일각으로 설정되었다. 도쿄의 주 박람회장 부지는 일본 만국박람회 당초안보다 서쪽에 있는 매립지로 옮겨지고, 운하로 둘러싸인 두 매립지 구획(제4호 매립지의 '일본관 구역'과 제5호 매립지의 '외국관 중심 구역')으로 구성된 '동서문화의 융합'을 의도한 구상이 채택되었다.[34] 한편, 요코하마 박람회장에는 바다에 면한 지역적 특색을 살려 물에 관련된 진열관(해양관, 수산관, 수족관)이 계획되었다.

도쿄박람회장에는 진열관(28동),[35] 외국 특설관, 사설 진열관, 스타디움 등이 늘어섰고, 그 건축면적은 약 20만 평방미터(약 6만 평)에 이르렀다. 요코하마 회장의 면적은 세 진열관을 중심으로 하여 약 1만 평방미터(약 3,200평)였다.

박람회장 계획에는 국내외로부터의 관람객을 위한 각종 행사나 시설도 포함되어 있었다. 대규모 행사로는 '세계 대 서커스'나 약 5000평의 부지에서 세계를 일주하는 체험이 가능한 특수시설 '만국대관万国大観'[36] 등이 있었고, 이 외에도 각종 합주, 합창을 상연하는 '야외 음악당', 어린이들을 매료시키는 지상의 파라다이스 '어린이 나라',[37] 전국 연예계에서 사람을 동원하여 무대 예술을 펼치는 '연예관',[38] 서민 예능을 공연하는 '야외 연예관', 문화영화를 상영하는 '영화관',[39] 그리고 바다에 접한 지역성을 살린 각종 해상 공연 등도 계획되었다.

2) 조직과 사업의 진척

1936년 3월, 일본 만국박람회 사업 주최자인 만국박람회 협회는 사업 수행에 관련된 직제를 설정했다. 이에 따라 4월부터 일본 만국박람회에 관한 모든 사무 집행을 '기원 2600년 기념 일본 만국박람회 사무국'이 관장하게 되었고, 사무국 직제, 사무분장규정, 복무규정, 문서취급규정, 출장여비규정, 회계규정 등이 결정되었다. 일본 만국박람회 조직은 총재와 부총재 하에 명예회장, 회장, 부회장, 사무총장, 사무차장을 두고, 업무분장별로 6개 부문(총무부, 재무부, 출품부, 사업무, 선전부, 공영부工営部)을 설치했다.[40] (〈그림 4〉)

그중에서도 회장의 자문기관으로서 설치되어 있던 전문위원회('회장계획위원회', '교통위원회', '출품부류 목록위원회', '출품 조사위원회', '선전위원회')는 일본 만국박람회의 준비나 계획 수행의 조사 심의를 행하는 중심적인 존재였다. 각 위원회의 위원은 전문가, 학직学職 경험자, 일본 만국박람회

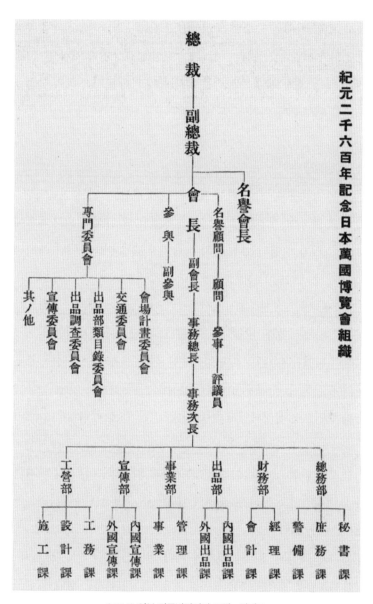

紀元二千六百年記念日本萬國博覽會組織

總裁 —— 副總裁

名譽會長

會　長 —— 副會長 —— 事務總長 —— 事務次長

名譽顧問 —— 顧問 —— 參事 —— 評議員

參　與 —— 副參與

專門委員會

會場計畫委員會
交通委員會
出品部類目錄委員會
出品調查委員會
宣傳委員會
其ノ他

總務部
財務部
出品部
事業部
宣傳部
工營部

秘書課
庶務課
警備課
經理課
會計課
內國出品課
外國出品課
管理課
事業課
內國宣傳課
外國宣傳課
工務課
設計課
施工課

〈그림 4〉 일본 만국박람회의 조직·직제도

관계자, 관공서 직원 등으로 구성되었고 각 부문의 사업 진척을 꾀하기 위해 조사와 심의를 거듭하여 사업의 방향성을 결정했다. 여기서는 박람회장 계획, 교통 계획, 출품물의 기준 및 방침에 관한 조사 심의와 사업 진척 개요를 살펴보고자 한다.

(1) 박람회장 계획

1937년 1월에 결성된 '회장 계획위원회'에서는, 일본 만국박람회장 내의 주요 건축물, 진열관, 도로, 교량, 정원 등의 양식과 배치 계획에 관한 조사 심의가 진행되었다. 특히 박람회장 내부 건축물이나 배치 계획은 건축가(쓰카모토 야스시塚本靖, 이토 주타伊東忠太, 사노 도시카타佐野利器, 다케다 고이치武田五一, 우치다 요시카즈内田祥三, 사토 고이치佐藤功一, 오쿠마 요시쿠니大熊喜邦 등)로 구성된 위원[41]을 중심으로 방향성이 제시되었다. 도쿄박람회장의 진열관은 제4호 매립지(장엄한 일본풍 건축 양식)였는데, 주로 정신문화에 관한 구역(생활관, 사회관, 문예관 등)과 경제나 자원 등에 관한 진열관 구역으로 설정되었다. 건너편에 있는 제5호 매립지(자유로운 근대적 건축 양식)에는 외국관을 중심으로 배치했다. 일본과 구미 제국을 대비시키는 박람회장 구성을 통해, 일본문화와 약진하는 산업의 화려한 정수를 드러내면서도 동서 양 문명의 접촉, 융합, 진전을 추구하려는 의도를 읽어낼 수 있다.

또 제4호 매립지 정면에 배치된 테마 빌딩인 '건국기념관'(설계 경기의 당선 발표 후에 '조국肇国 기념관'으로 명칭 변경)의 설계는 상금을 걸고 일반에 널리 모집하는 방식을 택했다. 그리고 1등작(〈그림 5〉)으로부터 가작에 이르는 당선작품[42]은 모두 상부의 일식 지붕에 맞추도록 하여, 클

〈그림 5〉 조국기념관 투시도(1등 작품)

래식한 건물 본체를 변형시켜 '일본 취미'가 두드러지는 건축 디자인[43]
이라는 점이 특징이다. 박람회장 계획에 관해 실시된 중요한 사항으로
서는, 1938년 5월에 집행된 도쿄박람회장(제4호 매립지)에서의 지진제
地鎮祭[44]나 같은 해 9월에 준공된 제4호 매립지의 일본 만국박람회 사무
국 신청사[45](공사비 약 25만 엔, 시공 오바야시구미大林組) 등을 들 수 있다.

(2) 교통 계획

1937년 7월에 설치된 '교통위원회'에서는 도쿄박람회장의 교통 대책
조사·연구가 진행되었다. 일본 만국박람회장 부지가 확정된 10월에는,
도쿄박람회장 구역에 대한 실지 답사를 시작으로 긴자銀座, 쓰키지築地
방면과 제4호 매립지를 잇는 가치도키바시勝鬨橋 공사[46]에 대한 현지 시
찰이 이루어졌고, 해상과 육지 일대의 교통 상황 파악과 구체적인 대책

이 강구되었다. 그 결과 도쿄박람회장으로 통하는 33개의 교량(신설, 확장을 포함) 정비, 시 전철과 버스 운전 계통의 대변혁이 이루어졌다. 또한 입장자 예장 수도 산출되었다. 그 결과 총 입장자 4,530만 명, 하루 평균 입장자 26만 6천 명, 혼잡한 날인 경우 하루 입장자 53만 2천 명, 혼잡한 시각인 경우 한 시간 동안의 입장자는 8만 명이라는 결론에 이르렀다.[47]

그리고 바다에 접한 구역의 환경이나 지리적 조건을 살린 수송 계획도 진행되었다. 예를 들어, 도쿄·요코하마의 두 박람회장을 약 1~2시간에 걸쳐 연결하는 '고자부네(御座船, 귀인이 타는 지붕 달린 배—역주)식 유람선'(1천 톤 전후의 기존 배 '다치바나마루橘丸', '아오이마루葵丸', '기쿠마루菊丸'를 개조, 정비)의 항행이나 두 박람회장 사이를 환승 없이 왕복하는 호화 직통버스 운행 계획 등이 있다. 이는 바다에 접한 구역의 박람회장을 통해, 풍부한 수자원에 둘러싸인 산업추진국가라는 이미지를 어필하고 매력적인 친수親水 도시 디자인을 창출하고자 하는 것이었다.

(3) 출품물의 기준·방침

출품 부류 목록위원회에서는 진열관을 구성하는 출품물의 선택 기준인 '출품 부류 목록'의 편찬에 관한 조사 심의가 이루어졌다. 특히 출품 부류 목록을 작성하는 데 있어서는 일본 만국박람회의 테마에 맞게 출품부별 목록을 편성할 것이 요구되었다. 1937년 12월에는 일본 만국박람회의 진열관 명칭과 함께 '출품 부류 목록'[48]('제25부·제293류'로 편성되었음)이 상공대신의 인가를 받아 일본 만국박람회를 위한 출품 기준이 제시되었다. 이 목록에서는 진열관의 유형 구별에 맞춘 진열 체계가 제시되었고, '2600년의 역사와 전통문화를 배양한 일본'과 '약진하는 산업국가'를 드러낼 수 있도록 구성되었다. 미술, 공예품에서 일상생활에 이르는 독자적인 출품 부류를 통해, 구미 여러 나라에 대해 일본의 이미지를 갱신하려는 의도를 읽어낼 수 있다.

1938년 1월에는 '일본 만국박람회 규칙'[49]과 함께 '출품 조사위원회' 설치도 상공대신에게 인가를 받았다. 이 위원회에서는 전국 각지에서 신청이 들어온 일반 출품물 중에서 일본 산업계의 발전을 상징하는 우수 제품·산품을 조사 심의하고, 지정 출품물도 선정했다. 또한 이 규칙 제50조에 따른 출품물은 세 종류('직영 출품물', '관청 출품물', '지정 출품물')로 크게 나뉘어져 있었고, 원칙적으로 모든 출품물은 '출품 조사위원회'에 심의를 의뢰하여 동 위원회에서의 조사 심의를 거친 뒤 합격한 지정품만을 출품한다는 새로운 방침이 제시되었다. 그리고 출품자에 대한 기념장이나 우수한 출품·전시에 대한 유효상(외국에서 출품된 경우 감사장)을 증정한다는 등의 방침도 있었다.[50]

3) 국내외에서의 선전·보도의 실정

일본 만국박람회의 취지 및 개최 사실을 철저하게 주지시키기 위해, 국내외에서 각종 선전·보도 활동이 전개되었다. 일본 국내에서는 라디오 방송, 선전용 포스터 도안 현상 모집,[51] 일본 만박 진행곡 가사의 현상 모집, 추첨권 첨부 회수 입장권 발매, 국내 박람회·전람회에 대한 선전 출품, 지치부노미야秩父宮 만국박람회 총재 봉대식奉戴式[52]이나 도쿄 회장 지진제 등 다양한 선전·보도가 이루어졌다. 일본 국내에서의 첫 움직임은 1935년 2월 우시즈카 도라타로(만국박람회 협회 회장)에 의해 이루어진, 일본 만국박람회 계획에 대한 전국 방송JOAK이다. 이듬해

〈그림 6〉 추첨권 첨부 회수 입장권

12월에는 6개월 동안 유럽에 체류했다가 돌아온 요시야마 마사오吉山眞樟(만국박람회 협회 선전부장)의 '세계는 바야흐로 박람회 시대'라는 제목을 단 방송(제2방송)이 송출되었다.[53] 이어서 1938년 3월에는 JOAK를 통해 후지와라 긴지로(일본 만국박람회 회장)의 일본 만국박람회에 관한 약 20분짜리 강연도 방송되었다.[54]

일본 국내의 선전・보도에 관련된 인쇄물 발행은, 1938년 3월 10일 전국에서 일제히 발매된 추첨권 첨부 회수 입장권[55](〈그림 6〉)의 선전을 계기로 증가했다. 매일 발행되는 회보『만박万博(반파쿠)』[56]을 시작으로, 포스터, 팜플렛, 리플렛, 그림엽서 등을 다수 배포하면서 선전이 이루어졌다. 그중에서도 현상 모집에서 당선한 3등 1석의 포스터 도안은 국내용 선전 포스터나 선전 보급용 소책자 표지 등에 많이 사용되었고, 2등 1석 도안은 추첨권 첨부 회수 입장권의 선전 포스터로 사용되었다.(〈그림 7〉) 이 두 도안의 디자인적 공통점은, 진무 천황이 동쪽을 정벌했다는 고사를 모티프로 '금치金鵄(진무 천황의 동방 원정 때 활에 앉았다고 전해지는 금빛 소리

〈그림 7〉 입장권 판매 포스터(2등 1석 도안)

개-역주)'를 배치했다는 점이다. 특히 일본의 표상 '후지산富士山'을 배경으로 삼아 '금치'를 그린 3등 1석 도안은 봉축기념행사인 일본 만국박람회의 선전을 위한 디자인으로서 안성맞춤이었을 것이다.

또한 일본 만국박람회의 개최자금으로 사용되는 추첨권 첨부 회수 입장권[57]은 주식회사 일본권업은행의 권업채권 추첨 방법에 준하여 공개, 집행되는 할증당첨금이 더해진 것이었다. 이는 현상금이 붙는 예매 입장권으로 재원 확보에 성공한 파리 만국박람회(1889·1900)나 예매 입장권을 이용해 운영 안정을 꾀했던 시카고 만국박람회(1933)의 사례를 참고하여 적용한 수단이었다. 제1회 발행 예매 입장권 100만 개(성인용 회수 입장권 12장 묶음, 1개 10엔)는 1938년 3월 10일부터 15일 동안 팔렸다.[58]

한편, 해외에 대한 선전 및 보도 활동은 1937년 4월에 외국어판 선전출판물(영문 팜플렛)을 발행하고 난 뒤 단번에 확대되었다. 세계 각국에 배포하기 위한 목적으로 작성된 영문 팜플렛에는 일본의 문화, 역사, 산업 등 국가 정보 소개와 함께 일본 만국박람회의 개최 의의와 계획 개요도 수록되어 있었다.[59] 같은 해 5월에 열린 조지 6세 대관 축전 관함식에 참가하는 일등순양함 아시가라足柄에 이 팜플렛 5,000부를 싣고 영국(영국령 각지를 포함)이나 독일 등지에 배포했다. 그 후에도 외국에 대한 선전 인쇄물(영어, 프랑스어, 이탈리아어판 등)이 발행되었고, 구미 여러 나라의 매스미디어에 내보내기 위한 광고 기사나 선전을 제공하기도 했다.

그리고 '제2종 일반 박람회'[60]의 개최가 예정된 일본 측은 1937년 8월에 후지와라 긴지로(일본 만국박람회 회장)로부터 프랑스의 박람회 국제사무국BIE 국장에게 개최 승인 서류(박람회의 등록 신청)를 제출했다.[61] 개최를 2년 앞둔 1938년 3월에는 일본의 재외 대사나 공사를 통해 세계 각국의 정부에 정식 참가 초청장을 발송하였고,[62] 4월부터 세계 각국에 참가 초청 사절('유럽반欧洲班', '아시아 및 대양주반亜細亜及洋洲班', '중남미반'의 3반)이 파견되었다. 또 5월에는 JOAK가 후지와라 긴지로의 라디오 방송('일본 만국박람회와 만방화협의 정신日本万博と万邦和協の精神')[63]을 해외에 번역해서 방송하였고, 일본 만국박람회의 개요와 여러 나라들의 참가를 촉구하는 보도도 이루어졌다. 하지만 중일전쟁의 확대 등으로 인해 1938년 7월 15일에 각의에서 일본 만국박람회의 개최를 연기하기로 결정되었기 때문에, 참가 초청 사절은 각국을 다니다가 순차적으로 귀국했다.[64] 결국 해외에 대한 일본 만국박람회의 선전 및 보도도 힘을 잃게 되었다.

4. 일본 만국박람회의 개최 연기와 그 뒤－결론을 대신하여

제2차 세계대전이 끝나기 전, 즉 쇼와 시대 전기에 계획된 일본 만국박람회를 분석하는 시각을 보여주는 것으로서 다음 두 가지를 들 수 있다. 첫 번째는 근대 이후의 도쿄만 내부의 바다에 접한 지역의 축항 계획과 매립 조성 과정에서 탄생한 구상이며, 두 번째는 에도 막부 말기 이후에 참가한 해외의 만국박람회나 내국박람회의 개최 과정에서 나타난 구상이다. 각각의 역사를 거슬러 올라가면, 쇼와 시대 초기에 생겨난 상호 간의 영향(크로스 임팩트)으로 인해 도쿄만 매립지를 박람회장으로 설정한 일본 만국박람회 계획이 만들어졌다는 점을 지적할 수 있을 것이다. 그리고 도쿄 항의 개항(1941.5.20)과 일본 만국박람회의 개최(1970.3.14 ~9.13 동안 열린 오사카 만국박람회)는 결과적으로 각각 다른 곡선을 그리듯이 시기와 장소를 바꾸어 실현되었다.

관동대지진의 피해를 극복하고 부흥을 이룩한 도시(도쿄, 요코하마)를 국제적 무대로 설정한 일본 만국박람회 계획은, 쇼와 초기의 특정 시기에 기원 2600년 봉축기념사업으로서 리얼리티를 가지게 되었다. 여기에는 도쿄시나 요코하마시를 시작으로 경제 발전을 바라는 민간 실업계의 힘이 크게 작용했다. 민간을 중심으로 하는 박람회 구락부의 움직임이 만국박람회 협회의 활동으로 발전하고, 국가적 사업으로서 조직된 일본 만국박람회에 의해 사업 추진이 계획되는 등, 각 국면에서의 합의 형성을 거쳐 일본 만국박람회 계획이 형성된 것이다.

일본 만국박람회에는 기원 2600년을 축하한다는 내셔널리즘 사상에 입각한 역동적인 대중 참가와 소비주의라는 측면[65]이 존재하였는데, 한편으로는 2600년의 역사와 전통이 길러낸 '고유의 정신문화와 미의식을 갖는 국가'나 근대적인 일본 사회와 생활 등을 진열하면서 '평화국가'를 연출하고자 하는 구조가 있었다. 박람회장에는 '일본 취미'가 반영된 건축들로 구성된 일본관[66] 구역(제4호 매립지)나 분수를 주축으로 연못, 화단, 잔디밭이 펼쳐진 서구 건축들로 구성된 외국관 중심 구역(제5호 매립지) 등이 배치되었다. 바다와 육지 양쪽 모두를 통해 찾아올 수 있는, 바닷가의 낭만적인 평화도시 창출을 시도한 것이다. 이러한 모습에서 국제 사회에서의 대일 이미지(만주사변 발발이나 국제연맹의 탈퇴 등 부정적인 면) 개선을 꾀하고자 해외의 만국박람회에 대한 출품과 참가를 비롯한 국제문화 사업에 눈을 돌리고 있던 일본의 자세를 엿볼 수 있다.

1938년 당시에는 각종 매스미디어를 통해 일본 만국박람회 계획이나 준비 활동이 보도되었는데, 중일전쟁의 영향으로 외화 사용 가능액

(수입력)의 감소가 예상되었기에 사업 진척에 제동이 걸리게 되었다. 동년 6월에는 '중요 물자 수급 계획'의 대대적인 재검토가 이루어지며 각의에서는 국제적인 축제 사업의 중지가 결정되었다. 하지만 일본 만국박람회 사업은 추첨권 첨부 회수 입장권의 발매, 지치부노미야 만박 총재 봉대식의 거행, 여러 외국에 대한 참가 초청 등이 이미 진행되고 있었던 점으로 보아, 실질적으로는 중지되었다고는 하지만 명목상으로는 '개최 연기' 조치가 이루어진 것으로 생각된다.

개최 연기 후에도 계승되거나 계속된 주요 안건들로는, 회보『만박』발행, 추첨권 첨부 회수 입장권의 추첨, 일본 만국박람회 사무국 신청사를 육군 병원(전상병병 수용 시설戦傷病兵収容施設)으로 용도를 변경한 것, 1939년의 샌프란시스코 만국박람회와 뉴욕 만국박람회의 일본 전시[67]('일본 특설관', '국제관 일본부')로의 계승(일본 취미 건축, 일본의 산업, 미술 공예, 문화 선전 등 내용적인 연결) 등을 들 수 있다. 또한 일본 만국박람회의 추첨권 첨부 회수 입장권은 전후에도 계승되었다. 1970년의 일본 만국박람회(오사카 만국박람회)에서 사용된 사실(3,077건 : 구 입장권을 날인 반납하고 특별 입장권을 한 장 교부)과, 2005년에 열린 일본 국제박람회(아이치愛知 만국박람회)에서 사용된 사실(96건 : 구 입장권 한 개에 첨부된 특별 입장권을 두 장 교부)등이 이와 관련된 에피소드로 알려져 있다.

박기태 옮김

주석

1   여기서 말하는 쓰키시마 매립지란, 메이지 중기부터 쇼와 초기에 걸쳐 스미다 강 하구 지역에 매립 조성된 도쿄 도(都) 주오(中央) 구 쓰키시마 지역(에도 시대에 축조된 이시카와섬, 쓰쿠다섬으로 이어지는 쓰키시마, 가치도키, 하루미 지구)을 가리킨다. 이 글에서는 쓰키시마 매립지에 이어서 조성된 고토 구 임해 지역(도요스(豊洲), 시노노메(東雲), 다쓰미(辰巳), 아리아케(有明) 지구)도 포함하여 적절히 매립지의 번호를 사용했다.

2   시구 개정과 축항의 입안 경위에 관해서는 『都史紀要二五 市区改正と品海築港計画』(東京都公文書館, 1976); 藤森照信, 『明治の東京計画』(岩波書店, 1982); 石田賴房, 『日本近現代都市計画の展開—1868~2003』(自治体研究社, 2004) 등의 연구가 있다.

3   1862년 1월 21일(분큐(文久) 원년 12월 22일)에 다케노우치 시모쓰케노카미 야스노리(竹内下野守保徳, 간조부교(勘定奉行) 겸 가이코쿠부교(外国奉行))를 정사로 삼아 36명(런던에서 두 명 합류)의 막부 사절단(분큐 견구사절단)이 개항, 시장 개방의 연기 문제를 직접 교섭하고 여러 외국의 정보를 수집하고자 하는 등의 목적으로 유럽에 파견되었다. 영국과의 교섭, 각서(런던 각서) 조인을 시작으로 다른 조약 체결국과도 같은 각서를 교환하고 다음 해 귀국했다.

4   쓰키지 외국인 거류지에는 외국인 전용으로 조성된 '거류지'와, 거류지를 둘러싸듯이 남북으로 '잡거지'가 배치되었다. 1867년 11월의 약정(총 11조)에는 쓰키지 외국인 거류지의 범위, 외국인의 이동 가능 범위나 무역에 관한 규정 등이 담겨 있으며 도쿄 시장의 개방과 함께 거의 그대로 적용되었다. 조문에 관해서는 JACAR(아시아 역사자료센터) Ref.A04017236400, 単行書・東京築地居留地調・地租淹滞・訴訟入費・居留地経界建石費・居留地区入費~居留地借渡讓渡返還分割(国立公文書館)을 참조하기 바란다.

5   田口卯吉, 「船渠開設の議」(『東京経済雑誌』 9号, 経済雑誌社, 1879)을 참조하기 바란다.

6   『東京市史稿』 市街編第64(東京都, 1973), pp.208~213.

7   「東京中央市区画定之問題」에서는 도쿄의 시구 개정 범위인 '중앙 시구'와 '신항'의 위치를 논하고 있으며, 갑을 두 장으로 된 축항 계획 도면인 「東京中央市区略図」가 첨부되었다.

8   『東京市史稿』 市街編第68(東京都, 1976), pp.593~659.

9   『東京市史稿』 市街編第69(東京都, 1977), pp.197~206.

10   『東京市史稿』 市街編第70(東京都, 1979), pp.42~120.

11   도쿄 시구 개정 조례에서는 시구 개정의 설계 및 사업을 위원회에서 심의·결정하고, 내각에 인가를 받은 뒤 부지사가 시행하도록 규정되어 있었다.

12   『東京湾築港沿革』(東京市区改正委員会, 1897)에는 요시카와 부지사의 힌카이 축항 상신서, 물데르, 데 리즈커, 르노가 낸 축항 의견이나 각 설계들을 집약한 「도쿄만 축항 설계 전도」가 있어, 축항 계획의 심의 과정을 엿볼 수 있다.

13   『東京市史稿』 市街編第77(東京都, 1986), pp.699~741. 1889년의 시구 개정 설계는 재원 부족으로 1903년에 축소(새 설계)되고, 그 뒤 1918년까지 토목사업이 실시되었다.

14   『東京市史稿』 港湾編第5(東京市役所, 1927), pp.140~277.

15 앞의 주(14) 『東京市史稿』, 港湾編第5, pp.277~300.

16 관동대지진 후에 본격적인 항만 정비가 진행되어, 히노데(日の出) 부두(1925), 시바우라(芝浦) 해안벽(1932), 다케시바(竹芝) 잔교(1934)가 완성되어 근대항으로서의 체재가 정비되었다. 도쿄 개항은 1941년 5월 20일에 실현되었다.

17 제2기 공사가 완료된 뒤, 1920년에 도쿄시 기사인 다무라 요키치(田村与吉)의 축항 계획안에 기반한 도쿄 항 축조 기초 계획(앞의 주(14) 『東京市史稿』 港湾編第5, pp.1115~1187)이 채택되었으나 실현되지 못했다.

18 매립 조성 과정은 『東京港史』 第1卷通史(東京都港湾局, 1994)에 자세히 나와 있다.

19 1918년부터 2년에 걸쳐 쓰키시마 매립지를 대상으로 한 일본 최초의 사회조사(쓰키시마 조사)가 실시되었다. 실시 결과는 保健衛生調査会, 『東京市京橋区月島に於ける実地調査報告 第一輯』(内務省保健衛生局, 1921)을 참조하기 바란다.

20 도쿄 시의 새로운 시 청사 건설은 『東京市庁舎建設敷地の決定』(東京市, 1933)이나 本多市郎, 『市庁舎はなぜ月島へ行くか』(愛市連盟, 1934)에 자세히 나와 있다. 그리고 새로운 시 청사는 설계 디자인 공모전도 개최되었는데, 시 청사 쓰키시마 건설 반대 각 구 연합회에 의한 격렬한 운동으로 인해 이전이 중지되었다.

21 1934년 4월에 도쿄시 도시계획과가 제7호 매립지를 상정한 종합 경기장 설계도를 작성하고, 다음해 2월에 우시즈카(牛塚) 도쿄 시장이 「オリンピック総合競技場試案」(『第12回オリンピック東京大会東京市報告書』, 東京市役所, 1939)을 발표했다. 그리고 1936년 7월의 IOC 총회에서 도쿄 개최가 정해진 뒤, 도쿄시 올림픽 위원이 경기장과 선수촌 후보지를 시찰(제7.9호 매립지, 고마자와(駒沢) 골프장 등)한 결과 후보지에서 제외되었다.

22 박람회 구락부의 구성원으로는 오사카 상공회의소 회장 이나바타 가쓰타로(稲畑勝太郎), 도쿄 상공회의소 부회장 오야마 히사마로(大山斐瑳麿), 도쿄 모슬린 사장 쓰루미 사키오(鶴見左吉雄) 등이 있었으며, 총 100명이 넘는 인원으로 조직되었다.

23 도쿄부, 도쿄시, 도쿄 상공회의소, 도쿄 실업조합 연합회, 일본 산업 협회, 박람회 구락부, 가나가와 현, 요코하마시, 요코하마 상공회의소, 요코하마 실업 조합 연합회로 구성된 게이힌(京浜) 10단체.

24 永山定富, 『内外博覧会総説一並に我国に於ける万国博覧会の問題』(水明書院, 1933), pp.463~464.

25 「待たれた万国博 昭和10年は見合わせ 15年に延期さる」, 『東京朝日新聞』, 1931.2.27 夕刊, 2面.

26 紀元2600年祝典準備委員会, 「日本万国博覧会ノ開催ニ関スル件」, 1936.2(『三 総会議事録』, 1936, 国立公文書館所蔵 2A-036-00委00835100).

27 『万博』 第8号(日本万国博覧会協会, 1937.12), pp.2~3.

28 「紀元2600年記念日本万国大博覧会会場配置図」(『紀元2600年記念日本大博覧会』, 日本万国博覧会協会, 1935.7)

29 건국기념관, 풍속역사관, 교육관, 과학관, 사회관, 미술관, 건축관, 자원관, 농업관, 임업관, 수산관, 식료관, 광업관, 기계관, 전기관, 화학공업관, 섬유공업관, 제작공업관, 교통운수관, 관광관, 항공관, 해양관, 외국관, 특설관.

30 『万博』 第9号(日本万国博覧会協会, 1937.1), pp.8~12.

31 『万博』第16号(日本万国博覧会事務局, 1937.8), pp.4～6.

32 『紀元2600年記念日本万国博覧会概要』(紀元2600年記念日本万国博覧会事務局, 1938.2), pp.1～4.

33 조감도 화가인 요시다 하쓰사부로(吉田初三郎)가 그린 일본 만국박람회장의 완성 예상도는 홍보용 그림 엽서로 만들어져 배포되었다.

34 『万博』第25号(日本万国博覧会事務局, 1938.5, pp.6～9)에는, 도쿄박람회장의 1/1000 모형 사진과 함께 박람회장을 상상한 흥미로운 설명문이 게재되어 있다.

35 조국(肇国)기념관, 생활관, 사회관, 보건위생관, 교육관, 미술관, 문예관, 경제관, 연료관, 해외발전관, 광산관, 토목건설관, 통신교통관, 관광관, 과학발명관, 인쇄사진관, 농업관, 임업관, 식료관, 방직관, 잠사(蚕糸)관, 화학공업관, 제작공업관, 공예관, 항공관, 기계관, 전기관, 외국관.

36 세계를 체감하는 특수 어트랙션 시설. 입안 및 제작은 미쓰코시(三越)와 다카시마야(高島屋) 두 백화점의 장식부가 담당했다. 미쓰코시는 동적인 전시로 세계 각지를 관광하는 기분을 만끽하게 하는 설계안(앞의 주(34)『万博』第25号, pp.11)을, 다카시마야는 이국 정취가 넘치는 외관 디자인의 설계안(『万博』第26号, 日本万国博覧会事務局, 1938.6, pp.12～15)을 제시했다.

37 입안 및 제작은 모리나가(森永) 제과회사가 담당했고, 교육가, 동화가, 서가(書家), 유원(遊園) 연구가 등이 참가하여 설계가 진행되었다. 최종적으로 두 가지 안(『万博』第26号, 日本万国博覧会事務局, 1938.6, pp.16～19)을 제시했다.

38 1200명 이상이 관람할 수 있는 시설로, 무대 및 내부 구조는 메이지자(明治座)와 도쿄 극장을 절충시킬 계획이었다.(『万博』第27号, 日本万国博覧会事務局, 1938.7, p.16)

39 860명 이상을 수용할 수 있는 시설로 교육, 산업, 관광을 주제로 하는 문화영화 상영을 계획했다.(앞의 주(38)『万博』第27号, p.17)

40 앞의 주(32) 紀元2600年記念日本万国博覧会概要』, p.7.

41 앞의 주(30)『万博』第9号, pp.6～7.

42 日本万国博覧会, 『紀元2600年記念日本万国博覧会肇国記念館懸賞競技設計図集』(洪洋社, 1938).

43 井上章一, 『アート・キッチュ・ジャパネスクー大東亜のポストモダンー)』(青土社, 1987), pp.83～84.

44 오전 10시부터 약 1,000명의 일본 만박 관계자들이 참석한 가운데 집행되었다. 제사는 신사의 신직(神職)이 집행하였고, 네 명의 요코즈나(横綱. 각각 후타바야마(双葉山), 다마카자리(玉飾り), 미나노가와(男女川), 무사시야마(武蔵山))가 지가타메(地固め. 건물을 짓기 전에 터를 다지는 의식ー역주)를 위해 왔다.

45 목조 2층 건물로, 정면 폭 약 102미터, 앞에서 뒤까지의 길이가 약 40미터에 이르는 대규모 건축이었다. 암녹색 지붕 기와, 1층은 크림색, 2층 외벽은 흰색으로 되어 있었다. 창가의 칠과 기둥 모양으로 만들어진 콘트라스트가 특징으로, 일본풍이 강한 건축이었다.

46 1933년 6월에 착공된 가치도키(勝鬨) 다리는 쓰키시마 매립지와의 교통 편의를 꾀하기 위해 건설되었다. 그 후 쓰키시마 매립지가 일본 만국박람회 회장으로 결정되었기 때문에, 도쿄 회장 정면에 이르는 메인 게이트로서 자리잡았다. 일본 만국박람회의 개최가 연기된 후에도 공사가 진행되어, 1940년 6월에 다리 중앙 부분이 들려서 올라가는 떡잎

도개교(双葉跳開橋)로서 완성되었다.

47 『万博』第23号(日本万国博覧会事務局, 1938.4), p.20.

48 앞의 주(32)『紀元2600年記念日本万国博覧会概要』附録, pp.27~34.

49 앞의 주(32)『紀元2600年記念日本万国博覧会概要』附録, pp.2~13.

50 앞의 주(32)『紀元2600年記念日本万国博覧会概要』附録, pp.5~6.

51 1937년 6월의 도안 심사에서는 1등「적색지흑색 고대갑주 인물도(赤色地黒色古代甲冑人物図)」(나카야마 요시타카中山文孝), 2등 1석「청색지문자 조합에 의한 탑형도(青色地文字組合せによる塔型図)」(우에자키 리이치上崎利一), 2등 2석「은지만국기이등도(銀地万国旗鯉登図)」(요시카와 간지吉川莞爾), 3등 1석「적색지부악금연도(赤色地富嶽金鳶図)」(나카야마 요시타카), 3등 2석「지주금연도(地珠金鳶図)」(다가와 겐조田河健三), 3등 3석「마크형도(マーク形図)」(야마시타 다다시山下正) 등 개성적인 작품이 입선했다.

52 지치부노미야 야스히토(秩父宮雍仁) 친왕의 만국박람회 총재 봉대식은 1938년 4월 21일에 히비야 공회당에서 거행되었다. 당일에는 공모전에서 당선된 만국박람회 행진곡 1등작(야마구치 신이치山口晋一 작사)의 연주 발표(도쿄 음악학교 작곡)가 이루어졌고, 다음날부터 여러 레코드 회사(빅터, 킹, 데이치쿠, 콜롬비아, 다이헤이, 포리도르)에서 전속 가수가 노래한 만국박람회 행진곡이 발매되었다.

53 앞의 주(30)『万博』第9号, pp.15~20.

54 『万博』第22号(日本万国博覧会事務局, 1938.3), pp.6~8.

55 예매 입장권은 100만 개(성인용 회수 입장권 12장 묶음으로 1개 10엔, 총액 1,000만 엔)가 발행되었고, 전국의 우체국, 은행, 신탁회사, 일본권업증권 주식회사, 주식회사 플레이가이드, 사단법인 일본 여행협회 안내소, 일본 만국박람회 사무국 등에서 발매되었다.

56 회보『万博』은 제1호(1936.5)를 시작으로 제56호(1941.2)까지 발행되었고, 제57호(1941.4) 이후에는『万展』(만박·박람회시보 합병)으로 변경되었다. 필자는 제90호(1944.3)까지 확인하였다.

57 1937년 12월에 일본 만국박람회 사업 경비는 총액 4450만 엔으로 증액되었고, 이 중 82%(3650만 엔)을 입장료 수입으로 충당할 계획이었다. 그리고 외국인 방문자(상정 10만 명)의 소비액(무역외 수입)이 일본의 국제 대차관계에 도움을 주거나, 만국박람회 관련 소비액으로서 4억 엔 이상을 벌어들이는 상황을 상정하였다.

58 당첨금의 등급별 금액과 개수는 1등 2,000엔·360개, 2등 100엔·1,600개, 3등 10엔·12,000개였다. 1938년 5월의 제1회 추첨회 뒤에 개최 연기가 결정되었으나 이후에도 다섯 차례의 추첨이 집행되었다.

59 2600 JAPAN INTERNATIONAL EXPOSITION, The Association of Japan International Exposition, April 3, 1937.

60 국제박람회 조약 규정에는 제1종 일반 박람회(피초청국이 자국 부담으로 진열관을 건설), 제2종 일반박람회(개최국이 피초청국의 진열관을 건설), 특수(특별) 박람회(특정 분야를 테마로 한다)의 세 종류가 있었다. 그리고 제2종 일반 박람회는 2년 간격으로 개최하는 것(1937년 파리 만국박람회에서 2년 뒤)이 원칙이었으므로, 1940년 일본 만국박람회에 대해서는 BIE 국장으로부터 '동서문화의 융합'을 명의로 하는 '특수 박람회'로서 개최하라는 제안이 있었다. 하지만 일반 박람회와 동등한 취지·계획으로 임하

는 일본 측과의 사이에서 문제가 생겨 1938년 10월에 개최되는 BIE 총회(평의회)까지 결론을 연기하게 되었다. 그리고 일본 만국박람회 회장인 후지와라 긴지로(藤原銀次郎)는 BIE로부터 정식 승인을 얻지 못하더라도 조약을 비준하지 않은 미국(샌프란시스코·뉴욕 만박)과 마찬가지 자세(가맹국으로부터의 찬동 유무에 관계없이 개최)를 가지고 준비에 임했다.

61 국제박람회 조약 제5조에는, 박람회마다의 초청기간('제1종 일반 박람회'는 3년 전, '제2종 일반 박람회'는 2년 전, '특수 박람회'는 1년 전)이 규정되어 있었다. 제2종 일반 박람회로 예정되어 있던 일본 만국박람회는 개최 2년 전까지 여러 나라를 초청할 필요가 있었다. 또한 제8조 규정에 따라 개최 예정국은 초청기간 6개월 전에 BIE에 대한 박람회 등록 신청이 필요했다.

62 유럽 국가들(26개국), 남북 아메리카 국가들(22개국), 아시아, 아프리카, 오세아니아 국가들(10개국), 합계 58개국에 발송(『外国参同招請交渉経過概要』, 紀元2600年記念 日本万国博覧会事務局, 1938.12, pp.8∼10).

63 앞의 주(34) 『万博』 第25号, pp.18∼20.

64 참가 초청의 교섭 경과 기록은 앞의 주(62) 『外国参同招請交渉経過概要』를 참조.

65 ケネス·ルオフ, 木村剛久 訳, 『紀元2600年 消費と観光のナショナリズム』(朝日新聞 出版, 2010), p.290.

66 해외의 만국박람회에서 종래의 일본 진열관(일본관 등)은 전통적인 일본 건축의 의장·조형이 도입된 건물이었다. 그러나 1937년의 파리 만국박람회에서는 파리 만국박람회 협의의 의향과는 달리 모더니즘 스타일에 가까운 일본관이 건설되었다. 또한 파리 만국박람회의 일본관 건축에 대해서는 井上章一, 「パリ博覧会日本館·一九三七ージャポニズム, モダニズム, ポスト·モダニズム」(吉田光邦 編, 『万国博覧会の研究』(思文閣出版, 1986))에 자세히 나와 있다.

67 뉴욕·샌프란시스코에서 열린 두 만국박람회에 대해서는 山本佐恵, 『戦時下の万博と 「日本」の表象』(森話社, 2012)에 자세히 나와 있다. 이 글에서는 일본 만국박람회 계획과 매우 가까운 1937년에 출품하여 참가한 파리 만국박람회 및 연기가 결정된 후의 1939년 에 출품하여 참가한 뉴욕·샌프란시스코 두 만국박람회와의 관련성(일본관 건축, 출품 전시 및 이들을 둘러싼 관계자 등)에 대해서는 깊게 파고들어가 논하지 않으므로, 상세한 검토는 다른 논고를 기약하고자 한다.

[도판 소장처] 삽입된 그림은 모두 주오구 교육위원회(中央区教育委員会, 주오구립 향토천문관(中央区立郷土天文館)) 소장.

제3부

박람회와 업무·사회

도우미Companion가 여간수로 불렸던 무렵

박람회장 여성 접대원의 성립과 전개

이노우에 쇼이치(井上章一)

1. 여성의 외모와 '성 상품화'

여성 인재 등용을 검토할 때 외모를 판단하는 기준을 적용하는 것이나 적어도 공공연하게 용모looks를 평판하는 것은 오늘날에는 점차 용납되지 않는 분위기이다. 각종 미디어에서 구인공고를 낼 때에 '외모단정'한 여성을 원한다고 쓰는 것도 1970년대까지의 공고에서는 잘 보였으나, 「남녀고용기회균등법男女雇用機会均等法」의 시행(1986) 이후에는 할 수 없게 되었다.

미인을 선발하는 행사, 이른바 미스 콘테스트도 1970년대에는 여성해방운동Women's Lib, 1980년대에는 페미니즘운동의 영향으로 시행되기 어려워졌다. 현재까지도 대학 캠퍼스 내에서는 학생들의 뜻에 따라 미인 선발 대회가 시행되고 있으나 1970년대의 흥취에 비하면 상당히 시들해지고 있다고 할 수 있다.

페미니즘을 비롯한 여권론女權論의 미스 콘테스트 비판은 지속적으로 그것이 '성 상품화'와 연결되고 있다는 지점을 논한다. 그리고 외모의 서열에 따라 상금을 수여하는 콘테스트가 그러한 면모를 가지고 있다는 것 자체는 부정할 수 없다. 또한 남자들의 품평에 찌든 시선에 맞추기 위한 운영은 '남권사회'의 결과물로 간주되는 것인데 이 또한 전면적으로는 부정하기 어렵다.

이러한 논설 활동이 일정 정도 사회에 받아들여졌기 때문이기도 하고, 여성의 외모를 왈가왈부하는 것 자체가 그녀들의 전인적 능력을 평가하지 않는 구시대적 가치관에 머물러있는 태도라고 받아들여지고 있기도 하다. '성 상품화'가 공공연하게 이루어지고 있는 시대, 즉 남권적이라고밖에 할 수 없는 시대의 차별적인 시선에 머물러 있다고 비판하는 사람들도 적지 않다.

그러나 오늘날의 여권론이 보급한 이러한 일반 통념에는 남권이 활개를 치고 있는 시대, 말하는 바대로 '남권사회'를 왜곡하여 파악하는 부분도 있다. 이 글은 박람회장의 도우미 혹은 접객인Attendant라고 불리는 여성들의 역사를 거슬러 올라가 살펴보고자 하는 시도이다. 또한 그 작업을 통하여 '남권사회'가 가지고 있던, 오늘날 여권론이 간과해 온 지점에 빛을 비추는 것도 목표로 하고 있다.

이러한 의미에서는 일종의 여성사에 도전하고 있는 것이기 때문에 박람회 자체를 파악하고자 하는 고찰은 아니다. 그러나 여태까지 그다지 논의되지 않았던 박람회 역사상의 견지도 충분히 담을 예정이다. 박람회 연구의 성과 보고여야 하는 이 책에도 측면적으로 공헌할 수 있을 것이라고 생각하며 이 책의 한 부분을 차지하고자 한다.

2. '미인일색'이라고 할 수 있는 여간수女看守들

만국박람회이든 지방박람회이든 관계없이 오늘날의 박람회장에서는 일반적으로 입장객의 안내나 접객에 종사하는 수많은 여성을 채용한다. 방금 전 서술한 바대로 그녀들은 도우미라고 불리는데, 주최자 측은 접객인으로 부르려고 한다. 도우미를 모집하는 구인 공고의 표면적, 문자적 측면과는 별개로 이들에게는 어느 정도 외모가 요구되고 있다는 것은 대체로 이해되고 있을 것이다.

사실 어떤 도우미 파견 회사 경영자는 「남녀고용기회균등법」의 시행 후에, 표현을 바꾸자면 용모looks를 공공연하게 바라기 어려워진 시대의 언사이지만, 그럼에도 그녀들에게는 다음과 같은 조건이 요구된다고 했다.

> 우선 신장은 158센치 이상. 표정도 중요합니다. (…중략…) 붙임성이 없는 느낌이 들면 물건을 팔 수 없고(웃음), 상품의 이미지도 떨어져버려요. 그러한 의미에서는 외모의 문제가 있습니다. (…중략…) 누구든지 도우미가 된다고 할 순 없죠.[1]

도우미라는 직업이 널리 알려진 것은 1964년 도쿄 올림픽부터일 것이다. 국내외에서 찾아 온 많은 사람들을 위해서 올림픽 조직위원회는 접대계 여성을 채용하고, 그녀들을 도우미 또는 호스티스Hostess라고 불렀다.

외래어의 울림이 당시 사람들에게 세련되게 들렸기 때문일 것인데, 그때까지 카바레나 나이트클럽에서 여급女給으로 불린 여성들도 이 무렵부터 호스티스라는 이름을 갖게 되었다. 접대업 세계로 호스티스라는 명칭이 널리 퍼진 것을 지켜본 항공업계는 에어 호스티스Air Hostess라고 읽었던 여성 객실 승무원을 스튜어디스로 바꿔 부르기 시작했다. 또한 박람회장의 여성 접대원들도 호스티스라고 부르지 않고, 도우미라고 부르게 되었다.

이 도우미라는 명칭도 나중에는 온천장 주변의 풍속녀風俗女 사이에 퍼졌다. 덕분에 이 표현은 더욱 에로틱한 함축성을 담게 되었고, 때문에 박람회장에서는 사용하기 어렵게 되었다. 접객원이라는 새로운 표현의 부상은 이러한 이유 때문인데, 여기에서 이 어휘의 변천사를 상세하게 다룰 여유는 없다. 항공기의 여승무원들이 스튜어디스에서 접객원으로 변하게 된 두 단어 사이의 관련도 여기에서는 언급을 삼가고자 한다.

다만 그러한 명칭이 점차 유흥업水商賣, 또는 풍속영업의 세계에서 사용되었고, 표현을 바꾼다면 이러한 업계가 박람회장을 동경의 대상으로 삼았다는 점은 주목해도 좋다. 또한 박람회장이 이러한 업계로 보여지는 것을 기피하려 했다는 점도 머리에 새겨두어야 할 것이다. 양자는 어딘가 서로 통하는 부분이 있었고, 그렇기 때문에 한쪽은 영향을 받아 닮아가려 하고, 다른 한쪽은 양자의 차이를 뚜렷하게 구분 지으려고 했다고 생각한다.

그런데 도우미라는 명칭의 출현은 1960년대의 일이지만, 외모까지 요구되는 박람회장 여성 접객원의 존재 자체는 20세기의 초엽부터 등장하고 있었다. 이는 예를 들어 도쿄의 우에노上野에서 열린 도쿄다이쇼박람회東京大正博覧会(1914)의 구인 사정에 대해 당시 신문이 전한 다음과 같은 기사에서도 읽어낼 수 있다.

박람회 사무국에서 모집한 여간수는 총계 600여 명에 달하고 있다. 이것은 제1회와 제2회 박람회장의 각 관으로 배치되는 것 외에 (…중략…) 판매점 등에도 2명 내지 3명씩 할당된다. 이들 600여 명의 여간수는 2천 여 명의 지원자 중에서 선발되었기 때문에 어디에도 빠지지 않는 미인 일색으로 동대(東台)에 한창 핀 벚꽃과 서로 아름다움을 겨루어도 충분한 미인뿐이다.[2]

2,000명 이상의 지원자 가운데 600명 정도를 뽑은, '미인 일색'의 면면이었다고 할 수 있다. 이러한 여성들이 박람회장의 여기저기로, 그리고 판매점에도 배치되었던 것 같다. 이들은 박람회장의 간판 여성 같은 역할을 수행할 것으로 기대된, 후에 도우미로 불린 여성이었던 것을 알 수 있다. 물론 오늘날 신문은 지난날 그들 정도로 '미인 일괄'에 대해 조목조목 쓰는 행위를, 예를 들어 취재에 임한 기자가 그렇게 느꼈다고 해도, 하기 어려운 상황이지만.

그 이름이 여간수, 요컨대 여성 감시인, 혹은 파수꾼이기 때문에 현대인이 그 연관성을 알아챌 수 있을지 모르겠다. 이 단어 자체는 입장객을 대접한다는 의미를 포함하지 않는 것처럼 보이고 오히려 절도를 비롯한 범죄 방지에 종사하는 역할을 하길 바랐던 것 같은 인상도 주고 있다. 그러나 문자 그대로의 그러한 일 뿐이라면 '미인 일괄'로 선발할 필요는 없다. '간수'라는 삼엄한 느낌의 단어로 불리고는 있어도, 역시 접객을 하는 서비스용 인원이었다고 받아들여야 할 것이다.

그 7년 전에도 같은 우에노에서 도쿄권업박람회東京勸業博覽会(1907)가 개최되어 마찬가지로 여간수가 고용되었다. 그녀들에 관해서는 다음과 같은 동시대의 지적을 읽어볼 수 있다.

이번 박람회에는 이 간수를 비롯하여, 각 판매점의 시중(給仕) 등 가인(佳
人)이 가장 많다. 즉, 가인도 역시 하나의 출품이 되는 것이다.[3]

이때는 315명의 여간수가 박람회장을 장식하는 듯한데, 어쨌든 '가
인'이 두드러졌다고 한다. 그렇다고는 해도 '이번'은 '가인'이 많았다고
쓴 것을 믿어본다면 그 이전 박람회에서는 '가인'의 조달이 불가능했다
는, 또는 시도하지 않았던 것 같다고 추측해 볼 수 있다.

이 박람회에 앞서 우에노에서 개최된 큰 박람회라면 제3회 내국권업
박람회內国勧業博覧会(1890)를 떠올릴 수 있으나, 여기에서 여간수가 일하
고 있던 것을 확인할 수 있는 기록은 아직 보이지 않는다. 다만, 박람회
운영의 전문가이며 '란카이야ランカイ屋(박람회를 총괄한 기업 또는 개인-역
주)'로 불리는 흥행업자로 유명한 나카가와 도지中川童二가 부친으로부터
들었다는 전문傳聞기록이 있다. 이것을 소개하고자 한다.

판매점이 만들어지면, 각 현에서 데려온 여자 판매원이 점포 앞에 앉았다.
그것은 금세 도쿄 내 화제가 되었다. (…중략…) 당시 일반 상점에는 (…중
략…) 상점의 지배인(番頭)이나 어린 사내 점원(小僧)이 있을 뿐으로, 어디
를 보아도 여자 점원 등은 없었다. 나의 아버지는 당시 13~4세의 소년이었
는데 이에 대하여 다음과 같이 말했다. "상업지구(下町)의 젊은이들은 박람
회 판매점으로 아가씨를 희롱하러 갔던 것이다 (…중략…) 판매점은 문 밖에
있었기 때문에 입장료를 받는 것은 아니었다.[4]

분명히 20세기에는 미쓰이 양복점三井呉服店, 이후 미쓰코시 백화점三

越百貨店의 가게 내 여성 점원이 화제가 되었던 적이 있었다. 그러나 19세기까지는 찻집 등의 풍속영업 같은 가게를 제외한다면 가게에 여성 점원이 있는 광경 등은 거의 볼 수 없었다. 박람회장 앞에 생긴 판매점에 '여자 판매원'이 있던 1890년(메이지 23)의 광경은, 어쩌면 파리 만국박람회 정도를 본보기로 삼은 것이라고 생각하는데, 상당히 눈길을 끌었을 것이다.

"상업지구의 젊은이들"이 "아가씨들을 희롱"하기 위해 외출하러 갔다고 하는데 이 행동은 유곽의 하리미세張店(유곽의 각 점포에서 큰 길을 향해 유녀들이 늘어서 손님을 기다리는 장소 - 역주)로 떼 지어 몰려다니는 오입쟁이의 모습을 떠올리게 한다. 뒤에서도 검토하겠지만 당시 사람들은 그녀들이 일하는 모습을 계속해서 풍속영업에 가까운 것으로 받아들였다.

'남권사회'는 이른바 여성의 사회진출에 당황했던 것뿐이다. 이는 가정 밖으로 나와 일하는 자기의 딸이 '젊은이 무리'를 자연스럽게 자극하고, 열광하게 하여 결국은 창부와 같아 보일 수도 있다는 것을 기피했던 탓이기도 하다. 그 의미에서 '남권사회'에 안주하는 남성들도 '젊은이 무리'를 들끓게 하는 직업을 그들 나름대로, 그러한 표현 자체는 아직 없었으나, '성을 상품화'한 것으로 생각하며 받아들였다고 해도 좋을 것이다.

나카가와의 기록에 있는 대화로 돌아가면 1890년의 박람회장에서 여간수의 모습은 엿볼 수 없다. 다만 박람회장 바깥쪽에서만 '여성 판매원'이 '젊은이 무리'를 부채질하는 광경이 벌어지고 있었다. 19세기에 박람회장 밖에서 화제를 불러일으키는 수법은 결국 박람회장으로 동원하는 효과를 가져왔다고 비판받았다. 바꾸어 말하자면 입장료 수입 증가로 이어졌으며, 사람들을 박람회장 안으로도 끌고 들어왔다는 것일까.

3. 미술전을 떠받치는 '산의 여자'

앞서 보았듯이 20세기에 처음으로 여간수가 등장했던 것을 알 수 있었으나, 간수라는 표현 자체는 다른 곳에서도 사용되었다. 예를 들어, 1870년대 후반이 되면 갤러리에서 하는 미술전시가 늘기 시작했고, 여기에서 박람회장의 접수나 감시에 종사했던 사람들도 간수라고 불리고 있었다. 메이지의 세상사世相史에 정통한 이시다 류조石田龍蔵는 다음과 같은 회상을 남겼다.

> 우에노 공원의 사쿠라 가오카(桜ヶ岡)에서 처음으로 미술전람회를 개최한 것은 분명 메이지 10년경으로 기억한다. 이 단체를 미술협회라고 부르며, 매년 봄과 가을에 두 번 개최하게 되었다. 이 단체는 처음부터 간수로 옛 막부 신하 가운데 칩거하던 많은 이들을 고용했다. 즉 비교적 인품도 미천하지 않고, 다소 문필의 재주도 있으며, 특히 무사의 기질로 성실한 사람이 많았기 때문에 은거하던 이들이 일해 주길 바라게 되었다.[5]

옛 막부 신하의 늙은 사족士族이라면 분명 회화, 골동품 같은 것들은 판별할 수 있을 것이다. 또한 인품과 골격도 초라하지 않았기 때문에, 미술전의 간수로 최적이었을 것이다. 다만 러일전쟁이 발발했을 무렵, 즉 1904년(메이지 37) 무렵부터 상황이 바뀌기 시작했다. 옛 막부의 신하 가운데 다수가 세상을 떠났기 때문에 그 무렵부터 많은 그림회가 '경쟁적으로 여학생海老茶式部을 채용',[6] 즉 당시 여학생을 서로 경합하는 듯이 고용하기 시작했다고 한다.

처음에는 늙은 사족에게 말을 걸었던 미술협회는 비교적 늦게까지 기존의 태도를 유지했다. 그러나 "대세에는 저항하기 어려워, 수년 동안 간수로 일하길 바랐던 칩거하던 이들을 폐하고 결국 묘령의 미인을 채용했다"[7]는 것 같다. 시류에 영합하여 보수적인 미술전에서도 젊은 미인에게 일을 맡기게 된다. 그리고 1908년(메이지 41)에는 마침내 문부성文部省이 주최한 제2회 전람회에서도 "약 20명의 미인 간수를 채용했다"라고 이시다는 전한다.

이 '미인'이라는 부분에 대해 이시다는 '모 그림회画会의 간사'를 향해 이러한 표현도 하고 있다.

> 그림회의 부인 간수는 분명 새로운 신(新)수요라고 생각하지만, 장소가 장소이니만큼 용모도 상당히 아름다운 분이기를 바랍니다.[8]

갤러리라는 '장소의 성질'이 '아름다운 분'을 구하는 것과 관계있다고 한다. 아름다운 작품을 늘어놓은 방이기 때문에 아름다운 사람이 있길 바란다는 것일까. 여기에서는 그림회의 관객을 늘리기 위해서 '미인'이 이용되었던 것뿐이라고만 볼 수는 없을 것 같다. 어쨌든 간수의 자리에서 '인품도 천박하지' 않고, '문필의 재주'도 있는 '성실'한 늙은 사족은 추방되고 '용모도 상당히 아름다운' 여성이 그 자리를 대체한 것이다.

과연 메이지의 '남권사회'가 이러한 사태의 추이를 불러온 것일까. 나는 오히려 늙은 사족 남성들이 간수 역할을 점하고 있던 시대에서 여성의 사회 진출을 저지하려고 하는 '남권사회'의 강한 잔재를 느낀다. '묘령의 미인'이 발호하기 시작한 시대의 기운, 이시다가 말한 '저항하기 어려운'

〈그림 1〉 여간수의 그림(일본식 옷차림, 和裝), 1907(『風俗画報』第360号, 1907.3.25 발행)

'대세'에서 '미인'을 구한 것은 아직 '남권'적이었을지도 모른다. 그러나 그 쇠퇴를 알아챘을 터인데 과연 어땠을까.

1908년(메이지 41)의 문부성 전람회는 '약 20명의 여간수'를 고용했는데, 다시 이시다에 따르면 "그 다수는 메이지 40년 봄, 우에노에서 열린 도쿄부의 박람회에 간수로 근무했던 자들"[9]이었다고 한다. 1907년(메이지 40)의 도쿄권업박람회에서 여간수로 종사했던 이들이 다음 해 전람회에서 다수를 차지했던 것 같다. 같은 여성이 어떤 때에는 박람회장으로 가고, 다른 때에는 전람회에서 접수 업무 등도 수행한 것이다.

더불어 1907년 박람회에서 일했던 여간수(〈그림 1〉)에 대해서는 다음과 같은 소개 기사도 작성되어 있다.

이번 박람회는 규모가 광대할 만큼 여러 장소에서 여러 가지 영향이 발생하여 화가들이 모델을 구하기 난처한 상황이 되었다. 때문에 본래 1일(5시간) 나체 60전, 반나체 40전, 착의 25전으로 수용하는 자가 많았으나, 오늘날의 처지에는 그 두 배의 가격을 지불해도 그다지 손에 넣을 수 없다.[10]

박람회의 여간수는 그림회의 접수뿐만 아니라 종종 나체화 등의 모델이 되기도 했다는 것이다. 박람회 기간 중에 화가가 모델 부족으로 골치를 앓고 있었다는 것을 보면, 보수 자체는 박람회 쪽이 좋았을지도 모른다.

이번에는 1914년(다이쇼 3)에 개최된 도쿄다이쇼박람회의 분위기를 전하는 신문기사에서 와카쓰키 이네코若月いね子(당시 19세)라는 '미인 간수'가 언급한 부분을 살펴보자.

> 재작년 문부성 미술전람회 개회 때에 처음으로 간수에 지원하여 채용되었다. 작년 문부성 전람회에서도 다시 간수를 맡았으며, 메이지 박람회에서도 한 상인의 개인 간수가 되어 근무했던 일이 있다. 간수로서는 깊이 있는 경험을 가지고 있다.[11]

그녀에게 미술 모델 약력이 있는지 어떤지는 알 수 없으나, 큰 박람회나 전람회에서 몇 번이고 간수 역할을 해왔다는 것은 분명할 것이다. 박람회와 전람회는 각각 업무의 내용이 다른 부분도 있을 것이지만 둘 다 '미인'인 자를 구하고 있었다는 점에서 상통하고 있다. 또한 그렇기 때문에 동일한 여성이 이 두 업무를 왔다 갔다 한 것은 충분히 있을 수 있는 일이었다고 생각한다.

'란카이야'인 나카가와 도지는 1922년(다이쇼 11)에 도쿄평화박람회東京平和博覽会에서 박람회장 시설 준비 임무를 맡아 필연적으로 많은 여간수들과 만났다. 나카가와는 그녀들에 대해 다음과 같이 서술하고 있다.

도쿄부가 선택한 여간수 가운데에는 '산의 여인(山の女)'이라는 별칭을 가진 무리가 있다. 한 해 동안 우에노에서 개최된 박람회나 전람회의 간수를 맡았기 때문에 모든 것에 익숙해진 강자들이다. 시골 출신의 아가씨들과는 달리 그녀들은 '란카이야' 등과도 평범하게 농담을 한다.[12]

우에노의 산을 무대로 삼아 박람회나 전람회에서 아름다움을 경쟁하고, 더 이상 낯도 가리지 않는 점이 흥미로웠기 때문에 '산의 여인'이라고 불렸던 것일지도 모른다. 다만 산적山賊이라는 의미도 내포하고 있는 표현이었기 때문에 그녀들의 행동에 어깨를 움츠리는 남자들이 많았던 것을 읽을 수 있다. 거의 동시대에 부상했던 카페의 여급들까지 포함하여 남성들의 앞에 자기의 외모를 내세우는 여성이 20세기 초두에 나타났고, 그 현상을 당시의 '남권사회'가 입을 모아 칭찬했던 것은 분명하다. 그럼에도 이것을 수상쩍게 받아들인 남성들이 있었던 것도 틀림없는 것이다.

4. 불쌍한 신세 때문에

메이지 시기 이후의 파티에는 가든파티園遊会를 비롯한 옥외의 것까지 포함하여 접대를 위해 점차 게이샤芸者가 동원된다. 박람회장에서도 여간수들이 나타나기 이전부터 게이샤는 해당 장소에 흥겨움을 북돋는 역할을 맡았다. 1914년의 도쿄다이쇼박람회에서도 "가든파티 (…중략…)에 모든 시내에서 600명의 게이샤가" 모집되었고, 이들은 "간이음식점模擬店에서 준비하며 손님을 불러왔다"[13]고 한다.

그러나 어린이까지 포함한 많은 사람들이 모여드는, 말하자면 공공적인 장소이기도 한 박람회장에 교태의 프로인 게이샤를 불러들이는 것에 대해 적지 않은 반발도 있었다. 부인교풍회婦人矯風会나 곽청회廓清会와 같이 평소에도 예기藝妓와 창기娼妓의 존재를 불쾌하게 바라봤던 단체들은 그중에서도 유난히 강하게 반발하는 모습을 보여주고 있다.

신문 지면상에서도, 예를 들어 야지마 가지코矢嶋楫子는 교풍회를 대표하여 먼저 "나는 예전부터 예기가 공회 석상에 염치도 없이 출입하는 것을 한탄하고 있다"라고 먼저 말을 시작하며, "이번 박람회"에 동원되었던 게이샤가 "청년 자제의 교육상 상당히 악한 감화와 영향을 미치는 것을 충심으로 두려워한다"[14]라고 말했다. 뿐만 아니라 교풍회는 게이샤를 박람회장에서 배제해야 한다는 청원서를 작성하여 도쿄부 지사에게 제출했다. 이는 당시의 지사가 도쿄다이쇼박람회 협회의 회장이기도 했기 때문이다.

이 요구를 당국이 어느 정도까지 받아들였는지는 조사하지 못했지만, 당시 여권론이 이러한 주문을 '남권사회'에 내밀게 되었을 정도로 성장하고 있었다는 것은 무시할 수 없다. 그리고 그러한 여권론의 상승기이기도 한 1900년대, 1910년대에 박람회장의 여간수들이 '미인'이나 '가인'으로 사람들의 입방아에 오르내리며 늙은 사족 남성 등을 밀어내고 그 수를 늘려가고 있었던 것이다.

도우미의 전신인 여간수는 비교적 혜택을 받은 외모를 갖추고, 박람회장의 손님 접대에 종사할 것을 기대 받았다. 때문에 그 의미에서는 가든 파티에 동원되었던 게이샤와 하고 있는 일은 그다지 다르지 않았다. 그러나 교풍회를 비롯한 당시 여권론은 여간수의 존재를 특별히 내세워 비판하지 않았다. 박람회장에서만 일하는 임시요원으로 아마추어일 뿐인 여간수를, 사실은 미술전의 접수나 모델의 역할도 하고 있는 세미 프로였지만, 교태를 전업으로 하는 게이샤와는 분명하게 구분하고 있던 것일까.

　오늘날의 박람회장에서 근무하는 도우미 중에 호스티스 클럽인 사교계나 예기, 그리고 이른바 풍속 아가씨를 겸하고 있는 자는 별로 없다. 만약 있다고 해도 박람회 당국자로서는 알 수 없는 노릇으로 몰래 하고 있을 뿐이다. 박람회장에서 진행되는 이벤트에서 호스티스나 풍속영업 종사자를 행사의 흥취를 더한다는 이유로 동원하는 것도 아마 있을 수 없는 일일 것이다.

　1914년 교풍회는 여간수의 존재에 대해서는 조금도 비판하지 않았다. 단지 당시 풍속영업의 대표격으로 간주되었던 게이샤만을 박람회장에서 추방하고 싶었을 뿐이었는데, 그 계획은 현재 대부분 성취되고 있다고 간주할 수 있다. 여간수의 후예인 도우미가 접객에 종사하고, 풍속영업 종사자가 적어도 겉으로 드러나지 않는 근래의 박람회장을 교풍회가 도쿄부에 제출했던 청원서의 연장선으로 보는 것은 용이하다.

　20세기 초두에 '남권사회'로 들어온 여권론이 점차 결실을 맺어 오늘날의 박람회장 풍경이 만들어졌다고 하는 것도 가능할 것이다. 앞서 도우미의 뿌리가 된 여간수의 출현으로 '남권사회'가 쇠퇴해 갔음을 알아보았는데, 그 견해는 지금 서술한 이야기의 맥락과 대조해 봐도 타당한 것이라고 생각한다.

다만 20세기 초두에 쇠퇴하기 시작했다고는 해도 지금보다 훨씬 강했던 '남권사회'는, 이 시기에는 '신수요'의 부산물이었다고 평가받은 여간수를 종종 낡은 폐습舊弊이었을 뿐인 시선으로 바라봤다. 구경꾼들 앞에서 '미인'이나 '가인'이라는 희롱을 받으면서도 위축되지 않는 기색을 지체 있는 집안良家의 남녀에게는 있을 수 없는 예기, 창기와 같은 행동으로 파악했던 것이다.

도쿄다이쇼박람회(1914)의 박람회장에서는 '오아키 가나리코尾秋かなり子'라는 육군 중위의 미망인도 여간수로 활동했던 것 같다. 이러한 그녀의 존재를 이 시대의 신문은 다음과 같이 평했다.

> 몸은 육군 중위의 미망인으로 남편만 건재했더라면 세상도 사람들도 부러워했을 것인데, 이렇게 여간수가 된 마음속은 얼마나 힘들었을까.[15]

이 신문은 군인의 부인으로 나름대로 신분도 있는 여성이 남편이 죽게 된 탓에 여간수로 전락한 것을 한탄하고 있다. 박람회장에서 미색을 표출해야 할지도 모르는 이 간수라는 직업은, 생활을 위한 식량을 손에 얻기 위해서라고 하더라도, 이런 일을 하게 된 여성은 안쓰럽다고 말할 수 있을 정도의 일이었던 것이다.

1918년(다이쇼 7)에는 '한 여간수'라는 이름으로 다음과 같은 수기를 발표한 사람도 있었다.(〈그림 2〉)

〈그림 2〉 여간수의 그림
(서양식 복장, 洋裝), 1918
(『婦人畵報』, 1918.9)

박람회의 여간수라고 말씀드리면, 세간 사람들은 이미 타락해 버린 것처럼 말씀하시고 있습니다만 (…중략…) 일괄적으로 여간수를 타락한 여자들의 모임 같은 것으로 보는 것은 지나칩니다.[16]

한 가지 더, 도쿄평화박람회(1922)에서 여간수로 근무한 '다케우치 히로코竹內広子'라는 필자가 쓴 수기를 소개해 보겠다.

저의 신세도 정말 기구하옵니다. 당장 내일이라도 죽을 것 같이 노쇠한 어머니와, 은행에서 잔심부름을 하며 야학에 다니고 있는 2살 아래(저는 19살입니다)의 동생, 이렇게 3명이 살고 있습니다. 그렇기 때문에 저도 이런 일까지 하게 된 것입니다.[17]

어려운 형편을 꾸려나가기 위해서 어쩔 수 없이 여간수 등이 되어버렸다고, 마치 몸을 팔기라도 한 듯 취업 경위를 쓰고 있다. 많은 사람들 사이에 여성의 얼굴器色을 노출시키는 일은 예기나 창기의 일과 다르지 않은 것으로 간주되었던 시대였다. 때문에 이러한 수기를 읽는 세간에서도 여간수가 될 수밖에 없었던 애달픈 사정과 그렇기 때문에 안쓰러운 이야기를 찾았던 것이다.

그러한 사회의, 혹은 편집부의 기대에 답하는 듯이 박람회장에서 자신들에게 쏟아지는 입장객들의 시선을 그들은 이렇게 그린다.

이 얼마나 자긍심에 상처를 주는 모욕적인 이야기인가요! 아름답게 치장한 동성들은 조롱하는 듯이 비웃는 듯한 눈동자를 거리낌 없이 던집니다. 남성들의 추잡하고 탁한 입술은 마치 나의 얼굴에 스칠 것 같이 가까이 해서는, 매춘부인가 뭔가와 만나는 것 같은 표정을 하고, 히죽거리면서 기분 나쁘게 웃는 것입니다.[18]

오늘날의 여권론에서는 특별히 도우미를 두고 왈가왈부하는 경우는 더욱 적을지도 모른다. 다만 외모까지 평가하는 직업은 대체로 '성 상품화'로 연결된다고 말하기 쉽다. 그리고 그 심각성을 깨닫지 못한 세간을 계몽하려고도 하지만―"당신, 알고 있습니까? 그것은 성을 상품화하는 것이에요"라고―20세기 초엽의 세간은 일부러 힘을 들여서 설명하지 않아도 여간수 같은 처신이 '매춘부인가 뭔가'와 상통한다는 것을 매우 일반적으로 받아들였다.

여성으로서 애교나 웃음을 팔기도 하는 여간수 같은 직업이 '매춘부'와 유사해지고 있다고 바라본 세간에야말로 보수적인 '남권사회'의 힘이 작동하고 있었을 것이다. 그러한 세간의 눈을 굴복시키고, 도우미가 일종의 반짝이는 어떤 직업이 되어, 젊은 여성들 가운데 적지 않은 이들이 자발적으로 하고 싶다고 생각하는 직업으로 떠오르게 된 20세기 후반은 오히려 '남권사회'의 편견을 깎아내린 역학이 작동했던 시대였다고 보고싶다.

다만 오늘날의 여권론은 용모도 중시하는 직업을 '성 상품화'된 것으로 파악하고 있기 때문에, 즉 20세기 초엽 무렵의 '남권사회'와 같은 양상의 인식을 보여주고 있다. 때문에 이러한 직업에 대하여 받아들이는 쪽의 역사를 조감해 본다면 '남권사회'로의 회귀를 뜻하는 것처럼도 보인다. 언뜻 보기에 진보적으로 보이는 논의를 확산시키고 있는 것 같지만, 여간수의 직업에서 '매춘부'를 감지했던 시대의 파악 방식과도 상통하는 반동적인 측면이 있기 때문에 이 부분은 지적해 두고자 한다.

5. 남녀의 은밀한 비밀

여간수의 출현은 20세기 초엽의 남성들에게 새로운 것으로 비춰졌을 것이다. 또한 '미인'이나 '가인'으로 평가받은 여성이 선택되었기 때문에 성적으로 동하는 남성들이 많았던 것도 부정할 수 없을 것이다. 혼인 전의 남녀 교제가 널리 인정되는 시대도 아니었기 때문에 적당히 거리를 둔 교제 기회도 거의 없었고, 그 의미에서는 연애에 대한 면역도 없던 때였기 때문에 연애사건이 쉽게 일어났을 것으로 생각된다.

실제로 란카이야인 나카가와는, 1922년(다이쇼 11) 도쿄다이쇼박람회에서 본인이 보고 들었던 것을 다음과 같이 서술하고 있다.

여간수와 관계자 또는 출품인 등의 정사는 상당했는데, 여러 가지 문제가 있던 것 같다. (…중략…) 여간수들을 향한 유혹은 내부에서뿐만 아니라 외부에서도 있었다.[19]

입장객들이 시도하는 것도 있었으나, 굳이 따지자면 여간수에게는 박람회 관계자들이 손을 대는 경우가 많았던 듯하다. 앞서 도쿄평화박람회에서 '매춘부인가 뭔가'처럼 주변의 남성들이 쳐다보고 있다고 고백한 여간수의 이야기를 소개했는데, 그렇게 여겨진 여성들이기 때문에 남성들도 다가가기 쉬웠다는 사정은 있었을 것이다.

다만 당시 경찰은 여간수와 관련한 정사를 엄격하게 단속하고 있었다. 박람회 사무국도 이 개입을 중요하게 여겼다. 다시 나카가와에 의하면 "손님과는 거의 말을 섞지 않도록 여간수들에게 통지했다"는 것 같다. 이 때문에 "박람회의 여간수는 무뚝뚝하다는 등의 비판도 나왔다"[20]고 한다. "관계자나 출품인들"과의 "정사는 상당"히 많았기 때문에, 사무국이 입장객과 여간수의 사이만을 차단하려고 한 정황은 우습다. 물론, 그녀들의 '붙임성'을 개최자 측의 남성들이 독점하고 싶어 했기 때문만은 아니었을 것이다.

더욱이 여간수를 둘러싼 박람회장에서 펼쳐진 남녀의 문제에서 경찰이 눈을 반짝이며 지켜보았던 것은 나카가와의 회상뿐만 아니라 도쿄 다이쇼박람회(1914)의 분위기를 전하는 당시의 여러 잡지 기사에서도 읽어낼 수 있다. 이를 통해 틀림없는 이야기였을 것이라고 볼 수 있다.

제1회장 (…중략…) 의 3개소는 4월 1일 이래로 2명의 순사가 관리하게 되어 (…중략…) 이 주변은 모두 낮에도 적막한 장소였기 때문에, 개장 이후 여간수와 판매점의 여성 등이 젊은 남성과 밀회하는 수가 20여 명에 웃돌았다. 모두 경찰서의 골칫거리였기 때문에 이곳을 경계하게 되었는데, 그것을 아는지 모르는지 하룻밤에도 15쌍 정도의 남녀가 우왕좌왕하며 이쪽으로 오면 순사들의 검문을 받은 후에 돌려보내는데[21]

하룻밤에 15쌍 정도의 남녀가 순사로부터 검문, 즉 순사들이 단속한 그 장소는 떠났지만, 거기에서 멈추지 않고 경찰에게 연행되기까지 밀회를 하고 있던 여간수나 여점원 같은 여성들도 있었던 것 같다. 아마 성행위까지 했거나, 하려고 했던 것이겠지만 여성만을 강제로 연행해 간 부분으로 생각해보건대 경찰은 그녀들이 몰래 매춘을 하는 것이 아닌가 의심했던 것 같다.

이 기사는 5월 5일에 발표되었는데, 경찰의 감시가 시작된 지 35일 사이에 벌어진 일을 보도한 것이다. 이 기간 중에 20인 이상의 여성이 잡혔다는 이야기는 1일 평균으로 보자면 약 0.6명의 적발자가 있었다는 것이다. 연행되지 않은 커플이 하루에 15쌍 정도 있었다고 한다면, 수상하다고 의심받은 밀회는 전체의 4% 이하에 머물렀다는 것일까.

그렇지만 아마 박람회장에서는 매음과 비슷한 것을 하던 여간수나 여점원이 조금은 있던 것 같다. 앞서 이시다 류조의 회상을 통해 박람회의 여간수가 점차 미술전의 여간수가 되었다고 했는데, 그 이시다가 여간수를 몇 번이나 고용했던 모 그림회 간사의 다음과 같은 담화를 예로 들고 있다.

본인의 품성이 저열하고 비루하여 어쩔 수 없으니 이 점은 충분히 주의하고 있습니다. 때문에, 오늘날에는 어떠한 그림회에서도 매춘부 등임을 알지 못하고 채용하는 곳은 없어졌습니다.[22]

'매춘부'를 고용하지 않게 되었다고 하는 이 발언이 언제 이루어진 것인지는 잘 알 수 없지만, 시대를 거슬러 올라가보면 이러한 여성들도 여전히 있었던 것 같다. "용모도 상당히 아름다운 분을 원합니다"라는 그 주문에 응하고자 하는 마음을 가진 사람이나, 혹은 나체화의 모델이 되는 배짱이 있는 사람은 '남권'이 강했던 시대의 일반 가정에서는 그다지 볼 수 없었다. '매춘업' 체험자, 매춘을 했던 여성이 고용되는 일도 어느 정도는 있었던 것 같다고 생각된다.

앞에서는 20세기 초엽의 여간수가 '매춘부'와 같아 보였다고 서술했을 뿐이지만, 그러한 견해도 어느 정도는 핵심을 찌르고 있는 것이다. 아니, '매춘부'로 보고 마는, 어떻게 생각해봐도 '남권사회'스러운 편견이 여간수가 되고자 하는 이들을 그런 방면으로 치우치게 하는 형태로 작용했던 것이라고 말해야 할까.

6. 미인이 있는 섬을 보러 갑시다

지금까지는 도쿄에서 열린 박람회만을 논했지만, 20세기 초엽에는 오사카에서도 비교적 규모가 큰 박람회, 대표적으로 제5회 내국권업박람회(1903) 등이 열렸다. 그 공식 기록에서 "간수를 맡은 사람은 (…중략…) 합계 131명으로 그 가운데 남성은 89명, 여성은 32명"[23]이며, 이후의 박람회와 비교해 보면 그 수 자체는 적었으나 여간수가 고용되었던 것을 알 수 있다. 외모에 관한 기술은 보이지 않으나 단계에서 여간수 채용의 효시를 이 박람회로 보고자 한다.

이 박람회가 개최된 지 9년 후인 1912년(다이쇼 원년)에 박람회장이 철거된 땅은 일종의 '레저랜드Leisure Land'인 '신세카이新世界'로, 새롭게 단장하여 재생되었다. 여러 가지 흥행물이 갖추어져 있는 '신세계'였다. 그중에서도 입장객에게 미인 찾기 체험을 할 수 있게 한 '미인탐검관美人探検館'은

'미인'을 구경거리로 삼은 것뿐인 영업장이었지만 화제를 불러 일으켰다.

다만, 다음 해에 간행된 명소안내기名所案內記의 한 사례에서도 볼 수 있듯이 '미인탐검관'은 개업 후 얼마 지나지 않아 일종의 풍속영업을 하는 듯한 장소가 되었다. 다음을 보자.

> 개업 당시에는 일종의 취향하에 미인을 이용하여 관객을 부르기도 했다. 오늘날에는 그 취향에 다소 변화를 가해 '마굴 탐검(魔窟探檢)'으로 칭하여 더욱 일종의 흥행물이 되었다.[24]

당초에는 섹스를 빼고, 용모looks만을 팔고자 했을 것이다. 그러나 용모가 독립적인 상품가치를 획득하기에는 아직 시기상조였다. 또한 이 무렵이라면 외모는 섹스의 값어치를 끌어올리기 위한 외피, 패키지 디자인과 같은 의미였을 뿐이라 독립적 상품가치는 가질 수 없었다.

필자는 이러한 용모가 섹스를 매매하는 영역에서 벗어나, 새로운 상품으로 자립해 간 근대화의 과정에서 '남권사회'의 동요를 보고자 했으나, 당시에는 아직 거기까지 이르지 못했던 것일까. 다수의 남성들은 새로운 상품가치가 싹틀지도 모르는 용모를 섹스의 포장지와 같은 수준으로, 낡은 것이라고밖에 할 수 없는 틀 안에 억지로 끼워 맞추고자 했던 것이다.

동시에 '마굴 탐검'이 되었다는 '미인탐검관'의 후일담을 공개하겠다. 언제 변했는지 연대를 확정하는 것은 아직 불가능하지만, 이 시설이 있었던 장소에는 나중에 스케이트장이 설치되었다.[25] 그 나름대로 탈脫=성화性化, De=Sexualization(탈=성욕)의 길을 밟아 갔다는 볼 수 있을까. 물론 20세기 중반 정도까지 스케이트장은 점차 데이트 코스도 되었기 때문에 섹슈얼한 의미도 한번에 없어진 것은 아닐지도 모른다.

또 한 가지 도쿄에서 나온 그 후일담을 소개해 보겠다. 1912년에 '신세카이'에서 '미인탐검관'을 개업한 이는 '신세카이'의 알선 역할을 맡기도 했던 와다모리 기쿠지로和田守菊次郎이다. 그런데 이 와다모리는 2년 후 도쿄다이쇼박람회(1914)에도 '미인탐검관'을 가지고 왔다. 오사카에서 어느 정도 성공을 거둔, "미인탐검이라는 요염한 문자"로 "구경거리가 옵니다"[26]라며 번영했던 기획의 재현을 바라기도 했을 것이다.

7년 전 도쿄권업박람회(1907)에서는 여간수나 판매점의 시중給仕 같은 일에 종사하던 여성들을 향해 "가인佳人 또한 출품의 하나다"라고 평가했지만, 이번에는 문자 그대로 '가인'을 '출품'하고자 했던 것이다.

만약 '마굴'화되지 않고 이 시도가 계속되었다면, 여간수에게 요구되었던 외모적 능력을 보다 순화하여 용모라는 자립적인 새로운 상품이 성립했다고 할 수 있을지도 모른다. 그러나 개최기간이 제한적인 박람회에서 임시적으로 시행된 것이었기 때문에 그러한 변화로 나아가지 않았다. 물론, 기간한정 박람회였기 때문에 오사카에서는 어쩔 수 없이 '마굴'화를 실행한 와다모리도 '미인'을 보여주는 것 그 이상이 되어버리자 그 본질을 확인했을지도 모르겠다.

다만, 박람회 당국은 '미인탐검'이라는 직설적인 표현을 기피하여 그것을 '미인도 탐검여행美人島探検旅行'으로 바꾸게 하였다. "미인과 만나서 악수를 하기 위한 것이 아니고, 다만 그 미인의 거처를 향해 가는 것"뿐이라는 와다모리 측의 주장을, "'섬, 여행'이라는 세 글자를 삽입"[27]하는 조건을 붙여 인정하려 한 것 같다. 미인 그 자체를 탐험하는 것은 아니고 미인이 있는 섬에 상륙한다는 체제를 만든 것이다.

이 박람회의 가든파티에서는 게이샤를 전면에 내세웠기 때문에 당시 여권론의 논리로 비판받고 있었다. 뿐만 아니라 박람회장에서 남녀가 벌이는 밀회에도 경찰이 개입하여 신경이 날카로워졌다. 섬으로의 탐험 여행이라는 형태였지만, 그리고 그것은 보다 순수하게 용모만을 즐기고자 하는 수준의 단어였을 뿐이라고 생각되지만, 이런 표현을 정정하기 위해 어느 정도 교풍회 등이 관계되었다면 여권론이 용모라는 상품의 자립을 재촉하는 방향으로 작용하게 된다. 때문에 상당히 흥미가 깊다.

'미인도 탐검여행관美人島探検旅行館'의 오픈에 앞서서 와다모리는 여기에서 전시될 '미인'을 모집하기로 결정했다. 그는 100명 정도의 '미인'을 모을 생각이었던 것 같다. 선발된 "미인을 개회 전에 자동차에 태워 각 신문사를 방문하게 하고, 얼굴을 보여주기"[28]에도 이르렀다. 이 시대는 자동차 자체가 드물었고, 이동 수단이라기보다는 오히려 일종의 보여주기 위한 수단이라는 측면이 두드러진다. 때문에 자동차를 '미인'들의 선전에도 사용했다고 볼 수 있다.

번화한 거리의 여기저기에 '미인도 여행'이라는 간판이 내걸려 사전 홍보는 충분히 진행되었다. 덕분에 개막일인 3월 22일에는 관객이 쇄도했다. 당시 신문에는 "미인도 방향은 굉장한 풍경으로 (…중략…) 개막 전의 혼잡한 상황은 마치 모두가 싸울 것처럼 난리이다"[29]라고도 보도되었다.

"구경꾼들이 우글우글 밀어닥치고, 아직인가, 아직인가라며 재촉하는데, 이들은 젊은 남자들뿐이다"[30]라고 전하는 기사도 있다. 다른 여러 가지 파빌리온과 비교해 보았을 때 인기라는 측면에서도 "이 미인도 여행관과 에스컬레이터"[31]가 자웅을 겨루고 있었다고 한다.

다만 관내의 환기가 나쁘고 통로에 빛이 들어오지 않은 탓인지 옅게 어둠이 깔려있어 분명 쾌적하지는 않았던 것 같다. 때문에 출구에 다다른 한 구경꾼은 이런 말을 하기도 했다.

이런 괴로운 생각을 하는 것보다, 요시와라(吉原, 유곽)의 하리미세(張店)를 눈요기하는 것이 훨씬 낫다.[32]

그리고 이 문구를 소개했던 기자도 "정말로 적절한 평일 것이다"[33]라는 본인의 감상을 첨부하고 있다. 유곽의 하리미세 진열창을 바라보며 걷는 편이 낫다고 하는 평가를 통해 용모의 자립이 좀처럼 빠르게 이루어지지 않았고, 종래의 매매춘이라는 테두리에서 벗어나지 못한 분위기를 읽어낼 수는 없는 것일까.

은희녕 옮김

주석

1　天瀬須美子(談)・就職セミナー編集部 編, 『まぶしい仕事カタログ・コンパニオン』, 協同出版, 1988, p.28.
2　『東京日日新聞』, 1914.3.3.
3　山下重民, 「東京勧業博覧会の設備に就て」, 『風俗画報』, 1907.4.10, p.2.
4　中川童二, 『ランカイ屋一代』, 講談社, 1969, p.44.
5　石田龍藏, 『明治変態風俗史』, 宏元社, 1934, p.179.
6　위와 같음.
7　앞의 주(5), p.180.
8　앞의 주(5), p.181.
9　앞의 주(5), p.180.
10　『中外商業新報』, 1907.3.17.
11　『東京日日新聞』, 1914.3.4.
12　앞의 주(4), 中川, p.141.
13　『都新聞』, 1914.3.23.
14　『時事新報』, 1914.4.3.
15　『東京日日新聞』, 1914.3.3.
16　一女看守, 「博覧会の女看守」, 『婦人画報』, 1918.9, p.123.
17　竹内広子, 「博覧会の女看守より」, 『婦人公論』, 1922.5, p.64.
18　위와 같음.
19　앞의 주(4), p.143.
20　앞의 주(4).
21　「随観随録―場の内外を彩れる」, 『風俗画報』, 1914.5.5.
22　앞의 주(5), p.181.
23　農商務省, 『第五回内国勧業博覧会事務報告・上』, 1904.
24　傍士定治, 『大阪新名所世界写真帖』, 1913.
25　徳尾野有成, 『新世界興隆史』, 1934.
26　『長崎新聞』, 1914.2.24.
27　山下重民, 「東京勧業博覧会の設備に就て」, 『風俗画報』, 1914.5.5.
28　위와 같음.
29　『東京朝日新聞』, 1914.3.22.
30　『国民新聞』, 1914.3.23.
31　앞의 주(21).
32　앞의 주(29).
33　앞의 주(29).

만국박람회를 장식한 일본의 가죽과 종이

자포니즘을 넘어서

우카이 아쓰코(鵜飼敦子)

　최근 일본 전통종이和紙가 유네스코 세계유산으로 등록되면서 '일본의 종이'가 주목을 받고 있다.[1] 역사를 거슬러 올라가면 영국의 의사이자 초대 주일총영사를 지낸 러더포드 알콕Rutherford Alcock이 막부幕府에 의뢰하여 1862년 런던 만국박람회에 출품한 일본의 물건들 가운데 닥나무나 일본 전통종이가 포함되어 있었던 것은 잘 알려져 있다. 그러나 일본 전통종이를 가공한 종이 공예품이나 일본의 가죽 제품이 19세기 말에 세계 만국박람회에 전시된 것은 잘 알려져 있지 않다.

　개국開國 후 막부 말기의 일본을 소개했던 『대군의 도읍지大君の都』에서 알콕은 "다수의 모조 피혁 외에 닥나무 원료로 만들어진 물건 등 박람회에 보낸 물품이 67종에 이르렀다"고 서술하고 있다. 이 '모조 피혁'이라는 것이 이 글에서 다루는 메이지시대明治時代에 일본에서 만들어졌던 '금당지金唐紙'[2]이다. '금당지'가 일본에서 독자적으로 발전한 경위는 가죽 제품의 역사와도 관련이 깊다. 본래 일본에서는 가죽 공예품이 생활

터전에서 사용되었는데, 이후 네덜란드를 통해 채색한 가죽제품이 반입되었다. '금당혁金唐革'이라고 불렸던 그 이국의 가죽을 만드는 기술을 종이에 응용해서 만든 것이 '금당지'였다.

여기에서는 만국박람회에 전시된 일본의 가죽과 종이에 초점을 맞추면서 프랑스의 한 지방에서 나타난 구체적인 사례를 토대로 지금까지 양국교류사에서 살펴보지 않았던 물질의 순환사에 대한 제안을 시도하고자 한다.

1. 금당혁과 금당지

금당지가 만들어진 과정을 설명하기 전에 일본에 건너온 가죽 제품인 금당혁에 대해 조금 언급하고 싶다. 금당혁은 벽을 장식하기 위해 17세기 유럽에서 제작한 것인데, 표면을 올록볼록하게 가공하고 그림 무늬를 부각시켜 채색을 하였다. 그 가죽이 네덜란드에서 일본으로 건너와 금당혁이라고 불렸다. 일본에서는 칼집이나 말안장, 심지어 담배갑이나 지갑 등의 작은 물건의 표면을 장식하는 데 응용되었으며 진귀하게 여겨졌다. 이러한 가죽을 가공하는 기술이 일본에 알려진 뒤 금당혁이 종이에 응용되어 금당지가 탄생했다.

금당지는 금속박金屬箔을 붙인 일본 전통종이로 무늬를 새긴 판목을 덧대고 표면을 올록볼록하게 하여 채색한, 언뜻 보기에는 가죽처럼 보이는 부조를 한 종이이다. 이 가공 종이는 1873년 빈 만국박람회에서 출품되어 주목받은 것을 계기로 벽지로서 유럽에 수출되었다. 또한 1900년 파리 만국박람회에서는 인조 피혁지皮革紙 작품imitation leather paper works으로서 최우수상을 수상했다. 이를 계기로 일본에서 수출된 금당지는 왕·후侯귀족이나 부르주아 계급의 집 실내를 장식하는 벽지가 되었다. 현재에도 네덜란드 헤트로 궁Hetloo Palace, 프랑스의 파리장식미술관, 영국의 대영박물관, 빅토리아 앤 알버트 미술관Victoria and Albert Muse에 전시 또는 보존되어 있다.

일본에서 이 금당지는 로쿠메이칸鹿鳴館 벽지 등으로 사용되었지만 현존하는 것은 매우 적다. 흥미로운 점은 외국에서는 '일본의' 모조지로 평가된 금당지가 일본 국내에서는 '서양풍의' 실내 장식으로 사용되었다는 점이다. 현재 벽지로서는 구레시吳市 이리후네야마 기념관入船山記念館(수복품修復品과 복원품이 전시), 옛 일본우선 오타루지점日本郵船小樽支店(일부 복원품과 함께 벽지로 남아있다), 이정각移情閣(손문기념관孫文記念館 내에 오금당吳錦堂 별장에서 이축되기 전의 것이 일부 전시되어 있다), 옛 이와시카가 주택岩崎家住宅 등에 남아 있다.

2. 미술품의 이동, 전시와 수집

여기에서는 국외로 일본의 미술품이 이동하는 과정에 대해 간단하게 되돌아보고자 한다. 17세기부터 네덜란드의 동인도회사를 통해 긴마키에金蒔絵(금으로 표면에 무늬를 놓는 일본 특유의 공예-역주) 칠기漆器나 아리타자기有田磁器가 유럽으로 대량 수출되고 있었던 것은 이미 알려져 있다. 18세기에는 중국풍이라고 불리는 시누아즈리chinoiserie가 유행했고 일본의 공예품도 그 하나로서 로코코Rococo의 장식 미술에 편입되었다.

19세기에는 일본의 미술 공예품을 볼 수 있는 판매 행사가 파리에서 개최되었다. 1860년대 초에는 이미 일본의 물품을 취급하는 가게가 파리에 존재했는데, 그중에서도 극동의 미술품 수집에 열광했던 콩쿠르Goncourt 형제는 1861년에 '일본의 데셍화'를 샀다고 일기에 적으며 자신들이 가장 빠른 자포니잔Japonisant(일본 물품을 애호하는 사람들-역주)이었다고 자칭하고 있다.[3]

일본의 물품이 서양인의 눈에 띄게 된 큰 계기로 만국박람회를 들 수 있다. 1853년 뉴욕 만국박람회와 1855년 파리 만국박람회의 네덜란드 전시 부문에는 일본의 물품이 전시되어 있었다고 알려져 있다. 또한 도쿠가와德川 막부를 중심으로 사쓰마번薩摩藩, 사가번佐賀藩, 민간의 상인이 참가한 1867년 파리 만국박람회에는 육필화肉筆画나 우키요에 판화浮世絵版画(사회풍속이나 인간 묘사 등을 주제로 삼은 목판화-역주), 병풍, 칼, 자기, 칠기, 네쓰케根付(돈주머니·담배 쌈지 등이 빠지지 않게 하는 세공품-역주), 빗, 인롱印籠(허리에 차는 타원형의 작은 합-역주) 등의 공예품이 출품되어 일본의 미술품이 널리 알려지게 되었다. 게다가 1878년 파리 만국박람회에서는 상을 받아 수출의 확대를 노린다는 의도 아래 메이지정부가 '구미 국가의 실용에 적합한 것'이라는 규정을 만들어 미술공예품을 다수 출품했다.[4]

만국박람회 이 외에 동양 미술품 전시라는 관점에서 보면, 1871년부터 1872년까지 비평가 테오도르 뒤레Théodore Duret(1838~1927)와 함께 일본에 체류했던 프랑스 은행가 앙리 체르누스키Henri Cernuschi(1820~1896)는 청동제품이나 불상을 일본에서 가져와, 1873년 파리의 산업관에서 '극동 미술전'을 개최했다. 또한 1876년 리옹에서 태어난 사업가 에밀 기메Emile

Guimet(1836~1918)와 삽화가 펠릭스 레가메Félix Régamey(1844~1907)가 일본을 여행한 이후, 기메가 수집한 불교미술 수집품을 중심으로 한 동양미술관이 1879년 리옹에 개설되었다가 파리로 이전하여 1889년 프랑스 국립기메동양미술관Musée Nationale des Arts Asiatiques Guimet이 개관한다.[5]

프랑스의 '극동 미술품전시'는 19세기 말의 만국박람회를 계기로 일반인에게까지 침투하여 일본의 미술품 수집과 그 물품 전시가 적극적으로 이루어졌다. 그러나 국외에서 수집된 혹은 만국박람회에 전시된 미술품은 많이 알려졌지만, 지금까지 일본에서 만들어진 가죽이나 종이에 대해서는 언급하는 경우가 드물었다. 가죽이나 종이 가공품은 '미술품'이라는 범주에서 제외되어 미술사나 자포니즘Japonisme 연구에서 언급되는 경우가 거의 없었기 때문이다.[6]

3. '자포니즘' 현상과 그 범주

미술사에서 말하는 '자포니즘' 현상은 앞서 말한 미술품이 이입되던 때나 그 이후에 일어난 '일본의 사물이나 일본적 양식을 애호하는 경향'이다. 화가인 클로드 모네Claude Monet가 벽 한 면을 부채로 장식하고 바닥에 고자茣(테두리를 댄 돗자리)를 깐 뒤 아내에게 우치카게打掛를 입혀 그린 1876년 제2회 인상파그룹전에 출품한 「라 자포네스La Japonaise」(1875), 빈센트 반 고흐Vincent van Gogh가 아틀리에를 우키요에로 장식하고 거기에 그려진 유녀를 그대로 유채화로 표현한 그림(1887) 등은 유명한 예이다. 20세기에 이루어진 연구는 이러한 일본의 미술품을 그대로 베끼는 행위에서 나가아 조형원리나 새로운 소재, 기법, 그 배후에 있는 미학이나 미의식 같은 것, 생활양식이나 세계관을 포함한 넓은 범위에 걸친 '일본에 대한 관심', '일본으로부터 받은 영향'을 '자포니즘'으로 여겼다. 즉 연구자들 사이에서 사용되는 '자포니즘'이라는 말의 의미는 약 1세기를 거쳐 현상에서 현상의 연구대상이 되었고, '일본 미술품에 대한 관심'에서 '프랑스 미술에 대한 파급효과'로 바뀌었던 것이다.[7]

19세기 미술평론가 에르네스트 쉐노Ernest Cheneau는 자포니즘의 물결이 많은 프랑스 예술가에게 밀려든 것에 대해 다음과 같이 말하였다.[8]

> 열광은 도화선 위를 달리는 불꽃처럼 모든 아틀리에로 급속히 확산됐다.
> 사람들은 일본 미술의 뜻밖의 구도, 형태의 미학, 색조의 풍부함, 회화적 효과
> 의 독창성, 그리고 그러한 결과를 얻기 위해 사용되는 수단의 단순함에 감탄
> 할 수밖에 없었다.

당시 프랑스 미술평론가가 보고 있던 것은 새로운 모티브만이 아니라 그때까지 없었던 새로운 화면 구성이며 그것을 '일본 특유의 미학'이라고 말하고 있는 것이다. 자포니즘은 프랑스 예술가뿐만 아니라 비평가들에게도 주목받았던 현상이었음을 알 수 있다.

19세기 후반 일본의 미술이 '서양'의 예술에 도입된 현상을 밝히는 것이 '자포니즘 연구'이다. 일본에서 1980년 자포니즘학회가 탄생하였는데 이러한 연구는 프랑스에 '일본미술'이 도입되어 전용·모방되었다는 것을 실증하기 위한 원전 찾기에서 시작되었다. 어느 그림에 그려진 모티브는 일본의 어느 우키요에에서 나온 것인가 하는 것들이 그 예

이다. 이러한 모방은 자포니즘의 초기 단계이며 이후 '일본 미술'의 수용에는 단계가 있었다는 의견도 있다. 극동미술자 중 한 명인 제네비에브 라캄브레Geneviève Lacambre는 '일본 미술'의 수용을 네 단계로 나누어 다음과 같이 분석하고 있다.[9]

- 절충주의 레퍼토리 안에 일본적 모티브의 도입. 이것은 모든 시대, 모든 나라의 장식적 모티브를 대체하지 않고 추가된 것이다.
- 이국적, 또한 자연주의적인 일본 모티브의 우선적 모방. 특히 자연주의적 모티브는 빠르게 프랑스 미술에 동화되었다.
- 일본의 세련된 기법의 모방
- 일본 미술 속에서 추출한 원리와 방법의 분석과 그 응용

자포니즘은 단순한 모방이 아니라 일본의 기법이나 미학을 습득·이해한 후 추출한 방법과 원리의 분석·응용이라는 단계까지 발전했다는 의견이다. 일본 측의 연구자로는 마부치 아키코馬渕明子가 일본의 자연주의와 자포니즘을 연관 짓고 있다.[10] 이 논문은 1988년에 파리의 그랑 팔레Grand Palais와 도쿄의 국립서양미술관에서 개최된 「자포니즘전」의 도록에 발표되었는데 이것을 계기로 일반에게 널리 알려지게 되었다.

자포니즘 연구는 주로 프랑스와 일본의 연구자가 양국 간의 문화교섭사를 연구하면서 시작되었는데 이후 벨기에, 빈, 미국에서도 일본인 연구자에 의해 연구가 진행되어 자포니즘의 연구대상이 프랑스만이 아니라는 점이 제시되었다. 또한 회화, 우키요에 등 평면작품에서 도자기, 건축, 의복에 이르기까지 다양한 입체작품도 대상으로 삼았다. 예를 들

어 의복 양식에서의 자포니즘[11]에 대한 연구는 단순히 일본적 모티브의 천을 사용한 옷부터 기모노의 구조를 도입한 일본적 디자인을 응용하기까지의 단계를 밝혔다. 그리고 우키요에가 회화로 응용되는 것과 같은 평면 작품들 간의 비교가 아닌 일본의 평면작품이 프랑스 공예품에 전용된 예가 있다.

이처럼 다양한 접근을 바탕으로 단계를 거쳐 진행된 자포니즘 연구였지만 일본의 미술이 도입된 이후 그 원리를 응용했다는 증거가 부족하기 때문에 추측의 영역을 벗어나지 못하는 경우도 많다. 그러나 만국박람회의 전시품에 초점을 맞춘다면 실제로 일본에서 만들어진 물품이 전시되고 그것이 수집되어 새로운 예술 작품에 응용된다는 것이 분명해진다.

4. 프랑스로 건너간 일본의 가죽과 종이

자포니즘 연구에서 자주 거론되는 프랑스 지방도시가 있다. 프랑스 북동부, 로렌Lorraine 지역권에 있는 낭시Nancy이다. 로코코식과 아르누보Art Nouveau 양식이 혼합된 관광지로도 유명한 이곳은 15세기 즈음부터 유리공예가, 19세기 후반부터는 철강업이 발달하였다. 후에 낭시파라 불리는 예술산업지방동맹을 만든 에밀 갈레Emile Galé(1846~1904)는 이 도시에서 공방을 경영하며 수많은 유리작품과 가구, 도기를 만들었다. 갈레는 1878년 파리 만국박람회에서 월광색 유리로 상을 받았는데, 동시에 호쿠사이北斎 만화나 종이접기에서 착안한 작품을 남겨 자포니즘 연구대상으로 꼽히는 경우도 많다.[12] 또한 1885년부터 농상무성農商

務省의 관리이자 화가인 다카시마 홋카이^{高島北海}(1850~1931)는 3년간 낭시에서 유학하며 일본화를 남겼다.¹³ 최근에는 낭시시립미술관에서 소장하고 있는 실업가 샤를 카르티에 브레송^{Charles Cartier-Bresson}(1852~1921)의 극동컬렉션이 공개되어 일본에서도 주목을 받았다.¹⁴

2006년에는 일본적인 디자인을 가진 장정본裝幀本 두 점이 낭시파미술관에 수장되어 화제가 되었다. 장정본이란 책자의 표지를 가죽 등으로 감싸 호화롭게 만든 작품이다. 채색된 가죽 표지에 후지야마 게이샤가 그려진 이 작품은 자포니즘의 한 예로 꼽히는데 경매로 나온 것을 미술관이 사들인 것이다. 이것들은 1893년 국민미술협회^{Société nationale des beaux-arts}의 살롱(마르스 광장^{Champ de Mars})에 출품된 것이었다. 이때 빅토르 푸르베^{Victor Prouvé}, 카미유 마르탱^{Camille Martin}, 르네 비네르^{René Wiener}는 8점의 장정본을 선보여 낭시파 장식예술이 국내외에 알려지는 계기를 마련했다고 한다.

낭시의 장정예술을 이야기할 때 특히 중요하게 여겨지는 인물이 르네 비네르이다. 그는 할아버지와 아버지가 경영하던 서점 겸 문구점을 1879년에 이어받아 가게 쇼윈도를 예술가의 갤러리로 제공하고 있었다. 부친인 루시안 비네르^{Lucien Wiener}(1828~1909)가 로렌역사박물관 학예원을 맡기도 하였는데, 르네 비네르 사후 수집품의 거의 전부는 로렌역사박물관에 기증되었다.¹⁵

그런데 지금까지 미술품의 조사가 많이 진행된 이러한 미술관이나 박물관 이 외에도 낭시에는 일본과 연관된 것이 남아있다. 그것은 낭시시립도서관에 소장된 르네 비네르가 직접 제작한 장정본이다. 모두 일본적인 디자인이 특징인 19세기 서적이지만 수장고에 특별히 보관된 것이 아니라 일반에 공개되어 있으며 열람이 가능한 귀중한 책이다.(〈그림 1~6〉)

〈그림 1〉 클로드 비뇽(Claude Vignon)의 *Jours en Espagne*(1885). 금당지로 보이는 표지

　여기서 특히 주목해야 할 점은 이들 장정본의 표지에 일본제 가죽, 또한 면지에는 일본의 천대지千代紙[16]가 사용되고 있다는 점이다. 로렌 역사박물관의 르네 비네르 컬렉션 가운데 두 장의 천대지를 확인할 수 있다. 이를 통해 르네 비네르가 일본의 천대지를 입수하여 그것을 장정본의 면지로 사용했다는 것을 알 수 있다.

　특히 〈그림 2〉에서 보듯이 벌레 도안이 있는 '히메지 가죽姬路革'이 사용되고 있는 것은 간과할 수 없다. 이 히메지 가죽은 하리마播磨 지방,

〈그림 2〉 펠릭스 레가메(Félix Régamey)의 *Le Japon Pratique*(1891)
다갈색 표지에는 국화 등 화초와 나비나 매미, 사마귀 등이 부조로 그려져 있다(왼쪽). 표지 뒤 면지에는 적색, 녹색, 자주색, 황색 등 선명한 색채를 가진 단풍이 산개한 종이가 있다.

〈그림 3〉 피에르 로티(Pierre Loti)의 *Japoneries d'automne*(1889).
짙은 다갈색 곤충이나 동물, 부채형이나 눈모양(雪紋)의 가문(家紋)이 산개한 것처럼 배치되어 있다.

〈그림 4〉 *La vie des Boulvards*(1896)
　　검은 바탕에 적색, 황색, 백색의 국화들이 전체에 흩어져 있다.

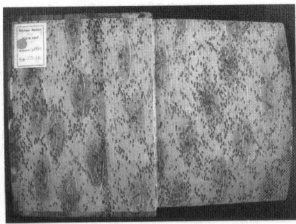

〈그림 5〉 앙리 리비에르(Henri Rivière)의 *Peintre et Imager*(1907)
　　낙관처럼 한자를 배열한 모노그램으로 구성되어 있으며 다갈색 바탕에 적색, 녹색 그리고 금가루를 입혔다. 표지의
뒷면 면지는 연한 하늘색 배경에 물무늬(水紋)가 그려진 수면, 짙은 갈색과 녹색의 잎 같은 무늬가 있고 개구리가 물에
뛰어드는 모습을 그렸다.

〈그림 6〉 아돌프 윌레트(A. Willette)의 *Pauvre Pierrot* 표지
　　　뒷면 면지에는 옅은 색채로 새, 석류가 부채형 등의 모양에 그려진 것도 있다.

〈그림 7〉 1893년 시카고 만국박람회 제혁관(製革館) 내 일본부(『臨時博覧会事務局報告附属図』((株)乃村
　　　工藝社蔵))

현재의 히메지에서 만들어져 온 가공 가죽이다. 이 지역에서는 근대 이후 서양 무두기술이 들어오기 이전부터 강가에서 말가죽을 적신 이후 털을 제거하고 소금과 유채 기름으로 문질러 하얀 가죽을 무두질하는 기술이 발달했다. 이 가죽을 사용하는 공예는 히메지 가죽 세공이라고 불렸으며 에도江戸시대에는 무구나 마구, 담배갑과 지갑, 문고상자 등의 제품에 사용되었다. 1893년 시카고 만국박람회에 출품된 이후 유럽에 많이 수출되었고 가죽제품 전시기록사진도 남아있다.(〈그림 7〉) 1903년(메이지 36)에 오사카大阪에서 개최된 제5회 내국권업박람회에서 민예품으로서 높이 평가받기도 하였다.

단정하기는 어렵지만 낭시시립도서관 장정본에는 금당지로 보이는 소재를 사용한 것도 있다. 펠릭스 레가메는 에밀 기메와 함께 1876년 일본에 온 후, 1899년 미술 교육 시찰을 위해 다시 일본에 와서 소묘 기행을 남겼다. 이 중에는 금당지가 만들어지는 모습이 그려져 있다. 레가메는 공장을 견학하고 '일본의 예술적 산업'이라고 말하고 있다.[17] 본래 네덜란드에서 들어온 금당혁을 일본 전통종이에 응용하여 탄생한 금당지는 수출용 벽지로 대량으로 유럽으로 건너갔다. 늘 새로운 모티브와 소재를 이용하여 장정본을 제작했던 르네 비네르가 그 금당지를 작품에 도입했다고 해도 이상할 게 없다.

5. 영향 관계 너머에 있는 것

이번에 소개한 낭시시립도서관에 남아있는 장정본은 일본의 그림책 등을 그대로 베낀 것이 아니고 전람회에 출품된 것처럼 전형적인 일본의 모티브를 전면에 내세운 호화로운 장정 작품도 아니다. 히메지 가죽이나 일본 전통종이라는 실제로 일본에서 들어온 소재를 기존의 장정 기술에 도입하여 융합시킨 예이다. 이들 낭시시립도서관의 장정본은 일본에서 가져온 소재로 만들어진 특수한 예라고 할 수 있다. 이것은 '자포니즘'이라고 부를 수 있는 것일까. 그렇게 부를 수 있다면 자포니즘 수용단계의 어디에 자리 잡으면 좋은 것인가. 이렇게 일본에서 만들어진 재료를 소재로 사용한 장정본이라는 예술 작품은 일본적 모티브의 도입이나 모방이 아니고, 기술의 응용도 아니다. 그 전 단계에 위치하여 '자포니즘 이전'이라고나 해야 할까. 혹은 자포니즘의 범주에 들지 않는 전혀 다른 장르라고 해야하는 것인가. 연구사에서는 일본의 미술품을 애호하여 수집하는 것을 '자포니즈리Japonaiserie'라고 하고, 거기에서 나아가 자국의 문화나 예술에 도입하는 것을 '자포니즘'이라고 분류하고 있다. 그러면 수집한 일본의 재료를 사용해 그것을 자국의 문화에 받아들여 표현한 예술은 그 중간에 위치하는 것일까.

만국박람회에 전시되고 평가된 가죽이나 종이는 새로이 모습을 바꿔 사람들의 손에 넘어가게 된다. 이러한 장정본은 전람회장에 장식된 것이 아니라 일반에 유통되어 사람들의 손에 들어간 것이다. 회화에 나타난 자포니즘이 아니라 공예라는 분야의 자포니즘이다. 이것을 '자포니즘'이라고 칭한다면 일본적인 것에 대한 애호는 예술가나 미술평론가 같은 '순수 예술'을 담당하는 사람들뿐만 아니라 공예작품을 만드는 장인이나 일반인의 생활에까지 깊숙이 침투한 경향이었다고 할 수 있을 것이다. 일본에서는 칼이나 담뱃갑 같은 생활용품을, 프랑스에서는 책을, 자신의 취향에 맞게 원하는 대로 만들었다. 애착이 있는 것을 세상에서 하나뿐인 것으로 만드는 행위는 어느 시대에나, 어느 곳에서나 행해졌던 것이다. 이슬람의 당초唐草, 이집트의 상형문자는 그때그때의 유행에 맞추어 소지품을 장식했다. 그러한 만국 공통의 행위에 귀한 이국의 소재가 즐겨 사용된 것은 쉽게 상상할 수 있다. 프랑스의 예술가가 새로운 표현을 다양하게 탐구하고 있을 때, 그 하나로 바로 '일본'이라는 선택지가 있었던 것이다.

한 가지 말할 수 있는 것은 후지야마 게이샤 같은 일본을 단적으로 표현하는 모티브를 사용한 예와 같이 자포니즘이라고 부를 수 있는 것에는 서양에서 본 '일본'이라는 관점이 들어 있는지 아닌지가 문제가 되는 것 아니냐는 것이다. 거기에는 '일본적인 것'이라는 환상이 있을 뿐이지, '일본의 것'은 실제로 포함되어 있지 않은 것은 아닌가. 그렇다면 이 장정본은 자포니즘이라고는 할 수 없는 셈이다.

또 한 가지, 자포니즘 연구에서 주의해야 하는 것은 일본의 자포니즘 연구자가 주로 서양 미술의 전문가이지만, 프랑스의 연구자는 일본 내지는 일본 미술을 전문으로 한다는 시점의 엇갈림이 있다는 것이다. 일본 국내의 기존 자포니즘 연구는 주로 서양미술을 전공하는 연구자가 프랑스에 대한 일본의 영향론을 전개하며 이루어졌다. 한편 프랑스에서 이루어진 연구는 일본 연구자가 프랑스에 이입된 일본 문물에 관해 이야기하는 것이었다. 그런 의미에서 일본의 '자포니즘 연구' 자체가 일본 측의 편향된 시각일 수 있지 않을까.

지금까지 조형 예술, 철학 분야의 자포니즘 연구의 문제는 문화나 인간집단을 하나의 공동체로 인식하고, 나아가 그 공동체를 근대국민국가의 틀에 중첩함으로써 '일본'이 '프랑스'에 얼마나 영향을 주었는가하는 점을 줄곧 논해 왔다는 것이다. 이 시점의 차이를 넘어 일방적인 문화의 영향론이나, 맹목적인 '일본문화'의 예찬론이 아닌 쌍방향적인 이문화 교류의 형태를 논의할 계기를 마련해 주는 것이 기존의 '자포니즘'의 범주에서 누락될 수 있는 이 낭시의 장정본인 것이다.

자포니즘은 단순한 모방이 아니라 일본의 기법이나 미학을 습득·이해한 다음 추출한 방법과 원리를 분석·응용하는 단계까지 발전했다고 하는데 앞서 언급한 라캄브레의 네 가지 수용 단계 중 어느 것도 이 낭시의 장정본에는 맞지 않는다. 미술사의 동향에 '영향관계'라고 부를 수 있는 것이 존재한다면 그것은 일정한 방향으로만 전개되는 것은 아니다. 최근 미술사 연구에서도 하이브리드hybrid나 미디에이트mediate[18]라는 말이 사용되는 경우가 많은데 사람과 정보와 사물이 이동하면서 새로운 것이 생겨나는 가장 대표적인 예가 바로 이 장정본이다. 기존의 자포니즘 연구에서는 '영향'이라는 말로 표현되는 경우가 많았지만 낭시시립도서관의 장정본은 영향관계라기 보다는 오히려 다른 문화, 예술의 '융합'이라고 할 수 있을 것 같다.

박람회의 전시품은 프랑스의 예술작품과, 일본 미술품의 '영향관계'를 바탕으로 자포니즘이라는 콘텍스트 속에서 많이 이야기되었다. 그러나 그것을 원천탐색이나 모티브 차용 연구로 환원해 버리는 것은 '일본이 서양에 영향을 주었다'는 식의 일방적인 견해로 치우쳐 버릴 위험성을 내포하고 있지 않을까. 일본의 가죽과 종이를 사용한 낭시시립도서관의 장정본을 자포니즘이라는 틀이나 양국 간의 문화교섭사에 특화시키지 않고 생각한다면 일련의 세계문화 교류사가 분명해진다.

일본에서도 가죽 가공 기술이 독자적으로 발전을 이루어 왔다. 한편 북아프리카의 가다메스Ghadames시에서 발전한 가죽 제품과 그 기술이 유럽에 도입되어 14~17세기 스페인을 중심으로 번성한다. 이후 포르투갈, 이탈리아, 프랑스, 벨기에, 네덜란드 등 유럽 각지에서 생산이 이루어져 벽을 장식하는 데 사용되었다. 그 가죽이 일본으로 건너가 칼이나 담배갑 등 일상생활용으로 사용되었다. 또한 가죽을 가공하는 기술이 일본에서 종이에 응용되면서 금당지가 탄생해 유럽으로 건너갔다. 그리고 일본 고유의 가공 가죽이나 이 새로 생겨난 종이가 유럽에서 새롭게 벽지나 장정 재료로서 책의 표지로 사용되면서 전혀 다른 예술, 공예가 탄생했다. 이렇게 생각하면 두 나라와 문화 간의 비교 연구라는 틀에만 머물 수 없는 문화, 기술, 예술의 교류사라고 할 수 있다. 일본의 가죽이나 종이를 사용한 낭시시립도서관의 장정본은 '자포니즘'과 그 연구 자체를 다시 생각하게 하는 계기가 되는 것이다.

만국박람회에서 좋은 평가를 받은 일본의 가죽과 종이는 이후 수출량을 크게 늘렸다. 그리고 실제로 사용되는 소재로서 사람들 사이에 침투해 갔다. 과학기술이 진보함에 따라 기술혁신을 겨루는 장이 되었던 19세기 만국박람회는 동시에 새로운 물질 전시라는 의미에서 상업 견본시장으로서의 광고 역할을 했던 것이다. 만국박람회가 사람과 정보와 물건이 오가고 융합해 새로운 것이 만들어지는 생산적인 장이었음은 틀림없다.

이승찬 옮김

주석

1   유네스코는 2014년, '일본 전통종이(和紙) 일본의 종이 수공예 기술'의 무형문화유산 등록을 결정했다. '이시카와(石州) 반지(半紙)'(시마네현(島根県) 하마다시(浜田市))와 '혼미농지(本美濃紙)'(기후현(岐阜県) 미노시(美濃市)), '호소카와지(細川紙)'(사이타마현(埼玉県) 오가와정(小川町), 히가시치치부촌(東秩父村)) 세 가지 일본 전통종이가 등록되었다.

2   현재 벽지 수복 등에 사용되는 것으로 '금당혁지(金唐革紙)'라는 호칭도 있지만 현대의 것과 구별하기 위해 이 글에서는 '금당지'라는 용어를 사용한다.

3   斎藤一郎 編, 『コンクールの日記』(岩波書店, 1995), pp.476〜477.

4   본서 데라모토 노리코(寺本敬子) 글 참조.

5   三浦篤, 「フランス・一八九〇年以前—絵画と工芸の革新」(『ジャポニスム入門』, 思文閣出版, 2000), pp.26〜50.

6   벽지로서 해외로 건너간 금당지는 이하의 책에 소개되어 있다. 松村恵理, 「海外に渡った和紙と欧米人の和紙観」(『壁紙のジャポニスム』, 思文閣出版, 2002), pp.56〜62.

7   회화작품에 일본의 우키요에를 도입했다는 명백한 전사(転寫)의 예는 자포니즈리(Japonaiserie)라고 불러 구별하기도 한다. 학회 창립 초기에는 '자포니즈리 연구회'라고 이름 붙였으나, 그 후 '자포니즘학회'로 명칭을 바꾸었다. 자포니즘 연구 학회지 『ジャポネズリー研究学会会報』 *The Society for the Study of Japonaiserie*는 1981년에 창간되었으나, 그 후 학회명이 변경됨에 따라 『ジャポニスム研究』 *Studies in Japonisme*으로 변경되었다.

8   Ernest CHESNEAU "Le Japon à Paris" 1878 Exposition Paris. *Le Japonisme*, 1988, Paris.

9   Geneviève LACAMBRE "Les milieux japonisants à Paris, 1860~1880", *Japonisme in Art, An International Symposium* (Edited by the Society for the Study of Japonisme), Tokyo, 1980, p.43.

10 馬渕明子, 『ジャポニスム—幻想の日本』, ブリュッケ, 1997.

11 深井晃子, 『ジャポニスムインファッション—海を渡ったキモノ』, 平凡社, 1994.

12 拙文, 「エミール・ガレにおける「工芸」美術」(稲賀繁美 編, 『伝統工藝再考 京のうちとそと--過去発掘・現状分析・将来展望』思文閣出版, 2007), pp.217〜233.

13 拙文「高島北海の「東洋画」観と西洋」(稲賀繁美 編, 『東洋意識—夢想と現実のあいだ—一八八七—一九五三』, ミネルヴァ書房, 2012), pp.171〜186.

14 *Un Goat d'Extrême-Orient. Collection Charles Cartier-Bresson*, 2011, Nancy.

15 拙文「高島北海と異文化交渉史」(『高島北海展』下関市立美術館図録, 下関市立美術館, 2011), pp.154〜160; 「河村コレクション『欧州交友名刺帖』をめぐって—高島北海によってフランス滞在中に収集された名刺を中心に」(『下関市立美術館研究紀要』13, 2012), pp.1〜51.

16 천대지란 목판으로 무늬나 도안을 다색 인쇄한 종이이다. 여러 가지 설이 있는데 송(松), 죽(竹), 매(梅), 학, 거북이 등 오랜 세월 장수(千代)를 축하하는 데 사용되었던 도안이 많았기 때문에 이런 이름이 붙었다고 한다. 일본 전통종이에 여러 가지 도안을 넣어

다색 인쇄한 것이다. 에도시대에 우키요에 화가들이 만든 것이 시초이며, 인형의 기모노,
작은 상자의 내부, 과자 등의 포장지로 사용되었다.

17 Félix Régamey, *Le Japon en images*, 1904, pp.214~216.
18 *Mediating Netherlandish Art and Material Culture in Asia*, Amsterdam University Press,
2014.

[부기] 본 글의 국내외 조사 일부는 과학연구비 보조금 「세계미술사의 구축―'장식'에서
보이는 세계」 과제번호 15J09464를 지원받은 성과이다.

도시의 전기화와 박람회

하시즈메 신야(橋爪紳也)

1. 전기화와 박람회

　산업 혁명을 계기로 영국에서 탄생한 만국박람회라는 장은 19세기 말부터 20세기 초기에 걸쳐 새로운 몇 가지 주제를 획득했다. '전기'라는 새로운 에너지로 인해 가능해진 새로운 라이프 스타일도 그중 하나였다.

　원래 만국박람회는 신기술이나 신제품을 전시할 수 있는 기회였다. 실용화나 대량생산까지는 이르지 못한 시작품試作品, 혹은 양산을 목표로 한 새로운 제품들은 나오기 전에 일단 박람회장에서 사람들의 눈앞에 제시되었다. 전기제품, 전기에 관한 기술도 마찬가지였다. 가로등, 전차, 엘리베이터, 에스컬레이터, 일루미네이션 등이 모두 국내외의 박람회장에서 처음으로 소개됐다. 예컨대 1876년의 필라델피아 만국박람회에서는 전화기가 실연되었고, 1878년의 제3회 파리 만국박람회에서는 에디슨의 축음기가 전시되었다.

박람회장이라는 '가설仮設의 장'에 등장한, 전기를 응용한 기술이나 제품은 여태까지 불가능했던 생활을 가능케 했다. 이윽고 전기를 이용한 연출 혹은 기술을 응용한 제품은 이벤트 회장에서의 제안을 거쳐 실제 도시생활에 침투했다. 그리고 전기의 안정적인 공급과 기술의 진화는 우리의 생활을 바꾸었다. 지금은 전기가 없는 생활, 즉 정보기기나 전기장치 기기가 없는 일상은 생각할 수조차 없다. 우리 자신의 생활이나 가치관마저 '전기화'되었다고 해도 과언이 아니다.

여기서는 전기가 다의적이며 매력적이었던 19세기 말부터 20세기 초까지의 만국박람회 중에서 전기기술, 특히 조명의 기술사라는 관점에서 신기원을 연 박람회를 검증하고, 그 초기상황에 대해 논하고자 한다. 그리고 일본 국내에서 열린 대규모 박람회의 사례를 소개하고, 일본의 도시에 미친 영향에 대해서도 언급하고자 한다.[1]

2. 하얀 도시—시카고 만국박람회, 1893

박람회장의 야경이 화제가 된 것은 19세기 말의 일이다. 예컨대 1867년의 파리 만국박람회에서는 주로 가스등이 조명으로 사용되었지만 충분히 평가를 받지는 못했다. 1893년에 개발된 조명이 사용된 시카고 만국박람회는 압도적인 전기 조명으로 사람들을 놀라게 한 최초의 박람회였을 것이다.[2]

콜럼버스의 아메리카 대륙 발견 400년을 기념하는 이 이벤트는 미시간 호숫가에 건설된 인공 도시에서 개최되었다. 박람회장에서는 새로운 에너지인 전기가 주역의 자리를 차지했다. 개회식에서는 백악관에 있는 대통령이 '마법의 버튼'을 눌러 시카고의 발동기를 작동시켜 박람회장에 전기를 보내는 퍼포먼스가 이루어졌다. 뿐만 아니라 이동수단의 전기화도 실현되었다. 박람회장은 시가지와 고가철도로 연결되어 시간마다 5만 명을 수송할 수 있게 되었다고 한다. 박람회장에는 전체 길이 10킬로미터나 되는 궤도를 부설하여, 순환형 전차를 상시 운행했다.

기사技師들은 7만 개(9만 개라는 자료도 있음)의 백열등과 5천 개의 아크등으로 이루어진 전기 장식을 각 전시관에 설치했는데, 총합 180만 칸델라에 이르렀다고 한다. 10년 전인 1883년, 켄터키 주 루이스빌에서 열린 박람회(남부 박람회Southern Exposition — 역주)에서 에디슨은 4,000개가 넘는 전등을 켜서 화제가 되었다. 그 20배나 되는 대규모의 야경이 박람회장에 펼쳐진 것이다. 1890년 단계에서 미국 전역에 있던 백열등은 겨우 90만 개, 아크등은 6만 5천 개에 지나지 않았다고 한다. 전국의 1할에 이르는 빛이 박람회장에 모인 셈이다.

박람회장의 중심 구획인 '영예의 중정中庭'에 있는 여러 건물은 모두 고전 양식으로 지어졌고 외벽은 아이보리 색채로 통일되었다. 이 색채 때문에 '하얀 도시the White City'라는 애칭이 붙었다. 낮 경치는 물론, 전기 장식의 빛을 받아 어둠 속에서 떠오르는 야경도 '하얀 도시'라는 이름에 어울렸다.(〈그림 1〉)

시카고 만국박람회 박람회장으로 결정된 곳은 오락지구 '미드웨이 프레전스Midway Plaisance'였다. 민족적인 전시가 늘어선 가운데, 오락지구를 상징하는 세계 최초의 거대관람차 페리스 휠Ferris Wheel이 세워졌다. 하늘에 떠오른 이 둥근 고리도 조명을 받는 대상이었다. 거대한 고

〈그림 1〉 '영예의 중정'의 야경(Graham, C., *The World's Fair in Water Colors*, 1893)

〈그림 2〉 페리스 휠(*The Wite city(As it was)*, 1894)

리가 어둠 속에서 떠오르는 광경은 박람회장의 주요한 볼거리였다.(《그림 2》) 그리고 이 때 네 기의 서치라이트가 도입되기도 했다. 하늘을 비추는 서치라이트의 빛은 85마일(약 137킬로미터)이나 떨어진 밀워키에서도 볼 수 있었다.

박람회장 안의 전시관 중 가장 화제를 모은 곳은 '전기관'이었다. 철골과 유리로 지어진 큰 공간 내부에는 두 가지 중요한 전시가 있었다. 하나는 1만 개의 전구와 3만 개의 컷 글라스로 탑신을 장식하고, 탑 위에 거대한 백열등을 놓아 에디슨의 업적을 기리는 기념물 '빛의 탑'이었다. 높이 80피트(24미터) 정도 되는 탑 근처에서는 제너럴 일렉트릭General Electric 사가 에디슨이 어떻게 전등을 발명했는지를 설명하며 전구 샘플을 진열했다. 또 건물 남쪽 벽에는 웨스팅하우스Westinghouse 사가 회사의 이름과 콜럼버스 상, 그가 미국에 도착한 이후의 연차인 '1492~1892'라는 숫자를 전구로 만들어 전시했다.

전기를 응용한 전시 중, 웨스턴 일렉트릭Western Electric 사가 출전한 '시닉 시어터Scenic Theatre'도 화제가 되었다. 이는 배우나 음악가 없이 한 사람의 기술자가 모든 것을 조정하는 빛의 쇼였다. 배경은 스위스의 알프스에 있는 작은 촌락이라는 설정이었는데, 저녁 어둠과 밤하늘, 달빛, 천둥, 무지개 등의 모습을 재현했다. 물론 이 가공의 마을에도 가로등이 설치되어 있었고, 그 의의도 선전의 대상이었다. 전통적인 생활과 전기화된 새로운 생활의 조화를 환상적인 쇼로 어필한 것이다.

3. 환상궁과 일루미네이션의 낙원 — 파리 만국박람회 1900

시카고 만국박람회에 이어, 전기 장식을 많이 사용하는 건축 조명이 세계적으로 이목을 끌게 된 첫 번째 기회는 1900년에 열린 파리 만국 박람회일 것이다. 일루미네이션을 위해 박람회장 전체에서 조명이 켜졌기에 '다양한 궁전이 촛대로 변신했다'는 평이 남겨져 있다.[3]

당시 눈길을 끈 것은 콩코드 광장 정면에 우뚝 선 문이었다. 세 방향으로 거대한 아치가 열린 개성적인 모습이었는데, 꼭대기에는 여신상이 서 있었다. 둥근 지붕으로 된 건물 높이는 45미터 정도였으며 세 개 구부開口部의 폭이 모두 20미터나 될 정도로 위풍당당한 거대 건축이었다. 낮에는 금색, 청색, 녹색이 섞인 벽면 때문에 거기에 설치된 수천 개나 되는 녹색, 청색 전구가 자연히 눈에 띄었으므로 그다지 좋은 평가를 받는 건물은 아니었다. 오히려 '독특하고 다채로운 민족학적 뒤섞임'이라는 인상이 남았다고 한다. 하지만 밤이 되면 추한 괴물 같았던 건물이 거대하고 아름다운 '건축화된 조명기구'로 바뀌었다. 돔 형태의 천정은 보라색 화염에, 꼭대기 부분은 때로 에메랄드에 비견되었다. 그만큼 조명이 매력적이었다는 것이리라.(〈그림 3〉)

이 거대 이벤트의 중심이자 다른 파빌리온을 능가한 건물은 다름아닌 전기관이었다. 정면 중앙의 지붕 꼭대기에는 사자나 천마를 거느린 '전기의 여신'상이 장식되었다. 여신상의 등은 마치 광배光背나 후광처럼 여러 별 모양을 겹친 모습으로 장식되었다. 여러 개의 단을 흘러내리는 여러 줄기의 폭포를 전경前景으로 삼고, 채색 전구로 된 일루미네이션으로 꾸며진 건물이 우뚝 솟아 있었다. 가장 먼저 물줄기의 색채가 눈

〈그림 3〉 콩코드 광장 앞에 있는 문의 야경(*Exposition Universelle 1900*)

에 들어왔다. 아래에서 형형색색의 빛을 받은 폭포는 한번 물을 받는 쟁반에 떨어진 뒤, 분수나 샘을 이루고 다시 물보라가 되었다. 물과 함께 빛도 마치 생물처럼 춤추도록 연출했다. 그리고 건물의 색채가 바뀐다. 전구의 명멸을 조절하고, 정면을 붉은색이나 푸른색, 호박색, 오렌지색 등 한 가지 색으로 만들 수 있었다. 그리고 물방울 같은 모양으로 불을 켜서 보여주거나, 단계에 따라 부드럽게 색조를 변경할 수도 있었다. 특정 도형이나 문양을 보여주는 등, 다른 식으로 제어할 수도 있었다. 금요일 밤에는 미리 준비된 프로그램을 보여 주는 공연물이 있어 구경꾼들로 성황을 이루었는데, 가히 빛의 콘서트라 부를 만했다.

〈그림 4〉 물의 성과 전기관의 야경(〈그림 1, 2, 4〉의 출전 : Allwood, J., *The Great Exhibitions*, 1977)

    그곳의 경치는 낮인지 밤인지에 따라 전혀 인상이 달랐다. 어느 방문
자는 '석고가 무지개처럼 빛나는 수정으로 다시 태어났다. 동화에 나오
는 건물처럼 아름답고 웅대하다'고 평했다고 한다.

    전시관 내부에는 업계 선두를 달리는 유망한 기업이 모터, 발전기, 가전
제품, 의료기구, 노면전차, 엘리베이터, 에스컬레이터 등 최신 전기 제품을
진열했다. 그리고 매우 다양한 디자인의 전등도 전시되었다.(〈그림 4〉)

    전기관 안에 있는 '거울의 방'은 환상궁幻想宮이라고도 불렸다. 여기
서는 소리를 내지 않는 '얼어붙은 불꽃' 같은 쇼를 볼 수 있었으며 육각
형의 벽에는 곳곳에 거울이 달려 있었다. 그 때문에 연속된 아치로 지탱
된 둥근 천정이 마치 무한히 이어지는 것만 같았다. 그런데 이 방의 조
명이 변화한다. 아치 부분이 밝아지는가 싶더니, 이번에는 둥근 기둥이

〈그림 5〉 전기관 안 '거울의 방'(*Exposition Universelle 1900*)

안쪽에서 빛을 낸다. 천정에 박힌 푸른색과 붉은색 전구가 명멸해서 마치 하늘의 별이 깜빡깜빡 빛나는 것처럼 보였다고 한다.(〈그림 5〉)

박람회장의 밤을 연출하기 위해 새로운 조명기구가 사용됐다. 멀리까지 뻗어나가는 빛을 쏘는 투광기였다. 새로운 세기의 도래를 알리는 파리 만국박람회에서는 에펠탑 위에 프랑스제 서치라이트를 설치하여 박람회장을 위에서 비추었다. 박람회장 모습을 그린 일러스트에는 에펠탑에서 뿌려지는 광선 중 하나가 앞서 소개한 전기관 지붕 위에 놓인 '전기의 여신'에 명중하여 그 자태를 밝게 빛내는 장면이 그려져 있다.

독일은 철탑에서 투하되어 어둠을 빛으로 끌어내고자 하는 프랑스산

빛에 문자 그대로 대항했다. 독일관에서는 역으로 에펠탑을 위협하듯이 지상에서 하늘을 향해 거대한 광선 다발을 쏘아 올렸다. 이 때 사용된 지멘스Siemens 사의 투광기는 30억 칸델라의 광도를 가져서 박람회장에 있는 모든 조명을 압도했다고 한다. 밤이 된 박람회장에서 사람들은 순수한 빛이 가져오는 아름다운 모습에 취했다고 할 수 있겠다.

4. 루미너스 스케치 — 범 아메리카 박람회, 1901

만국박람회에 국한하지 않더라도, 20세기 초엽의 대규모 박람회에서는 '전기' 및 '전기화'가 박람회의 주요 테마 중 하나였다. 여기서는 1901년에 미국 버팔로에서 개최된 범 아메리카 박람회(범미박)의 사례를 소개하고자 한다. 이는 남미 여러 나라와의 우호 관계를 긴밀히 하는 동시에 미국의 우위성을 알리고자 기획된 박람회로, 박람회장이 나이아가라폭포에 건설된 발전소에 비교적 가까운 곳에 있어서 '전기화'가 문명의 진보와 미래생활에 밀접히 관련되어 있다는 사실을 강하게 의식한 전시가 중점적으로 이루어졌다.[4]

과학에 의한 자연 정복을 강조하는 노선 하에, 박람회장 중앙 근처에 거대한 '전기' 전시관이 마련되었다. 여기서 가장 큰 전시는 발전 장치 등을 상세하게 보여 주는 나이아가라 수력발전소 모형이었다. 머리 위에서는 천둥소리가 나고 녹색 빛이 빛났으며, 'NIAGARA'라는 거대한 전깃불로 된 문자가 걸려 있었다. 웨스팅하우스 사는 전기 자동차를, 제너럴 일렉트릭 사는 공장 모형을, 에디슨 사는 전기 치료 장치와 당시로서는 최신 기술이었던 X선 장치를 전시하여 관람객들의 눈길을 끌었다.

또한 범미박에서는 전기가 오락의 형태를 바꾸어나갈 수 있다는 가능성도 제시되었다. 앞서 말한 시카고 박람회에서는 '시닉 시어터'처럼 전시관 안에 오락적 요소가 포함되어 있었다. 그런데 버팔로 박람회장에서는 전기를 써서 환상적인 공간을 만들어내어 일상의 근심과 걱정을 해소시켜 주는 여러 유료 공연물이 마련되었다.

그중 하나는 달세계 여행을 모의 체험하는 탈것이었다. 박쥐를 닮은 우주선에 타면 여행이 시작된다. 천둥이 치는 구름바다를 뚫고서 보석과 황금으로 빛나는 달 표면에 도달하면 작은 달세계 사람들이 춤을 추며 환영해 준다. 그리고 '아쿠아라마Aquarama'라는 이름이 붙은 총 길이 1,100포트(330미터) 정도 되는 탈것도 인기가 있었다. 이른바 '시닉 레일웨이Scenic railway'의 일종으로, 철로 된 궤도를 따라 몇 가지 터널이 준비되었으며 내부를 통과할 때 전기 장식으로 꾸며져 아름답게 연출된 경치를 구경할 수 있는 놀이기구였다. 여기서 전기조명 연출이 유원지 같은 곳에 있는 오락 기구들에 대해서도 유효하다는 사실이 증명된 것이다.

이벤트 회장에는 20만 개에 이르는 8와트 전구가 준비되어 건물과 큰길을 에워쌌다. 하지만 전기기사들은 일부러 전구를 낮에 비추는 태양광선의 대용품으로 사용하지 않았다. 단순히 밝기를 추구한 것이 아니라, 오히려 연출성과 조작성을 중시한 것이다. 보다 강한 조명은 오히려 빛이 너무 많이 집중되어서 눈이 부시고, 그림자가 생겨 보이지 않게 된 것을 무리하게 보려고 해서 관람자가 불쾌해질 수도 있다. 역으로 작은 전구를 여럿 조합함으로써 균질한 빛의 공간을 만들어낼 수 있다. 그리고 색감이나 세세한 부분의 밝기 조정은 물론, 밝은 장소와 음지의 대비도 연출하기 쉬워진다. 그들은 조명을 통해 건물이 만들어내는 작은 그림자조차도 디자인하려는 의도를 가지고 있었다.

그 전형적인 사례가 박람회장 중앙에 설치된 심볼 타워인 '일렉트릭 타워'다. 높이 약 122미터의 이 높은 탑은 1만 2천 개의 전구를 사용하여 화려하게 디자인된 세부를 강조하려는 듯, 아이보리를 중심으로 청색, 녹색, 황금색 등 다양한 색감을 강조한 일루미네이션으로 화려하게 연출되었다. 예컨대 1년 전의 파리 만국박람회에서의 에펠탑 조명은 단순히 건물의 겉모습을 강조하고 그 윤곽을 어떻게 어둠 속에서 떠오르게 할 것인지에 대해 고민한 결과였다. 하지만 여기서는 전혀 다른 방법론이 채택되었다. 윤곽에 선을 둘러 건물 모습을 그대로 보여주는 데 그치지 않고, 오히려 윤곽에 선을 두르지 않고 보다 탁월하게 보여 주기 위한 방법론으로서 건축 조명을 자리매김하였다. 아마도 기사들은 조명을 구사함으로써 그곳에 실체로서 존재하지 않는 것을 볼 수 있도록 연출할 수도 있다는 사실을 알아챈 듯하다.

건조물의 조명뿐만이 아니다. 탑의 기단부에서 앞쪽 연못으로 떨어지는 나이아가라폭포를 연상시키는 폭포에도 야경 연출에 크게 일조하는 조명이 설치되었다. 수면을 물들이는 투광 효과를 포함하여, 그들은 박람회장의 야경을 예술작품으로 승화시키는 데에 성공했다. 단순히 밝히기만 하는 것이 아니라 미적 감각도 중시한 조명 연출은 '루미너스 스케치' 등으로 불렸다. 이런 종류의 연출은 미래 도시 경관의 형태, 특히 야경의 아름다움을 예견하는 것이었다.

5. 홍수식 조명 ─ 파나마 태평양 박람회, 1915

파나마 운하 개통을 기념하고자 1915년에 샌프란시스코에서 거행된 파나마 태평양 만국박람회 회장에 설치된 조명은 범미박에서 이루어진 조명기술의 혁신을 더욱 발전시킨 것이었다.

박람회장 조명은 원래 지붕이나 기둥, 벽면 같은 곳에 전구를 대량으로 달아 직접 눈에 들어오는 빛을 망막에서 연쇄시켜, 마치 점묘를 하듯 건물의 자태나 도형을 나타내곤 했다. 이러한 종래의 일루미네이션은 시대에 뒤떨어진 것으로 여겨졌다. 애초에 전구를 부착하면 지붕이나 벽을 손상시키고 비가 샐 뿐 아니라 눈을 강하게 자극하게 된다. 그래서 기사들은 직접 빛을 비추는 일루미네이션이 아니라 홍수처럼 반사광선을 건물에 쏟아 붓는 플루드라이팅floodlighting, 즉 '홍수식' 간접조명을 통해 전혀 새로운 야경을 만들어내고자 했다.

박람회장 안에서는 여덟 종류의 전등기계가 사용되었는데, 특히 분수 조명이 눈에 띄었다. 내부에 놓인 투광기의 효과로 인해 푸른색과 붉은색 물기둥이 여러 줄기로 늘어서서 아름답게 빛났다. 물론 건물 외벽을 비추는 경우에는 벽면 아래쪽에 접하게 하거나, 혹은 막대처럼 장식 기둥 꼭대기에 광원을 두어 위쪽 벽면을 비추게 했다. 실내에서도 광천井光天같은 간접조명이 많이 사용되었다.

건물에 투광하는 경우, 강한 백색광이 만들어내는 어두운 부분에도 기사들은 '루미너스 섀도luminous shadow'라 하는 약한 적색광을 비추었다. 명암의 차를 완화하면 건물의 입체감이 두드러진다고 생각했기 때문이다. 또한 조명기구를 식재植栽 등에 숨겨서 광원이 눈에 띄지 않도록 배려한 점도 새로웠다.

조명 점등 연출에도 새로운 방법이 사용되었다. 원래는 어느 정도 저녁 어둠이 깔리면 적당히 때를 보아 일제히 박람회장 전체 조명을 점등했다. 낮인데도 갑자기 밤 풍경으로 순간적으로 장면을 전환시킨 것이다. 하지만 여기서는 어두워지는 속도에 보조를 맞추어 조금씩 조명을 점등하였다. 자연광이 모자란 만큼 인공광이 이를 보충하고, 낮과 밤의 경계를 이음으로써 박람회장 내부가 어두워지는 시간대를 없애고자 한 것이다.

박람회장의 전체적 연출로서 회전하는 서치라이트가 유용하게 쓰였다. 군함 등에서 사용되기 시작한 '탐해 회전등探海回転燈'을 응용한 것이었다. 여기서는 세 곳에 수십 개의 투광기를 설치하고 회전시키면서 다양한 색을 내는 빛을 하늘에 투사했다.

또한 연기를 일부러 낸 뒤에 여기에 빛을 투사시켜, 마치 오로라나 저녁 해를 보는 것만 같은 모습을 연출하기도 했다. 부채꼴로 여러 줄기의 빛을 내고 회전시켜 불의 수레나 무지개처럼 보이게 연출하기도 했다. 이는 자연계에 있는 특징적인 빛을 모방하는 형태의 연출과 더불어 새로운 시도였다.(〈그림 6〉)

서치라이트 덕분에 심볼 타워인 '보석탑'을 비추는 효과는 발군이었다. '보석탑'이라는 이름은 다이아몬드처럼 잘린 유리 장식이 탑 주위에 걸려 있던 데서 유래했다. 붉은색, 흰색, 보라색, 녹색 등 다양한 유리가 나선형의 철사로 매달려 있었다. 바람이 불면 움직이는 유리 장식에다가 여러 색의 서치라이트를 비추면 그야말로 보석처럼 아름답게 빛이 났다.(〈그림 7〉)

〈그림 6〉 사계의 정원에서 바라본 빛을 내는 곳(『巴奈馬太平洋万国博覧会写真帖』, 青木大成堂, 1915)

〈그림 7〉 보석탑의 일루미네이션(위와 같음)

이 박람회장을 실제로 본 건축가 다케다 고이치武田五一는 박람회장 전체의 칸델라를 계산하면 합계 26억 칸델라라고 말했다. 귀국 후 그가 조사한 바에 따르면 당시 일본 전체, 즉 홋카이도에서 규슈, 대만을 아우르는 지역에 있는 모든 전등 합계의 여섯 배를 넘는 수치였다. 전기 사정이 미국과 일본 사이에 매우 큰 차이가 있었다는 점도 감안한다면, 당시 일본인의 상상을 뛰어넘는 야경이었다고 할 수 있다[5].

6. 일본에 전파되다 — 제5회 내국권업박람회, 1903

구미歐米의 선례는 일본에서 열린 박람회에도 영향을 미쳤다. 앞서 본 1900년의 제5회 파리 만국박람회는 1903년(메이지 36)에 오사카大阪에서 열린 제5회 내국권업박람회에서의 야간 개장 실시에 참고가 되었다. 회장 안의 각 전시관들은 다섯 시가 되면 전시를 종료했고, 박람회장 자체는 여섯 시가 되면 문을 닫았다. 하지만 일요일과 각종 이벤트가 열리는 '대제일大祭日'에는 그 시각이 지나도 입장할 수 있었다. 전시품을 볼 수는 없었지만 4천 개가 넘는 전구로 장식된 각 전시관들의 모습 자체가 구경거리였다. 점등 순간을 보려고 아직 해가 중천에 떠 있을 때 박람회장 전체를 내려다볼 수 있는 미술관 앞의 높은 대에 올라 자리를 잡으려는 군중이 있었다고 한다. 그 멋진 광경에 대해서는 '어둠 속에 밝은 별로 된 궁전만을 보이게 했다'는 등의 기록이 남아 있다.[6] (〈그림 8〉)

그리고 거대한 정문의 아치 위쪽 부분에 여러 개의 전등을 달아 '제', '5', '회', '내', '국', '권', '업', '박', '람', '회'라는 열 글자를 표현하였

〈그림 8〉 미술관 밤의 일루미네이션

〈그림 9〉 정문의 야경(『第五回内国勧業博覧会写真帖』)

고, 야간에는 순서대로 명멸하게 했다. 이는 시민들 사이에서 '기이한 광경'으로 소문이 퍼져 화제가 되었다. 당시로서는 최첨단 기술이었으며 분명 실험적인 시도이기도 했을 터이다. 박람회장 안의 일루미네이션을 위해서만 2만 엔이라는 거액을 썼다고 한다.(〈그림 9〉)

건물 테두리에 달린 전기 장식만이 아니다. 정원 내 곳곳에도 구경거리가 있었다. 그중 하나가 일련의 분수들이다. 그중에서도 박람회장 안의 주요한 통로 중심에 있던 분수탑이 인기를 끌어 많은 사람들이 모였다. 또 다카무라 고운高村光雲이 만든 대리석 조각 '양류관음楊柳観音'도 화제였다. 오른손에 물병을, 왼손에 버드나무 가지를 쥔 미인상인데 병에서 흐르는 물이 발 옆에 있는 동자가 들고 있는 쟁반에 떨어진다. 그리고 주변에 있는 거북이나 물새 무리도 물을 뿜는다. 각각의 물은 60척, 즉 직경 18미터 정도 되는 원형 연못으로 흘러갔다. 이 상들과 연못은 여러 색으로 빛을 내었다.(〈그림 10〉)

박람회장 안의 전기조명이 꺼지는 10시까지 야경만을 구경하기 위해서 입장하는 사람들이 끊이지 않았다고 한다. 사람들은 박람회장을 자유로이 산책했고, 벤치에 앉아 주변을 둘러보며 여태까지 본 적 없는 '밝은 밤'을 즐겼다. 여흥으로서 주악당奏樂堂에서 이루어진 군악대의 연주에 귀를 기울이며, 전기가 열 미래의 야경을 바라보았음에 틀림없다. '일루미네이션'이 외래어로서 통용되기도 했다.

제5회 내국권업박람회에서는 주최자측만이 아니라 출전 업자들 중에서도 전기 장식을 상품으로 내놓은 사례가 있었다. 예를 들면 당시에 일본 연초업계에서 도쿄東京의 이와야 덴구岩谷天狗와 치열한 경쟁 관계에 있던 교토京都의 마쓰이松井 상점은 높은 탑을 가설했다. 탑 측면에

〈그림 10〉 협찬회(協贊会) 접반소(接伴所)의 야경(〈그림 9〉와 같음)

회사의 상표인 '올드ォールド'라는 글자가 크게 적혀 있었다. 이 탑도 밤이 되면 전기 장식에 불이 들어왔고, 꼭대기에 1만 5천 칸델라의 투광기가 설치되어 오사카 밤하늘에 빛의 띠를 그려냈다고 한다.

어째서 이렇게 훌륭한 야경이 제5회 내국권업박람회에서 만들어졌을까? 첫 번째 이유로는, 박람회 오사카 유치운동의 구심점이었던 도이 미치오±居通夫가 오사카 전기사업의 중심인물이었다는 점을 들 수 있다. 또 도이를 시작으로 관계자들이 파리 만국박람회를 시찰하고 야경 연출 방법을 배웠다는 점도 들 수 있다. 앞서 말한 분수들과 조각들을 다루는 방식은 파리박람회의 분수 조명을 보고 배운 것이라 추측할 수도 있다.

일루미네이션뿐만이 아니다. 제5회 내국권업박람회에서는 전기를 응용한 오락도 인기를 끌었다. '불가사의관不思議館'이라는 이름이 붙은 놀이기구는 '전기 광학'을 테마로 하여 손님을 모으기 위해 특별히 설치된 여흥관余興館이었다. 10센錢을 내고 건물 안에 들어서면 X선, 달세계 대영사경大映写鏡, 활동사진, 태아 화육기胎児化育機 등의 전시를 볼 수 있었다.

또한 3등은 20센, 특등은 1엔 정도 하는 티켓별 요금을 내면 카멘셀라 Carmencella라는 미국인 여자 배우의 쇼를 볼 수 있었다. 그녀의 무대는 모닝 글로리(아침 춤), 나이트(밤 춤), 릴리(백합 춤), 파이어(불꽃 춤)라는 네 파트로 나뉘어져 있었다. '아침 춤'은 전등이 색을 바꾸며 천녀天女처럼 춤추는 여성의 옷자락과 소매가 붉은색에서 노란색, 보라색에서 푸른색으로 물드는 모습을 보여 주는 공연이었다. 이어서 공연되는 '밤 춤'은 배경에 병풍처럼 거대한 거울을 세우고 눈부시게 빛나는 다섯 빛깔의 빛 속에서 무희들의 그림자들이 춤추듯이 나타나는 것이었다. '백합 춤'은 소맷자락이 1장(약 3.3미터)나 되는 '세계 최대 길이의 의복'을 입고 추는 춤이었다. 마지막으로 긴 소매를 펼치며 일어서는 모습이 흰 백합처럼 보였다고 하여 이런 이름이 붙었다. '불꽃 춤'에서는 조명 효과와 화약을 사용하여 마치 새빨갛게 타오르는 맹렬한 불 안에 무희가 있는 것처럼 보이게 하는 연출이 이루어졌다. 색이 들어간 빛의 조명을 멋지게 사용해서 의상을 투과한 빛이 여성의 실루엣을 강조했다. 카멘셀라의 무대에서 보여 준 획기적인 조명 효과와 섹시함이 화제가 되었다.

그녀의 무대는 1903년 파리 만국박람회에서 로이 풀러Loïe Fuller가 공연한 쇼의 내용을 따온 것이다. 특히 긴 의상을 멋지게 다룬 '백합 춤' 등은 서펜타인 댄스Serpentine Dance의 영향을 받았다.(〈그림 11〉)

〈그림 11〉 불가사의관(『風俗画報』 臨時増刊 275号, 1903.9)

7. 일루미네이션에 대한 경탄 - 도쿄 권업박람회, 1907

　이후, 일본 국내에서 대규모 이벤트가 거행될 때에는 박람회장을 비추는 전기 조명이 반드시 등장하게 된다. 예를 들어 1907년(메이지 40) 3월에서 6월까지 우에노 공원에서 개최된 도쿄 권업박람회에서는 일요일과 공휴일을 제외하고 매월 1일, 15일에만 야간개장이 실시되었다. 여기서는 오사카에서 열린 제5회 내국권업박람회를 능가하는 3만 5천 개의 전구가 준비되었다. 전국에서 사용하는 모든 전구의 수가 85만 개밖에 되지 않는 시대였다. 국내에 있는 모든 전구의 4%가 박람회장에 모인 셈이다. 확실히 그 누구도 본 적 없는 야경이었으리라.(〈그림 12, 13〉) 문호 나쓰메 소세키夏目漱石는 『우미인초虞美人草』에서 '적어도 살아 있다면, 살아 있다는 증거를 찾기 위해 일루미네이션을 보고 깜짝 놀라 봐야 할 것'이라고 썼다.

음식점에 전구가 달려 있었고 관람차나 워터 슈트도 전깃불로 장식되었다. 바쿠스 신을 심볼로 삼은 분수도 멋진 구경거리였다. 신상의 대좌臺座에는 저 멀리 달린 전구가 별처럼 빛났고, 주위에 6단으로 떨어지는 육각형 폭포가 설치되었다. 각 단에 있는 유리 기둥에 붉은색이나 푸른색으로 바뀌는 조명이 설치되었는데 그 모습은 '수정으로 만든 노렴을 건' 것 같았다고 칭송받았다.

'인공 초승달'도 이색적인 분위기를 풍겼다. 박람회장 안에 있는 두 그루의 나이든 삼나무 사이에 '큰 낫'처럼 생긴 길이 1장(3.3미터-역주)에 폭 3척(약 90센티미터) 정도 되는 천으로 만든 장식이 걸렸다. 그 뒤쪽에 여섯 개의 전구가 설치되어, 울창한 나뭇가지 사이로 그 모습을 드문드문 보이면서 희미하게 빛을 냈다. 당시 잡지는 그 아름다운 모습을 '엄청난 야경'이라 평가했다.

이 박람회에서 특히 눈에 띄었던 것은 화초가 자아내는 야경 연출이었다. 중앙 화단 주변에는 전구를 설치하고 붉게 칠한 일식 등롱이 여러 개 달렸다. 산책로를 비추기 위한 배려였다. 연예장演芸場 앞 벚꽃에는 전구가 장치되어 밤 벚꽃을 즐길 수 있었다. 근처에 있는 온실은 야간에는 들어갈 수 없었지만 실내조명이 들어와 외부에서도 활짝 핀 화초를 구경할 수 있었다. 또 도쿄원예주식회사는 여신상을 늘어세워 둔 지붕

〈그림 12〉 농업관 야경(그림 엽서)

〈그림 13〉 제1회장 정문 야경(위와 같음)

달린 화단을 출전했는데, 이는 '꽃의 신神 아치' 등으로 불렸다. 이 지붕에도 전기 장식이 설치되어 빛이 자아내는 경치에 꽃의 향기를 더했다.

조화造花를 취급하는 데에도 현격한 진보가 이루어졌다. 정문 근처에 모란이나 장미 조화를 심은 '대형 화분'이 준비되었다. 꽃 사이에 300개의 전구를 놓아 연출한 것이다. 특히 장관이었던 것은 총연장 160미터나 되면서 시들지 않는 등나무시렁이었다. 흰색이나 보라색으로 된 가짜 꽃잎들이 전등에 비추어져 어둠 속에서 밝게 떠올랐다. 인공적으로 만들어진 빛이 조화造花를 매력적으로 보이게 하는 것이야말로 연출의 묘미였다.

도쿄 권업박람회에도 오사카 때와 같은 이름을 가진 '불가사의관'이라는 놀이기구가 있었다. 하지만 내용물은 달랐는데, 여기서는 '전기를 응용한 가지각색의 기기괴괴한 연예演芸를 연출한다'고 하며 '모르모트 기술奇術', '달 세계', '환환술幻々術' 등을 상연했다. '달 세계'는 조명을 달에 비추고 그 주변을 여러 명의 선녀들이 우스꽝스럽게 손을 놀리며 춤을 추는 쇼였다. '환환술'은 'X광선'을 연상시키는 구경거리였다. 인체가 점점 해골로 변해 처참한 모습이 되나 싶더니 금세 요염한 꽃처럼 바뀌고, 다시 화려하기 그지없는 풍경으로, 또다시 새의 모습으로 바뀌는 쇼였다.

여담이지만, 도쿄 권업박람회에서는 앞서 말한 파리 만국박람회 전기관의 '환상궁'을 닮은 분위기의 놀이기구 '보옥전宝玉殿'도 흥행했다. '수정관'이라는 별명을 가진 이 놀이기구의 중심은 12각형 평면으로 된 거울이 달린 방이었다. 이 방에 이르는 통로는 살짝 어두운 바위 동굴을 모방한 것이었다. 어둠을 손으로 헤치며 나아가면, 도중에 두꺼비 괴물이나 큰 뱀, 거미 괴물, 해골 등의 모형이 나온다. 갈림길을 거울에 비추어 길을 헤매게 하는 장치도 있었다. 겨우 내부에 들어서면 천장을 가스등으로 비추는 밝은 공간이 나온다. 다각형 거울 속에 자기 모습이 끝없이 겹쳐지는 기이한 광경을 볼 수 있었다. 어둠 속에서 밝은 곳으로 나오는 반전을 오락으로서 체험시키고자 하는 의도였으며, 전기조명이 아니라 가스등에 의한 효과였다. 하지만 보옥전은 파리 만국박람회에서의 빛과 어둠의 연출을 일본식으로 인용한 전시관으로서 주목할 만하다.

8. 일루미네이션에 대한 평가―도쿄 다이쇼大正 박람회, 1914

박람회에서 전시된 전기 기기 혹은 박람회장 내부 조명을 전문가들은 어떻게 평가했을까? 여기서는 도쿄 다이쇼 박람회의 사례를 소개하고자 한다. 도쿄 다이쇼 박람회는 다이쇼 천황의 즉위 경축 사업이 잇따르던 1914년(다이쇼 3), 우에노上野 공원에서 개최된 대규모 이벤트이다. 3월 20일에 개최된 뒤, 4개월 동안 746만 명이나 되는 사람들이 방문했다. 박람회장 내부에는 일본 최초의 에스컬레이터나 유람 케이블(케이블카)이 설치되었으며 일루미네이션도 화제를 모았다.[7]

잡지 『전기電気(덴키)』(덴키샤電気社) 1914년 8월호에 이 박람회의 인상을 적은 기록이 게재되어 있다. 이 글은 만약 다이쇼 박람회에서 '전기'를 뺀다면 무엇이 남을까 하는 질문으로 시작된다. 기자는 전기가 없는 박람회장을 상상해 본다. 우선 기계관에 출전되어 있는 전시품에서 전기와 관련된 것들을 제외한다면 그 수가 3분의 1 이하로 줄어 전시관이 휑해질 것이다. 남은 것들도 전기가 들어오지 않으므로 작동하지 않게 되어, 일반인들에게 어떤 기계인지를 설명할 수 없게 되고 만다.

다른 전시관에서도 문제가 생긴다. 공업관이나 염색관에서는 전기 동력을 사용한 '이동 전시'가 있었는데, 이것도 멈추게 된다. 분수에서 물이 솟지 않으며 일루미네이션도 사라진다. 에스컬레이터나 케이블카도 가동시킬 수 없다. 전동 부채도 멈추기 때문에 여름에는 굉장히 더워진다. 냉장고도 없으니 얼음도 팔 수 없다. 작자는 전기가 없다고 상정할 경우, 일반인도 알기 쉽고 매력적인 놀이기구도 있는 박람회는 존재할 수 없다는 인식을 가지고 있던 듯하다. 작자는 '술 없이 무슨 벚꽃이며, 전기 없이 무슨 박람회인가'라고 썼다. 다이쇼 박람회는 '전기의 박람회'였고, '전기 만세'를 외쳐야 한다는 감상도 남아 있다.

다만 이 박람회의 '생명을 지배하는 전기'가 얼마나 진귀하며 진보된 출품물인가 하는 점을 묻는다면, 전체적으로 '평범'하다는 평가를 내릴 수 있겠다. 일반인에게는 충분했을지 몰라도, 전문가의 입장에서 보면 부족했다. 시바우라芝浦 제작소가 전시한 발전기나 변압기가 국내의 기록을 경신하는 성능이었다는 점, 도쿄 전기회사의 마쓰다マツダ 램프의 발전이 현저했다는 점 등 몇 가지 사례 말고는 특히 뛰어난 '박람회의 꽃'은 없었다고 한다.

또한 해설이 너무나도 불친절하다는 점도 지적받았다. 시바우라 제작소나 도쿄 전기의 전시는 설명이 너무나 간단했다. 머리 위에서 거대한 기계가 엄청난 소리를 내며 돌아가고 있는데도 일반인들은 무슨 일이 일어나고 있는지 전혀 이해하지 못했다. 야스나카安中 전기제작소가 출품한 무선전기기도 기계관 귀퉁이에 작게 전시되었으며 설명도 빈약했다. 평

<그림 14> 제2박람회장의 야경(그림 엽서)

판이 좋은 제품이었음에도 미처 보지 못한 사람들이 대다수였을 것이다.

케이블카나 에스컬레이터의 경우에도, 와이어의 장력이나 속도와의 관계에 관한 실험 성과를 제시하는 등 전문가의 지식이 포함된 설명이 있었으면 좋았을 것이라는 언급이 있다. 전기 기계나 기구는 '어차피 일반인은 알 수가 없다. 전기 전문가들이 이해하면 그걸로 광고 목적을 달성할 수 있다'고 하면 끝이지만, 그 용도나 작용을 '통속적'으로 설명하여 전기 지식 보급을 꾀함으로써 전기 기구의 수요가 늘어난다고 적고 있기도 하다.

박람회의 중요한 볼거리였던 일루미네이션도 기술적으로는 매우 평범하다고 비판받았다. 건물 외벽에 가옥 형태 그대로 전등을 나열한 데 지나지 않았기 때문이다. 우에노의 숲, 시노바즈不忍 연못 등 자연의 풍경이 배경이 되어 광채를 더해 주었다.(<그림 14>) 만약 연못에 물이 없어 수면에 비치지 않았더라면, 화제를 모은 박람회 야경도 별 볼 일 없었을 것이라고 한다. 조금 더 분발하여 빛을 정교하게 이동시켜 고상하고 아름다운 그림을 그려 보인다거나, 색이 들어간 빛을 잘 나누어 쓰고 서치라이트를 사용하는 등 연출 방식을 잘 연구해서 전기 기사의 솜씨를 보여 주길 바란다고 강조한다.

그중에서 기자가 유일하게 칭찬한 일루미네이션은 도쿄 전기회사가 출품한 '붉은 도리이鳥居(신사神社 앞에 출입구 혹은 경계의 의미로 세워 두는 솟대 같은 구조물－역주)'였다. 붉게 칠해진 도리이에 다섯 가지 색의 전등이 달린 모습은 '사람들의 주의'를 끌었으며 '그윽하다'고 칭찬받았다. 다만 이 일루미네이션의 설계는 일본 미술에 관심이 있는 외국인 기사가 한 것이었다. '전기는 문명의 이기로서 미술과는 관계가 없다'는 사상은 이미 진부하며 통용되지 못했다. 전시와 진열에 미적 감각을 더해야 할 필요가 있다는 주장을 하며 작자는 기사를 매듭짓는다.

박람회장 전체를 전기 조명으로 비추어 야경을 연출하려는 시도가 이루어진 지 불과 10년밖에 지나지 않은 단계에서 이런 평가가 내려졌다. 전문가의 논평이지만, 전기 기기나 조명 기술의 진보가 현저하여 종전의 방법론이 이미 진부해진 모습을 엿볼 수 있다.

9. 전기를 주제로 삼는 박람회 －전기 박람회, 1918

생활의 전기화를 계몽하기 위해, '전기' 그 자체를 주제로 삼는 대규모 박람회가 도쿄나 오사카에서 개최되었다. 전기에 관한 전시는 물론, 샌프란시스코의 파나마 태평양 박람회에서의 시도가 소개되기도 하였다. 박람회장 내부 조명에도 진전이 있었다.

도쿄에서는 1918년(다이쇼 7) 3월 20일부터 2개월에 걸쳐 우에노의 시노바즈 연못 주변을 박람회장으로 삼아 전기 박람회가 개최되었다. 일

본도기주식회사의 절연 시험, 주최자인 사단법인 일본전기협회의 '가정과 전기' 전시, '전기 부화기' 시연, 대일본 전구주식회사의 '스메라スメラ 전구'의 현장 제조, 수력발전소의 대형 모형 등이 화제를 모았다.(〈그림 15, 16〉)

〈그림 15〉 야마시타(山下) 전기탑의 일루미네이션(그림 엽서)

주최자는 '특수 설비'를 여러 개 준비하여 손님을 끌었다. 제2박람회장에 '유락관遊樂館'이라는 파빌리온이 특별히 마련되었다. 관내에서 눈길을 끈 것은 '전기 장치의 봄과 여름의 절경'이라는 제목의, 각각 폭이 3칸(약 5.4미터)이나 되는 거대한 디오라마였다. 봄을 보여 주는 장면에서는 진짜 철쭉과 조화로 된 모란을 심은 화단이 나왔다. 나비가 날아다니는 가운데, 남자아이 둘과 강아지가 놀고 있는 모습이 인형으로 재현되었다. 관람객이 버튼을 누르면 강아지가 춤을 추고, 모란 꽃잎이 피었다가 닫혔다가 하는 장치였다. 이에 비해 여름을 보여 주는 장면에서는 연꽃이 활짝 피고 물고기들이 노니는 연못이 나왔다. 모델이 된 곳은 히비야日比谷 공원에 있는 쓰루鶴 연못이었다. 차를 마시는 자리 옆에서 두 자매가 즐겁게 논다. 교에키共益 상사가 제공한 '전기 피아노'가 일본과 서양의 악곡을 자동으로 연주했다. 장치를 가동시키면 연꽃이 피었다가 닫히고, 전구로 된 반딧불들이 날아다니는 모습을 볼 수 있었다. 실내에

〈그림 16〉 야간개장 일루미네이션 및 서치라이트(그림 엽서)

있으면서도 바깥에서 여름의 풍취를 즐기는 듯한 기분을 만끽하게 하는
연출이었다.

유락관 실내에는 그 외에도 전기를 응용한 체험형 '놀이'가 준비되었
다. '전기 팽이'는 지상 2척(약 60센티미터) 정도 되는 곳에 유리판을 걸쳐
두고 직경이 1척이나 되는 큰 팽이를 가운데에 둔 뒤 주변에 작은 팽이
를 몇 개 배치하여, 전기 장치로 팽이를 자동으로 돌리는 것이었다. 또
긴타로金太郞(힘이 세기로 소문난 전설상의 꼬마─역주)가 들어올리는 거대한
'덴덴 큰북ㅊ゙ンㅊ゙ン太鼓'을 전기 장치로 회전시켜서 소리를 내는 기계도 있
었다. '완력 시험기'라는 코너에는 받침대 위에 전자석을 장치한 '역석カ
石'이 여섯 개 놓여 있었다. 방문자가 자유롭게 들어 올려 그 저항을 실감
할 수 있는 코너였다. '마의 거울'은 전기가 통하면 '재미있는 단편만화

식 그림'이 떠오르는 전신거울로, 네 종류가 준비되어 있었다.

건물 바깥에도 몇 가지 여흥거리가 준비되어 있었다. 입구 앞에 '분기탑噴気塔(일렉트로닉 스팀 프레임)'이라는 구조물이 있었다. 여기에는 전기 장치로 회전하는 나체 미인상이 놓여 있었는데 여기에는 '전기 여신'이라는 이름이 붙었다. 그 주변에 안개처럼 증기를 뿜어내는 장치가 설치되었는데 전기 조명을 비추어서 아름답게 보이게 했다. 안내서에는 '신들이 사는 세계에서 노는 것 같은 기분'이라 적혀 있었다.

'회전 원통'은 아동을 위한 놀이기구였다. 직경 6척(약 1.8미터)에 길이 15척(약 4.5미터)나 되는 큰 나무통이 옆으로 누운 형태로 놓여 있었다. 히타치日立 제작소가 출품한 전동기로 바퀴를 회전시키고, 그 움직임이 전해져 나무통도 1분 동안 다섯 번의 속도로 회전했다. 나무통으로 된 빙글빙글 도는 터널을 뚫고 나오면서 노는 '전기 운동 기계' 놀이였던 것이다. 이는 미국에서 전기 오락 장치를 구경하고 온 기사들이 고안한 것이라고 한다. '도원跳猿'이라는 이름이 붙은 놀이기구는 옛날이야기에 나오는 원숭이와 게의 싸움에서 유래했다. 게에게 쫓긴 원숭이가 가짜 감이 매달린 대나무 장대에 달려들어 기어오르는 모습을 보여주는 것이었다. 참으로 시시한 놀이기구다.

전기 박람회의 제1박람회장에는 '여흥관余興館'이라는 극장이 건설되었다. 전기를 어떻게 응용할 수 있는지를 전달하기 위해, 부담스럽지 않고 재미있는 볼거리들이 상연되었다. 총면적 150평에 24평 넓이의 무대가 설치되었다. 1층이 가족석과 부인석, 남자석이었고, 2층에는 귀빈석과 남자석이 있었으며 600명을 수용할 수 있었다. 당시의 프로그램을 보면 '동에 번쩍 서에 번쩍 불가사의한 전기 여흥'이라 되어 있다. '20세기의 대발명 미인 제조', '천고의 괴담 분푸쿠文福 차 가마' 두 개로 이루어진 '본관 특유의 전기 영괴극靈怪劇'이라는 식으로 선전되었다. 양쪽 모두 조명 효과를 잘 사용하여 불가사의한 장면을 만들어냈을 것이다. 또한 그 효과를 높이기 위해 무대 뒤쪽에는 큰 거울이 설치되었다. 전등 다루는 법, 낙뢰, 보안장치, 전기제조 등을 주제로 한 희극풍 활동사진, 전기공장이나 전화교환의 실사 필름 같은 것들도 상연되었다.

화제를 모은 것은 '20세기의 대발명 미인 제조'였다. 미국에서 평판이 좋았던 연극을 그대로 일본인이 등장하는 이야기로 번안한 것이었다. 1925년(다이쇼 14)에 오사카에서 열린 '전기 대박람회'에서도 '인간 제조극'이라는 제목으로 재연되었다. 오사카의 경우, 활동사진 등을 상연하는 극장과는 별도로 서커스 오두막과 함께 '인간 제조관'이라는 독립된 전시관이 건설되었다. 마술이나 물개 곡예, 사람처럼 말하는 두꺼비 같은 볼거리와 함께 '인간 제조극'이 상연되었다. 다만 손님들은 그다지 많이 오지는 않았던 듯하다. 당초에는 입장료로 성인은 50센, 아동은 25센씩 받았으나, 주최자 측이 보전하여 가격을 반으로 내리고 무료석을 만드는 등 고전을 면치 못했다.

'인간 제조극'은 대략 다음과 같은 스토리였다. 고베神戶에 사는 전도유망한 억만장자의 아들이 약혼자와 함께 미국으로 유학을 간다. 대학을 졸업한 둘은 귀국길에 오른다. 하지만 도중에 약혼자가 자동차에 치여 죽고 만다. 희망을 잃고 자살하고자 마음먹은 젊은이는 어느 신문기사를 읽게 된다. 사진이 있다면 과학의 힘으로 자유로이 인간을 제조하는 '인간 제조 주식회사'가 1,000만 엔의 자본금으로 창립되었다는 내용이었다. 그는 기뻐하며 약혼자의 생전 사진을 들고 달려간다. 의뢰를 받은 '인간 제조 주식회사'에서는 전기와 반사경을 사용하여 약혼자를 완전히 제조해낸다. 죽은 인간이 전기의 힘으로 되살아난 것이다. 당시 사람들이 '인간 제조'라는 것을 단순한 헛소리로 치부했을지, 과학기술이 진보하면 반드시 실현될 것이라 생각했는지는 명확하지 않다.

10. 전기화 도시 – 전기 대박람회, 1926

오사카에서도 전기를 테마로 삼는 박람회가 기획되었다. 1926년(다이쇼 15) 봄, 사단법인 전기협회 간사이関西 지부가 주최한 '전기 대박람회'가 그것이다. 아지가와安治川 토지주식회사는 오사카 만에 가까이 있는 회사 소유의 매립지 6만 평을 제공하여 제1박람회장으로 삼았다. 또 덴노지天王寺 공원을 제2박람회장으로 하여, 아사히朝日 신문이 만든 항공관 외에도 기존 권업관을 본관으로 삼아 전기 관련 신제품이 전시되었다. 73일 만에 290만 명을 모았으니 성공한 축에 든다고 볼 수 있다. 박람회장 풍경을 소개하는 그림엽서에는 벨이나 에디슨, 프랭클린, 지멘스 등 전기기술 진보에 공헌한 발명가들의 초상화가 실렸다.(〈그림 17〉)

제1 박람회장은 운하 등으로 네 블록으로 구분되었고, 남서쪽 구획에는 본관과 가정전기화관, 참고관, 교통관, 동력관 등 건축가 다케다 고이치가 설계한 전시관이 들어섰다. 한쪽에는 야채밭이나 온실도 있는 농사 전기화 정원이 들어섰다. 전기화로 인해 편리성이 증대되는 도시의 모습을 그대로 전시한 모습이었다.

이에 비해 서쪽 구획에는 해외 제품 등을 보여 주는 외국관, 대만조

〈그림 17〉 박람회장 풍경과 '전기의 은인'(그림 엽서)

선관, 대욕탕 미나토港 온천이 있었다. 수로 옆에는 심벌 타워인 수정탑
이 솟아 있었다. 동쪽 구획에는 영빈관 및 광고탑이 있었다. 광대한 북
동쪽 블록은 엔터테인먼트를 위한 구역이었다. 벤텐弁天 연못을 중심으
로 유원지가 있었는데, 각종 오락용 기계 외에 야노矢野와 아리타有田 양
행의 2대 서커스, 대분수, 인간 제조나 대만무도관, 국제연예관을 비롯
한 각종 흥행관이 들어섰다.

'전기' 그 자체를 주제로 삼은 이벤트 회장에서는 어떤 야경이 펼쳐졌
을까? 당시에는 사전에 전기사업 전문가로 이루어진 조명위원회를 설치
하여 어떤 조명이 가능한지 검토했다. 위원회에서는 전년도 도쿄에서
실시된 '전기문화 전람회'에서 가스가 들어간 전구에서 불이 났던 점에

대해 주의를 환기했다. 전기가 있는 생활을 계몽하는 장이었으므로 전구로 인한 화재만은 피해야만 했다. 전년도의 화재 원인을 조사하니, 전구 가까이에 가연성 장식이 있었는데 전구를 덮는 형태로 되어 있어 불이 났다는 점을 알 수 있었다. 여기서는 그런 사고를 막고자 규제가 이루어졌다.

박람회장 조명과 관련해 흥미를 끄는 것은 제1주악당의 조명이다. 음악의 절에 맞추어 명암을 바꾸면서 변화를 줄 수 있었다. 또 분수의 전기 조명에서는 여태껏 볼 수 없었던 방법이 사용되었다. 조명이 연못을 밝게 비추고, 사람

〈그림 18〉 수정탑 야경(그림 엽서)

들은 그것을 유리를 단 측면에서 바라볼 수 있었다. 살아 있는 물고기가 밝은 물 속을 유영하는 모습을 엿볼 수 있었던 것이다.

심벌 타워로서 건설된 수정탑의 조명 계획은 당시로서는 최첨단을 달리는 시도였다. 내부를 레스토랑으로 삼는 높이 30미터 정도 되는 심벌 타워 공사는 오사카를 대표하는 전등 광고 메이커인 우키타浮田 전기 영업소가 맡았다. 지상 10미터로부터 아래쪽으로 다섯 단에 걸쳐 폭포를 만들었다. 색유리가 달린 꼭대기와 중앙부, 그리고 폭포 안쪽에 조명기를 설치하여 안에서 바깥을 비추었다. 오색찬란한 빛이 건물 안에서 바깥으로 발산되었다. 물론 외부에서 투광할 수도 있었다. 양쪽 빛이 서

〈그림 19〉 봉래도 일대 야경(그림 엽서)

로 섞이면서 여태까지 볼 수 없었던 아름다운 연출이 이루어졌다. 바로 여기서 전기도시의 모습이 제시되었다.(〈그림 18〉)

하늘을 비추기 위해 가와사키川崎 조선이 소유한 17기, 해군성에서 빌려 온 3기, 합쳐서 20기의 탐조등이 설치되어 다양한 색채의 빛을 뿌렸다. 또 오사카 만에 파견된 군함에서도 일몰과 함께 박람회장을 향해 탐조등에서 빛을 발사했다. 천공을 무대로 빛에 의한 스펙타클한 장면이 전개된 것이다. 제2 박람회장에서도 탐조등은 효과적으로 사용되었다. 옥상에 가설된 높이 18미터의 망루에 3기의 거대한 탐조등을 설치하여 주변 하늘에 조사照射했다. 망루 양쪽에는 '전기 대박람회'의 여섯 글자를 달아 자동으로 점멸시켰다.(〈그림 19〉)

11. 맺음말−일상화되는 전기

만국박람회장에 출현한 전기화된 도시 모델은 전력 공급능력이 높아지면서 현실화된다. 대도시에서는 주요한 도로변에 가로등을 배치하였고, 길가 상점들이 점포 외관이나 간판을 전기로 연출하게 되었다. 개개의 빛이 이어지면서 높은 곳에서 내려다보면 어둠 속에 하얀 길이 일직선으로 뻗어나가는 모습을 바라볼 수 있게 되었다. 그 모습을 미국에서는 '그레이트 화이트 웨이Great White Way'라 부르기도 했다. 비일상적 축제의 장이었던 박람회장에 출현한 '하얀 도시'의 모습이 일상적인 '하얀 길'로 복사된 것이다.

고층 건축이 들어서기 시작한 도시에서는 빌딩 라이트업이 기업 이미지를 향상시키고 광고에 도움을 준다는 인식이 정착되었다. 1907년 당시 뉴욕에서 가장 높았던 싱어 빌딩에서는 처음에 일루미네이션 연출이, 나중에는 투광을 통한 간접조명이 이루어졌다. 건물 라이트업으로 인해 같은 건물이라도 낮보다 훨씬 우아하거나 더 높아 보이게 할 수 있게 되었다.

기업 경영자는 자사 빌딩의 효과적인 조명을 검토했다. 울워스Woolworth 빌딩의 경우, 샌프란시스코 만국박람회에서 제안된 '홍수식' 조명기구에 의한 라이트업 도입이 설계 단계에서 검토되었다. 특별히 편성된 40명이나 되는 전문가로 이루어진 팀에서는 건물에 빛을 쏘기만 하는 것이 아니라, 테라코타로 된 아름다운 조각을 멋지게 부각시키고자 했다. 1913년 1월 1일, 특별히 제작된 600기의 투광기는 빌딩 전체에서 빛을 뿜어내었다.

상황은 일본에서도 마찬가지였다. 쇼와 초기에는 도시생활의 전기화가 진전되었다. 그에 따라 박람회뿐만이 아니라 번화가의 전기점이나 백화점 혹은 전력회사나 메이커의 쇼룸 등, 보다 친근한 장소에서 이상적인 전기화 생활 스타일이 전시되었다.

여기서는 그 사례로서 1929년(쇼와 4)에 오사카의 다이마루 고후쿠텐大丸吳服店에서 개최된 '전기실연 문화전람회'를 소개하고자 한다. 가정 전기 보급회와 조명학회가 주최하고 오사카 시 전기국이 후원하는 형태였다. 입구에 들어서면 '전기화되지 않은 30년 후의 주부'라는 전시가 있었다. 시간이 지나면서 생활이 복잡해지는데, 미래의 주부는 전기화가 이룩되지 않으면 얼마나 힘든 상황에 처하게 되는지를 디오라마로 보여 주었다. 그 외에 전기를 응용한 의료기구 설비를 갖춘 '전기병원', 간접조명 등의 효과를 체감할 수 있는 '조명 실험실', 습도와 온도를 일정하게 유지한 '보건실', 전기화되지 않은 부엌과 전기화를 이룩한 이상적인 부엌을 비교해 볼 수 있는 '부엌의 현재와 과거', 전기를 응용한 신불등神仏灯, 전차나 케이블카가 오가는 교외 주택 디오라마와 전기화로 인한 이상적인 어린이방을 보여 주는 '어린이 낙원' 등의 전시가 들어섰다. 또 전송電送 사진이나 최신 무대조명 실물, 어묵과 조미김, 우유의 살균, 모슬린 비단 염색 마무리 공정, 다이아몬드 등 보석류 감별에 전기 기계를 사용하는 실연도 이루어졌다.

전기가 있는 생활은 박람회장에서 사람들을 놀라게 하는 '미래의 이상'이 아니라, 지극히 일상적인 '동경하는 생활'로 바뀌었던 것이다. 무엇보다도 전후 부흥기에 국내 각지에서 실시된 박람회에서는 텔레비전 실연이나 가전제품이 넘쳐나는 미국식의 풍요로운 전기화 라이프 스타일 전시가 사람들의 동경심을 자극했다. 최근의 만국박람회에서도 전시관끼리 최신

조명기기를 사용하여 야경을 연출하기 위해 경쟁하거나, 태양광 발전기술이나 전기자동차 등 최신기술을 전시하는 모습이 눈에 띤다. 우리가 구축한 문명과 사회가 전기 에너지에 의존하는 한, 근미래 도시에서의 전기화 생활을 보여주는 장으로서 박람회에 맡겨진 역할은 계승될 것이다.

박기태 옮김

주석

1   전기화와 박람회에 관해서는『電気新聞(2004.4.27~5.14)에 연재된 졸고,「にっぽん電化史博覧会と電気」에 자세히 나와 있다. 또 도시와 전기화에 관한 역사적 연구의 틀에 관해서는 橋爪他 編,『にっぽん電化史』(社団法人日本電気協会新聞部, 2005); 橋爪他 編,『災害と電気にっぽん電化史』2(社団法人日本電気協会新聞部, 2012); 橋爪他 編,『未来へ紡ぐ電化史にっぽん電化史』3(社団法人日本電気協会新聞部, 2015) 3부작을 참조하기 바란다.

2   이하, 미국 박람회에 관한 내용 대부분은 다음 저서에 근거하고 있다. David E. Nye, *Electrifying America : Social Meanings of New Technology*, MIT Press, 1992.

3   이하, 파리 만국박람회에 관한 기술은 ヴォルフガング・シヴェルブシュ, 小川さくえ 訳,『光と影のドラマトゥルギー二〇世紀における電気照明の登場』(法政大学出版局, 1997)에 따른다.

4   버펄로에서의 범미박은 BIE가 인정하는 만국박람회가 아니다. 범미박에 관한 기술은 竹村民郎,『笑楽の系譜 都市と余暇文化』(同文館, 1996)에, 그리고 범미박 및 파나마 태평양 박람회에서의 야간조명 연출 기법에 관해서는 앞의 주(2)에 따른다.

5   武田五一,『パナマ太平洋万国博覧会所見』(『建築雑誌』, 1915.6).

6   『風俗画報臨時増刊 第五回内国勧業博覧会図会上編』(東陽堂支店, 1903).

7   국내 박람회의 사례에 대해서는 앞의 주(1) 橋爪他 編,『にっぽん電化史』; 橋爪,『増補 明治の迷宮都市 東京・大阪の遊楽空間』(筑摩書房, 2008); 橋爪,『「水都」大阪物語』(藤原書店, 2011) 등을 참조했다.

상하이 세계박람회·여수 세계박람회의 일본관을 통해 본 일본의 박람회 행정

이와타 야스시(岩田泰)

세계박람회는 150년도 더 전부터 지속적으로 개최되고 있는, 근대 올림픽보다 오래된 국제적 대ㅊ이벤트이다. 그런데 세계박람회는 박람회의 역사 속에서 의의나 역할의 변화를 요구받으며 새로운 시대에 대응해 온 역사를 갖고 있다. 특히 국제 교육의 진전이나 정보화 사회의 발전에 따라 세계의 모든 정보를 손쉽게 얻을 수 있게 된 현대에는 한정된 시간과 공간 속에서 비일상을 체험하는 국제 박람회의 매력이 약해지고 있다. 매력이 약해지고 있다고 하지만 지속적으로 개최되어온 세계박람회는, 불과 수개월 동안에 1,000만 명 이상의 관람객을 모으는 국제적 이벤트이며, 비할 바 없는 이벤트인 것도 사실이다.

이 글에서는 최근에 개최되었던 세계박람회에서 일본 정부의 대처, 즉 일본관 사업에 대해 연구한다. 그리고 일본 정부의 세계박람회 행정 운영이 나아가야 할 바람직한 방향을 논하고자 한다.

1. 일본관 사업을 통해 박람회 행정을 논하는 것의 의의

1) '세계박람회'와 행정

세계박람회 사업은 이벤트의 '기본'이라고 할 수 있을 정도로 이벤트를 기획, 운영하는 과정에서 필요한 여러 가지 요소를 포함한다. 이벤트 사업 종사자들을 교육하기 위한 자격증인 '이벤트 업무 관리사'를 위한 도서 『이벤트・프로페셔널イベント·プロフェショナル』(一般社団法人 日本イベント産業振興協会)의 서두에 세계박람회가 서술된 것은 하나의 증거가 될 것이다.

그러나 세계박람회는 단순히 국제적인 이벤트가 아니며, 한 국가에 의한 행사이기 때문에 여기에는 모종의 정책적 목적이 존재한다. 세계박람회는 세계의 최신기술을 전시함으로써 국내의 산업 효과, 세계적으로 주목받는 이벤트를 개최하는 것에 따르는 국위선양 효과, 그리고 개최 도시의 지역 발전 효과가 있다고 할 수 있다. 그러나 이것은 어디까지나 국내에서 개최하는 세계박람회의 효과로 지적되고 있는 것이다. 더불어 이러한 기존의 세계박람회의 의의는 사라지고 있다. 2005년 사랑・지구 박람회를 계기로 보편적인 이념, 즉 '테마' 제창에 주안점을 둔 이벤트로 변해 가고 있는 것이다. 이러한 가운데 해외에서 개최된 세계박람회에 일본 정부가 주도하여 참가・출전한 일본관 사업을 바탕으로 세계박람회 행정을 검토하는 것은, 새로운 시대에 대응하는 세계박람회 행정의 바람직한 방향을 고찰하기 위해서 '테마'를 순수하게 추구한다는 의미를 가진다.

더욱이 세계박람회가 수개월 동안에 수천만 명의 사람을 모으는 국제적 이벤트인 이상, 그 의의가 약해져 간다고 해도 국위선양 효과나 지역

발전 효과가 여전히 존재하는 것도 사실이다. 세계를 향해 일본을 효과적으로 선전하는 절호의 기회인 것은 물론이고, 여러 가지 사회 실험을 할 수 있는 절호의 기회이기도 하다. 이 글에서는 상술하지 않겠지만, 1970년에 개최된 오사카 만국박람회를 계기로 이후 일본인의 라이프 스타일(생활양식)이나 경제 활동에 상당한 변화가 일어났다고 평가된다. 한 가지 예를 들자면, 켄터키 후라이드 치킨은 오사카 만국박람회장에서 시범가게를 오픈했다. 또한 일본을 방문하는 외국인 여행자 수를 일본인 해외여행자 수가 넘어서게 된 것도 1971년부터이다. 이를 통해 보았을 때 앞으로 또 일본에서 세계박람회를 개최할 가능성이 충분히 있다고 생각된다. 그러나 일본 국내에서 세계박람회를 빈번하게 개최하는 것은 비현실적이다. 행정의 지속성 등을 고려한다면, 타국에서 개최된 세계박람회에 출전한 일본 정부의 일본관 사업을 바탕으로 세계박람회 행정의 의의나 그 바람직한 모습을 생각해 보는 것이 보다 현실적이다. 더 나아가서 이러한 연구는 향후 일본에서 세계박람회를 개최할 경우 기여하는 바가 있을 것이라고 생각한다.

이 글에서는 이러한 생각을 바탕으로 필자가 행정 책임자로서 참여했던 상하이 세계박람회(2010) 및 여수 세계박람회(2012)의 일본관 출전 사업을 통해 일본의 세계박람회 행정이 갖춰야 할 바람직한 모습을 논한다.

2) 세계박람회 담당 중앙부처

일본 정부에서 '세계박람회'는 경제산업성經済産業省이 담당하고 있다. 「경제산업성설치법経済産業省設置法」(헤이세이 11년 7월 16일 법률 제99호) 제

4조 제1항 제42호는 경제산업성의 관장 사무를 "통상에 관한 참고품 및 이에 비견하는 것의 수집 및 전시소개에 관한 것"으로 규정하고 있다. 그리고 「경제산업성조직령経済産業省組織令」(헤이세이12년 6월 7일 정령 제254호) 제9조 제7호에는 상무정보정책국商務情報政策局의 관장 사무로 "통상에 관한 참고품 및 이에 비견하는 것의 수집 및 전시소개에 관한 것"이라고 규정하고 있다.

실제 실무는 상무정보정책국 내에 설치된 상무유통보안商務流通保安 그룹에 속하는 '박람회추진실博覧会推進室'이 담당하고 있다. 필자는 2009년(헤이세이 21) 7월부터 2012년(헤이세이 24) 7월까지 이 박람회추진실의 실장을 역임했다. 더욱이 경제산업성의 박람회추진실장은 박람회국제사무국BIE : The Bureau International des Expositions의 일본 정부 대표를 맡기 때문에 필자도 그 소임을 맡았다. 전부 3명이 임명된 가운데 다른 일본 정부의 대표로 재佛 프랑스 일본국대사관 관원이 임명되었다. 이 또한 경제산업성이 일본 국내 측의 박람회 행정을 담당하고 있다는 증거이다. 더불어 경제산업성의 전신조직인 통상산업성通商産業省의 설치법에도 같은 취지의 규정이 만들어졌다.

국내에서 개최되는 박람회, 특히 등록박람회(예전의 일반박람회)의 경우 한 중앙부처에서 모든 것을 담당하는 것은 그 사업규모나 관련된 행정 분야의 범위 등을 고려했을 때 현실적이지 않다. 특별한 조직을 설립하여 거국적인 태세를 갖추는 것이 일반적이다. 이때 내각 안에서 담당하는 각료를 결정할 필요가 있다. 오사카 만국박람회 때에는 통상산업대신이, 사랑·지구박람회 때에는 경제산업대신이 각각 담당 대신으로 지명되었다. 2005년에 개최된 사랑·지구박람회(등록박람회) 때에는 1997년 6월

의 BIE총회에서 일본 아이치愛知에서 박람회를 개최할 것을 결정한 후, 같은 해 8월에 박람회 담당대신(통상산업대신, 현재의 경제산업대신)을 지명했다. 이후 같은 해 10월에는 재단법인 2005년 일본국제박람회협회日本国際博覧会協会가 설립되었고, 12월에는 「헤이세이 17년에 개최될 국제박람회의 준비 및 운영을 위해 필요한 특별 조치에 관한 법률平成十七年に開催される国際博覧会の準備及び運営のために必要な特別措置に関する法律」이 성립되었다.

2. 상하이 세계박람회의 일본관 출품사업

1) 상하이 세계박람회 이전의 세계박람회

세계박람회의 역사는 1851년 런던 만국박람회로부터 시작된다. 1851년 런던 만국박람회는 그 상징으로 건축되었던 수정궁의 사례와 같이 산업혁명을 거친 영국이 그 공업력・기술력을 세계에 보여주는 이벤트였다. 세계박람회의 역사에 대해서는 다음으로 미뤄두고, 여기에서는 중요한 전환기를 3개의 지점으로 나누어 보고자 한다.

(1) 테마

박람회 전체의 '테마'는 현대의 세계박람회에서 당연히 정해지는 요소이다. 박람회의 테마가 처음 등장한 것은 1933년 시카고 만국박람회 때라고 할 수 있다. 그러나 테마가 세계박람회의 전체적인 방향성을 좌우하게 된 것은 제2차 세계대전 후에 처음으로 개최되었던 세계박람회인 1958년 브뤼셀 만국박람회였다는 지적도 있다.(平野, 2014) 'Evalution of the World for a more human world(과학문명과 휴머니즘)'이라는 테마로 개최된 이 세계박람회에는 '아토미움Atomium'이라는 기념관이 건설되었다. 여기에서는 제2차 세계대전에서 병기로 이용된 원자력의 평화적 이용을 호소했다. 즉, 인간과 과학문명의 관계를 묻는 세계박람회였다고 할 수 있다.

이후 세계박람회의 '테마'를 정하는 것은 큰 사안이 되었다. 특히 2010년 상하이 세계박람회 전까지 세계박람회 역사상 최다의 관람객이 모인 1970년 오사카 만국박람회 당시에는 가야 세이지茅誠司 위원장, 구와바라 다케오桑原武雄 부위원장 아래 노벨상을 수상한 유카와 히데키湯川秀樹, 작가인 무샤노코지 사네야쓰武者小路實篤 등, 당시 일본을 대표하는 멤버들이 모여 철저히 논의한 끝에 '인류의 진보와 조화'라는 테마를 만들었다.

(2) 세비야 세계박람회와 1994년 BIE 결의

흥행의 면에서도 대성공을 거두었고, 일본의 전후戰後 경제 발전의 흐름 가운데 분기점이 되었던 오사카 만국박람회 이후 일반 세계박람회는 점점 개최되지 않았다. 그러다 겨우 22년 만에 개최된 것이 1992년 세비야 세계박람회이다. 콜럼버스의 신대륙 발견 500년을 기념하여 개최된 이 세계박람회에는 오사카 만국박람회의 입장객인 6,421만 명에는 미치지 못했으나, 6개월간의 개최기간 동안 4,000만 명 이상이 찾으며 대성공으로 끝났다. 그러나 그 성공은 '축제로서의 박람회의 성공이라는 측면에서'(名古屋学院大学総合研究所, 2005)이루어진 것이었으며, 필립슨Ole Philipson 전 BIE의장은 "아마도 세계박람회 역사상 가장 위대한 세계박람회였다고 해도 과언은 아니라고 생각한다. 그러나 이 박람회가 끝나고 나면 결국 아무것도 남지 않을 세계박람회였다고 생각한다"라고 평가했다.(中日新聞社, 2005) 이처럼 세비야 세계박람회는 〈비일상적인 공간을 제공하는 축제로서의 세계박람회〉라는 양식의 끝을 보여 준 세계박람회이기도 하다. 미래를 향한 지향성을 잃게 된 세계박람회는 1994년 BIE결의로 새로운 사명을 부여받게 되었다. "모든 박람회는 현대사회의 요청에 부응하는 현재적 테마를 가져야만 한다Each exhibition must have a modern theme corresponding to the expectations of contemporary society"라는 이 결의의 문장에는 관계자들이 떠안고 있던 위기감과 생각이 응축되어 있다.

(3) 사랑·지구박람회

2005년의 사랑·지구박람회는 21세기 최초의 세계박람회로 1994년 결의를 구현하는 역할을 맡았다. 이 글에서는 세계박람회의 역사 속에서 사랑·지구박람회가 갖는 의의를 상술하지는 않을 것이다. 다만 사랑·지구박람회는 기대에 부응하여 역할을 충분히 수행했다. 박람회 개최 중에 행해진 제137회 BIE총회에서는 사랑·지구박람회에 대한 '축하와 갈채congratulation and acclamation' 선언이 만장일치로 채택되었다. 이 선언에서 평가되었던 요소는 ① 운영 및 내용면, ② 국제박람회에 대한 긍정적인 의의 제시, 그리고 ③ 모든 관계자를 향한 따뜻한 환영의 마음이라는 점이었다. 그리고 2005년 12월 1일에 재단법인 2005년 일본국제박람회협회日本国際博覧会協会의 나카무라 도시오中村利雄 사무국장이 제138회 BIE총회 장소에서 발표한 「사랑·지구박람회愛·地球博」의 성과보고에서 당시 관계자들의 감정을 읽어낼 수 있다. 나카무라는 먼저 "20세기 후반에는 세계박람회의 존재 이유마저도 의문시 되는 어려운 상황"

이었다는 것을 인정하며, "21세기에 처음으로 개최된 사랑·지구박람회는 세계박람회의 존재 의의를 보여 주었고 이로부터 계속 세계박람회의 하나의 모델이 될 것을 요구받고 있다는 압박감을 진심으로 느꼈"다고 토로했다. 그리고 사랑·지구박람회의 성과로 다음의 4가지를 들고 있다. 즉 ① 높은 가치와 광범위한 영향력(기술의 유용성, 생활 양식의 변혁, 지구적 과제 해결을 위한 연대감 양성 등), ② 운영면에서의 노력, ③ 재정, 그리고 ④ 지구사회에 남기는 유산이다.

그리고 이 협회의 도요다 쇼이치로豊田章一郎 회장은 사랑·지구박람회의 폐회 후에도 내각총리대신특사內閣總理大臣特使로서 각국으로 사랑·지구박람회에 참가·협력한 것에 대한 감사의 뜻을 전했다. 이와 함께 이 박람회의 의의를 다음 세계박람회에도 계승하려는 활동을 이어갔으며, 그 덕분에 2008년 사라고사 세계박람회 및 2010년 상하이 세계박람회의 일본의 날Japan Day 일본 측 대표단에 이름을 올렸다. 또한 사랑·지구박람회의 이념은 현재까지도 재단법인 지구산업문화연구소地球産業文化研究所가 운영하는 '사랑·지구박람회 이념 계승 발전 사업愛·地球理念継承発展事業'으로 이어지고 있다. 이 연구소는 사랑·지구박람회 이후의 국제박람회에서 사랑·지구박람회의 이념을 계승하는 출전사업·지원사업을 수행하고 있다. 이와 함께 사랑·지구박람회의 기본이념을 전국적인 규모, 더 나아가 국제적인 규모로 계승·발전하는 데 알맞은 비영리 사회공헌 활동 조성 사업을 진행하고 있다.

이렇듯 사랑·지구박람회는 20세기에 개최된 단순한 '테마박람회'의 영역을 넘어서, 극한까지 파고들어 이 테마를 국제이벤트로 승화했다. 뿐만 아니라 나카무라 도시오가 서술했던 것과 같이 "사람들의 의식 변화와 사람들의 행동을 환기시킨 계기"가 되었다는 의미에서 국제박람회 역사상 전환점이 되었다. 필립슨 BIE명예의장이 이즈미 신야泉真也와 대화했을 때 적절하게 발언했던 바와 같이(泉, 2005) 사랑·지구박람회는 분명히 세계박람회에는 "스스로를 변모시킬 능력이 있다"는 것을 증명했다.

2) 상하이 세계박람회 일본관 출전사업

(1) 상하이 세계박람회란

상하이 세계박람회는 2010년 5월 1일부터 10월 31일까지 184일간 개최되었다. 2002년 12월 제132회 BIE총회에서 입후보한 5개의 도시, 상하이, 케레타로(멕시코), 브로츠와프(폴란드), 모스크바(러시아), 여수(한국) 가운데 상하이가 개최지로 선정되었다. 2005년 12월에는 제138회 BIE 총회에서 등록 신청이 승인되었다. 이미 2001년에 2008년 베이징 올림픽 개최가 결정되었기 때문에 상하이 세계박람회는 베이징 올림픽과 나란히 선전되는 국제이벤트가 될 것이라고 예상되었다. 이는 마치 일본의 고도 경제성장기의 상징이라고 할 수 있는 2개의 큰 국제 이벤트였던 도쿄 올림픽과 오사카 만국박람회와 같은 것이었다. 중국 경제는 1992년 덩샤오핑鄧小平의 남순강화南巡講話를 계기로 놀라운 발전이 있었다. 더불어 2001년에는 WTO에 가입함에 따라 가속화되었다. 이러한 시기였기 때문에 '세계의 공장'뿐만 아니라 '세계의 시장'으로 갖는 장래성이 크게 주목 받고 있었다.

그러한 가운데 경제발전과 쾌적한 국민생활의 조화를 도모하는 것의 중요성을 강조하기 위해 선택한 테마가 'Better City, Better Life(보다 나은 도시, 보다 나은 생활)'이었다. 『2010년 상하이 국제박람회 일본 공식 참가

기록二○一○年上海国際博覧会 日本公式参加記録』에 의하면 "국제연합의 추계에 2010년까지 도시 인구는 총인구의 55%에 달하며 세계는 보다 심각한 도시문제에 직면한다. 상하이 세계박람회에서는 '조화를 이룬 도시', 즉 다양한 문화가 공존하며, 경제가 적절히 발달하고, 과학기술에 의존하지 않으며, 지역사회Community가 기능하고, 도시와 지방이 상호 영향력을 주고받는 도시 만들기를 'Better City, Better Life'라는 테마로 호소했다"라고 해설하고 있다. 일본 정부는 2006년 8월 9일에 '국제박람회에 관한 유식자 간담회国際博覧会に関する有識者懇話会'를 발족하고 상하이 세계박람회에 대응하기 위한 일본의 대처를 검토하기 시작했다. 같은 해 10월 20일에는 일본이 공식적으로 참가할 것을 각의에서 양해諒解하여 본격적인 출전 준비에 들어갔다.

(2) 일본 정부의 추진체제

해외에서 개최된 국제박람회에 일본 정부 자격으로 출전할 때 제2차 세계대전 후에 개최된 세계박람회일 경우에는 각의에서 양해를 얻어야 한다. 각의에서 양해를 얻어야 하는 내용은 간사성幹事省, 부간사성副幹事省 및 공식 참가 기관의 결정이다. 이 글의 서두에서 소개했던 것처럼, 일본 정부 내 국제박람회의 담당부처는 경제산업성(옛 통상산업성)이기 때문에 국제 원예박람회(국토교통성国土交通省, 농림수산부農林水産省)를 제외하고는 최근 대부분 국제박람회에서 경제산업성이 간사성을 맡고 있다. 역할 분담은 간사성이 규정상 일본 정부의 주책임자가 되며, 부간사성은 그 관심 분야에 대응하여 간사성을 지원하는 역할을 맡는다.

공식 참가 기관은 일본관 사업의 실무를 담당하게 되는데, 원예박람회

를 제외한 최근의 세계박람회는 일본무역진흥기구日本貿易振興機構(옛 일본
무역진흥회)가 맡고 있다. 상하이 세계박람회에서는 경제산업성을 간사
성으로, 국토교통성과 환경성을 부간사성으로, 일본무역진흥기구를 공
식 참가 기관으로 삼아 참가했다.

(3) 일본 정부에 의한 일본관 테마 검토

일본 정부는 공식 참가를 위한 각의 양해 이후 구체적으로 일본관의
내용을 검토해야 한다. 사랑·지구박람회의 이념 계승의 중요성을 호
소하고 있는 일본이다. 때문에 상하이 세계박람회의 전체 테마를 깊게
파고들어 해석하여 일본이 아니라면 할 수 없는 테마를 만들어 낼 수 있
을지의 여부가 세계박람회 행정 가운데 가장 중요한 부분이다. 상하이
세계박람회에서는 이미 서술한 것처럼 'Better City, Better Life'라는
테마가 설정되어 있으나, 그 아래에 5개의 서브 테마가 만들어져 있었
다. 구체적으로는 다음과 같다.

1. 도시 내 다양한 문화 융합

예술, 윤리, 교육, 종교, 스포츠, 오락, 역사, 문화적 유산 등의 요소를 통하
여 다양한 문화가 공존하는 도시의 꿈을 보여준다.

2. 도시의 경제적 번영

도시화, 산업, 지속 가능한 개발, 도시 환경, 공간적 구조와 형태, 운송 등의
요소를 통틀어 바람직한 환경을 구비한 도시를 제시.

3. 도시의 과학 기술 혁신

과학과 생활, 정보 기술 혁명, 디지털 도시, 에너지 기술, 생명 과학, 환경 기술, 도시 수송 기술 등 과학 기술의 혁신을 통틀어 도시의 창조성을 제시.

4. 도시 내 지역공동체 재편성

지역공동체 서비스, 주택공급, 고령화 사회 대책, 어린이 대책, 가족·결혼, 건강한 생활 등의 요소를 통틀어 바람직한 환경을 구비한 도시를 제시.

5. 도시와 지방의 교류

지방 개발 모델, 생태 환경 보호, 인간과 자연의 공존, 위성도시와 부도시, 농업 기술 혁명과 정원 도시, 여가와 오락, 산지의 나무숲, 물 문제 등의 요소를 통틀어 도시와 지방 사이의 건전한 교류를 가능하게 하고, 동시에 자연과 조화로운 도시를 제시.

(『二〇一〇年上海国際博覧会 日本公式参加記録』)

언뜻 보기에 상기의 서브테마는 매우 광범위하기 때문에 일본관에서 어떠한 테마를 선정한다고 해도 위의 서브테마 가운데 하나와는 관련성을 갖게 될 것으로 보인다. 지금 당장 떠오르는 생각만 열거해도 지방자치, 도시 계획, 성^雀 에너지, 환경 보호, 기술 개발, 관광 교류, 쿨 재팬 Cool Japan, 중일우호 등 여러 가지 키워드가 있다. 세계박람회 행정의 중점은 이러한 후보 가운데 개최 시기, 개최 장소, 주요 관람객에게 줄 수 있는 효과 등을 생각하면서 일본관으로서 보여주어야 할 적절한 테마를 선정하는 것에 있다. 또한, 이것을 일본관의 사업 내용마다 적용할 수 있도록 체계를 만들고 이를 실행하는 것 역시 중점과제이다.

상하이 세계박람회에서는 이미 서술한 '국제박람회에 관한 유식자 간담회' 및 별도로 설치된 '일본 출전 내용에 관한 부회日本の出展内容に関する部会'의 검토를 바탕으로 2007년 7월에 기본 콘셉트를 책정했다. 여기에서 일본 출전 과제, 일본 출전 목표 및 일본 출전 테마가 결정되었다.

『2010년 상하이 국제박람회 일본 공식 참가 기록』의 내용을 반복하자면 일본 출전 과제로 제시되었던 것은 ① 일본과 중국·아시아 사이의 연대강화, ② 지속 가능한 사회 모색, ③ 21세기 초 세계박람회 개최국으로서의 이념·성과 계승이다. 그리고 일본 출전 목표는 "있는 그대로의 일본을 알리고, 일본에 보다 호감을 갖게 하는" 것으로 정해졌다. 마지막으로 일본 출전 테마를 "마음의 조화, 기술의 조화こころの和わざの和"로 정하고, "연대하자! 조화로운 미래를 위해"를 주요 메시지로 삼아 이를 건축, 운영, 전시, 특별 판매 행사 등 각 분야에서 적극적으로 전했다.

최종적으로 일본관의 내용은 "지구 환경 문제 등 여러 가지 문제를 극복해 나가기 위해서는 기술뿐만 아니라 인간과 인간이 국경을 초월하여 협력해 나가는 것이 필요"하다는 것을 바탕으로, "로봇 기술, 환경 기술, 영상 기술이라는 최첨단 기술을 비롯하여 일본의 환경 보호 활동 움직임, 자연과 공생하는 일본의 문화를 전시"했다. 또한 "일본과 중국이 함께 보호 활동에 나서고 있는 '따오기'를 모티브로 삼은 라이브 쇼를 전시의 메인 콘텐츠"로 삼았다. 동시에 "건축에서도 '생명체처럼 호흡하는 부드러운 건축'을 테마로 삼고, 최첨단 환경 기술과 오래전부터 일본에서 내려온 '자연과 공생하는 지혜'를 담는다." 그리고 일본관의 상징마크인 '웃음에서 웃음으로笑顔のつながり'는 마음과 마음의 연결을

상기시키는 디자인이며 중일 우호의 상징이기도 한 '따오기'를 떠올리게 하는 색감으로 만들었다.

개최 기간 동안에는 세계박람회의 주최국이 참가국의 출전을 기리는 날을 각 참가국의 1일로 설정했다. 때문에 편의상 일본의 참가를 기념하는 그 날을 '일본의 날Japan Day'라고 부르고 있다. 상하이 세계박람회에서 일본의 날인 6월 12일에 개최된 '일본의 날 메인 어트랙션'에서는 중일 양국을 대표하는 엔터테이너들이 "이어가자! 조화로운 미래를 위해"라는 테마를 외쳤다. 또한 이벤트 무대를 병설하여 일본 지방자치체나 여러 단체의 참가를 모집하여 일본관 자체 내 이벤트도 포함한 합계 44개의 이벤트를 개최기간 내내 교체해 가는 방식으로 진행했다. 이와 함께 일본관에 대한 이해를 돕는 이벤트를 '일본관 위성Satellite 사업'이라고 보았기 때문에 박람회장 밖에서 이루어지는 이벤트에서도 일본관 내의 전시에서는 표현할 수 없었던 메시지를 던지고자 노력했다.

그 결과 일본관 출구 앙케이트 조사에서 관람 전과 비교하여 일본에 대한 인상이 좋아졌다고 한 회답이 86%까지 올라갔다. 동시에 BIE의 특별규칙에 따라 실시되었던 '포장褒章 제도'에서 가장 넓은 부지면적을 가진 외국정부의 파빌리온 19개 가운데 일본관은 전시 부문에서 은상을 받았다. 덧붙이자면 상하이 세계박람회에서는 출전 면적의 크기에 따라 카테고리를 4개로 나누고, 각 카테고리에 '건축', '테마' 및 '전시'라는 3개 부문을 만들어 각 부문에서 금·은·동의 3개의 상이 수여되었다. 더불어 일본관에서 상연되었던 '따오기를 모티브로 한 라이브 쇼'는 일본인 연출가 사토 마코토佐藤信와 홍콩 연출가 대니 융Danny Yung이 제작하여 난징南京의 한 극단이 공연하였다. 이것은 이후에 더욱 발전하여 현재는 난징에서 개최되고 있는 '따오기 국제예술제^{朱鷺国際芸術祭}'라는 이벤트로 그 정신이 계승되고 있다. 또한 일본관 이벤트 무대에서 소개 되었던 '쑨원과 우메야 쇼키치전^{孫文と梅屋庄吉展}'은 중국 각지에서 순회 전시를 하게 되었다. 더 나아가 2011년 2월에는 '쑨원과 우메야 쇼키 치' 발신 프로젝트 추진의회가 설립되는 등 그 활동의 폭이 더욱 넓어지 고 있다. 이와 같이 상하이 엑스포 일본관의 메시지는 박람회의 종료 후 에도 계속 이어지고 있다.

3. 여수 세계박람회 일본관 출전사업

1) 여수 세계박람회란

한국 남부의 도시 여수시에서 개최된 여수 세계박람회는 2012년 5월 12일부터 8월 12일까지 93일간의 기간 동안 개최된 세계박람회이다. 2007년 11월 제142회 BIE 총회에서 후보지였던 3개 도시 여수, 탄제르 (모로코), 브로츠와프(폴란드) 가운데 여수가 개최지로 선정되었다. 이후 2008년 12월 제144회 BIE 총회에서 여수 세계박람회 개최가 승인되었 다. 테마는 'The Living Ocean and Coast : Diversity of Resources and Sustainable Activities(살아있는 바다와 해안 : 자원의 다양성과 지속 가 능한 활동)'으로 정해졌으며, ① 연해안의 개발과 보존, ② 새로운 자원 기술, ③ 창조적인 해양활동 이라는 세 가지 서브 테마도 정해졌다. 일본 정부는 2009년 2월 24일에 공식 참가할 것을 각의에서 양해하여 본격 적인 출전 준비에 들어갔다.

2) 일본 정부의 추진 체제

일본에는 '해양기본법海洋基本法'이라는 법률이 존재하여 내각 관방에 '종합해양정책본부総合海洋政策本部'가 설립되어 있다. 이 본부는 해양에 관한 일본의 시책을 집중적 또한 종합적으로 추진하고, 해양기본계획안의 작성이나 관계 부처 등이 해양기본계획에 기반하여 시책을 실시할 때의 종합 정리 등을 담당한다. 때문에 상하이 세계박람회의 경우와는 달리 '해양'이라는 테마와 관련된 시책 체계는 매우 명확하다. 여수 세계박람회 일본관의 모습을 검토할 무렵에 유효했던 옛 해양기본계획海洋基本計画 (2008년 3월 18일 각의 결정)을 보면, "정부가 종합적 또한 계획적으로 강구해야 할 시책"으로 다음의 12개 항목이 제시된다.

1. 해양자원의 개발 및 이용 추진
2. 해양 환경 보전 등
3. 배타적 경제수역 등의 개발 등을 추진
4. 해상 운송 확보
5. 해양 안전 확보
6. 해양 조사 추진
7. 해양 과학 기술에 관한 연구 개발 추진 등
8. 해양 산업 진흥 및 국제경쟁력 강화
9. 연안 지역의 종합적 관리
10. 외딴 섬의 보전 등
11. 국제적인 연대 확보 및 국제 협력 추진
12. 해양에 관한 국민의 이해 증진과 인재 육성

그리고 여수 세계박람회에서는 간사성을 경제산업성이, 부간사성을 국토교통성, 농촌수산성, 환경성, 문부과학성으로 삼았다. 공식 참가 기관은 일본무역진흥기구가 맡게 되었다.

3) 일본 정부의 일본관 테마 검토

5년에 한 번 개최되는 등록박람회, 그리고 등록박람회와 등록박람회 사이에 1번 개최되는 인정박람회의 차이는 개최기간(전자가 6주 이상 6개월 이내, 후자가 3주 이상 3개월 이내)도 있으나, 참가국에 분담되는 면적이 후자의 경우 최대 1,000평방미터 이내라는 제약이 있다는 점도 큰 차이이다. 또한 등록박람회의 경우에는 참가국이 스스로 파빌리온을 건설하는 것이 가능하지만 후자의 경우에는 주최국이 건물을 준비한다. 이것은 한 세계박람회 당 참가국의 부담을 덜어주고, 세계박람회 자체를 고조시킨다는 관점에서 도입되었던 규정이다. 이러한 관점에서는 합리성이 있지만 참가국의 입장에서는 개최기간이 짧고, 면적의 제약이 있으며, 구조물도 주최국에서 준비한다는 조건으로는 전달할 수 있는 메시지 및 그 전달 수법에 극히 제한을 받는다고 할 수밖에 없다.

인정박람회인 여수 세계박람회에 참가할 무렵, 일본 정부는 앞서 본 제약 속에서 최대의 효과를 올리고자 검토를 진행했다. 상하이 세계박람회 때와 같이 여수 세계박람회 유식자 간담회를 개최하여 유식자에게 의견을 구하거나, 각 분야의 전문가에게 개별적으로 의견을 들었다. 이러한 과정을 거쳐 2010년 12월에 「여수 국제박람회 출전 기본 계획 麗水国際博覧会出典基本計画」을 책정했다.

그러나 다음 해인 2011년 3월 11일에 동일본대지진이 발생, 도호쿠

〈사진 1〉 여수 세계박람회의 일본관 파사드(일본무역진흥기구 제공)

東北지방의 태평양 연안을 중심으로 쓰나미에 의한 막대한 피해가 발생했다. '바다'를 테마로 한 여수 세계박람회에 출전하는 일본 정부의 입장에서 이 재해 상황과 맞지 않는 내용을 일본관 사업으로 할 수는 없었다. 때문에 다음 해 2012년 5월의 개막까지 1년 여밖에 남지 않았지만, 내용을 전부 재검토하여 6월에 '여수 세계박람회 일본 정부 출전 기본 계획'을 다시 책정했다. 여기에 정리된 출전 의의는 다음의 4개이다.

1. 예전부터 '국위 선양의 장' '과학 기술 문명의 축제'였던 국제박람회는 최근 인류·지구적 규모의 과제에 어떻게 대처해야 하는가라는 메시지를 전달하는 장으로 그 의의를 변용시켜가고 있다. 이러한 전환점의 하나였던 아이치

세계박람회를 주최했던 일본은 여수 국제박람회에서 강한 메시지를 전한다.

2. 바다나 해안에 대한 일본의 대처를 소개하는 것뿐만 아니라, 이번 동일 본대지진과 쓰나미에 관하여 그 위협을 전한다. 동시에 거기에서부터 과감하 고 용단있게(敢然) 부흥·재생을 향해 걸어가는 일본의 자세를 세계에 널리 알린다.

3. 동일본대지진이 발생한 후 여러 외국 가운데 가장 빠른 지원(구조견 팀)을 파견했던 한국을 비롯한 국제 사회에 감사의 뜻을 표명한다.

4. 여수 국제박람회는 아이치·상하이에 이어 동아시아에서 개최되는 국 제박람회인 동시에 수도 서울에서 떨어진 지방 도시에서 개최되는 국제박람 회이다. 이로부터 여수 국제박람회를 지방의 문화·사회를 적극적으로 어필 하는 장으로 받아들이고, 미래의 동아시아권·한일 간 교류를 한층 심화·광 역화를 촉진하는 계기로 삼는다.

이러한 의의 아래 일본관에서는 '수풀·마을·바다를 잇는 우리들의 미래森·里·海つながり紡ぐ私たちの未来'를 테마로 삼아 다음과 같은 메시지를 내 걸었다.

사방이 아름다운 바다로 둘러싸인 일본에서 우리들 일본인은 나무가 무성한 '숲'이나 사람들이 생활하는 '마을'을 포함하는 거대한 자연의 사슬을 지키고, 지속 가능한 이용을 추진함으로써 '바다'를 지키고, 육성하여 그 은혜를 받아 왔다.

한편 2011년 일본은 동일본대지진에 의해 큰 피해를 받았다. 이렇게 일본인은 바다를 통한 은혜뿐만 아니라, 바다의 엄혹함과도 언제나 계속 마주해 왔다고 할 수 있다. 이 때문에 바다의 위협과 타협하고 공생해 온 기술을 쌓아 온 것이다. 그 기술은 선진기술도 포함하며, 미래를 향해 크게 발전하고, 환경 문제의 해결이나 새로운 산업의 창출 등 일본뿐만 아니라 세계적인 과제 해결에 크게 공헌하고 있다.

오늘날 일본은 미증유의 재해에서 빠르게 일어나 미래를 향해 걸어가고 있다. 건강한 일본의 자세, 일본의 매력, 일본의 힘을 다시금 세계에 전하고, 이 세계박람회를 통하여 큰 피해를 입은 도호쿠 지방, 나아가서는 일본이 한층 더 활기로 넘치길 바란다고 생각했다.

또한 지진 후 처음으로 구조대를 파견했던 한국을 비롯하여 세계 속에서 보내온 따뜻한 지원에 감사하는 마음을 전하고, 세계박람회 주최국인 한국과는 물론이며, 세계의 나라들, 지역, 사람들과의 유대와 교류를 깊게 하는 것을 목적으로 삼았다.

(『二〇一二年麗水国際博覧会 日本公式参加記録』)

이러한 메시지 아래 일본관 내에서는 동일본대지진을 극복한 일본인의 자세를 '카이海, カイ'라는 소년을 주인공으로 한 이야기를 통해 소개했다. 그리고 이 이야기는 애니메이션, 실사 및 CG라는 높은 퀄리티의 영상으로 제작되어 입체적으로 상영되었다. 이와 함께 예로부터 일본에서 형성되어 온 인간이 자연과 매듭을 지어가면서 생활해 온 양상, 바꾸어 말하자면 '숲·마을·바다'의 사슬이나 그것을 지키는 활동을 소개했다. 또한 입장 대기 행렬이 가능한 파사드를 최대한 활용하여 국제

사회에 대한 감사의 뜻을 전하는 영상을 상영했다.

지진 발생 이후 3개월 정도의 기간에 일본관의 콘셉트와 메시지를 전부 처음부터 재검토하여 가까스로 새로운 콘셉트를 만들어 낼 수 있었다. 이는 관계자의 헌신적인 노력과 함께, 많은 우연이 더해졌기 때문에 가능했다. 개정 전의 콘셉트에는 미야기현宮城県 게센누마시気仙沼市 모네만舞根湾에서 어부를 하고 있는 하타케야마 시게아쓰畠山重篤가 추진하고 있는 '숲은 바다의 연인 운동森は海の恋人運動'이나, 교토대학의 다나카 마사루田中克 명예교수가 연구하고 있는 '숲 마을 바다의 연쇄학森里海連環学' 등의 사고방식을 받아들인 부분이 있었다. 그리고 동일본대지진으로 인해 하타케야마는 재해에 피해를 입었으나 자신은 무사했다는 것, 지진 피해 이후 겨우 수개월 만에 모네만으로 물고기가 돌아왔던 것을 보며 '바다는 살아 있다'는 것을 새삼 느꼈고, 그리고 필자도 지진 직후 피해지를 방문했을 때 각지의 피해자들에게 역으로 위로를 받았는데, 이러한 것들이 기초가 되어 새로운 콘셉트가 완성되었다.

'숲은 바다의 연인 운동'은 어부에 의한 숲 만들기를 한 내용으로 삼아 매년 강의 상류 지역에서 식수제植樹祭를 개최한다. 그런데 지진 재난을 극복하고, 관계자의 협력으로 2011년 6월 5일 이치노세키시一関市 무로네산室根山에서 무사히 제23회 식목제가 개최되었다. 그 모습이 일본관 내 쇼show를 구성할 때 중요한 요소가 되었다.

그 결과 일본관의 출구 앙케이트에서 일본관의 종합 평가는 4단계 평가 중 상위 2개의 합계가 약 90%에 달하는 등 입장객으로부터 높은 평가를 받았다. 이와 함께 BIE의 특별 규칙에 따라 실시된 '포장제도'에서 가장 넓은 전시 면적을 가진 외국정부의 파빌리온 11개 가운데 일본관이 테마 부문에서 동상을 획득했다. 덧붙이자면 여수 세계박람회에서는 출전 면적의 크기에 따라 카테고리를 4개로 나누고, 각 카테고리에 '테마'와 '전시' 2개 부문을 두고, 각 부문에 금·은·동 3개의 상을 수여했다.(『二〇一二年麗水国際博覧会 日本公式参加記録』)

  '숲은 바다의 연인' 운동은 여수 세계박람회 이전 보다 성대하게 개최되었는데, 세계박람회 이후에도 더욱 활발하게 전개되고 있다. 하타케야마 시게아쓰는 2015년에 '교토 의정서' 탄생지인 교토의 이름을 달고 'KYOTO 지구의 전당KYOTO地球の殿堂'의 제6회 전당 입장객으로 표창받았다. 이 전당은 세계적으로 지구 환경 보전에 다대한 공헌을 한 인물의 공적을 칭송하기 위해 설립된 것이다. 또한 다나카 마사루 명예교수는 동아시아·아세안 경제연구센터에서 실시되는 '아세안 사회 문화 공동체의 2015년 이후 과제를 생각하는 연구 프로젝트'의 일원으로써 숲·마을·바다의 연쇄라는 사고방식을 아세안에 넓히는 활동을 하고 있다. 이와 같이 여수 세계박람회 일본관의 메시지도 여러 가지 모습으로 계속 이어지고 있다고 할 수 있을 것이다.

4. 박람회 행정의 현상과 제언

1) 일본관 사업의 특징─다종 다양한 이해관계자

  이상에서 본 바와 같이 국내에서 개최된 세계박람회 정도는 아니라고 해도, 해외에서 개최된 세계박람회의 일본관 출전 사업은 상당히 긴 준비 기간을 필요로 한다는 특징이 있다. 예컨대 상하이 세계박람회의 경우,

일본 정부에 의한 공식 참가 결정부터 폐막까지 약 4년이 걸렸으며, 공식 참가 결정을 위한 검토기간이나, 폐막 후의 해체·철거 등 사후 처리도 포함하면 훨씬 긴 기간에 걸친 사업이 된다. 개최기간이 겨우 3개월이었던 여수 엑스포의 경우에도 공식 참가 결정으로부터 폐막까지 3년 반의 시간이 필요했다.

그 사이 상당히 다수의 관계자가 관여했다는 것도 일본관 출전 사업의 특징이다. 일본에서 개최된 세계박람회는 관민복합의 대규모·복잡한 조직구성이라는 주최자 특성을 가지고 있으나,(社団法印イベント産業振興協会, 2012) 규모는 작았다고 할 수 있다. 그 특징은 일본관 사업에서도 같았다. 예를 들어 여수 세계박람회 일본관의 경우에는 행정(간사성, 부간사성) 및 공식 참가 기관(일본무역진흥기구) 외에 '종합 지원 업무, 시공 관리', '전시 제작', '운영', '유니폼 제작', '행사', '홍보', '공식 홈페이지 제작·운용', '통관 수송' 등 각각의 업무가 있었다. 상하이 세계박람회 일본관의 경우에는 이에 더하여 '건축', '레스토랑' 등의 업무가 있었으며 각각의 사업자가 담당했다. 이 사업자들은 공식 참가 기관과의 계약에 따라 일본관 사업에 종사한다. 더불어 일본관 사업을 원활하게 수행하기 위해 필요에 따라 프로듀서나 디렉터가 임명되어 각 업무의 진척 및 관리를 수행했다.

또한 사라고사 세계박람회 이후 일본관 출전 사업 추진을 위해 민간기업 등에서 협찬금을 모으는 것이 일반화되고 있다. 상하이 세계박람회 일본관에서는 현물 협찬과 협찬금을 아울러 62억 엔 이상, 여수 세계박람회 일본관에서는 현물 협찬과 협찬금을 아울러 4억 엔 이상의 협찬이 있었다. 이러한 민간 협찬의 도입은 적은 국비로 사업 규모를 크게 운영할 수 있다는 의미가 있다. 이는 세계박람회에서 일본 정부가 목표로 한 효과를 얻기 위해서는 효과적인 수단이었다. 그러나 전시나 행사 등의 내용에 대해 추가로 협찬 기업과의 사이에 정리 작업이 필요해졌다.

그리고 이러한 정부 출전 사업에서 전체적인 책임을 가진 것이 '진열 구역 정부 대표' 또는 '진열 구역 정부 위원'이다. 세계박람회 조약 제14조에는 다음과 같이 규정된다.

국제박람회에 참가하는 나라의 정부는 소청국 정부에 대하여 등록박람회의 경우에는 자국 정부를 대표하는 한 명의 진열 구역 정부 대표를, 인정박람회의 경우에는 자국 정부를 대표하는 한 명의 진열 구역 정부 위원을 임명한다. 진열 구역 정부 대표 또는 진열 구역 정부 위원만이 자국의 전시에 관한 책임을 갖는다. 진열 구역 정부 대표 또는 진열 구역 정부 위원은 자국의 전시 구성을 국제박람회 정부 대표 또는 국제박람회 정부 위원에게 통보하고, 또한 전시자의 권리 확보 및 의무의 이행을 감시한다.

일본관 사업 추진에는 이러한 다종다양한 이해관계자의 협력이 필요하다.

2) 일본관 출전 사업 추진할 때의 과제

필자는 상하이 세계박람회에서는 개막 약 1년 전부터 해체·철거까지, 여수 세계박람회에서는 공식 참가 각의 결정이 이루어진 시점에서 약 5개월 후부터 '재팬 데이' 직후까지 행정 부분의 책임자로 두 세계박람회의 일본관 출전사업을 담당했다. 그 경험을 바탕으로 앞서 서술했던 바와 일본관 사업의 특징을 되짚어 본다면, 일본관 사업을 추진하는 과정에는 다음과 같은 과제가 있다고 생각한다.

- 만국박람회 선진국이자 21세기형 만국박람회 탄생의 아버지로써의 계몽
- 메시지를 보다 강력히 전달하기 위한 실시체제 정비
- 이벤트 중에서도 가장 폭 넓고 큰 사업인 만국박람회를 발전시키기 위한 이벤트 산업 진흥

각 항목에 대해서는 다음에서 설명하고자 한다.

(1) 만국박람회 선진국이자 21세기형 만국박람회 탄생의 아버지로서의 계몽

사랑·지구박람회가 보편적인 테마를 내걸고 미래로 나아가야 한다는 것을 깨닫게 하는 장소였다는 점, 동시에 그 의미를 박람회가 종료된 이후에도 계승하는 데 성공했다는 것은 이미 서술한 대로이다. 사랑·지구박람회에서 내걸었던 '자연과 지혜'라는 테마는 자연의 섭리를 존중하고, 지속 가능한 사회를 지향하는 것이었다. 상하이 세계박람회 일본관 전시에서는 이것을 '따오기'라는 존재로 응축하여 표현했다. 동시에 건축 부문은 '호흡하는 건축'이라는 콘셉트로 어필했다. 또한 여수 세계박람회 일본관에서는 바다와 산이라는 자연 속에서 인간이 공생하는 것의 중요성을 '숲·마을·바다'라는 언어에 담아 전했다.

다만 수많은 나라가 참가하고, 주최국의 다양한 전시나 기업이 운영하는 전시를 합쳐서 100개가 넘는 파빌리온이 있는 세계박람회의 특수성, 그리고 전시 면적의 제한 등의 요인으로 인해 한 파빌리온에 머무는 체류

시간은 매우 짧다. 상하이 세계박람회 일본관의 체류 시간은 1시간 정도, 여수 세계박람회 일본관의 경우에는 30분 정도로 설계되었다.(『二○一○年 上海国際博覧会 日本公式参加記録』, 『二○一二年麗水国際博覧会 日本公式参加記録』) 이 제한된 시간으로 입장객에게 확실하게 메시지를 전하기 위해서는 메시지 자체가 단순해질 필요가 있다. 일본관 사업의 과제 중 하나는 참가하는 세계박람회의 전체 테마를 깊이 이해하고, 시간, 장소 및 효과를 생각하는 것이다. 또한 사랑·지구박람회 테마인 '자연의 지혜'와의 연관성을 바탕에 두며 더욱 더 적절한 테마를 설정하는 것이다.

이 점에 대해 이벤트 사업은 공식적으로 제시되는 목적이나 테마, 더 나아가서는 효과와 장기적인 평가를 받아야 하는 것들과는 다르다는 지적이 있다.(名古屋学院大学総合研究所, 2005) 즉, 세계박람회가 가진 이벤트적 요소는 그것이 기간 한정 이벤트인 이상 일회적인 것이며, 이 장소에서 아무리 강한 메시지를 전달했다고 하더라도 이것이 후세로 전해지는 효과는 한정적이라는 것이다. 이러한 지적은 겸허하게 받아들여야 할 필요가 있다. 테마를 선정할 때에는 단기적인 전달 효과를 목표로 하는 것이 아닌 보편적인 테마로 설정하고, 이에 더하여 그 메시지가 후세대에게도 전달될 수 있도록 구성이나 짜임새를 고민하는 것이 필요하다. 이것이 20세기까지의 세계박람회가 각각 테마를 내세우기는 했지만 '축제'로서의 성공 여부에 따라 평가되어 왔기 때문에 막다른 곳에 다다랐다는 문제를 해결하기 위한 답이라고 생각한다. 그리고 이것이야말로 사랑·지구박람회 개최국으로서 일본이 세계박람회 행정에서 실현해 가야 할 하나의 큰 과제이다.

(2) 메시지를 보다 강력히 전달하기 위한 실시 체제 정비

앞서 서술했던 바와 같이 일본관 사업을 추진할 때에는 다종다양한 관계자가 협력하여 대처하는 것이 필요하다. 그러나 일본관 사업의 원활한 준비 및 성공이라는 목적을 위해 어떠한 체제를 만드는 것이 최선인가에 대해서는 정해진 답이 없는 것도 사실이다.

테마나 메시지의 선정이라는 전체 방침은 정부의 역할이며, 공식 참가 기관이 실무를 책임지고 관리한다. 공식 참가 기관은 정부와 상담하면서 필요에 응하여 사업자나 프로듀서를 선정하고, 전체 공정 관리에 책임을 지닌다. 동시에 개최기간 동안의 운영이나 개최 후 철거에도 책임을 진다. 또한 정부가 진열 구역 정부 대표 또는 진열 구역 정부 위원을 선정한 후에는 외국의 내빈 등의 접견도 시행한다. 상하이 세계박람회 일본관에서는 프로듀서를 두는 체제를 채택했고, 여수 세계박람회 일본관에서는 '종합 지원 업무, 전시 설계·시공 관리'로 칭한 이른바 프로듀스 업무를 공모한 결과 광고 대리점이 맡는 체제를 채택했다. 이러한 각각의 이해관계자가 그 장점을 활용하여 서로 협력함으로써 보다 강하게 메시지를 전달할 수 있다.

여기에서 가장 문제가 되는 것은 일본관 사업 준비를 개시하는 것부터 철거·해체를 포함하는 일본관 사업 종료까지의 기간이 길기 때문에 사회경제 변화나 담당자의 교대 등, 여러 가지 사정으로 변화가 발생할 확률이 높다는 것이다. 테마나 메시지가 단순해야 한다고 해도 테마나 메시지의 문자상에는 드러나지 않는 해석이나, 테마가 설정되는 과정에는 관계자들이 거친 여러 가지 논의 등이 포함된다. 때문에 일단 설정한 테마나 메시지가 건축이나 전시라는 형태로 구체화되어 가는 과

정에서 그 해석이 흔들려서는 안 된다. 일본관 사업이 정부의 시책인 이상 프로듀서나 사업자가 전체 방침을 담당하는 정부의 의향과 동떨어지게 사업을 추진하는 것도 피해야 한다.

개최기간이 짧고 각 파빌리온의 사업 규모도 작은 인정박람회의 경우 규모가 작기 때문에 본격적으로 준비를 개시하기까지의 기간도 짧게 끝난다. 준비기간 도중에 큰 행정 목적상의 변경 등이 일어날 가능성도 적다. 더욱이 여수 세계박람회 일본관의 경우에는 개막 1년여 전에 미증유의 재해가 발생하여 일본관의 메시지로 '부흥'을 뛰어넘는 강한 행정 요청이 발생할 여지가 거의 없었다는 우연도 발생했다. 한편 사업 규모가 크고 건축도 필요한 등록박람회의 경우 어떻게 해도 준비기간이 길어진다. 국내에서 개최한 세계박람회 정도가 아니므로 장기간에 걸쳐 그 사업기간 내에 발생한 사회·경제·환경의 변화 등에 대응하기 위해서 행정적 측면에서 우선순위를 바꾸는 것도 필요하다.

필자 자신도 일본관 사업을 두 번 체험했으나 최선의 해답을 이끌어 낼 수 없었다. 여러 방면에 걸쳐 있는 이해관계자와 오랜 준비기간이 필요하다는 일본관 사업의 특징에 입각하면 보다 좋은 추진체제가 구축될 수 있을 것 같다. 앞으로의 일본관 사업에서 관계자의 창의 공부가 기대되는 지점이 있다. 다만, 반복하자면 어떻게 강한 메시지를 알기 쉬운 형태로 전달할 수 있을까라는 것이 일본관 사업의 요체이며, 구체적인 실시체제는 그것을 실현하기 위한 수단이라고 생각해야 한다.

(3) 이벤트 중에서도 가장 폭넓고 큰 사업인 만국박람회를 발전시키기 위한
    이벤트 산업 진흥

앞서 본 바와 같이 세계박람회는 상당히 많은 관계자가 협력해야만
비로소 실현될 수 있는 대규모의 이벤트이다. 그리고 대규모이기 때문
에 장대한 규모의 산업 육성이나 인재 육성의 장이 되는 것도 사실이다.
일본은 1970년 오사카 만국박람회에서 대성공을 거두었기 때문에 "이
후 30년 동안 다른 나라에는 보이지 않는 갈라파고스적인 '박람회 문
화'(平野, 2014)를 꽃피운다. 그리고 일본에서는 오사카 만국박람회에서
육성된 비즈니스나 프로듀서 등이 연달아 유치에 성공한 세계박람회
(1975년 오키나와 국제해양박람회, 1985년 국제과학기술박람회(쓰쿠바 박람회),
1990년 국제 꽃과 녹음박람회)나 1989년에 통상산업성이 개시한 특정박
람회(재팬 세계박람회) 제도"에 의해 지방박람회에서 활약한다. 그리고
20세기 후반에 여러 차례 개최되었던 이러한 세계박람회나 지방박람회
에서 깊은 노하우를 쌓은 전문가들이 활약했던 것이 2005년 사랑·지
구박람회였던 것이다. 2005년 사랑·지구박람회의 종합 프로듀서 3명
가운데 이즈미 신야泉真也와 기쿠타케 기요노리菊竹清訓는 오사카 만국박
람회에서도 활약했던 전문가였지만, 그 외에 다수의 프로듀서나 디렉
터의 자리는 분명히 오사카 만국박람회 이후에 육성되어온 세대가 차
지했다.

또한 세계박람회를 지원하는 비즈니스도 육성되어 가고 있다. 메이지
이래로 '란카이야ランカイ屋'라고 불렸던 박람회 흥행업자들이 일본 국내
에서 개최된 다종다양한 박람회에 손을 대고는 있었지만, 오사카 만국박
람회를 계기로 박람회는 비지니스적으로 육성되었다. 그리고 1987년에

는 이벤트 프로듀스협회, 1991년에는 이벤트 산업진흥협회, 1993년에는 이벤트 네트워크협회, 1998년에는 이벤트학회가 각각 설립되어 박람회를 지원하는 바탕이 정비되어 왔다.

그러나 국내의 세계박람회나 지방박람회 개최는 20세기 말이 되면서 한물가게 된다. 1992년 세비야 세계박람회를 계기로 세계박람회의 형태가 국제적으로 재고되었다. 이에 보조를 맞춰 일본 국내에서도 1996년에 도쿄에서 개최될 계획이었던 세계도시박람회가 그 전년도에 중지되었다. 이것이 상징하는 바와 같이 박람회 같은 대형 이벤트 개최에 신중론이 나오고 있었다. 1991년부터 2001년까지 개최된 일본 박람회는 지방자치체가 주최자였기 때문에 지역 경제에 파급 효과가 있을 것으로 기대되었다. 그러나 이것은 지방 정부 주도로 일시적으로 경제성장을 일으킨 것이기 때문에 그 경제 효과는 일회성일 수밖에 없었다는 분석 결과도 있다.(名古屋学院大学総合研究所, 2005) 이러한 실태도 일본 국내 박람회 개최에 제동을 건 한 요인이 되었다고도 생각한다.

이러한 상황이지만 세계박람회에서 일본관 사업은 이와 같은 이벤트 산업을 통해 귀중한 기회를 제공하는 것이다. 때문에 현재 세계박람회 조약 규정에 따르면 5년 동안 2회밖에 개최되지 않은 세계박람회에 일본 정부가 계속 출전한 것은 의의가 깊다. 이러한 대처는 미래에 일본에서 세계박람회를 유치할 때에 그것을 보다 매력적인 이벤트로 만들 수 있는 기초체력이 된다. 더불어 다른 나라의 파빌리온에 일본의 이벤트 산업이 종사하는 것도 중요하다. 상하이 세계박람회의 건축, 전시, 운영, 행사 등 여러 가지 분야에서 일본 기업들이 세계박람회 주최국이나 다른 나라의 파빌리온으로부터 수주를 받아 활약했다. 비즈니스 베이

스이긴 하지만 이러한 사업자 측의 대처도 이벤트 산업의 저변 확대·품질 향상이라는 관점에서는 환영받아야 할 것이다.

5. 맺음말

세계박람회는 그것에 종사하는 자와 입장객을 사로잡는 매력이 있다. 이즈미 신야는 필립슨 BIE 명예의장이나 로세르탈레스 Vicente G. Loscertales BIE 사무총장과의 대화에서, "박람회가 가진 본질적인 미디어적 성격은 전자 매체와는 상극에 있는 것이므로 그것을 중요하게 여겨야 한다. 박람회를 하나의 큰 미디어로 생각해 본다면 유일하고 최고라고 할 수 있을 것이다"(泉, 2005)라고 말했다. 세계박람회의 의의가 사라져가고 있다는 지적도 있지만, 다른 것으로 대체할 수 없는 시간이나 공간을 제공한다는 특징은 앞으로도 유효하다고 할 수 있을 것이다.

그리고 주변에 넘쳐흐르는 일상적인 테크놀로지에 익숙해 진 관람객에게 놀랄만한 감동을 주는 것이 가능한지의 여부, 그것은 파빌리온 제작자 측과 관람객 사이의 교섭이기도 하다. 서로가 서로를 확인하는 그 진지함이 인류를 여기까지 끌고 온 힘일 것이다. 그 감정적인 체험을 단순히 일회적인 것으로 끝내지 않고, 시각뿐만 아니라 다른 감각으로도 전하면서 자기 세대, 그리고 이후 세대에게 과제를 인식시키는 것. 그리고 그 감각을 사후에도 지속할 수 있다면, 그것이야말로 세계박람회라는 150년의 역사를 가진 장대한 사회 실험의 장이 가진 의의일 것이다.

그 전환점을 만든 일본이기에 앞으로 국내에서 세계박람회를 개최할 기회가 많지 않을지라도 해외에서 개최되는 세계박람회에 계속 출전해야 한다. 그리고 그 메시지를 만들어 전하기 위해서 필요한 제체를 유지·발전시켜 나가는 것이 일본 행정에 주어진 과제이며, 일본이 국제사회 속에서 달성해 나가야 할 사명이라고 믿는다.

은희녕 옮김

참고문헌

泉真也, 『泉真也の万有万物博覧会』, をつくる会 編 『泉真也の万有万物博覧会』, 中日新聞社, 2005.

社団法印イベント産業振興協会, 『イベント・プロフェッショナル』, 2012.

名古屋学院大学総合研究所, 『国際博覧会を考える―メガ・イベントの政策学』, 晃洋書房, 2005.

日本貿易振興機構, 『二〇一〇年上海国際博覧会 日本公式参加記録』, 2011.

日本貿易振興機構, 『二〇一二年上海国際博覧会 日本公式参加記録』, 2012.

平野暁臣, 『大阪万博―20世紀が夢見た21世紀』, 小学館, 2014.

근대 파리 만물박람회의 궤적 1855~1900

그 「만유이념万有理念」이 보여주는 것

이치카와 후미히코(市川文彦)

19세기 동안 5차례에 걸쳐 개최되었던 근대 파리 만물박람회는 만유박람회Exposition universelle, 万有博覧会라는 호칭을 사용했다. 이 글은 만물성(또는 만유성)·보편성 제시를 지향하는 이념과 이것에 입각한 박람회에서 이 이념이 어떻게 구체화 되었는지 그 실상을 탐구하는 것을 과제로 삼는다. 근대 파리 만물박람회와 같은 시기의 런던 만물박람회는 오늘날까지 이어진 근대 만국박람회의 원형을 확립했다. 그 원형은 전시 참가국의 확대, 선구적 기술력과 그 성과로 발명된 여러 가지 새로운 문명의 이기 과시, 여기에서 기인한 가까운 미래상 제시 등으로 대표된다. 다만 근대 파리 만물박람회의 특질은 다음에서 볼 수 있는 것과 같이 이것뿐만은 아니었다.

당시 프랑스 사회·경제 시스템의 특징 중 하나는 예로부터 존재한 직인층職人層의 높은 수준의 기교, 숙달된 고품질·고부가 가치 명품, 공업 제품 등에 있다. 근대 파리 만물박람회는 이들의 기술로 대표되는 고

유의 전통을 표창·유지하고, 더 나아가 그 수준 향상을 촉구하고자 했다. 여기에서 그치는 것이 아니라 박람회 개최 시기에 발생하던 여러 가지 사회문제(노동자의 생활 개선문제 등)에 대한 해결책도 제시하고 있어 그 영역이 실로 광범위하다. 이를 구현하는 전시 양식이야말로 파리박람회를 만물박람회답게 하는 것이었다.

파리 만물박람회는 그야말로 근대사회를 복잡하게 만드는 삼라만상, 즉 과시·계몽·표창·유지·해결해야 하는 다채로운 성격의 만물을 체계적으로 분류하는 것으로, 혹은 복잡하게 얽히고설킨 실태 그대로를 제시하는 것으로 귀결되었다. 이 과정은 만국박람회를 보편성, 즉 '만유이념'을 기반으로 '만유공간'으로 만들고자 한 근대사近代史였다. 이 글에서는 그 궤적과 기능을 추적해 보고자 한다.

1. 만물박람회로서의 파리 만국박람회 — 그 궤적

1) 만국박람회의 호칭에 관하여

19세기 가운데 5차례에 걸쳐 만박万博의 개최를 거듭한 근대의 첫 만박은 1855년 박람회(L'Exposition Universelle)이다. 이 박람회는 세계 최초의 제1회 만박(1851)인 런던박람회(The Great Exhibition)의 뒤를 이어 개최되었다.

여기에서 만박이란, 현재 일본에서 통상 만국박람회의 약칭으로 사용되고 있는 표현이다. 박람회국제협회BIE가 정한 '만박'의 영어표기는 *World Expos*(*Expositions, Exhibitions*)(이하 이탤릭 — 필자)이며, 프랑스어 표기는

*Les Expositions univrselles*이다.[1] 때문에 '만박'을 표기하기 위해 사용되는 프랑스어인 universel은 종종 영어의 World와 완전한 동의어로 여겨졌다. 즉, universel이란 '세계의'라는 의미가 담긴 표현으로 인식되어온 것이다.

분명 프랑스어의 universel(그리고 영어의 universal)이라는 단어에는 '만국의', '세계의'라는 의미가 포함되어 있다. 그리고 동시에 이 단어는 더 많은 의미 ― 보편적인, 일반적인, 종합적인, 만유의, 만물의라는 의미 ― 도 가지고 있다.

즉 *L`Exposition Universelle*이라는 호칭은 만국박람회로 번역될 수 있다. 동시에 인간사회나 자연계의 삼라만상을 종합적으로 제시하는 통합성·보편성을 가진 만유박람회·만물박람회이라는 의미도 함께 포함한 용어인 것이다.[2]

〈표 1〉과 같이 근대 파리에서 개최된 첫 회와 두 번째의 만국박람회, 즉 1855년 박람회와 1867년 박람회는 *L`Exposition Universelle*(만물박람회)로 칭하고 있다. 그리고 세 번째 만박 이래, 즉 1878년 박람회와 1889년 박람회, 1900년 박람회의 명칭(공식 약칭)은 *L`Exposition Universelle international à Paris*였는데, 이 명칭에서도 또한 univrersel의 의미가 ('만국의'가 아닌) '만물의'를 의미하고 있었다는 것이 명료해진다. 만약 universel이 '만국의'를 의미한다면 구태여 이 명칭에 international이라는 단어를 다시 되풀이할 필요가 없기 때문이다. 즉, 1870년대부터 세기말까지는 '만물국제박람회'로 칭했던 것으로 이해된다. 더불어 이 시기부터 '국제'라는 단어를 만물박람회의 호칭에 추가한 것은 전 세계가 증기선, 철도, 전신을 통해 보다 긴밀하게 연결되었기 때문일 것이다. 또한 프로이센-오스트리

'만물박람회' 시기

1855년 박람회 농공업산품 및 미술품에 관한 만물박람회 1853년 12월 24일 정령(政令)
(정부에 의한 공식 명칭 : *Exposition universelle de 1855*)

1867년 박람회 농공업공산품에 관한 만물박람회 1866년 6월 22일 정령(政令)
별칭 : 미술 및 공업에 관한 만물박람회
(약칭 : *Exposition univeselle de 1867, à Paris*)

'만물국제박람회' 시기

1878년 박람회 농공업산품 및 미술품에 관한 만물박람회 1876년 4월 4일 정령(政令)
(약칭 : *Exposition universelle internationale de 1878 à Paris*)

1889년 박람회 공업산품에 관한 만물박람회 1884년 11월 8일 정령(政令)
(약칭 : *Exposition universelle internationale de 1889 à Paris*)

1900년 박람회 미술품 및 농공업산품에 관한 만물박람회 1892년 7월 13일 정령(政令)
별칭 : 1900년 파리 만물 및 국제박람회
Expo uni. et inter, de Paris,1900
(약칭 : *Exposition universelle internationale de 1900 à Paris*)

'국제박람회' 시기 : *Exposition internationale*

Cf. 1925년 장식 · 근대공업국제박람회(＝특별박람회)
1937년 근대 생활을 위한 예술 · 기술국제박람회

출전 : 각 박람회 보고서

아전쟁(보오전쟁, 1866), 프로이센-프랑스전쟁(보불전쟁, 1870~1871) 등, 유럽에서 전란이 일어나던 19세기 후반에 보다 강한 국제 협조하의 평화의 제전이라는 의미에서 만물박람회를 개최한다는 의도 역시 포함되어 있다 고 추측해 볼 수 있다.

따라서 본장에서는 만물박람회로서 파리박람회가 가지는 성격에 주 목하여 만물박람회라는 호칭을 사용하고 논의를 이어가보고자 한다.

2) 만물박람회로서의 파리 만국박람회

그렇다면 19세기에 모두 5차례에 걸쳐 개최된 근대 파리의 박람회는 어째서 만국박람회보다 만물박람회를 더 지향하고 있었을까. 그리고 만물박람회는 어떠한 전시를 지향하는 행사였을까. 파리에서 개최된 첫 박람회인 1855년 박람회를 추진한 이들의 기본 입장을 간단히 살펴보자. 이 박람회가 종료된 이후에 작성된 『황제에게 바치는 보고서*Rapport 1855 présente à L'Empereur*』에 의하면, 먼저 박람회라는 것은 애초에 "우리의 문명을 나타내는 것이며, 관련한 진실을 명확히 하는 사실", "사람들이 결속하는 사실"과 관련된 것으로 인식하고 있다. 또한 "이와 같은 사실을 칭송해야 한다"라는 기본적인 입장이 보인다.[3]

그리고 박람회의 개최 의도로 "무엇보다도 박람회가 제시하고, 목적으로 삼는 것은 완성된 진보"라고 한다. 즉, 전시 대상이 되고 이와 관련한 '진보'를 파악하기 위해서는 "모든 산업을 한눈에 바라"보는 전시 방식이 필요하다. 또한 "완벽해지는 중인" 공간에서 전개되는 "인간 활동 분야"의 몇 가지 사례도 제시한다고 적고 있다.[4]

다시 말해 처음부터 만물박람회의 한 축은 개최국이 자랑하는 선진적인 기술 혁신, 경제 발전 수준에 반영된 국력, 국가의 위력을 어필하는 것으로 현대의 만국박람회로도 계승되고 있다. 동시에 또 다른 한 축은 개최국·출전 참가국에 구별을 두지 않고 보다 보편성, 일반성을 지닌 테마로 문명 또는 문화와 관계된 사물, 경제력 이 외의 여러 측면을 광범위하게 보여주는 것이다. 만국박람회는 개최 초기부터 이러한 쌍방의 전시를 지향하고 있었다. 즉, 명백하게 박람회는 "인간에 의해 만들어진 모든 것을 보기 위한 통일된 정리"[5]를 광대한 박람회장에서 보여준다는 목적을 가진 거대 행사였던 것이다.

근대 프랑스가 박람회를 만물박람회로 만들겠다는 도전을 구체적으로 계획하는 과정에서 황제 나폴레옹 4세의 주위에서 영향력을 발휘한 생시몽주의자들의 존재가 특필되었다. 근대가 도래할 무렵 그들은 당대에 어울리며 앞으로 실현되어야 할 새로운 산업사회를 프랑스에 구축하고자 했고 이를 실천에 옮겼다. 특히 1855년 박람회에서 주도적인 역할을 맡은 미셸 슈발리에^{Michel Chevalier} 등은 이 새로운 국제박람회를 열어서 여러 사물을 백과사전과 같이 체계적인 질서 속에 세우고, 바람직한 근대 산업 사회의 모습을 보여주는 계몽의 장으로 박람회를 활용하고자 했다. 말하자면 만물박람회의 박람회장이 새로운 산업 사회의 유토피아를 구체적으로 대중들에게 보여주는 실험장이 되기를 바랐던 것이다.

동시에 슈발리에 등은 이러한 경제적 혁신을 보여주는 것뿐만 아니라(물론 이러한 혁신과도 관계가 없는 것은 아니다) 사람들의 '철학적 정신'을 발달시켜, "보다 자유롭게, 보다 도덕적인 충족을 확장"할 수 있는, 앞서 나온 '우리의 문명을 표현'하는 것이나 인간에 의해 '완성된 진보', '인간 활동 분야' 등으로 다양하게 확장하고자 했다. 예술, 교육, 일상생활과 관련된 물건(노동자의 생활 개선을 위한 값싸고 질 좋은 물건) 등을 박람회에서 제시[6]하는 것에도 큰 의미를 부여하고 있던 것이다.

3) 만유이념의 구체화

즉, 파리 만국박람회를 주도했던 슈발리에 등의 사상적 바탕이었던 생시몽주의의 궁극적인 목표는 부와 번영을 가져오는 생산력 증대=산업발전에 의한 생활 조건의 개선을 통해 노동자 계급을 해방[7]하는 것이었다. 그리고 또 다른 목표는 인간과 인간의 협업('보편적 협동')을 달성[8]하여 프랑스 사회의 근대적 발전을 이루는 것이었다. 그렇다면 만물박람회에서 새로운 기술혁신으로 대두된 산업 발전과 인간생활의 '물질적·지적·도덕적 개선'[9]으로 이어지는 예술, 교육과 관계된 온갖 창출물이 전시 대상의 중심이 되는 것은 필연적이었다. 만물박람회의 기저사상인 '만유이념'의 목표가 '인간사회의 삼라만상 제시'라면, 생산력의 증대 및 물질적·지적·도덕적 개선과 관련되어 있기에 주목해야할 여러 사물이야말로 그 목표를 보여주는 핵심이었던 것이다.

만물박람회라는 것은 즉, '온갖 진보의 실현'에 의한, 널리 조망할 수있는 "지구상의 이러한 생산물을 응집"하는 장이었다. 그리고 "무엇보다도 박람회의 제시 목적으로 삼는 것은 완수된 진보"이기 때문에 여러 산업의 진보한 모습을 "한꺼번에 볼 수 없는", 전시 대상이 한정적인 소규모박람회는 처음부터 만물박람회의 취지에 어긋난다는 것을 의미했다.[10]

이 점에서 상당히 흥미로운 것은 1889년에 프랑스가 (a)빈 박람회(1873)와 (b)필라델피아 박람회(1876)를 회고하며 내린 평가와 '만유이념'을 기저로 삼았던 그 평가 기준이다. 이를 통해 프랑스식 만물박람회 스타일이 일정 정도 타국으로 전파되었던 모습도 엿볼 수 있다.

> (a) 1873년 5월 1일 빈에서 개최된 박람회는 우리들이 역사적으로 개괄하고 묘사했던 다른 박람회와 같이 미술, 산업상 기교, 해마다 재편되었던 여러 산업의 한정적인 발전만을 제시한 것이 아니었다. 빈 박람회는 만물박람회였기 때문이었다. 즉, 그 계획은 각 문명 국가의 지성과 노동에 의한 생산물 전체를 포함한 것이었기 때문이었다. (…중략…) 그리하여 빈 만물박람회는 오스트리아=헝가리에 위대한 영예를 안겨주었던 것이다.[11]

(b) [필라델피아 박람회의] 목적은 단순히 '새로운' 국가로 해방된 것을 축하하는 것뿐만 아니라, 신대륙의 현저한 진보 달성을 보여주기 위한 것이기도 했다. (…중략…) 이상과 같이 여겨졌던 제3부문 [교육과 과학]의 전시 계획은, 그렇다고 해도 위대하고 뛰어났던 시각을 보여준 것이었다. 이 필라델피아 박람회의 기획자들이 가지고 있던 인간의 가치나 인간의 위대함에 대한 감각은, 이론상의 혹은 현실상의 검토를 통해 질문을 던짐으로써, 또는 신체적·지적·도덕적 교육 차원에서 질문을 던짐으로써 얼마만큼 모든 사회계급과 인생의 모든 연령층에 제시되고 있던 것일까.[12] ([ ] 안의 내용은 필자가 보충 서술한 것이며, 이하 동일)

한편, 파리 만물박람회가 지향한 만유이념을 기반으로 하여 시행된 예술, 교육 전시라는 관점에서, 파리 만물박람회의 추진자들은 제1회 런던박람회가 상당히 부족했다고 생각했다. 제1회 런던박람회는 공업 제품 전시 중심의 박람회였다. 앞서 시행된 런던박람회와 그 뒤에 개최된 파리박람회 사이에는 '만국박람회의 정신', 즉 전시의 방향성을 결정짓는 차이가 있었다. 이것은 만유이념에 대한 거리감의 차이를 반영한 것이었고 자연스럽게 두 박람회의 전시 방식의 차이로 귀결되었다.

예를 들어 제1회 런던박람회(1851)의 미술전시에서는 회화를 배제하고, 조각·건축·판화로 한정했다. 이것은 전시 내용을 결정할 무렵 영국·왕립위원회가 회화는 공업 생산과는 무관한 것이라고 비판했기 때문이었다. 이후 프랑스에서 간행된 19세기의 각 만국박람회 회고록[13]에는 영국 측의 이러한 비판이 "위대하고 품격 있는 견해"를 결여한 "기묘한 사고방식"에 다름없으며, 프랑스 측에서는 '유감'을 느꼈다고 기

록되어 있다.[14]

이에 비하여 첫 회 파리박람회가 1855년에 개최될 것이 결정되었음을 알린 1853년 6월 23일 정령政令에는 공업 생산과 예술 활동이 결부되는 것의 중요성이 드러난다. 동시에 첫 회 파리박람회에서 공업품 만국박람회와 미술 만국박람회를 동시에 개최할 것을 표명했다. 즉, "공업의 완벽화가 예술의 그것과 밀접하게 결부되고 있는 것", 또한 "미술에 어울리는 장소를 다음 만물박람회에서 배정하는 것은 공업이 미술과 깊게 연결되고 있는 프랑스의 특별한 역할이라는 것"을 자체적으로 인정하고, 자각한 바탕에서 이루어진 정령포고였다.

더욱이 박람회 종료 후의 『황제에게 바치는 보고서』에는 확인해야 할 사실 가운데 한 가지가 다음과 같이 기록되어 있다.[15]

이것은 프랑스가 여태까지 어떤 나라도 쫓아올 수 없는 프랑스 고유의 분야, 즉 센스(*le gout*)를 갖고 있는 것이다. (…중략…) 다른 나라들은 센스를 통해 큰 가치를 창출하는 여러 가지 제품을 생산하고자 할 때에 우리의 예술가들과 우리의 노동자들을 이용하기 위해서 프랑스 지협으로 강하게 도움을 요청하게 될 것이다.

그리고 첫 회 런던박람회(1851)에서는 "서로 의존하는 상태였던 농업과 공업의 관계를 일체화하는" 것으로 간주하고 있었다.(〈표 2〉) 농업과 공업의 관계는 "가장 긴밀하게, 가장 본질적인 연관성"을 보여주며, 또한 "서로 협력하는 상호관계"라고 이해되었다. 때문에 공업용 원료가 되는 가죽, 목재 등의 농산품, 또한 농업용 기기, 비료 등의 공업품에 주

목하고 있었다.[16]

또한 이 런던박람회에서는 교육에 관한 전시가 빠져 있었지만, 프랑스 측은 교육이 갖는 "사회생활에서의 두드러진 역할", 또한 "산업상의 생산성을 만드는 영향력", 더불어 그 교육 방법에 대한 연구가 "각 개인에게 문명화를 통해 비추는 광명"이라는 점을 충분히 염두에 두고 있었다. 그리고 1862년 런던박람회와 함께 2번째로 개최된 1867년 파리박람회부터 전시(제X부문 "인간의 물질적 및 도덕적 조건 개선을 위한 전문적 용구")에 힘썼다.[17]

그리하여 세계 제1회 박람회였던 1851년 런던박람회와 뒤이은 1855년 파리박람회는 이후 두 도시에서 수차례에 걸쳐 개최된 만국박람회와 함께 근대 만국박람회의 형식을 확립했다. 국위 선양, 기술 혁신 과시, 산업 진흥, 국민 계몽, 엔터테인먼트성 부여 등의 여러 가지 요소를 갖춘 형식은 후대 만국박람회의 원형이 되었다.[18] 만국박람회 모델의 구성에는 영국과 프랑스 둘 다 기여했다. 다만 두 나라의 사례에 한정해 보아도, 개최국의 입장, 나라마다의 풍속 차이가 각 만국박람회의 차이와 특징을 가져온다. 앞서 본 바와 같이 만국박람회의 기본사상의 하나로 '만유이념'을 선정해 보았다. 파리에서는 '만유이념'에 집념을 보이고 이에 기반을 둔 만국박람회 기획에 시종일관 노력했다. 그에 비해, 런던은 '만유이념'에 집중하는 정도가 프랑스보다 작았다. 이와 같은 입장 차이는 두 도시에서 개최된 각 만국박람회의 전시 방침과 전시 범위의 차이를 통해 선명하게 드러난다. 〈표 2〉에서 볼 수 있듯이 파리박람회는 런던박람회의 경우보다도 더욱 세밀한 전시 분류를 시도하고 있다. 또한 생산품의 성질 이상으로 인간이 만든 제조법, 가공법을 중시한 분류, 또한 사람들

〈표 2〉 런던 만국박람회·파리 만국박람회의 전시 분류

1851년 및 1862년 런던박람회의 전시 대분류

I. 소재 및 소재가공품
II. 기계
III. 제조공업품
IV. 금속·유리·요업(窯業) 제품
V. 그 외 여러 가지 물품
VI. 미술품-회화 제외(1851년 박람회의 경우)

1855년 파리박람회의 전시 대분류

I. 채굴산품·농산품·소재가공품
II. 기계를 이용한 제조·가공품
III. 물리·화학·여러 과학의 연구를 응용한 생산품
IV. 직업적 전문 기술에 의한 생산품
V. 금속제품·금속가공품
VI. 직물제품
VII. 가구·장식품·복식 양식·공업도안·인쇄물·악기
VIII. 미술품

1867년 파리박람회의 전시 대분류

I. 미술품
II. 인쇄물 및 관련품
III. 주생활 용품·가구
IV. 의료·복식품
V. 농림산품
VI. 기계를 이용한 제조·가공품
VII. 식료품
VIII. 가축으로부터 나온 산출물
IX. 목축 관련품
X. 인간의 물질적 및 도덕적 조건 개선을 위한 전문적 용구

출전 : Rapport 1867, 18~20쪽.

사이의 도덕적 상황에 관한 분류 항목(1867년 박람회)을 만들었다는 특징
을 보여준다.

초기의 만국박람회 개최와 경험의 축적은 이후 각지에서 열리는 만
국박람회가 공통적으로 답습하는 만국박람회 형태의 원형을 형성했다.
이와 동시에 만국박람회 마다 개성과 특질이 만들어지는 중층적인 프

로세스 또한 여기에서부터 시작된 것이다. 근대 만국박람회의 최대 전시 요소 가운데 하나인 산업 기술 측면에는, 각국의 "여러 산업은 그 나라의 사정에 따르는" 것[19]이므로 어필하려는 기술과 이를 상용하는 수법, 생산 방식의 특성에도 각국의 산업 구성, 그리고 여기에 '나라별 풍습'이 반영되었다. 때문에 자연스럽게 각 만국박람회마다 그 양상이 다르게 나타났다. 이러한 배경에서 각 나라에서 개최된 만국박람회는 공통의 만국박람회 스타일 양식에는 따르되, 더 나아가 하나하나 그 자체로 특징, 개성을 띠게 된 것이다.

2. 착종하는 가지각색의 미래상

19세기 파리의 각 만물박람회는 인간사회가 달성하고, 문명이 도달한 모든 사물의 삼라만상을 체계적, 종합적으로 제시해 온 만유이념을 바탕으로 구성되었다. 앞 절에서 다룬 것처럼 그 전시 대상이 된 만상萬象이면서, 특히 핵심이 된 것은 고도의 산업 기술―선진적 기술혁신과 기교가 탁월한 숙련 기술―과 예술, 교육을 비롯한 인간생활의 "물질적·지적·도덕적 개선"으로 이어지는 여러 가지 사상이었다.

근대 이후 만국박람회 전시의 한 축이 된 고도의 산업 기술은 그 기술을 창출한 국가의 생산력 발전과 직결되는 중대한 요소이다. 때문에 새로움―신선함―과 함께 사람들이 주시하는 대상이 된 것은 당연했다.

그러나 파리 만물박람회에 등장한 산업 기술이 오로지 시대의 첨단을 달리는 참신한 기술로 만들어진 발명품에만 한정되었던 것은 아니라는 점에 주목해야 한다. 여기에서는 근대 프랑스의 산업 기술 동향을 살펴보면서 19세기 중반 이후 각 파리 만물박람회에서 이루어진 기술에 대한 평가와 그 자리매김을 검토한다.

1) 표창의 이중성－전통 계승과 근대화 추진

박람회장에서 볼 수 있는 선진적인 기술 혁신은 각 만국박람회에서 가장 인기를 끌었다. 이는 런던에서 개최된 제1회 만국박람회 당시 세워진 수정궁이나, 파리에서 개최된 여러 차례의 만물박람회에서 이루어진 증기 기관에 의한 대형 기계 운전, 기관차 작동 시연 등의 사례를 통해 알 수 있다. 만국박람회 출전을 계기로 이루어진 새로운 기술 발전이라는 주제는 기존의 만국박람회 연구에서도 주목해 왔던 부분이다.[20]

확실히 각 만국박람회에서 이루어진 「전시품 심사보고」를 읽어보면, 만국박람회 개최 당시의 수많은 선진기술이 상당히 주목을 받았으며 예찬되고 있었다. 예를 들면 증기 기관 응용을 전제로 한 기계공업, 전기로電氣爐를 이용함으로써 경제성을 실현한 금속공업, 증기 기관차 도입으로 인해 고속도 수송을 달성한 철도업 등을 열거하면서 "이 발명품의 일부는 실천적 시도"에 그치는 것이 아니라, "대량 생산으로 이어지는 결정적인 기교의 승리를 이러한 발명품들이 예고하는" 것이라고 평가되고 있다.[21]

그런데 선진기술을 구사한 새로운 문명의 이기와 함께 「심사보고」에서 주목할 대상으로 떠오른 것이 숙련된 직인들이 높은 수준의 전통적 기술로 만든 제품, 또한 재래의 소규모 가내 공업을 유지하는 기계군의 존재감이었다. 확실히 1855년 박람회의 추진자들은 "철도, 전신, 증기선, 지협의(터널) 관통 공사, 그리고 이른바 공공 토목 공사 등이 속하는 실로 광범위한 경제적 진보"[22]를 중시하고 있었다. 그러나 동시에 "특수 기계 및 공업 작업장에서의 용구" 부문(제5절) 등을 설정하여 소규모 작업장을 대상으로 한 제분업용 기계, 빵 제조용 기계 등의 개량도 동일하게 장려했다.

이 부문에서 주목의 대상이 된 제품 중 하나는 톱이었다. 제작자인 노르만은 톱을 "네모지고 비스듬하게 이어진 곡선의 형식"으로, "위대한 장점을 가졌을 뿐만 아니라, 본 만물박람회가 전 세계를 위해 만들어 낸 의심할 여지가 없는 우수한 이점"을 가진 제품으로 높게 평가했다.[23]

이러한 직인, 가내 수공업을 위한 기계, 용구의 개발은 1855년 박람회에서 멈추지 않았다. 세기말인 1900년 박람회에서도, 또 그 이전의 3번의 만물박람회에서도 신기술 혁신과 함께 일관되게 존중받아 온 중요한 테마 가운데 하나였다. 1900년 박람회에서는 "절20 여러 가지 동력 기계"가 설정, 전시되었는데 여기에서 주목받은 제품 가운데 하나가 '가정용 소동력 모터를 장전'한 가스 이용 조명 기구였다. 즉, 가내 수공업용 혹은 소규모 작업장용으로 "보다 사용법이 용이하고, 한층 경제적으로 연료를 소비"하는 내연 기계, 연소 기계의 제작이 1900년 박람회 당시에도 여전히 중요한 개발 테마에 포함되었던 것이다.[24]

앞서 본 것과 같이 만물박람회에서 이루어진 표창은 대조적인 두 요소, 즉 직인의 기술을 포함하는 현재의 기술은 물론 재래적 생산방식과 대량생산 시스템을 이끄는, 미래로 계승해야 할 기술 혁신으로 가득찬 새로운 발명을 대상으로 삼았다. 즉, 만물박람회에서 이루어지는 표창의 이중성을 알 수 있는 것이다.

2) 공업화의 실상과 만물박람회

앞서 본 바와 같이 파리 만물박람회에서는 이러한 생산 방식의 재래성과 혁신성에 각각 주목하여 양자를 모두 대상으로 삼았다. 이와 같은 평가 방식은 19세기 후반에 진행되고 있던 프랑스 공업화의 성격과 밀접한 관련이 있다.

근대 프랑스 공업화의 특징 중 하나는 대규모 공장제가 견인하는 철강, 기계 등의 기간적基幹的 생산재 제조, 면제품 등 대중 소비재 제조로 대표되는 '근대적 대공업 부문'이 존재했다는 것이다. 또 다른 한편으로 수공업 생산을 기축으로 삼은 2개의 부문이 있었다. 하나는 농업과 깊게 관련된 농촌 지대에 널리 퍼진 '농촌부 가내 수공업용 부문'이다. 다른 하나는 대도시부의 직인들이 소규모 작업장(아뜰리에)에서 만든 고급 편직물 제품, 복식품, 수공예품 제조 등에 해당하는 '수공예 사치품 제조 부문'이다. 만물박람회가 개최된 1850년대부터 제1차 세계대전 전야인 19세기 중엽에서 20세기 초엽의 프랑스에서는 당시의 표현으로 이른바 '대공업' 부문 *la grande industrie*(생산재 제조 등의 대공장 등)과 '소공업' 부문 *la petite industrie*(직인층도 포함한 경공업을 비롯한 영세, 중규모 작업장)이라는 2종의 공업 부문이 공존하면서 발전하고 있었던 것이다.[25]

전체 공업 구조 가운데 이 두 부문의 동향은 근대 프랑스 경제에서 '이중 성장'으로 파악된다. 추산에 따르면 1840~1845년 시기부터 1860~1865년 시기에는 '대공업' 부문의 성장도가 +100%였고, '소공업' 부문의 성장도는 +30%였다.[26] 양자의 발전 리듬은 서로 달랐으나 둘 다 생산 활동이 성장한 것은 명확하다. 게다가 19세기 후반부터 세기 전환기에 걸쳐 프랑스 '소공업' 부문은 소규모 작업장, 가내 등 그 생산 단위가 영세

했지만, 노동 생산성은 결코 낮지 않은 성장 영역이었다는 점에도 주목할 만한 가치가 있다.[27]

　이러한 당시 이중 성장의 대성황을 반영하여 근대 파리의 각 만물박람회에서는 공업 생산의 성과에 대한 표창이 '대공업', '소공업' 두 부문 각각에서 이루어졌다. 혁신성과 재래성을 대표하는 두 부문을 구분하면서 직접적으로 비교하거나 경합시키는 것을 피하는 이원적인 평가 방식이 채택된 것이다.

　당시 사람들의 이목을 집중시켰던 혁신적 기술·수법에만 편중되지 않고, 근대 프랑스를 지탱해 왔던 재래적 기술·수법도 동등하게 평가하는 심사 방식의 전형적인 예를 하나 들어보자. 프랑스 국내 공공사업 분야에 포함된 교통업에서 혁신적 업종·철도와 재래적 업종·수운에 대한 평가가 바로 그것이다.

　근대 프랑스는 19세기 초엽에 제1차 교통혁명(철도부설 중시 방책에 따른 수송량 확장)과 19세기 중엽 이후의 제2차 교통혁명(철도와 수운 모두를 정비하는 정책에 의한 수송량 확장)을 경험했기 때문에 철도 수송량이 비약적으로 증대되었다. 1900년 만물박람회에서는 당연히 철도업의 신장을 이끈 여러 공헌이 평가 대상이 되었다. 동시에 수송 체계 전반의 향상에 기여하고, 주운舟運과 철도 사이의 연계점을 설정하는 등 새로운 기축을 만들어 낸 재래 업종인 내륙 수운업, 연안·외항 해운업 측면에서 이루어진 여러 정비 사업도 철도에 못지 않은 평가 대상이 되었다.[28] 「1900년 만물국제박람회·심사보고서」에 의하면 '공공사업부' 아래 '도로·교량' 부문은 2개 사업뿐이나, '국내 수운' 부문은 12개 사업, '연안·외항해운' 부문은 12개 사업, 그리고 마찬가지로 '철도' 부문에서도 12개

사업이 표창 대상이 되었다. 재래업종의 경우에도 혁신적 업종의 경우에도 평가 대상이 되는 사업의 수는 동등했고 양자의 표창에서 균형화가 도모되었다는 것은 명백하다.[29] (더불어, 이 외의 별도의 항목으로, 주요 철도 5개 회사에서 따로 표창을 수여했다.)

19세기 프랑스 경제를 특징지은 '대공업', '소공업' 쌍방의 이중 성장을 반영하고, 그 평가와 표창의 대상에서도 진기한 문명의 이기를 받아들여 새롭게 등장한 혁신적 업종에 한정하지 않았던 점은 '만상'을 한눈에 보여주는 근대 파리 만물박람회의 특징이 되었다.

3) 가지각색의 바람직한 미래상

이상의 심사 구분에서도 명백하게 볼 수 있듯이 근대 파리 만물박람회에는 그 '만상' 공간 속에 2개의 산업 세계가 병치되었다. 즉, 증기 기관에 의한 대량 생산 시스템에서 나타나는 혁신적인 프랑스 공업 부문과 기교가 뛰어난 직인의 기술이나 소규모 작업장, 그리고 전통 기술 시스템이 유지해 온 재래적 프랑스 공업 부문의 병존이다. 이는 당시 프랑스 공업 구조의 양면성을 단적으로 명료하게 보여주는 것이다. 만물박람회에서는 양자를 '만상'을 구성하는 것으로 여겨 모두 포섭했다.

문제는 만국박람회장에서 이 양자의 관계성이 명시되지 않았다는 것이다. 즉, 양자의 상호관계에 앞서 바람직한 이상적 형상, 미래도를 포괄적으로 보여준 것은 아니었다. 한편으로는 기술 혁신의 장려를 위해서 다른 한편으로는 전통 기술을 유지·계승하기 위해서 대조적인 두 방향으로 이중 표창한 것일 뿐이었다. 이러한 상황 속에서 그려진 근대 프랑스 경제 사회의 미래도에는 기술 혁신을 한 층 더 진흥하여 생산성 향상을 주장하는 목소리와 직인들의 기술을 포함한 재래적 소규모 공업 생산의 유지 방책을 옹호하는 목소리가 착종되고 혼재했다. 때문에 파리에서 개최된 각 만물박람회에서는 그 전체상이 명료하게 보이지 않았다.

한편으로 당시 프랑스에서는 증기식 기계의 성장 지체를 근심하면서, "(우리들의) 진보는 느낄 수 있다. 그러나 그것은 완만하기 때문에 만족할 수 있는 것은 아니다. 다른 나라들은 보다 빠르게 걸어 나가고 있다. 더불어 (우리의) 공업은 충분히 진전되지 못했고, 지체 없이 보다 높은 수준에 이르는 것이 중요하다. 우물쭈물하고 있는 것은 빠르게 사라져 버리기 때문이다"[30]라는 위기감이 표명되고 있었다.

그러나 다른 한편으로 직인층을 포함한 소작업장용 소형 동력 기계의 개발 촉진을 위해 "만물박람회는 실로 소규모의 동력 기계에도 기계의 위력에 생명을 불어넣는 모터를 달아 바꾸어" 갔다는 점, 혹은 소형 모터 개발책은 "실제로 이 나라의 번영 속에서 가장 기세가 넘치는 요소인 소공업에서 필요하다"(방점–필자)는 점은 명백했다.[31] 더욱이 20세기 초엽인 1905년에 들어와서도 전문가들은 한층 더 소도구를 개발하는 것은 "옛날처럼 독립하여 자율적 상태에 있기를 바라며, 사회에 가능한 정도로 봉사하는 것에 만족하고, 성실하게 살아가기를 바라는 소장인小親方, 소직인, 소상인에게 도움이 되는 것을 목적"으로 삼는 것이라고 여겼다. 또한 "(…중략…) 이 독립자들에게 스스로 독립성을 지키기 위해서 자유롭게 다룰 수 있는 전문적 용구를 알리는 것이야말로 그들에게 도움이 되는 것이다"라고 주장[32]했다.

이렇게 유지, 발전시켜야 할 소작업장용 소형 기계·용구, 소형 동력기의 개발은 다음과 같이 각 파리 만물박람회에서 세기말까지 일관적으로, 그리고 집요하게 계속 전시의 테마로 선정되었다.

1855년 박람회 '특수 기계 및 공업 용구'(제II군 제VI절)

[전시품은] 각 작업장에서 사용되는 용구, 즉 녹로(轆轤)와 물건을 갈고, 구멍을 뚫어주고, 갈고리를 걸고, 칼집을 넣는 기계 등을 포함한다. (…중략…) 이것은 확신을 갖게하는, 이처럼 중요한 기계의 혁신이 일어나는 각 해당 분야에서 실현한 진보[였다.][33]

1867년 박람회 '기계 및 금속제 일반적인 설비'(제53절)

쉽게 설치할 수 있는 데다가 적당한 압력으로 배수를 할 수 있는 모터의 창출은 '소공업'에서 상당히 유용할 것이다. (…중략…) 이러한 종류의 기계 2대가 전시되어 있다.[34]

1878년 박람회 '기계 및 일반적인 기계 설비'(제54절)

모터 동력을 분할하여 실내 노동자의 손에 닿는 곳에 설치하는 것, 즉 실내 용구를 설정하는 것이야말로 여기에서 실로 중대한 문제가 되었다. (…중략…) 당분간 우리는 이 목적을 위해 설정된 소형증기식 기계에 한해서 검토한다.[35]

1889년 박람회 '기계 및 일반적인 기계설비'(제52절)

이른바 '가정용' 증기식 기계에 대하여 한 마디 적어 둘 필요가 있다. 수많은 계획이 실내 노동자를 대상으로 그들이 필요로 하는 기계의 위력을 획득하기 위해 이루어졌다.[36]

1900년 박람회 '공작 기계'(제22절)

[제22절]은 금속, 목재, 코르크, 석재를 가공하는 여러 기계를 다룬다. (…중략…) 이러한 공작 기계의 무한한 다양성은 근대 공업의 힘과 영예를 짊어지는데, 그 다양성은 실로 다수에 이르는 장치의 전시를 설명한다. (…중략…) 본 조사의 전체 과정에서 우리는 이러한 진보가 보여주는 특징과 여러 차례 조우하고 있다 : 즉, 그 특징은 때로는 질적인 면에서, 그리고 항상 양적인 면에서 일손의 절약을 가능케 하는 자동화로 향한다는 것이다.[37]

이러한 만물박람회를 위한 소형 기계, 소형 동력기의 개발과 전시는 1900년 박람회에서는 아무래도 자동화를 위한 개량까지 의식하는 가운데 기획되었다. 그러나 종전부터 있었던 소형기를 중시하는 기조는 20세기에 이르기까지 계속되었다. 이러한 상황이 만물박람회장 내부에 한정된 움직임은 아니었다. 당시 세계에서 이루어지던 '가정 작업장을 위한 소형 모터'의 현상금이 걸린 개발 모집(국민산업촉진협회)이나, 소공업용 전동식 소형 모터의 개량·발명이 프랑스에서는 19세기 중엽부터 제1차 세계대전 때까지 반복적으로 계속되었기 때문이다. 1870년대의 한 산업지産業誌는 이 소형 모터 개발이라는 "해결법은 도시부에서 가족 노동을 촉진시키는 결과를 낳을 것이다. 그리고 부모의 눈길 아래에서 아이들을, 그리고 모친의 감독 아래에서 딸들을 지킬 수 있게 해줄 것이다"라고 서술하고 있다.[38]

이러한 상황은 19세기 말엽부터 제1차 세계대전 전야 사이의 시기에 프랑스의 수출 동향에서도 확인된다. 〈그림 1〉은 전통적으로 프랑스의 걸출함을 볼 수 있는, 직인의 기술 등과 같이 기교가 뛰어난, 또 나라 안팎

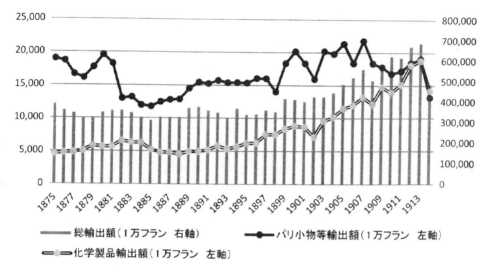

〈그림 1〉 파리 잡동사니 등과 화학 제품의 수출액 추이(1875~1914)

에서 개최된 만물박람회에 출품한 재래적 제품인 '파리 잡동사니'(혹은 '파리산품', '파리상품') *article de Paris*의 수출 추이를 보여 준다. 또한 19세기 말부터 20세기 초에 새로운 산업으로써, 발전이 촉진되어 공장 생산 비중까지 늘어난 화학 제품의 수출 추이도 보여 준다.

전자에 포함되는 것은 작은 장식품·방물·우산·가구·목제품 등이며, 이들은 파리 제작(협의의 파리 잡동사니)과 파리 외의 지방에서 이루어진 제작 모두를 포함한다.[39] '파리 잡동사니'는 19세기 후반에도 양모나 견으로 만든 직물, 포도주와 함께 주요 수출품의 일각을 차지했다.[40] 메이지 일본에서 빈 만국박람회로 견학을 간 이와쿠라 사절단岩倉遣驅使節団 일행도 '파리 잡동사니'의 뛰어난 품질에 주목하고 있었다. 이들은 "프랑스의 공예는 이미 유럽을 웅시雄視했다. (…중략…) 특히 모든 박람회장 안에서도 정수를 보여주었다. (…중략…) (부인 모자를 장식한 조화는) 화연난연華然爛然하여 박람회장 안은 봄을 이루었다"(빈 만국박람회 〈1873년〉 견학 무렵)라고 기록하였다. 이처럼 프랑스 공예는 유럽에서도 탁월한 수준이었으며, 출전된 물품으로 박람회장 전체가 화사해지고 장내에 봄이 도래한 것처럼 눈이 부셨다고 절찬하고 있었다.[41]

〈그림 1〉로부터 알 수 있는 것은, '파리 잡동사니'가 만물박람회 출전물품으로써 좋은 평가를 받았던 것과 시대가 진전됨에 따라 늘어나는 프랑스의 총 수출액이 연동되어 그 수출액이 20세기 초엽까지 계속 증가한다는 것이다. 다만 사치품을 포함한 '파리 잡동사니'는 상대적으로 해외시장의 상황, 즉 영국(1888년에는 파리 잡동사니 총 수출액의 70%를 수입), 벨기에(총 수출액의 약 20%), 독일(총 수출액의 약 10%) 등의 수입국 측의 경황에 보다 많이 좌우되었기 때문에 수출 증감의 진폭이 컸다.[42]

이에 반해 화학 제품의 수출액은 1870년대 중반까지는 '파리 잡동사니'의 1/4정도에 지나지 않았다. 그러나 화학공업이 발전하면서 착실하게 수출이 늘어나 1912년에는 '파리 잡동사니' 수출액에 필적하는 수준에 도달했다. 또한 '파리 잡동사니'가 공업 제품 수출액에서 차지하는 비율은 1875년에는 9.4%, 즉 1할 정도였으나, 1913년에는 5.3%로 저하되었다. 즉, '파리 잡동사니'의 수출액 자체는 〈그림 1〉처럼 1885년부터 1907년까지 증가하는 경향을 보였으나, 다른 제품의 성장을 밑도는 성장의 둔화를 보이는 것이다. 이에 반해 화학 제품의 수출액은 1875년에 2.2%였으나 1913년에는 5.2로 뛰었고, 구성비도 수출액과 함께 증대되었다.(〈그림 1〉과 동일한 통계 데이터에서 산출, 주42 참조)

여기서 분명한 것은 신新 산업제품(화학 제품)과 재래 공업제품(파리 잡동사니)의 이중적 수출 성장에는, 앞서 보았던 증기 기관을 이용한 대규모 양산 시스템화의 촉진과 소형 모터 개발로 대표되는 소공업 생산의 보전·존속, 즉 대조적이지만 동시에 이루어진 두 움직임이 반영된 결과라는 점이다. 물론 지금 확인한 수출 구성상의 변화와 같이 신산업과 구산업의 수출 리듬과 성장도에 작지 않은 기세 차이도 확인되기 때문에 이 측면에서도 충분히 유의해야 할 필요가 있다.

이상에서 보았듯이, 각 만물박람회에는 과거로부터 계승되어온 재래업종의 중요 기능 지속, 그 높은 기술 수준, 소규모 작업장에서 이루어지는 다채로운 생산 활동, 직인층의 뛰어난 기교에 대한 경의와 평가가 축적되었다. 이러한 경의와 평가는 각 만물박람회에서 집중 조명되었던 경제 활동을 가능케 한 숙달, 센스, 도야를 요하는 노동에 대한 사람들의 찬미[43]로부터 만들어진 것이기도 했다. 즉 노동에 대한 찬사는 경제·사회의 근대화 과정에서 노동이 불가결하며 중요한 구성요소였기 때문이었으며, 만물박람회가 열릴 때마다 노동집약적 생산 활동인 재래업종이 국민경제에 공헌하고 있다는 재인식이 이루어지고 있었다.

이와 같이 사람들이 만들어낸 만상萬象, 만물의 체계적인 자리매김에 따라 종합적인 전체상 제시를 취지로 삼는—즉 만유이념에 기반한—만물박람회여야 할 터였다. 그런데 실제 회장 내에서는 만상에 포함되는 근대 프랑스의 경제·사회의 다양한 특질, 그 혁신성과 전통성, 그것의 풍요로움이 명확하게 제시되는 한편, 이와 대립되는 '바람직한 미래상'이 각각 병립하게 되었다.

실제로 만물박람회를 여러 차례 개최한 근대 프랑스의 공업화를 둘러싼 기술, 생산법상의 혁신과 전통이라는 두 요소가 언제나 항상 모순·대립되는 관계는 아니었다. 때문에 특히 프랑스에서 개최되는 박람회라는 점에서 양자의 관계성을 음미하고 제시하는 것은 더더욱 중요한 주제였을 터이다. 예를 들어 새로운 공장제하에서 기계방적, 역직기力織機를 통해 이루어지는 직물 제조와, 분업화하는 종래의 가내 봉제공이 한층 더 창출되는 상황은 프랑스 안팎에서 이루어진 직물업에 혁신과 전통이라는 두 요소가 결부되었다는 것을 의미했다.[44] 어쨌거나 만물박람회는 난립하는 미래상未來像 간의 상호관계를 불명확한 채로 남겨 두었다. 때문에 전체를 조망하기 어려운 착종된 미래도상을 보이게 된 것이다.

3. 근대 만물박람회의 역할과 사회와의 관계

1) '미래도未來圖' 상의 착종 상황

앞 절에서 명확하게 밝힌 것처럼, 각 파리 만물박람회에서 바람직한 미래상으로서 표창 대상이 되었던 것은 새로운 기술 혁신 및 직인의 기능을 포함한 계승되어야 할 종래의 시스템이다. 더불어 양자는 근대 프랑스 사회의 발전에 기여하고, 당시 프랑스 경제의 이중성장을 견인하는 중요한 구성 요소였다. 각 만물박람회에서 추장推奬된 두 요소는 대조적인 성격을 지녔다. 그러나 한 나라의 산업 정책 추진이라는 관점에서 보면, 이러한 양립은 단순히 두 요소를 병치하는 것으로 달성된 것은 아니었다.

일손을 줄이는 것, 즉 기계화와 자동화를 이끄는 기술 혁신의 진전 아래 한 나라의 전체 노동력이나 자본 등의 경제 자원 배분법, 기술 교육의 새로운 정비 등을 추진하기 위해서는 다음 세기를 염두에 둔 프랑스 국민 경제의 방향성, 혹은 산업 정책을 확정하는 것에 초점을 두어야 한다.

그런데 그 정책 사상의 방향성도, 그리고 앞으로 어떤 업종에 역점을 두려는 것인지도 상당히 불명확했다. 만물박람회는 인간의 다양한 활동과 생산물의 체계적·종합적인 제시, 계몽에 힘써야 한다. 그러나 프랑스 국내 산업 구조 내의 두 가지 성격, 즉 직인의 기술을 포함한 재래성과 혁신성을 둘러싸고 박람회장 내에서 제시된 미래도는 착종되어 있었다. 이 착종 상황은 애초에 근저를 이루고 있었던 당시의 정책 사상 자체의 통일적 전망과 전체상의 결여를 생생하게 반영하고 있었다.

그렇다고는 하지만, 1900년 박람회 무렵에 부설 개최되었던 '응용 기계 국제회의'에서는 여러 가지 유형의 기계를 조립하는 공장을 앞으로 늘리는 과정에서 여러 종류의 조립이 가능한 범용성을 갖는 것과 일정 수준 이상으로 숙련된 직인층을 공장에 배치하는 것이 양산화를 위해서도 모두 중요하다는 내용이 논의되었다. 이 회의에서는 위와 같은 내용을 추진할 것이 결의되었는데, 이 만물박람회를 계기로 재래적 시스템을 대표하는 직인층과 혁신적인 공장제가 연동되어 양자의 관계가 다시금 의식적으로 탐색되었다. 또한 기술자와 전문가 사이에서도 그 경로를 스스로 모색하려는 움직임이 보였다.[45]

이 회의의 동향은 공장제로 이행되어도 여전히 숙련 형성 유지나 도제제도徒弟制度가 계속 필요한 상황과 깊게 관련된다는 점에서 중요하다. 예를 들면 제철공장에서 패들공이나 압정공이, 또 면공장에서 뮬 방직공이 수행하는 고도 숙련 기능을 어떻게 공장 내로 조달하는가라는 중요한 과제와 직결되고 있기 때문이다.[46]

2) 만물박람회와 근대 사회

만물박람회는 하나로 이어진 인적 계보, 인적 관계를 통해 그 추진자들이 축적해 온 결과물이기도 했다. 파리에서의 첫 회 박람회는 앞서 제1절에서 서술한 것처럼 생시몽주의의 영향을 받은 루이 슈발리에, 프레드릭 르 프레Frédéric Le Play 등이 중요한 역할을 맡았다. 슈발리에는 1867년 박람회에도 크게 기여했고, 이 박람회 보고서의 일부분을 집필했다. 1878년 박람회 보고서는 교량·도로 주임기사인 M. 이르슈M.Hirsch가, 1889년 보고서는 마찬가지로 이르슈 및 교량·도로 기사 총 감독관을 맡은 알프레도 피칼M.Alfred Picard이, 1900년 박람회 보고서는 피칼이 각각 그 일부를 썼다. 생시몽주의자와 그 영향 아래에 있던 차세대 유력 고급 기술 관료들은 일관되게 만유이념을 체현하는 각 파리박람회의 기획과 운영을 맡았다. 그 지속성은 앞서 서술한 각 보고서에서도 분명하게 드러난다.

더욱이 만물박람회와 오랜만에 마주한 근대 아시아는, 박람회장을 실제로 방문한 아시아인 관찰자, 출전자들의 시선을 통해 만물박람회에 전시된 놀랄 만큼 다양한 사물과 그 배후에 존재하는 기교 및 선진 기술력을 크게 흡수하는 방향으로 나아갔다. 시부사와 에이이치渋沢栄一는 1867년 파리박람회를 실제로 보았다.[47] 또 앞서 다루었던 것처럼 이와쿠라 사절단은 빈 박람회를 방문하여 프랑스에서 출품한 '파리 잡동사니'에 주목했다. 동시에 전시품 하나하나에 드러났던, 각 나라가 경쟁하는 공업 기술 간의 여러 가지 특징과 그 차이도 깨달았다. 빈의 만물박람회장 내에서 확인한 것처럼 사절단 일행은 1870년대 구미에서 결코 똑같지 않으며, 각 나라의 공업화 패턴이 보여주는 다채로움에 주의를 기울렸다. 예를 들면, 영국의 철과 석탄('철탄력鐵炭力'—사절단원 구메 구니다 케久米邦武의 표현)을 이용한 공장제 대량 생산을 보고 놀라고 감복하여 압도(셰필드에서의 제철소견학 등)되었다. 그런 한편 영국 안팎에서 이루어지는 공업화의 각기 다른 양상도 인식하고 있었다.[48]

19세기 동안 5차례에 걸쳐 개최된 각 만물박람회에서는 마치 만화경으로 비춘 것 같이 근대 프랑스가 옹립한 이중 공업화 패턴의 여러 양상이 제시되었다. 즉, 반복해서 서술해 온 것처럼 이중의 공업화 패턴이란 증기 기관을 이용한 혁신적인 대량 생산과 숙련도 높은 기교로 유지되는 전통적인 수공업 생산이다. 실제로 이와쿠라 사절단은 파리 시내 시찰에서 이 이중성의 실태에 맞닥뜨렸으며, 이에 주목했다. 전자의 모습으로 파리시의 남동부의 공업 지구에 대해 "굴뚝은 숲을 이루어 검은 연기를 내뿜고, 맑은 하늘에 비가 내리지 않는 그늘이 펼쳐진다"라고 기록하고 있다. 공장가의 굴뚝이 숲처럼 늘어서 있는 것과 무수한 검은 연기가 맑은 하늘을 덮고 있어 비가 올 때처럼 어두운 그늘도 만들어진다는 것을 관찰한 것이다. 한편 후자의 모습으로, 같은 시내에 있던 고블랭Gobelins 직제조장 견학에서 "정미精美하면서도 섬세하고 기교가 상당한, 실로 직물류 가운데 절품絶品"이라고 하며 직인들이 만든 부가 가치가 높은 제작품의 질과 고도의 기교에 감탄했다. 또한 한 달 동안 1촌 정도만 제작이 가능하고 3조 정도의 크기를 제작하기 위해서는 2, 3개월까지도 걸리는 정교함과 치밀함의 끝을 보여주는 수작업으로 이루어진다는 점, 그리고 그 기능을 습득하기 위해 4~5년 정도의 숙련기간을 거친 숙련된 직인들이 가진 기술의 성과라는 점에도 놀랐다.[49]

이처럼 이와쿠라 사절단이 목격한 당시 파리·프랑스 국내의 여러 가지 공업화 양식은 근대 일본이 나아가야 할 공업화 노선을 선택·확정하는 과정에서 유력한 모델이 되었다. 물론 프랑스뿐만 아니라 다른 구미 여러 나라들의 사례 역시 근대 일본의 공업화 모델이 되었다. 유의해야 할 것은 파리에서 개최된 각 만물박람회의 전시품과 『미구회람실기米欧回覧実記』에서도 볼 수 있는 대조적인 두 종류의 공업화의 형태가 메이지 정부의 산업 정책에 가감없이 반영되었다는 점이다. 이것은 구미의 선진 기술 도입에 의한 구화부국欧化富国·식산흥업책에 의한 근대화 노선, 그리고 농촌 공업도 포함한 재래적인 지방 산업 진흥책 노선(1878년 파리 만물박람회에서 일본 정부 만물사무관장万物事務官長을 역임한 마에다 마사나前田正名가 지은 『흥업의견興業意見』(1897)에서의 주장 등)[50]의 두 방향으로 나타났다. 근대 일본의 산업 정책의 방향성은 근대화 정책 방면으로 경도되면서도, 시기마다, 또는 경황에 따라서 크게 변화했고, 오랫동안 국내에서 논의의 중심이 되었다.

더불어 마지막으로 부언하자면, 근대 일본 자본주의의 여명기에서 관官과 민民 사이의 관계 구축, 사회·시장·기업·국가를 둘러싼 공공성, 윤리, 공익과 사익 사이의 균형에 관한 논의에도 파리 만물박람회의 추진자였던 생시몽주의자들의 언동이 영향을 미쳤다. 이들이 파리를 방문한 시부자와 에이치 등 일본의 선각자들에게 준 영향은 간과할 수 없는 요소이며 최근 새롭게 연구가 진전되고 있는 참이다.[51]

즉, 근대 만물박람회는 전시뿐만 아니라 당면한 과제를 보여주고, 시대를 구성하는 실로 다양한 인간과 인간의 접점까지 이룬 장소였던 것이다.

4. 맺음말

19세기에 5차례에 걸쳐 만국박람회를 개최한 파리는, 세계 최초의 만국박람회를 개최한 런던과 함께 근대 만국박람회의 도시였다. 또한 이후 각지에서 개최되고 현재까지 계승되는 만국박람회의 스타일, 원형을 만들어낸 장소였다. 그렇지만 파리 만국박람회는 어디까지나 '만물박람회'로써 만유성, 보편성의 제시라는 정신에 준하여 인간의 빛나는 지혜와 세상의 삼라만상을 체계화하여 사람들에게 보여주고자 하였다. 그에 비해 제1절에서도 언급한 것처럼 두 번째 근대 런던 만국박람회에서는 파리박람회처럼 만유이념에 심취하는 모습을 그다지 볼 수 없었다. 이는 자연스럽게 영국과 프랑스 간의 전시 양식에 차이가 발생하는 것으로 귀결되었다. 즉, 근현대 만국박람회 스타일의 공통화가 정식으로 확립되는 시기였던 19세기 중·후반에 일찍부터 만국박람회 주최국의 경제적, 사회적 기층(특징)을 반영한 사상과 철학, 또는 주최국이 가지는 개별적 특징에 입각한 각 주최국의 의도와 방향성이 하나씩 하나씩 만국박람회의 형태를 만들었다. 전시 방침과 의도, 보여주는 전시 내용도 이러한 방향성을 전제로 하며 각각 정해진 것이다.

만국박람회는 개최 당시의 시대적 환경뿐만 아니라 주최국이 놓인 상황, 국가적·경제적·철학적 지향성, 또한 주최국이 발휘하는 '주도성'의 핵심[52]을 여실히 반영해 왔다. 이상의 과정을 통해서 각 만국박람회가 지닌 모종의 개성, '나라의 풍습'이 결과적으로 각 만국박람회의 특징을 형성하는 메커니즘을 발견할 수 있는 것이다.

은희녕 옮김

주석

1   박람회국제사무소(博覽會國際事務所, BIE)의 홈페이지(2015.3.1).
    http://www.bie-paris.org/site/en(영어판)
    http://www.bie-paris.org/site/fr(프랑스어판)
    상기의 두 언어 버전의 페이지에는 "박람회국제사무국(BIE)이 1931년부터 만국박람회
    [World Expos(영어판) : Expositions Universelles(프랑스어판)]를 감독하고 관리하
    는 책임을 가진 정부 기관이다"라고 기술하고 있다.
2   만박의 호칭법은 '대박람회'인 1851년 런던박람회와 '만유박람회'인 1855년 파리박람회
    에 영감을 받은 稲賀繁美, 「テーマ特輯 萬國博覽會」(『世界美術大全集 第22 印象派時代』,
    小學館, 1993), pp.345~350; 鹿島茂, 『絶景,パリ萬國博覽會 サン＝シモンの鉄の夢』(河
    出書房新社, 1992)에서 다루고 있다. 그중에서도 가시마(鹿島)의 책 pp.73~74 및 제4장
    「萬有理念の確立」에서는 파리 만국박람회의 호칭과 그 의미에 대해 검토하고 있다.
    또한, 박람회 국제사무국에서의 프랑스 대표(1983~1995)을 역임한 마르셀 갈로핀
    (Marcel Galopin)은 만국박람회의 명칭으로 사용된 *universel*이라는 단어에는 "겉만 번지
    르르하지 않은 수법으로 인간의 여러 활동과 자연의 풍요로움 전체를 조망하고자 한",
    "이상주의적 접근"이라는 백과사전적＝생시몽주의풍의 의미와 "인간에 의해 만들어진
    여러 업적의 집합"에 관한 국제적인 "통일화된 세계로의 접근"이라는 의미가 이중으로
    담겨 있다고 한다. 그리고 박람회에서 이 두 가지 의미의 융합이 만국박람회가 계속
    개최됨에 따라 20세기 초엽까지 진행되어 *universel*과 *international*의 두 용어가 바꿔
    쓸 수 있는 공통의 뜻을 지닌 단어가 되었다고 추정하고 있다. Marcel GALOPIN "*Les
    Expositions internattinales au XX siesle et lt Bureau International des Expositopns*", 1997, p.6
3   *Rapport sur L' Exposition Universelle de 1855 presente a L' Expereur par S.A.I. Le Prince Napoleon*
    [Imprimerie imperiale], p.30. 이하, *Rapport 1855 presente a L' Expereur* 로 약칭
4   *Ibid.*, p.134.
5   *Ibid.*, p.141.
6   *Ibid.*, p.130・134.
7   上野喬, 『ミシェル・シュヴァリエ研究』(木鐸社, 1995), 第6・8章; 佐藤茂行, 「書評
    Jean WALCH Michel CHEVALIER, 1975」(『経済学研究』 7巻2号, 北海道大学, 1976),
    pp.208~209.
8   次田健作, 「第1章 クレディ・モビリエ」(原輝史 編, 『フランス経営史』, 有斐閣, 1980), p.33.
9   *Exposition Universelle Internationale de 1889 à Paris, Rapport général par M. Alfred Picard,
    Tome premier-Historique des expositions universelles,* [Ministère du Commerce, de L'Indus-
    trie et des Colonies], p.161. 이하 *Rapport général 1889 : Historique*로 약칭.
10 *Rapport 1855 présente à L'Empereur,* pp.129・134.
11 *Rapport général 1889 : Historique,* pp.219・226.
12 *Ibid.*, p.226・228.
13 *Ibid.*, p.105~302.

14 *Ibid.*, p.110.

15 *Rapport 1855 présente à L'Empereur*, p.159.

16 *Rapport général 1889 : Historique*, p.83.

17 *Ibid.*, p.111. 또한 각 런던박람회의 교육 전시에 대하여 사노 마유코(佐野真由子)에게 가르침을 받았다. 감사를 표한다.

18 平野暁臣, 『大阪万博－20世紀が夢見た21世紀』(小学館, 2014), p.251.

19 *Rapport 1855 présente à L'Empereur*, p.159.

20 吉田光邦 編, 『図説万国博覧会史 1851〜1942』(思文閣出版, 1985); 重富公生, 『産業の パクス・ブリタニカ』(勁草書房, 2011); 松村昌家, 『大英帝国博覧会の歴史 ロンドン・ マンチェスター二都物語』(ミネルヴァ書房, 2014) 등.

21 *Exposition Universelle Internationale de 1889, Rapports du jury international : Introduction Ggénérale.* Tome II, [Ministére du Commerce, de L'Industrie et des Colonies].p.127

22 *Rapport 1855 présente à L'Empereur.* p.131.

23 *Exposition Universelle Internationale de 1855, Rapports du jury mixte international,* [Imprimerie impériale], p.268.

24 *Exposition Universelle Internationale de 1900 à Paris, Rapports du jury international : Introduction Ggénérale,* Tome II, [Ministére du Commerce, de L'Industrie et des Postes et des Télégraphes], pp.163・174.

25 服部春彦, 『經濟史上のフランス革命・ナポレオン時代』(多賀出版, 2009); 市川文彦 外, 『史的に探るということ！－多様な時間軸から捉える国際システム』(関西学院大学 出版会, 2006); 市川文彦, 「近代フランスにおける工業化類型と地域経済圏－"流通誘 導型工業化"の検討」(『経済学論究』23-3, 関西学院大学, 2009).

26 François CARON, *Histoire des Chemins de Fer en France* I, 1997, pp.572〜578.

27 F・キャロン, 原輝史 監役, 『フランス現代経済史』8章(早稲田大学出版部, 1983). 원서 의 서지사항은 François CARON, *Histoire économique de la France XIXe-XXe siècle*; Patrick K. O'Brien+C.KEYDER, *Economic Growth in Britain and France, 1780〜1914*, 1978.

28 市川文彦, 「近代フランス地域企業家群と輸送体系再組織化策－舟運＝鉄道連係への新 機軸」(『企業家研究』6, 2009).
또한, 1855년 파리박람회 전시 중, 제14절인 공공사업 항에 〈마른강＝라인강 사이의 운하와 스트라스부르 철도 사이의 복합적 교차〉 정비 계획에 대(大)명에 메달이 수여되 었다. 이것은 이 수로의 가교를 통해 수로・철로・도로 각각의 원활한 운용을 가능하게 한 공사라는 점에서 높이 평가한 것이었다. 이것은 당시 기존의 수운과 새로운 철도선 쌍방의 기능을 강화하고자 했다는 점에서 주목받았던 기획이었다. *Exposition Universelle de 1855, Rapports du jury mixte international,* p.839.

29 *Exposition Universelle Internationale de 1900 à Paris, Rapports du jury international, Groupe VI, Génie civil-Moyens de transport,* [Ministére du Commerce, de L'Industrie et des Postes et des Télégraphes], pp.93〜154.

30 *Exposition Universelle Internationale de 1889, Rapports du jury international : Classe 52.-Machines et appareils de la mécanique générale, Rappott de M. HIRSCH,* [Ministère du Commerce, de L'Industrie et des Colonies], p.675.

31 *Exposition Universelle Internationale de 1878, à Paris, Groupe VI.-Classe 54. Rapports sur Les machines appareils de la mécanique générale par M.HIRSCH.* [Ministère de l'Agriculture et du Commerce], p.236.

32 *Bulletin de la Société d'Encourgement pour l'Industrie nationale*, mars 1905, pp.405~406.

33 *Exposition Universelle de 1855, Rapports du jury mixte international*, p.268.

34 *Exposition Universelle de 1867 à Paris, Rapports du jury international publiés sous la direction de M.Michel Chevalier, Groupe VI-Classes 56 à 64.* Tome 9ème, p.69.

35 *Exposition Universelle de 1878 à Paris, Groupe VI-Classes 54. Rapports sur Les machines et les appareils de la mécanique générale, Rapport de M.HIRSCH*, p.324.

36 *Exposition Universelle Internationale de 1889, Rapports du jury internarional : Classe 52.-Machines et appareils de la mécarique générale, Rapport de M.HIRSCH*, p.324.

37 *Exposition Universelle de 1900 à Paris, Rapports du jury international : Introduction Ggénérale*, Tome II, pp.177~178.

38 *Bulletin de la Société d'Encourgement pour l'Industrie nationale*, octobre 1877, pp.585~586. 및 같은 잡지, juillet-aout 1917, p.50.

39 グザヴィエ・ド・プラノール, 手塚章・三木一彦 譯, 『フランス文化の歴史地理学』(二宮書店, 2005), p.471. 원서는 Xavier de PLANHOL, *Géographie historique de la France*, 1994.

40 服部春彦, 『フランス近代貿易の生成と展開』(ミネルヴァ書房, 1992), pp.142・154 註87; 菊池孝美, 『フランス対外経済関係の研究―資本輸出・貿易・植民地』(八朔社, 1996), pp. 128・143. CARON, 1981, chap 6.

41 『米欧回覧実記』, 岩波文庫版5巻, p.32.

42 Direction Générale des Douanes, *Tableau général du commerce de la France avec ses colonies et les puissances étrangerès pendant année 1888*, p.436에서 산출.

43 GALOPIN, *Op.cit.*, p.5.

44 斎藤修, 『比較経済発展論―歴史的アプローチ』(岩波書店, 2008), p.243.

45 이 회의의 '보고'와 '결의'에 대해서는, *Exposition Universelle Internationale de 1900, Congrès International de Mécanique appliquée tenu an Conservatoire national des Arts et Métiers. Du 19 an 25 juillet 1900* : Tome I *Rapports présentiés au Congrès*, p.15; Tome II *Séances du Congrès(Procès verbaux)*, p.81.

46 앞의 주(44). 斎藤, pp.243~244.

47 渋沢栄一, 『航西日記』慶応 3年 5月 18日 件, 渋沢栄一伝記資料刊行会, 『渋沢栄一伝記資料』第1巻(1975).

48 『米欧回覧実記』2, pp.300・308・381.

49 『米欧回覧実記』3, pp.134~135.

50 祖田修, 『前田正名』(吉川弘文館, 1973), 「略年譜」, p.300.

51 パトリック・フリデンソン+橘川武郎, 『グローバル資本主義の中の渋沢栄一―合本キャピタリズムとモラル』(東洋経済新報社, 2014) 第3章「官民の関係と境界」(P.Fridenson).

52 GALOPIN, *Op.cit.*, p.6.

오리엔탈리즘과 내셔널리즘

중국의 만국박람회 참가를 둘러싼 권력의 변용

쉬쑤빈(徐蘇斌)

1867년부터 1904년까지 중국의 박람회 관계사업을 중점적으로 담당한 것은 세관稅關(해관海關)이었다. 아편전쟁 이후 중국은 관세의 주권을 잃어 스스로 세관관리를 할 수 없었다. 청淸정부는 1858년에 영국, 미국, 프랑스와 『통상장정선후조관通商章程善後條款』을 체결하였고 총리대신總理大臣은 영국인을 고용하여 세무를 '방조(보조)'하게 하였다. 1859년 영국인 호레이쇼 넬슨 레이Horatio Nelson Lay(1832~1898, 중국명－이태국李泰國)가 총세무사總稅務司에 위임되었다. 그 후 외국인에 의한 세무관리가 제도화되었다.[1]

이 시기의 세관의 대해서 구웨이잉古偉瀛, 동쩡강董增剛, 시에후이謝輝 등은 그 후 로버트 하트Robert Hart(1835~1911)를 리더로 하는 장기간에 걸친 체제에 대해 비판적인 견해를 제시하고 있다. 그들은 양원洋員(서양인 직원)에 의한 박람회사업의 독점화, 그에 따른 중국의 주권 상실이나 전시품 선택의 부적절함 등의 문제를 지적하였다. 그러나 다른 한편으로 청조 정부가 중국인 관원을 파견하는 등, 박람회 참가의 주도권을 되찾으려는 움직임도 일어나고 있었다.

한편 리아이리李愛麗는『중국해관밀당中国海关密档』을 비롯한 풍부한 제1차 자료를 이용하여 청말에 세관이 관리한 국제박람회사업의 역사를 긍정적으로 평가하고 있다. 특히 1878년의 파리 만국박람회를 예로 들어 당시 세관이 주도한 박람회 참가는 성공적이었다고 논하며, 세관의 양원은 그 책무를 다하고 그 후 박람회의 모델을 만드는 역할을 완수하였다고 하고 있다.[2]

쉔후이펀沈惠芬은 당시의 세관이 박람회사업에 종사한 이유에 대해 중국의 인재 부족을 지적하면서 중국 정부가 하트에게 의뢰할 수밖에 없었던 상황을 밝혔다. 또한 1867년부터 1905년까지 하트는 적어도 29회에 걸쳐 국제박람회에 참가하여 세계를 향한 중국의 활동에 적극적인 역할을 했다고 평가하고 있다.[3]

또 잔칭화詹慶華는 제2역사당안관第二歷史檔案館에 소장된 세관 관계자료를 이용하여 중국이 처음으로 참가한 1873년 빈 만국박람회에 대해 분석을 시도하였고,[4] 세관의 참가에 대해서 긍정적인 평가를 내리고 있다. 거기서는 당시의 중국 정부는 박람회사업에 대해 안이한 인식을 가지고 있었기 때문에 세관이 기본적으로 중국 정부의 명을 받아 주체적으로 움직였다고 하고 있다.

한편 이 주제에 관한 중요한 자료로는 중국 제2역사당안관, 중국해관총서판공청中國海關總署辦公廳이 편찬한『중국구해관사료中国旧海关史料(1859~1948)』가 있다.[5] 또한 선행연구로는 우송디吳松弟의「세계로 향하다−중국이 참가한 초기 세계박람회의 역사 연구−중국 구 해관 출판물을 중심으로

走向世界 : 中国参加早期世界博览会的历史研究 – 以中国旧海关出版物为中心」,[6] 대만의 자·오유지趙佑志의「국제무대로의 도약—청대 중국이 참가한 만국박람회 연구躍上國際舞台 – 清季中國參加萬國博覽會之研究(1866~1911)」,[7] 송마오추이宋茂萃의 학위논문『만청 해관과 세계박람회晚清海关与世博会』[8] 등이 알려져 있다.

객관적으로 세관의 양원은 박람회를 조직하여 동서문화교류를 촉진하고 중국인의 경쟁의식을 강화하였다는 점에서 일정한 역할을 하였다고 할 수 있다. 그렇다고는 해도 그들은 어디까지나 서양의 가치관에 근거하여 전시품을 선택하고 수집한 것이지 중국 문명의 실제를 충분히 반영했다고는 말하기 어렵다.[9]

본론에서는 그간의 연구를 참고하면서 세관 박람회 담당자의 교신록, 일기, 전기, 중국인의 유람기에 근거하여 중국의 박람회참가에 나타나는 변용의 프로세스와 그 구조를 살펴보고자 한다. 제1절에서는 세관이 주체가 되었던 복수의 박람회 참가를 통해 일상 상품의 전시에서 문화전시로 변화하는 전시의 성격이 영국의 오리엔트 이해에 기여했음을 논한다. 제2절에서는 오리엔탈리즘을 배경으로 한 전시에 담론의 권력the power of discourse이 나타나는 모습을 살펴본다. 세관은 오리엔트(중국)를 대신해서 오리엔트를 표현하고 있었던 것뿐이지 본래적 의미로 오리엔트를 전했다고 말하기는 어려운데, 거기에서 내셔널리즘과의 충돌이 발생하였다. 제3절에서는 중국 국내의 역사박물관이 내셔널리즘을 육성하는 장치로서 건립된 경위를 다룬다. 박물관은 내셔널리즘의 표상이라는 기능에서 박람회와 연결되어 있다. 더욱이 고궁의 수장품은 박람회에 출품되면서 강력한 정체성을 전하는 매개체가 되었다. 이러한 문화표상의 구조가 이 글이 고찰하고자 하는 초점이다.

1. 상품전시에서 문화전시로 – 세관에 의한 전시품의 선택

유럽에서 만국박람회가 시작되었을 때 중국은 박람회참가에 소극적이었고 조직적 대처 경험도 없었다. 그러던 중 로버트 하트를 총세무사로 하는 중국 세관이 박람회 사무도 담당하게 되었다. 이는 중국의 박람회 참가에 특별한 색채를 더하였다. 이 점에서 일본, 조선과는 다른 양상을 보였다.[10]

세관의 박람회 참가 사유에 관해서는 다음과 같은 자료가 있다.

스탠리 F.라이트Stanley F.Wright, 『하트와 중국해관Hart and the Chinese Customs』, 첸전페이陳震飛 주편『중국해관밀당中国海关密档 – 하트, 제임스 던컨 캠벨James Duncan Campbell 편지와 전보 모음편赫德, 金登干函电汇编(1874~1907)』, 캐서린 F.브루너Katherine F.Bruner 외편『하트와 중국 초기 현대화 – 하트일기(1863~1866)Robert Hart and China's Early Modernization : His Journals』(첸지앙陳絳 역) 등.[11]

세관의 중심인물이었던 하트는 1835년 영국의 아마주Country Armagh에서 태어났다. 부친은 잡화점을 경영하였고, 하트는 15세 중반에 북아일랜드 벨파스트Bellfast에 있는 퀸스대학Queen's Collage에 입학했다. 성적이 우수하여 매년 장학금을 받았고 2학년 말에는 종합상을 수상하였다.[12]

당시 영국은 동아시아에서 강력한 존재감을 확립하기 위해 중국과 일본에 영사관을 설치할 준비를 하고자 퀸즈대학에서 우수한 학생을 선발하여 통역을 담당하게 하였는데 하트는 칙임을 받아 1854년 5월 홍콩에 파견되었다. 그 후 닝보寧波, 광저우廣州의 영국영사관에서 통역과 보조를 담당하였고, 1859년에 광저우세관 부세무사副稅務司, 1861년에는 총세무사代總稅務司 대리代理가 되었으며, 1863년 11월에는 세관총세무사가 되었다. 또한 1882년에 영국 정부가 성 미카엘·성 조지 훈장The Most Distinguished Order of St Michael and St George 하급 기사 훈위勳位를 주어 하트는 평민에서 귀족으로 신분이 상승하였다. 이어 모교는 법학 박사를 수여하였고 1888년에는 성 미카엘·성 죠지 훈장 상급 기사 훈위[13]가 수여되었다. 그는 중국세관 업무를 맡은 반세기 동안 세관의 절대적인 권한을 가졌을 뿐만 아니라 중국의 군사, 정치, 경제, 문화, 외교, 교육 등 다방면에 영향을 주었다.

에드워드 W. 사이드Edward Wadie Said는 저서 『오리엔탈리즘Orientalism』에서 식민지 통치자가 식민지 사람들에게 그 통치의 우수성을 이해시키기 위한 방법을 다음과 같이 서술하고 있다.

> 그 방법은 영국이 그 나라에 '우리들의 가장 우수한' 것 즉 식민지 관료를 보내는 것이다. 사사로움 없이 헌신하는 정신을 가진 이 관리자들은 '많은 다른 신앙, 다른 피부색, 다른 제도, 다른 생활조건을 가진 사람들 속'에서 몸소 그 책임을 부담한다. 이들이 이와 같은 통치를 실시하는 이유는 배후에 정부의 강력한 지지를 느끼고 있기 때문이다.[14]

하트는 식민지 관료는 아니지만 영국 정부가 선임한 가장 우수한 '반半식민지관료'이다. 그와 동료들은 오리엔트의 정치, 문화, 경제 등을 인식하고, 이해하고, 해석하는 책임을 가지고 있었다. 세관은 식민지통치기관은 아니지만, 이 기관을 이용하여 중국에 영국의 좋은 면을 보다 잘 이해시키고 중국에서의 영국의 이익을 최대화할 수 있다고 인식하고 있었다. 동시에 하트가 영국 정부에서 작위를 받은 것은 정부의 가장 큰 지지를 의미한다. 박람회 사업은 세관이 해석한 오리엔트를 서양세계에 전할 수 있는 절호의 기회였다.

스탠리 F. 라이트의『하트와 중국해관』에 따르면 중국세관은 도합 28회에 걸쳐 중국을 대표하여 박람회에 참가한 것으로 알려진다.[15] (〈표 1〉)

〈표 1〉 세관이 중국을 대표하여 참가한 박람회

시기	장소	국가
1867	파리	프랑스
1873	빈	오스트리아
1876	필라델피아	미국
1878	파리	프랑스
1880	멜버른	호주
1880	베를린	독일
1883	암스테르담	네덜란드
1883	런던	영국
1884	런던	영국
1885	뉘른베르크	독일
1887	바르셀로나	스페인
1888	브뤼셀	벨기에
1889	파리	프랑스
1892	마드리드	스페인
1893	시카고	미국
1894	리옹	프랑스
1894	앤트워프	벨기에
1894	샌프란시스코	미국
1895	애틀랜타	미국
1897	내슈빌	미국
1897	브뤼셀	벨기에
1898	오마하	미국
1900	파리	프랑스
1901	글래스고	영국
1902	하노이	베트남
1903	오사카	일본
1904	세인트루이스	미국
1905	리에주	벨기에

참가시기에 대해서는 1867년 파리 만국박람회를 효시로 여기고 있으며 자오유지의 연구에서도 1867년부터라고 하고 있다.[16] 그러나 세관의 기록에는 1873년 빈 만국박람회부터 참가했다고 되어 있다.

세관의 박람회 참가는 무역에 입각한 것이다. 라이트는 1873년 빈 만국박람회 준비에 대해 다음과 같이 말하고 있다.

> 하트는 곧바로 휘하의 직원에게 알렸다. 박람회의 주요한 목적 중 하나는 세계 주요 항구의 무역 견본을 통해 국제간 상품 교류를 선전하는 데에 있다. 과거 10년간의 각 항의 운송, 상무상황표를 첨부하여야 한다. 그는 각 항의 세무사에게 각각 담당하는 항구의 외국선이 경영한 모든 상품의 명칭을 수집하고 상품을 분류하여 번호, 산지, 목적지, 가치와 수출입의 수량을 명기하라고 명령하였고 이어서 중국어로 순번대로 세금을 신고할 것을 요구했다. 구체적인 정리는 세관 검사원이 담당하였다. 그들의 일에 대한 열정을 자극하기 위해 하트는 성적에 따라 1~3개월의 보너스를 주었다. 하트는 이 기회를 이용하여 수집한 견본을 셋으로 나누어 하나는 빈 만국박람회로 보내고, 하나는 항구에 보관하였으며, 하나는 설립을 제안한 북경무역상품박물관(北京貿易商品博物館)에 배분하였다. (…중략…) 각 항이 아시아, 아프리카, 호주, 남태평양 각 섬에서 수입된 상품, 중국 상품 및 중국이 수입한 공업품, 지방특색을 반영하거나 지방에서 필요로 하는 상품을 수집했다.[17]

박람회는 두 가지 의미로 세관에 매우 좋은 기회를 주었다. 하나는 전시를 통해 중국 정부에 세관의 업무를 이해시킬 수 있다는 것이었다. 다른 하나는 서양의 필요에 따라 전시품을 준비하고 중국의 경제, 문화를 해석해 보여줌으로써 서양 측에서도 신뢰와 칭찬을 받을 수 있었다는 것이다. 이것은 오리엔탈리즘의 전개에서 전형적으로 볼 수 있는 하나의 특징이다.

세관은 1873년의 빈 만국박람회에 참가하기 위해 300～400상자의 전시품을 준비하였고,[18] 그것은 모두 169세트 5,320건에 이르렀다.[19] 이들 상품을 살펴보면 전시품은 '일상'성을 가지고 있었다. 일상품이라는 것은 우선 외국인이 본 중국이며, 세관이 직접 반영한 '타자'의 특징이었다. 톈진天津세관을 예로 들면 전시품은 옥, 차, 장뇌樟腦, 흙인형, 바구니, 비파, 제기祭器, 위패 등 중국 독자적인 것이 선택되었고 이러한 오리엔탈리즘은 무역에도 반영되었다.

유럽의 선택에 대해 '타자'로서의 중국에서는 다른 반응이 있었다. 후에 중국의 주駐영국 겸 프랑스 공사가 되는 증기택曾紀澤은 세관의 전시품 선택에 대해 다음과 같이 그 부당성을 지적했다.

중국의 박람회 참가 전시품은 진열이 불완전하고 누락이 많다. 중화는 실크, 차가 주요하지만 각 성의 실크를 볼 수 없다. 각 산의 차도 진열되어 있지 않다. 자기(磁器)는 전통적인 것이 아니고 자수(刺繡)는 질이 좋지 않다. 하나도 좋은 것이 없다. 다른 농기구, 인물도 마찬가지이다. 당당해야 할 중국은 섬나라 일본에도 미치지 못하는 (…중략…) 중국의 특산품을 조직하기에는 서양인의 지식이 얕다.[20]

중국 언론에서도 이렇게 보도하였다.

중국도 여러 통상국과 함께 이 박람회에 참가했다. 다만 총세무사 하트혼자서 중국의 여러 토산물이나 직물, 나아가 상하이(上海)의 수레, 배 등 모든 것을 박람회에 보내 서양인의 시야를 넓히려 한다. 하트가 그렇게 한다는 것을 염두에 두고 있다고 해도 중국의 입장에서는 순수하게 서양인에게 감상 혹은 유희용으로 제공되고 있을 뿐, 중국에 유리한 점은 없다.[21]

세관은 중국인과는 다른 정체성을 가지고 있기 때문에 기준도 다르다. 세관은 주로 오리엔탈리즘의 입장에 서서 '타자'를 대표할 수 있는 상품을 선택하지만 중국 상품의 질을 최우선으로 하지 않았으며 전국의 상품을 전면적으로 선택하려는 의도도 없었다. 한편 증기택의 "당당해야 할 중국은 섬나라 일본에도 미치지 못한다"는 감상에는 강한 민족의식이 나타나있다. 그는 민족의 입장에 서서 상품의 좋음과 풍요로움을 판단의 기준으로 삼고 있다. 그것이 양자의 근본적인 차이라고 생각된다.

'일상'상품에는 민족학에 대한 서양의 관심이 숨어 있다. 19세기 중반은 서양 자본주의의 '황금시대'라고 할 수 있다. 주요한 자본주의국가는 세계의 각 지역에 나가 원료와 시장을 탐색하고 있었다. 식민지를 확대하고 현지의 민족에 대한 연구를 진행하였다. 당시의 필요에 따라 민족학이 탄생하였고 급속하게 발전하였다. 이에 서양의 주요 국가에서는 민족학 연구 조직이 성립되었다. 예를 들어 1839년에 프랑스에서 '파리민족학회'가 설립되었고, 이어서 미국의 '아메리카민족학회'(1842), 영국의 '민족학회'(1843), 독일의 '인류학, 민족과 원시사회협회'(1869) 등이 탄생하였다.

이들 기관은 시찰단을 조직하여 식민지 민족조사를 시행하고 각 민족의 현실사회의 현상, 생활방법, 문화풍속 등을 상세하게 조사하였으며 각종 연구자료를 수집했다. 그 후 이 현지조사는 민족학의 연구방법

〈그림 1〉 1873년 빈 만국박람회 중국관
(출처 : *EXPOSITION UNIVERSELLE DE VIENNE ILLUSTREE*, 1873)

이 되었으며 게다가 수집과 전시, 박물관 설치도 민족학 연구의 일부분이 되어 박람회는 민족학의 성과를 전시하는 장이 되었다.

세관은 박람회를 통해 민족학의 성과를 전시했다. 빈 만국박람회의 전시품에는 생활용품 이 외에 종교와 관련된 관음觀音, 팔선八仙이 있었으며 이후 공예품으로 분류될 흙인형, 바구니, 골동骨董, 칠기, 경태람景泰藍, 자기, 부채, 태고太鼓, 상아 조각 등이 있었다. 이들은 이후 중국인이 참가한 박람회에도 계승되었다.(〈그림 1〉)

세관 관련 사료인 『중국해관밀당』에는 1883년 런던 어업만국박람회, 1884년 런던 위생만국박람회 당시 하트와 그가 런던에 파견한 제임스 던컨 캠벨James Duncan Campbell[22]과의 교신이 남아있다. 거기에는 캠벨이 하트에게 세관이 어떻게 하면 영국의 희망을 만족시킬 수 있는지 보고하는 자료가 있다.

해밀턴(George C. Hamilton) 후작[23]은 중국 어업에 매우 관심을 가지고 있다. 그는 나를 중국관의 부지로 데려가 그 근처의 잔디와 장식용 연못을 보여주었다. 그는 살아있는 백련어를 비롯한 어류는 사람들의 열렬한 흥미를 끌 수 있고 살아있는 조류도 대환영한다고 했다. 그는 정교한 '버드나무 디자인'이 있는 다리를 흐르는 물 위에 설치하고 잔디에 양정(涼亭) 같은 다실을 짓기를 원하고 있다. 양정의 상층은 오후의 티타임을 위한 장소로 사용하고 또한 다실과 초가집을 중국식으로 한다면 박람회에서 중국관은 가장 환영받을 것이라고 나에게 제안했다.(1882.12.8)[24]

중국의 전시품은 황태자 스스로 처리(전시품의 수용—필자주)하게 되었다. 그가 기뻐했으면 좋겠다. 그러나 이는 황태자의 대리인에게 검토되었고 전시품의 수용에 대해 정치적인 또 다른 의견이 나왔다. 하지만 무슨 말은 하든 어떤 어려움이 있든 황태자 스스로 의견을 표명하면 극복될 수 있다. 아마 탑과 다리, 그리고 자기를 그의 샌드링엄(Sandringham) 저택을 꾸미기 위해 수용할 것이다.(1883.6.22)[25]

황태자가 매우 기뻐하며 이 전시품들을 수용하였음을 당신에게 알리고 싶다. 그는 직접 몇 점을 기념품으로 삼고, 그 외 모든 전시품을 사우스켄싱턴(South Kensington) 박물관에 기부하여 그가 책임지고 전시품을 보존하게

되었다.(1883.11.2)[26]

　　황태자는 말보로 하우스(Marlborough house)와 샌드링엄을 위해 몇 점의 물건을 골랐다. 그는 중국측이 자신을 위해 병풍 한 점을 마련해 준 것을 알고 기뻐하였고, 도착하면 바로 말보로 하우스로 보내라고 요구했다. 그는 정원에 있는 의자, 화분, 유리등, 어등(魚燈), 자개장식, 등나무 안락의자 등을 모두 수용하였다. 게다가 한두 개의 작은 모조 골동품, 그 밖의 신기한 물건과 장식으로 쓸 만한 작은 물건을 요구했다. 그는 양정, 다리와 작은 배를 해체하지 않고 샌드링엄에 보관했다가 내년 중국 전시에도 사용할 수 있도록 계획하고 있다.(1883.12.14)[27]

　　이들의 교신록을 통해 영국 정부를 대표하는 박람회의 주최자가 중국에서 출품되어야 할 것들을 구체적으로 제안했다는 것을 알 수 있다. 그리고 그에 따라 세관은 제안을 실현하기 위해 노력하였다. 여기에 표현된 오리엔트는 바로 서양인에 의해 선택된 오리엔트이며 이러한 오리엔트상은 왕족에게도 선호되었다. 세관의 배후에는 강대한 오리엔탈리즘의 세계 — 영국의 오리엔트 상상 — 가 존재하고 있었고 이것 역시 세관의 동력이 된 것이 틀림없다.

　　1884년 세관은 다시 런던 위생만국박람회에 초빙되었다. 이 박람회에서도 민족학의 전시가 이루어졌다. 동년 1월 14일 하트는 캠벨에게 전시장의 배치에 대해 세세하게 지시를 내렸다. 거기에도 하트의 적극적인 태도가 나타난다.[28]

9. 정식 전시장은 이렇게 계획해 주세요.

〈그림 2〉에는 큰 수레, 상자, 영구차, 일류차—輪車, 도서의 선반, 손인쇄물, 가구 등이 배치되어 있다. 이어 그는 다음과 같이 적고 있다.[29]

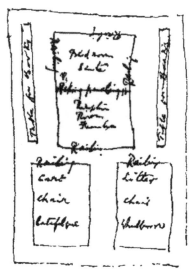

〈그림 2〉 하트가 그린 전시장의 스케치
(출처: 『中国海关密档』 第3卷, 1884.1.14)

10. 큰 수레, 가마와 마구의 경우 그쪽에서 세 필의 노새와 한 필의 망아지의 목제 모형을 만드는 것이 좋겠다. 큰 수레를 끄는 노새는 15수폭(手幅)(1수폭은 4인치)으로, 가마를 끄는 노새는 14수폭 높이, 승용 망아지는 13수폭 높이로 하고, 비전문적인 스탭(비부문 담당자로 생각됨—필자주) 중에서 몇 명의 가마꾼을 선발할 것. 세 종류의 의복을 입은 신부 및 그녀의 가마와 알버트기념당(The Albert Memorial)에 출품된 의복을 함께 진열한다.

이때의 중국 출품물 카탈로그인 「1884년 런던 세계위생박람회 중국 전시품 목차—八八四年倫敦世界衛生博覽會中國展示品目次」는 189쪽에 이르는데 거기에는 중국인의 의복, 음식, 주거, 행동, 오락 등 생활 전반이 소개되어 있다.[30] 중국관은 많은 전시실로 나뉘어 있었다. 건축 부문은 침실, 객실, 다관茶館, 레스토랑, 관원사무소로 이루어져 있었다. 식사 부문에는 곡류와 콩류, 의복 부문에는 복장과 장식품, 신발과 양말, 실크, 탈 것 부문에는

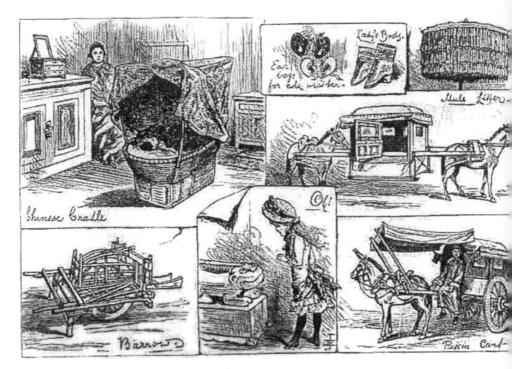

〈그림 3〉 1884년 런던 위생만국박람회의 중국 코너(출처 : *Illustrated London News*, 1884.8.2)

가마, 마차, 마구, 큰 수레와 노새, 작은 노새, 손수레, 실내기구 부문에는 흙인형, 결혼용 의자, 기구, 악기, 도서, 기타로 관원의 외출용 우산, 화장로火葬爐, 영구차 등이 전시되어 있었다. 각지의 상점의 차이를 전시하기 위해 관내에는 광둥廣東상점, 주장九江상점, 베이징北京상점 및 항저우杭州상점이 열렸다.(〈그림 3〉)

이들 전시품을 통해 영국이 파견한 식민지 관원들의 민족학에 대한 시선을 알 수 있다. 거기에 보이는 전시 기법은 바로 '타자' 문화에 대한 서양의 일방적인 서술이었다. 또한 이 전시는 세관에 의해 실시되었는데, 거기에서는 영국 정부의 강한 관심도 엿볼 수 있다.

2. 문화전시의 대항―오리엔탈리즘에서 내셔널리즘으로

에드워드 W.사이드는 "권력관계, 지배관계, 패권관계는 서로 다른 지역에 대한 상상과 진실 사이의 관계를 결정한다. 이 관계는 서양이 어떻게 서술할 것인가라는 언설 방식도 정하고 있다"라고 한다.[31] 요시미 준야吉見俊哉의 『박람회의 정치학博覧会の政治学』도 박람회가 가진 제국주의와 식민지주의의 일면을 지적했다.[32] 오리엔탈리즘에서 볼 수 있는 권력의 특징은 타자를 대신 서술하는 것이다. 이 서술을 통해 유럽과 오리엔트의 거리는 인위적으로 확대되어 양극으로 펼쳐졌다.

〈그림 4〉 1867년 파리 만국박람회에서 전시된 중국의 거인, 난장이와 여성(*GRAND ALBUM de L'EXPOSITION UNIVERSELLE*, 1867)

민족학적인 전시는 박람회의 보편적인 특징이다. 그래서 박람회는 과학의 진보를 상징함과 동시에 제국주의, 식민지주의의 성과를 전시하는 장이 된다. 여기에서의 전시품은 오리엔탈리즘의 담론 권력을 갖고 있던 나라들과도 다르고 다른 식민지 국가들과도 다르다. 또 오리엔탈리즘의 틀에 중국이 인정하는 것도 있고, 그렇지 않은 것도 있다. 그것은 쌍방 간 충돌의 초점이 되었다.

1867년 파리 만국박람회의 중국 전시구역에는 거인, 난장이와 여성 전시가 있었다.(〈그림 4〉)

〈그림 5〉 1867년 파리 만국박람회에서 전시된 중국의 잡기(雜技)(*GRAND ALBUM de L'EXPOSITION UNIVERSELLE*, 1867)

　　왕도王韜의 『만유수록漫遊隨錄』 중 「유관신원遊觀新院」은 그가 1868년
그 전 해에 열린 파리 만국박람회의 개최장소를 견학했을 때의 기록이
다. 그중에 "나는 한 광둥인이 예인藝人을 데려와 화려한 깃발을 장식하
고 화려한 모자와 의장을 입혀 무대에서 공연시켜 관객의 관심을 끌었
는데 매일 얼마나 돈을 벌었는지 계산할 수 없을 정도라고 들었다"라고
기술되어 있다. 그 상황은 〈그림 5〉에 나타나는 상황이라고 생각된다.
왕도는 긍적적으로 평가하고 있다고 해도 좋다.

　　1876년 미국 필라델피아 만국박람회에서도 청의 관복을 입은 중국
관원, 전족한 여성, 어린이, 길게 변발辮髮한 남성이 전시되었다. 대나무

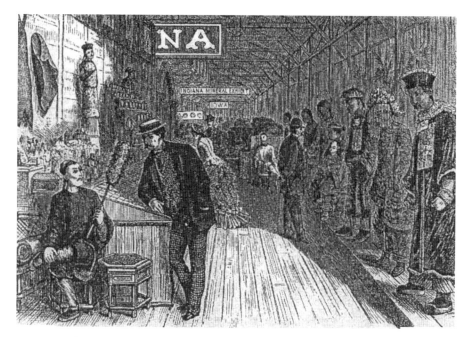

〈그림 6〉 1876년 필라델피아 만국박람회의 중국전시(*FRANK LESLIE'S HISTORICAL REGISTER OF THE UNITED STATES CENTENNIAL EXPOSITION*, 1876. NEW YORK : FRANK LESLIE'S PUBLISHING HOUSE, 1876)

로 만든 육각의 걸상, 전시장롱, 벽에 걸린 전시품 등은 이 박람회의 '기계화'라는 주제와 괴리된다. 그러나 이들은 중국의 상징으로서의 역할을 수행했다. 〈그림 6〉에서는 서양인이 흥미롭게 감상하고 있다.

1876년 이규李圭는 만국박람회에서 서양 여성의 코르셋을 보고 그 저서 『미회기략美會紀略』에 "이것은 중국의 전족과 같다. 게다가 전족보다 더 심하다"[33]라고 쓰고 있다. 그는 전족에 대해서는 비판하지 않았다.

왜 비판하지 않았을까. 중요한 요인은 내셔널리즘이 형성되기 전의 단계에 있다. 19세기부터 20세기 초두는 내셔널리즘이 싹튼 시기이다. 1896년에 엄복嚴復은 토마스 H. 헉슬리Henry Huxley(1825~1895)의 *Evolution and Ethics and Other Essays*를 번역해서 『천연론天演論』을 간행하였는데 이 책은 그 후 10년 동안 중국에 큰 영향을 주었다. 이렇게 내셔널리즘이 싹트는 과정에서 만국박람회 전시품에 대한 중국인의 생각이 깊어졌다고 할 수 있다.

1904년부터는 박람회 견학자가 증가한다. 그 전년 1903년이 하나의 계기였다. 그 해 열린 오사카의 제5회 내국권업박람회는 만국박람회는 아니었지만 중국인들에게는 만국박람회로 나아가는 단계였다. 중국, 한국인은 합계 5,922명이 방문했으며 그중 2,755명이 후한 대접을 받았는데,[34] 그것은 전대미문의 일이었다.

이 내국권업박람회 인류관에서 사건이 있었다. 이에 대해 중국인은 처음으로 강하게 반응하였다.[35] '학술인류관'에서 아이누, 대만 고사족高砂族(생번生蕃), 오키나와현(류큐인琉球人), 조선(대한제국大韓帝國), 지나支那(청국淸國), 인도, 자바, 벵갈, 터키, 아프리카 등 총 32명의 사람들에게 민족의상을 입히고 일정한 구역 내에 머무르게 하여 일상생활을 전시하였는데 오키나와현과 청국이 자신들의 전시에 항의한 것이다. 이에 대해서는 재일在日유학생이 중심적인 역할을 맡았다. 1904년에 유학생 장계업張繼業은 미국 세인트루이스 만국박람회The Saint Louis Expo를 견학했는데 그의 『세인트루이스 박람회 중국 입회 상황 기록記散魯伊斯博覽會中國入賽情形』[36]에는 그 때의 전시품이 기록되어 있다.

세관이 전시한 것은 골동, 옥기(玉器), 실크, 자기, 쑤저우(蘇州)・항저우의 부채, 닝보의 목기(木器), 필묵(筆墨) 등에 불과하다. (…중략…) 가장 추한 것은 다음과 같은 것이다. 상하이의 전족부인 1, 닝보의 전족병(纏足病)부인 1, 베이징 전족부인 1, 광둥의 전족부인 1, 화상(和尙) 1, 관리 1(얼굴은

검고 노랗다. 이유를 묻자 아편 때문이며 또한 중국 관원 대부분은 아편을
피운다고 답하였다.), 병사 1(녹영(綠營)식, 청조 국가상비병), 묘족인 7, 작
은 성황묘(城隍廟) 1(안에는 성황십전(城隍十殿)의 명계(冥界) 관원), 현정
부의 건물 1(안에는 문명국에 없는 잔혹한 형구), 나무로 만든 작은 사람 모형
(흙으로 만든 장인, 노동자, 하역인부, 무역, 창부, 죄인, 거지, 담배중독자
등의 종류), 작은 초가집 10개 정도(모두 민간의 가뭄, 홍수, 역병, 고통스러
운 현상), 범인을 가둬두는 감옥(처음에는 중국구역 밖에 있었지만 중국인
관원 윤패자(倫貝子)가 세관의 담당자에게 항의하여 철거되었다.), 살인용
칼 여러 가지, 담배 도구 10여 개, 담배 램프 몇 개, 살인사진 몇 장. 이상이
중국구역에 있는 것이다.

　(…중략…)

　다른 나라의 전시품은 실업과 관련된 것뿐이고 즉석에서 시험하는 것도,
제조하는 것도 있다. 학문의 비교, 솜씨의 비교, 또 인류관계 전시도 그 나라
의 수륙군대, 혹은 역대 위대한 유산이 대부분이다. 건물은 전 세계의 저명한
제조장, 상업장, 대학당, 의원, 정무원 등이다. 거기에서 우리나라 전시품의
추악함이 보인다. 하늘과 땅의 차이이다.[37]

　1905년 이후 중국 정부의 관원이 세관을 대신해서 박람회에 참가하
게 되었다. 1905년에는 상부商部가 박람회에 참가할 때의 규정인 「상부
신정출양새회장정商部新訂出洋賽會章程」을 제정했다.[38] 그 규정에서는 '풍
속, 교육, 위생에 유해한 것은 박람회에 출품할 수 없다.'라고 중국 내셔
널리즘의 정체성을 표명했다. 1913년에는 또한 상공부商工部가 「외국박
람회 중국출품 유통 요강」을 발행하여 박람회에 참가하는 절차를 상세

히 규정하고 전시품의 수집부터 현지사무소에 감독을 파견하는 것, 전시품에 첨부하는 설명 서식, 상자의 포장방법 등을 명시하였다.[39]

이 시기 '미술'의 개념도 중국에 도입되어 미술품의 수장收藏은 개인수장에서 공공수장으로 변환된다. 일본에서는 미술의 개념이 박람회를 통해 정착되어 갔지만, 중국에서는 1910년의 남양권업회南洋勸業會에서 미술관이 만들어진 것이 효시이다. 이 때 일부 일상품이 미술로 변신했다.

1915년 파나마 태평양 만국박람회를 견학했던 도곤화屠坤華는 『1915년 만국박람회 유람기一九一五萬國博覽會游記』에서 "우리나라 미술품은 지금까지 모두 깊은 곳에 숨겨져 있었다. 사택에 숨겨져 있고 공적인 박물관이 없다. 전시하는 장소가 없다. 일반적으로 소장자가 경솔하게 사람에게 보이지 않는 것이 시대의 유행이라 미술의 기능은 보급될 수 없었다"[40]라고 쓰고 또한 같은 문장에서 이 파나마 박람회에 대해서 언급하고 있다.

우리나라 미술관의 출품을 총괄하면 족자, 병풍, 접부채가 많다. 수채화가 많다. 유화가 적다. 융단 디자인, 통초화(通草畵), 명(明) 자기의 모형 및 강희(康熙), 건륭(乾隆), 도광(道光), 옹정(雍正)조의 각종 자기, 고월헌(古月軒)의 항아리 모형, 다양한 색의 연호(煙壺), 푸젠(福建)의 옻, 직례(直隷)의 조옥(彫玉), 저장(浙江)쓰촨(四川)의 대나무 조각, 후난(湖南)과 직례의 고운 자기 등이다. 특별한 것은 상하이 심수(沈壽)의 그리스도 자수이다. 마치 살아있는 듯하다. 그녀는 1년에 걸쳐 100개가 넘는 실을 직접 염색했다고 들었다. 호평을 받았다. 그러나 너무 비싸서 1만 3천 미국 달러이다. 본 사람은 놀라서 말이 없어진다. 직례의 경태람, 조칠(彫漆)도 섬세하다. 베이징 덕창호(德昌號) 골동품점의 경태람 기법을 사용한 한 쌍의 사자는 크고 견줄만할 게 없다.[41]

1915년의 전시는 세관시대의 민족학적 의의를 가진 문화전시를 계승하면서 보다 공예미술품 쪽으로 발전했음을 알 수 있다. 즉 박물관의 수장·전시에 가까워졌다. 그러나 당시 공적인 박물관에 의한 지원이 없었기 때문에 도곤화는 박물관의 결여 문제를 함께 지적한 것이다.

아시아 국가는 전통 공예를 통해 세계에 자신을 선전한다는 공통된 경향이 있다. 1915년 박람회 참가 요강인 「파나마 태평양 만국박람회장정」 제7장 제2조에는 "이번 새회賽會(박람회)는, 최근의 신물품을 위해 설립되었기 때문에 새회에 참가하는 물품에 1905년 이전의 것이 있으면 상을 줄 수 없다. 역사물품은 수상하지 않는다"[42]라고 박람회 주최자가 정한 규칙이 적혀 있다. 그러나 결국 중국도 일본도 제조 후 10년 이상 경과된 물건을 출품했다. 주최자측은 "중국, 일본만큼은 동아시아의 오래된 나라여서 미술의 개념이 다르다. 오래된 물건의 전시를 허가한다"[43]고 했다. 거기서도 일본과 중국이 지향하는 박람회전시가 박물관에 가까워져 간 것을 알 수 있다.

3. 박람회와 박물관의 창립

만국박람회는 중국 국내의 권업회와 전람회의 개최에 큰 영향을 미친 동시에 박물관 건립과도 밀접하게 관련되어 있다. 이 양자 관계의 저류에서 내셔널리즘의 존재를 엿볼 수 있다.

유럽은 이미 박물관이 있었고 이후 박람회가 개최되었다. 그러나 동아시아에서는 거의 동시에 두 가지 개념이 도입되었다. 일본은 1867년 박람회에 참가한 후 1875년 박람회사무국博覧会事務局을 박물관으로 개칭하여 내무성이 관할하게 되었다. 또한 박람회의 효력이 지속적으로 발전하여 박물관은 문화재보호위원회文化財保護委員会의 부속기관이 되었다.[44]

한편, 중국에서는 이들이 더욱 밀접하게 동시에 진행되고 있었다. 해외 박람회 시찰은 박물관과 동시에 진행되었다. 예를 들어 왕도는 파리 만국박람회 다음 해(1868) 옛 터를 견학하였는데 그 여행기 『만유수록』에 처음 박물관을 '박물원博物院'으로 기록하였고 또한 박람회를 '신원新院'이라고 불렀다. 즉 박물관과 같은 종류로 보고 있었던 것이다.

장건張謇(1853~1926)은 처음으로 박람회를 중국의 박물관 건립과 결부시킨 인물이다. 장건은 중국 근대화의 선구자로 꼽히며 정치적으로는 입헌파인 통일당統一黨에 속했다. 또한 교육 분야에서도 활동하여 중국 최초의 근대적 사범학교인 난통사범학교南通師範學校를 비롯하여 산장우급사범학당三江優級師範學堂이나 난징고등사범학교南京高等師範學校(현재의 난징대학南京大學)의 창설에도 관여했다. 또한 그는 1903년 오사카 내국권업박람회를 견학하였고 귀국 후인 1905년에 중국 최초의 박물관인 난통박물원南通博物苑을 창립했다. 이 사실에 관한 연구는 비교적 많고,[45] 박람회가 중국 박물관 건설에 영향을 주었다는 것은 알려져 있다. 그는 권업박람회에서 중국 6성省의 전시품을 보았을 때 만약 중국으로 옮긴다면 박물관을 만들 수 있을 것이라고 일기에 썼다.[46]

『난통박물원품목 자서南通博物苑品目序』(1914)에 박물관 구성이 기록되어 있다. "원苑은 천연天然, 역사, 미술 3부로 되어있다. 물품은 2,900개가 있다", "역사부에는 금, 옥, 자기, 도기, 탁본, 토목, 의복, 음악, 조각상, 점占, 군사기구, 형구, 옥구獄具 등이 있다. 미술부에는 서화, 도자기, 조각, 옷, 자수, 격사繅絲,[47] 뜨개질, 철제품, 낙화烙畵, 연필화, 종이와 먹 등이 있다."[48] 여기서 알 수 있는 것은 박람회에 출품하는 것과 성격이 비슷하고 전통문화의 전시에 중점을 두고 있다는 점이다. 이 시기의 분류에는 천연물(자연)이 포함되어 있어 종합박물관으로서의 특징을 보여주고 있다. 그러나 이후 중국 박물관은 역사에 중점을 두는 경향이 강해진다.

장건은 청조 정부를 설득하고 나아가 수도에 제국박물관을 설립하였는데 관내는 일본의 제실박물관帝室博物館을 모방하였고 내부內府(기구의 제작을 관리·감독하는 황궁의 기관)에 보관되어 있던 역대 문화재산을 모두 전시하였다. 그 목적은 하나는 "황상의 덕을 선전하고 국가의 영예를 빛나게 하는 것"이고 다른 하나는 중국에 있는 외국인에게 "우리나라는 당요唐堯, 우순虞舜과 하夏, 상商, 주周 3대부터 지금까지의 문물과 전장典章을 모두 가지고 있다"는 것을 알려서 외국인을 '놀라게 하는'[49] 것이었다. 내셔널리즘이 표면으로 나타나면서, '외국'을 항상 의식했던 것이다.

또한 1905년 장건은 일본의 문부성에 해당하는 기관인 학부學部의 관리자 장지동張之洞에게 「상남피상국청경사건립제국박물관의上南皮相國請京師建立帝國博物館議」 및 「상학부청설박물관의上學部請設博物館議」라는 제목의 건백서를 제출했다. 거기에서는 역사 고증이 박물관을 창건하는데 중요하다고 강조하고 있다.

청말 신정개혁기新政改革期에 각종 조직의 기능은 아직 완전하지 못했다. 1912년 난징임시정부南京臨時政府는 교육부 안에 사회교육사社會敎育司를 두어 박물관 사무를 담당하도록 하였다. 북양정부北洋政府도 교육부에 사회교육사를 두고 제2과에서 도서관과 인문자연박물관을 담당하게 했다. 같은 해 7월 마침내 베이징국자감北京國子監에 국립박물관이 설립되었다. 이는 중국 최초의 국립박물관이다. 수장품은 벽옹辟雍의 예기, 서판, 석각 등 17,127건에 이르렀다. 이 박물관은 1917년 고궁故宮 오문午門으로 옮겨졌다.

또한 내무부內務部는 1914년 황제의 이궁이었던 열하熱河의 옛 물건을 자금성紫禁城 무영전武英殿으로 이전시켜 고물진열관古物陳列館을 만들었다.[50]

옛 황궁인 자금성의 기존 건물을 재이용하여 상기한 국립박물관, 고물진열소를 설립하는 것과 함께 1925년에는 고궁박물관故宮博物館이 설립되었는데 예전 황궁소장품이 일반에 공개되어 내정부고물관리위원회內政部古物管理委員會가 관할하게 되었다. 이에 옛 황궁 내에 세 개의 역사박물관이 모이게 되었다.

량지성梁吉生은 중국에 있는 자연계 박물관은 대부분 외국인의 손으로 만들어진 것이고 중국 자신은 전력으로 역사박물관을 건립했다는 점에 주목하고 있다.[51] 베네딕트 앤더슨Benedict Anderson은 그의 저서 『상상의 공동체*Imagined communities*』에서 박물관, 인구조사, 지도의 작성은 국민국가 정체성 확인에 필요한 것이라고 말하고 있는데 중국의 박물관 건설도 국민국가의 건설에 따라 진행되었다. 자연계 박물관과 비교해서 역사박물관은 국민의 공감을 불러일으키기 쉽다.

국립역사박물관은 창설 초기부터 박람회를 지원했다. 1914년 라이프치히에서 만국서업조각박람회萬國書業彫刻博覽會가 개최되었는데 미술상 허버트 밀러Herbert Mueller박사는 중국의 외교부를 방문해 역사박물관에서 중국의 귀중품 11점을 빌려 박람회에서 선전하는 동시에[52] 차용품 명단도 공개하였다.[53] 이 명단을 통해 이들 물품이 '일상'이 아니라 황제와 관련된 것임을 알 수 있다. 공공성은 근대의 한 가지 특징인데 황제의 재산도 청조의 멸망과 함께 공공화가 진행되었다. 1924년 『신보부간晨報副刊』은 "궁내의 옛 물건은 부의溥儀의 사유재산인가"라는 논고를 실어 황제가 자금성의 재산을 사유재산으로 삼고 있는 것을 비판하고 있다.[54]

　박물관의 수장품 뿐만아니라 자금성 자체도 새로운 국가의 상징이 되었다. 강유위康有爲는『중국명적고기설中國名跡古器說』에서 상징에 대해 다음과 같이 적고 있다.

　　지금 우리에게 남겨진 궁전과 단묘(壇廟)를 바로 단장하고 보호해야 한다. 우리나라의 문명을 드러나게 하고 국민들이 유람하게 제공해야 한다. 한두 군데를 골라 박물원으로 하면 넓은 대지의 진기한 물건을 모두 수집하지 못한다고 해도 우리나라의 도서보물, 산수(山水)의 소산물, 암혈(岩穴)의 소장품, 오래된 집의 진기한 보물 모두가 이 박물원에서 빛날 수 있다. 중국의 진기는 특히 내부(內府)에 있다. 여러 방면에서 기증되어 전대의 보물이 모두 모여 있다. 그야말로 중국 수천 년의 정수 그 자체다.[55]

　이 문장에서 고궁을 박물관으로 만든 목적을 알 수 있다. 고궁은 국가 차원의 3개의 역사박물관을 아우르며 새로운 민족공동체의 상징이 되었다.

　고궁은 박람회에서도 중국관 홍보에 도움이 되었다. 1915년 파나마 태평양 박람회에서는 그 건물이 중국관의 모티브가 되었다.(〈그림 7, 8〉) 이 중국관은 당시 영문으로 'THE FORBIDDEN CITY'라고 불렸는데 1914년 7월 14일에 기공되었으며 건물은 베이징에서 설계되었고 상하이에서 조립되었다. 장인이 배로 현지까지 운송하여 '효율이 나쁜 도구로 효율적으로 세워졌다.'[56] 정부관은 중국 측에서도 '태화전太和殿'(고궁

〈그림 7〉 1915년 파나마 태평양 만국박람회 중국관(출처 : Frank Morton Todd, *The story of the Exposition*, G.P. Putnam's Sons the Knickerbocker press, 1921)

〈그림 8〉 1915년 파나마 태평양 만국박람회 중국관 내부(출처 : Frank Morton Todd, *The story of the Exposition*, G.P. Putnam's Sons the Knickerbocker press, 1921)

의 주된 건물)으로 불렸다.[57] 이 1915년의 박람회는 세관 대신 중국인 스스로가 모든 것을 준비하고 참가한 대규모 박람회이자 국민정부가 성립된 이후 국제사회에 인정받기 위해 새로운 국민국가를 알릴 수 있는 기회였다. 중국풍 건물은 이전의 만국박람회에서도 자주 사용되었지만 이 시기에 특히 '태화전'이라는 명칭을 사용했다는 점이 흥미롭다.

1915년 만국박람회 참가의 책임자는 진기陳琪였다. 진기(1878~1925)는 청말민초 시기 저장의 호상豪商으로 알려져 있다. 강남육군사범학당江南陸軍師範學堂을 졸업한 후 세인트루이스 박람회(1904)에 참가하였다. 구미시찰(1905) 등을 거쳐 중국 최초의 박람회인 남양권업회(1910)의 개최를 주최하고, 중국의 파나마 태평양 박람회(1915) 참가 당시 중심적인 역할을 담당하였다. 저서로는 『신대륙 세이트루이스 박람회 유람기新大陸聖路易博覽會游記』가 있다. 그는 1910년의 남양권업회 경험을 살려 파나마 태평양 만국박람회 중국관의 건설에 착수했다.

장인은 중국 상하이에서 왔기 때문에 건축양식은 남방의 특징을 가지고 있었다. 즉 지붕이 크게 튀어나와 있었다. 옛 황궁 그 자체를 복제했다고는 할 수 없지만 표현력은 충분했다. 또한 전시품으로는 정전正殿에 가구, 자수, 조각, 서화를 두고 융단은 베이징제를 사용하였다. 편전偏殿에는 가구와 장식품을 진열했다. 좌전左殿에는 감독의 사무실과 회의실, 우전右殿에는 출품계 사무실이 있었다. 권공방勸工房에서는 상품 판매를 진행하였고 탑은 관람용, 정자는 휴게용으로 사용하였다. 다실 겸 레스토랑은 일본과 경합했지만 요리가 비싸서 인기는 일본에 뒤처졌다. 울타리는 만리장성을 상징하는 것이었다.[58] 전술한 도곤화는 이에 비판적인 태도를 보였다. 그 이유는 ① 옛 건물로 '새로움'을 표현하는 것은 좋지 않고, ② 주된 재료는 중국에서 만들어졌기 때문에 현지에서 조립하는데 문제가 많았으며, ③ 멀리서 보면 훌륭하지만 가까이에서 보면 허술하다는 것이었다.[59]

이 중국관 공간은 중국을 상징하는 것을 전부 넣으려 했다고 할 수 있다. 정전은 태화전, 편전은 태화전의 보조, 탑은 불교의 상징, 정자는 정원의 상징, 울타리는 만리장성, 다실은 중국의 대표적인 생산품, 중화요리이다. 서로 다른 중국의 조각들을 한 공간 안에 독특하게 담아 새로운 중국의 이미지를 세계에 알렸다. 중국인은 전통적인 기준에 따라 판단하기 때문에 비판이 많았다. 외국인은 오히려 거기에서 중국을 봤다. 결과 호평을 받게 되었다.

그러나 더 복잡한 것은 내셔널리즘의 성장과 함께 오리엔탈리즘과 내셔널리즘이 융합되는 사태도 볼 수 있다는 점이다. 1935년 런던박람회의 중국예술국제전람회中國藝術國際展覽會가 그 일례이다. 이 전람회의 전시품은 고궁의 것이 주를 이루었다. 중국 고궁의 것은 중국 예술의 정수를 의미한다. 내셔널리즘의 관점에서 본다면 이 전람회의 전시는 최대한으로 중국을 표현하고 있었다고 할 수 있다.

후젠胡健의 연구에 따르면 이 때 중요한 인물로 퍼시발 데이비드Percival David(1892~1964)가 있었다. 그는 20세기 영국 그리고 세계에서 가장 영향력이 있는 중국문물 소장가이자 학자였다. 1911년 청조 정부가 무너지면서 대량의 보물이 고궁에서 유출되었는데 데이비드는 그 때부터 고궁의 문물을 수집하기 시작했다. 참고로 1929년 8월 10일에 그는 고궁박물관의 고문이 되었다. 이후 중국과 영국을 왕복하며 1934년에는 '런던중국예술국제전람조직위원회'를 창립하였고 당란唐蘭, 용경容庚 등 중국의 전문가들이 구체적으로 전시 준비를 담당하였다.

1935년 봄 영국팀이 전시품을 선정하기 위해 중국으로 건너왔다. 저명한 프랑스 한학자 폴 펠리오Paul Pelliot도 동행했다. 중국 측과 함께 여러 차례에 걸쳐 선정하였고 최종적으로 1,022건의 문물을 선택하였다. 그중 735건이 고궁박물관의 것이었다. 내역은 자기 352건, 서화 170건, 동기銅器 60건, 옥기 60건, 가구 19건, 경태람 16건, 자수 28건, 조적칠彫赤漆 5건, 접선 20건, 기타 5건이었다. 이 박람회는 영국에서 처음으로 중국 고전예술의 주류를 보여주는 행사였다. 그 이전 중국화에 대한 영국의 인식은 사물과 꽃과 새 장식이었다. 중국화의 정수인 산수화에 대해 아는 사람이 적었고 대영박물관의 소장품 또한 적었다.[60]

전술한 1883년의 런던 어업만국박람회의 전시품을 선정한 영국인과 마찬가지로 1935년 영국과 프랑스 전문가들은 오리엔탈리즘의 눈높이에서 중국의 전시품을 선정했을 것으로 생각되는데 이에 중국 측도 내셔널리즘을 바탕으로 적극적으로 대응하였다. 또한 결과적으로 양측에 의해 선정된 전시품을 바라보면 그 사상적 양상은 대립이 아니라 복잡하게 공존하고 있었다는 것을 볼 수 있다. 덧붙이자면 과거 세관이 소유했던 발언권은 모두 중국 측으로 넘어갔으며 고궁 재보의 전시에 관해서는 중국 측의 발언력이 보다 강해진 것으로 짐작된다.

4. 맺음말

　중국의 만국박람회 참가를 살펴보면 권력의 복잡한 변모가 엿보인다. 하트를 중심으로 한 세관은 담론의 권력the power of discourse을 장악하면서 일상 상품부터 문화전시에 이르기까지 선택과 계획을 수행했다. 거기에는 그들이 이해하고 있는 오리엔트의 해석이 제시되었고 나아가 민족학의 융성과 함께 중국인의 생활 여러 측면이 표현되었다.

　20세기에 들어서자 내셔널리즘 융성의 물결을 타고 중국은 박람회 주도권을 쥐게 되었다. 이때에는 전통적인 것을 표현하는 것이 중심이 되는 한편 국내에서는 내셔널리즘 양성장으로 역사박물관이 차례로 건설되었다. 고궁에는 세 개의 역사박물관이 모였고 황제의 재산이나 고궁은 국민국가의 상징으로 자리 잡았다.

　박물관과 박람회는 언뜻 다르지만, 저류는 내셔널리즘을 따라 이어진다. 국내의 박물관은 만국박람회 참가를 위한 영양원이 되었다. 또한 박람회 참가 사례를 보면 내셔널리즘은 완전히 오리엔탈리즘과 대립하는 것이 아니라 때로는 오리엔탈리즘의 기세를 빌려 보다 강하게 표현되었다. 세관 시대와 다른 점은 내셔널리즘의 고조와 함께 근본적인 담론의 권력이 외국인이 아닌 중국인 자신에게 이행되었다는 것이다.

이승찬 옮김

주석

1 古偉瀛,「從「衒奇」「賽珍」到「交流」「商戰」―中國近代對外關係的一個側面」(『思與言』, 1986, 第3期 第9號). 董增剛,「晚清赴美賽会述略」(『北京社会科学』, 2000, 第2期). 謝輝 「政府政策与近代中国博览会事业的关系」(『歷史教学问题』, 2004, 第4期).

2 李愛麗,「中国参加1878年巴黎博览会述略」(原载,『中国社会经济史研究』, 2003, 第2期; 馬敏主 編『博览会与近代中国』華中師範大學, 2010.9, p.122).

3 沈惠芬,『晚晴海关与国际博览会』, 福建師範大学碩士論文(2002). 29회라는 숫자에 대해 서는, *Documents Illustrative of the Origin, Development, and Activities of the Chinese Customs Service*, Vol.1, p.280, Edited and Published by Statistical Department of General Inspectorate of Customs in 1940. 總稅務司署統計科1940年編印 :『中国海关起源, 发展 和活动的见证文件业编』(馬敏主編,『博览会与近代中国』, 華中師範大学, 2010.9, p.121) 과 다르다.

4 沈惠芬,「走向世界―晚清中国海关与1873年维也纳世界博览会」(『福建师范大学学报』, 2004, 第4期).

5 中國第二歷史檔案館, 中國海關總署辦公廳王編,『中国旧海关史料(1859~1948)』모두 170책(京華出版社, 2001).

6 吳松弟,「走向世界―中国参加早期世界博览会的历史研究―以中国旧海关出版物为中心」 (『史林』2, 2009).

7 趙佑志,「躍上國際舞台 : 清季中國參加萬國博覽會之研究(1866~1911)」(『台灣師範大 學歷史學報』, 1997, 第25期).

8 宋茂萃,『晚清海关与世博会』, 中國人民大學碩士論文, 2005.

9 詹慶華,「全球化視野 : 中国海关洋员与中西文化传播(1854~1950)」(北京 : 中國海關出 版社, 2008), p.478.

10 일본은 1867년, 조선은 1893년(육영수의 구두발표에 의거함)에 참가하였는데, 모두 본국인이 주도한 참가였다. 본서 육영수의 글 참조.

11 Stanley F.Wright, 陳敖才・陸琢成 外譯,『赫德与中国海关(Hart and the Chinese Customs)』(厦門大學出版社, 1993); 中國第二歷史檔案館・中國科學院近代史研究所合 編, 陳霞飛 主編,『中国海关密档―赫德, 金登干函电汇编(1874~1907)』卷2卷(中華書 局, 1995); Katherine F.Bruner 外編, 陳絳 訳,『赫德与中国早期现代化―赫德日记(1863 ~1866)』(北京 : 中國海關出版社, 2005).

12 앞의 주(11)『赫德与中国海关』, p.217.

13 陳霞飛主編,『中国海关密档』卷1卷(北京 : 中華書局, 1990), p.689.

14 Edward Wadie Said, 王宇根 訳,『东方学』(上海 : 上海三聯书店, 2009), pp.41~42.

15 앞의 주(11)『赫德与中国海关』, p.579.

16 앞의 주(7) 趙佑志의 글.

17 앞의 주(11)『赫德与中国海关』, p.536.

18 公桓氏,「奉勸士商百工宜赴美國賽奇公會遊覽伸廣識見論」(『申報』, 1875.2.1).

19 출전 Port Catalogues of the Chinese Customs Collection at the Austro-Hungarian Universal Exhibition Vienna : 1873 본서에서의 인용은 앞의 주(4) 沈惠芬의 글에 의거함. 이하의 리스트는 각지의 세관에 의해 수집된 물품 리스트이다.

· 산해관(山海關)(뉴청(牛庄)) 15세트 270건 전시품 : 석탄, 밀, 말린 새우, 양(羊)융포(絨布), 각종 철기, 국자, 오지그릇, 각기(角器), 기름종이, 풍차, 양금(洋琴), 하내우선(河內牛船), 단층집 등

· 진해관(津海關)(톈진) 25세트 225건 : 쌀, 석탄, 옥, 찻잎, 장뇌(樟腦), 백설탕, 말린 채소, 살담배, 우모(牛毛), 모포, 족제비 가죽, 흰토끼 가죽, 부싯돌, 몽고 가죽모자, 각종 토우, 교거(轎車), 호금(胡琴), 칼, 삼판선(舢板船), 어획도구, 제기, 위패 등

· 동해관(東海關)(옌타이(烟台)) 6세트 347건 : 석탄, 계피나무 껍질, 팔각(八角), 목이(木耳), 뽕나무 껍질, 지정(地丁), 감초(甘草), 밀, 고량(高粮)이삭, 콩기름, 곶감, 살담배, 밀짚 띠, 토포(土布) 등

· 강한해관(江漢海關)(한커우(漢口)) 14세트 527건 : 흑전차(黑磚茶), 주강(鑄鋼), 유연탄, 연자(蓮子), 개 가죽, 박달나무, 도인(桃仁), 둥굴레, 연근 가루, 술, 여러 색의 천, 꽃병, 다완(茶碗), 관음, 팔선, 기름종이, 마차, 이발도구 꾸러미 등

· 구강해관(九江海關)(주장(九江)) 8세트 99건 : 석탄, 보주(寶珠), 가공하지 않은 차, 비누, 전차(磚茶), 살담배, 모시, 화분, 술주전자, 찻주전자, 선지(宣紙), 전나무 잎, 쇄기(碎器) 상자 등

· 진강해관(鎭工海關)(전장(鎭工)) 7세트 113건 : 쌀, 녹두, 땅콩, 천화분(天花粉), 우지, 곶감, 목화, 견직물, 부채, 종이, 풀무, 보트, 토끼, 꿩, 골동품, 양주(揚州) 칠기 등

· 강해관(江海關)(상하이) 16세트 2,029건 : 구리 막대, 강철, 상숙(常熟) 백목(白木), 팔각, 서각(犀角), 뱀가죽, 송진, 동유(桐油), 삼백(三白), 청매(青梅) 줄기, 관자, 회포(回布), 지화(地花), 천, 밀짚모자 띠, 견직물, 요대, 덧바지, 나막신, 바늘, 찻주전자, 담뱃갑, 사선(沙船), 경태(景泰) 작은상자 등

· 절해관(浙海關)(닝보) 12세트 323건 : 석탄, 육두구, 쌀, 홍목(紅木), 구기자, 차꽃, 소주, 부레, 절인 생선, 말린 새우, 목화, 토포, 동주전자, 정교한 자기, 종이부채, 기름종이, 가죽 북 등

· 민해관(閩海關)(푸저우(福州)) 16세트 127건 : 석탄, 수산석(壽山石), 육두구, 쌀, 홍목, 구기자, 차꽃, 소주, 부레, 절인 생선, 말린 새우, 목화, 토포, 동주전자, 정교한 자기, 종이부채, 기름종이, 가죽 북 등

· 담수해관(淡水海關)(단수이(淡水)) 9세트 35건 : 이탄(泥炭), 미곡, 찻잎, 약재, 장뇌, 적탕(赤糖), 삼베, 수마(水磨), 쥐덫, 홍두정(紅頭艇) 등

· 타구해관(打狗海關)(타커우(打狗)) 9세트 71건 : 흑임자, 어저귀, 공백당(貢白糖), 붉은 쌀, 녹나무 판자, 흑임자 기름, 담뱃잎, 풀꽃, 어선, 농가(모형), 제당공장(모형) 등

· 하문해관(廈門海關)(샤먼(廈門)) 12세트 181건 : 쌀, 백후추, 목향(木香), 빈랑(檳榔), 생선 껍질, 소종차(小種茶), 포장차(包裝茶), 덕기차(德記茶) 등과 같은 여러 차, 향, 백설탕, 부대천, 정교한 자기, 종이우산, 고급종이, 계엔(桂円), 사면포(絲棉布), 각기, 이현(二弦) 등

· 조해관(潮海關)(산터우(汕頭)) 7세트 80건 : 약재, 쌀, 찻잎, 소뿔, 해마, 땅콩기름,

여분(茹粉), 옻, 삼소(三燒), 식초, 오징어, 목화, 철기, 부채종이, 제지 모형, 자기 만드는 모형, 제당 모형, 모시 모형 등

· 월해관(粤海關)(광저우(廣州)) 13세트 893건 : 양석(洋錫), 우황, 대모(玳瑁), 단향목(檀香木), 흑단, 해초, 각종 제비집, 상어 지느러미, 옥, 차, 팔각, 죽기(竹器), 그릇, 상아제품, 옻, 진피(陳皮), 연자(蓮子), 삼칠(三七), 자황(雌黃), 연지(胭脂), 설탕, 토포, 가죽제품, 나무제품, 철기, 종이, 북 등

20 曾紀澤, 『使西日記』(1879, 走向世界叢書, 湖南人民出版社(長沙), 1981, p.14).

21 「記奧國格物會院事」, 『申報』, 1873(同治癸酉閏6月7日), 第3冊, 第325號, p.101.

22 James Duncan Campbell(1833~1907) : 스코틀랜드 출신, 1859년 2월 영국 우정국에서 근무, 1862년 중국세관의 런던 대리기관에서 근무, 1863년 5월에 중국으로 건너갔다. 9월에 세관총세무서(稅關總稅務署)의 총리문안(總理文案)에 취임하여 재무와 검사를 겸임하였다. 1868년부터는 하트의 추천에 의해 유럽에서 활동하였으며 1873년 하트가 중국세관의 런던사무실을 설립하자 세무사(稅務司)를 담당하게 되었다.

23 George C.Hamilton은 Abercorn 공작의 장남, 영국 해군부대신. 어업박람회를 담당.

24 陳霞飛 主編, 『中国海関密檔-赫德, 金登干函電彙 編(1874~1907)』卷3卷(中華書局, 1992), 1882.12.8, p.172.

25 위의 책, 1883.6.22, p.298.

26 위의 책, 1883.11.2, p.389.

27 위의 책, 1883.12.14, p.426.

28 위의 책, 1883.10.5, pp.448~453.

29 위의 책.

30 『一八八四年倫敦世界衛生博覧會中國展示品目次』는, 앞의 주(6) 吳松弟의 글, p.49에서 인용.

31 앞의 주(14) Edward Wadie Said, 王宇根 訳, 『東方学』, p.54.

32 吉見俊哉, 『博覧会の政治学-まなざしの近代』(中央公論社, 1992.9).

33 陳占彪, 『清末民初万国博览会亲历记』(北京 : 商務印書館, 2010), p.42.

34 「第五回内国勧業博覧会図会上編」, 『風俗画報臨時増刊』에 의함.

35 「博覧會人類學館事件」(『新民叢報』, 1905. 第27期), 坂元ひろ子, 『中国民族主義の神話-人種・身体・ジェンダ』(岩波書店, 2004).

36 앞의 주(33) 陳占彪, 『清末民初万国博览会亲历记』.

37 위의 책, p.124.

38 「商部新訂出洋賽會章程」(『東方雜誌』3-3, 上海商務印書館, 1906).

39 「工商部規定外國博覽會中國出品通行簡章」(『浙江日報』409, 1913), pp.11~17.

40 屠坤華, 『一九一五萬國博覧會遊記』(본서에서의 인용은, 陳占彪, 『清末民初万国博览会亲历记』, 北京 : 商務印書館, 2010, pp.230~232.)

41 위의 책, pp.230~231.

42 「巴拿馬太平洋萬國博覽會章程」(王勇則, 『图说1915巴拿马赛会』, 上海遠東出版社, 2010, p.337에서 인용).

43 앞의 주(42) 王勇則, 『图说1915巴拿马赛会』, pp.106~107.

44 東京国立博物館, 『東京国立博物館百年史』, 1973.

45 蔣國宏, 「张謇癸卯东游日本及其影响研究」(『河南师范大学学报』(哲学社会科学版),

2000, 第4號); 馬敏, 「張謇与近代博覽事業」(『华中师范大学学报』(人文社会科学版), 2001, 第5號); 謝輝, 「張謇与中国近代博覽会事業」(『安徽史学』, 2002, 第4號). 黃鶴群, 「张謇开创中国近代世博会事业的实践」(『南通大学学报』(社会科学版), 2006, 第3號). 何立波, 「张謇: 中国博览会业开路先锋」(『检查风云』2009, 第3號). 李元沖, 「张謇五次结缘博览会」(『江苏地方志』, 2010, 第3號); 張廷栖, 「张謇与中国参展的博览会」(『江海纵横』, 2010, 第4號) 등.

46 張謇, 「日記」(『張謇全集』卷8. 上海 : 上海辭書出版社. 2012), p.483.

47 격사(緙絲)는 중국 자수의 하나로 경사(經絲)와 위사(緯絲)로 무늬를 표현하는데 입체감 있는 조각적 표현에 효과가 있다.

48 傅振倫, 「近百年博物馆事業先辈的事迹」(『中国博物馆』, 1992, 第1期), p.25.

49 張謇, 「上南皮相國請京師建設帝國博覽館議」(『張謇全集』卷4, 上海 : 上海辭書出版社, 2012), p.274.

50 段勇, 「古物陈列所的兴衰及其历史地位述评」(『故宫博物院院刊』, 2004, 5號, 總115期).

51 梁吉生, 「中国近代博物馆事業紀年」(『中国博物馆』, 1991.2).

52 「治二年三月外交部准德國哈公使節略開: 德國一九一四年來伯絞城(Leipzig)擧行萬國書業雕刻及他種專藝賽會. 同年九月, 據該會旅京會員米博士和伯(Dr.Mueller, 即Herbert Mueller)到部面稱: 擬假用歷史博物館內物品數件, 轉送到會陳列, 嗣又函送擬假物品計十一種淸單, 幷聲明所假各物陳列時均似置以玻璃箱匣, 以示珍護, 且標明北京歷史博物館之物品, 以彰中華珍品」(中國第二歷史檔案館編, 『民國史檔案資料匯編』第3輯, 文化, 江蘇古籍出版社, 1991, pp.275〜276).

53 「德國來布其兮城舉行萬國書業雕刻專芸賽會前由米博士所借歷史博物館物品請轉索還函件十一年三月七日致駐京德博使 附歷史博物館物品淸單」(『外交公報』, 1922, 第12號, pp.6〜9).
     禦筆 一匣內計二枝
     禦墨 一匣內計硃黑各一錠
     蘭亭序硯 一方外有紫檀匣匣上嵌玉一塊
     琺琅文具 六件
     計 五峰形筆架一具有座硯水壺一具有勺 香爐一具有紫檀座 香瓶一具有紫檀座
     香盒一個 鑄金鎮紙一方有托
     彰元瑞書文廟碑記文一冊 計有字者五頁
     彰元瑞書辟雍碑記文一冊 計有字者五頁
     以上二件合置在紅漆描金匣內
     青金石禦筆三經序文一匣 內計十二版 每版隔以黃緞
     玉刻禦筆十三經序文一匣 內計十版 每版隔以黃緞
     青金石表章經學之寶一方 外有楠木匣
     溯澤綏成帖一匣 內計禦筆新建辟雍工成碑口共十一頁 禦筆釈奠後臨雍講學得近體四首共十一頁
     観瀾志道帖一匣 內計禦筆仲春丁祭禮成述事共八頁 禦筆釈奠禮成禦辟雍有作共十頁 道光禦筆 一幅

54 許齋, 「宮內的古物是溥儀的私産嗎!」(『晨報副刊』, 中華民國13年 3月 20日, 第4版).

55 『不忍』, 第3冊, 1913.4(湯志鈞編, 『康有爲政論集』下, 中華書局(北京), 1981.2, pp.850~859). 내부(內府)는 황국에서 기구 제작을 감독하고 관리하는 부서이다.

56 Frank Morton Todd, *The story of the Exposition*, G.P.Putnam's Sons the Knickerbocker press, 1921. pp.287~292.

57 嚴智怡, 『巴拿馬賽會直隸觀會叢編』上編, 預會誌略 下, 1921.10, p.9「政府館建築, 雲倣太和殿式」.

58 範永增, 『參觀巴拿馬博覽會記』에서 발췌하여 『申報』, 1915.9.5~6・8・21 연재. 또한 『中國實業雜誌』, 第6年, 第11期, 1915.11에도 실려 있다.

59 앞의 주(40) 屠坤華, 『一九一五萬國博覽會遊記』, pp.209~268.

60 胡健, 「斐西瓦乐・大维德与1935年伦敦中国艺术国际展览会」(『文物世界』, 2009, 第6號).

(감사의 말)

이 글의 작성은 톈진대학(天津大學)교수 아오키 노부오(青木信夫) 씨의 도움을 받았다. 여기에 감사를 표한다.

도시화를 테마로 한 상하이 세계박람회

만국박람회를 둘러싼 중국의 과거와 미래

에하라 노리요시(江原規由)

1. 폐막 5년 후의 상하이 세계박람회 철거지를 보다

상하이 만국박람회(상하이 세계박람회)가 개막한 것은 2010년 5월 1일이었다. 그로부터 거의 5년이 지난 2015년 2월 철거지를 방문할 기회가 있었다. 행사장 내 유일한 지하철역인 중화예술궁역中華藝術宮驛에 내리자 빽빽이 구내벽면을 장식하고 있는 당시 각국·지역·기관의 가설 건물, 마스코트 등의 초대형 패널 사진들이 눈에 들어왔다. 그러나 걸음을 멈추고 보는 사람은 없었다.

그 번화함을 알고 있는 필자는 이것이 확실히 '무사들이 꿈꾼 흔적(세상의 영화가 허무함을 뜻하는 말—역주)'인가 하고 귀가 아파오는 듯한 고요함 속에서 잠시 서 있었다. 근처 계단을 오르자 갑자기 환해진 전방에 홍색의 중국관(현 중화예술궁)이 다가왔다. 그 위용은 5년 전과 전혀 달라지지 않았지만 역시 사람의 그림자가 압도적으로 적은 것이 5년이라는 시

간의 흐름을 짐작하게 한다. '이탈리아관 입장권 있어요.'라고 판매원이
큰 소리를 치고 있다. '어째서 이탈리아관이……'라는 이상한 기분이 들
었다. 그러고 보니 올해는 밀라노 만국박람회가 열리는 해인데, 그래서
그런가라고 문득 생각했다.

1) 시보대도世博大道를 동쪽으로

중국관의 앞을 지나 개막식과 폐회식이 진행되었던 문화센터의 앞을
오른쪽으로 돌면 박람회 기간 동안 매일 다녔던, 필자가 관장을 맡았던
일본관으로 통하는 시보대도世博大道가 나온다. 우주선과 같다고 당시에
늘 생각했던 문화센터 원주 끝자락에 메르세데스 벤츠 아레나라는 문
자가 있었다.

일본관은 박람회장의 최동단에 있었다. 중국관에서 일본관까지는 천
천히 걸으면 15분에서 20분 정도 걸어야 했다. 이번 방문에서도 그 거
리를 걸었지만 거기에는 당시 인기 제일이라서 대기열의 길이와 입장
까지의 대기 시간을 일본관과 겨루었던 사우디아라비아관이 외로이 서
있을 뿐이었다. 일본관의 모습은 없고 철거지에는 크레인이 두·세 대
서 있는 것이 펜스 너머로 보였다. 그 펜스를 따라 서 있는 만국박람회
개최에 맞춰 심어진 가로수의 높이가 5년의 흐름을 말해주고 있는 것
같았다. 상하이 세계박람회 푸둥浦東회장의 A존(회장은 A·B·C·D·E 5
개의 존으로 구획되어 있었다)은 일본관에서 끝난다.

더 나아가 일본관 앞을 동쪽으로 돌면 당시 도로를 막고 있던 입장검
사소와 그 오른쪽 안쪽으로 연일 입장객들로 붐비던 4호입구가 있었을
텐데 지금은 아무런 흔적도 없다. 그저 공터였다. 이미 30분 정도 걸었

〈그림 1〉 세계박람회 기간 중의 일본관(가까운 쪽)과 중국관(필자 촬영)

지만 조금 더 빨리 가 보고 싶은 장소가 있었다. 시보대도를 가로지르는 이름 없는 다리이다. 약간의 높낮이가 있을 뿐 물이 흐르고 있는 것처럼 보이지는 않았다. 거기서 일본관을 보면 일본관을 중국관이 덮친 것처럼 보였던 것이다.(〈그림 1〉) 이제 일본관은 없고 중국관만 우뚝 서 있다. 시보대도를 따라 흐르는 황푸강黃浦江 건너편에는 거대한 굴뚝온도계가 당시 그대로의 모습을 간직하고 있다. 상하이 세계박람회의 여름은 기록적인 더위로 거의 연일 40도가 넘었지만 이번에 방문했을 때의 기온은 3도를 가리키고 있었다.

그림 2) 시보대도를 동쪽(왼쪽)으로(왼쪽 안쪽에 일본관)(사진은 개막 당시의 것. 필자 촬영)

그림 3) 해질녘 다리위에서 찍은 중국관(오른쪽 끝)과 세계박람회촌(좌측 안쪽), 전방은 세계박람회거리(180도 파노라마 사진)(2015.2.9. 필자 촬영)

2) 세계박람회 철거지를 멀리 바라보다

황푸강을 등지고 서면 세계박람회 관계자의 숙소였던 세계박람회촌村 빌딩이 늘어서 있는 것이 멀리서 보인다. 세계박람회 종료 후에는 호화아파트로 팔린다는 소문이 돌던 세계박람회촌은 해질녘 불빛이 없어 귀성鬼城(고스트타운)화하고 있는 듯했다. 상하이 세계박람회 테마는 '보다 나은 도시, 보다 나은 생활'이었지만 여기까지 걸어오면서 그 주제를 떠올릴 수 있는 곳은 적었다. 세계박람회가 ① 테마를 구체화하여 보여주는 장, ② 그 장래의 의의를 내외로 발신하는 장이라면 세계박람회 회장의 철거지 이용도 세계박람회 테마의 의의가 포함되어 있어야 한다. 하지만 이후 철거지 이용이 어떻게 될지 상상도 되지 않는 풍경을 앞에 두고 또 몇 년 후에 방문해서 확인해 보고 싶다고 생각했다.

황혼이 다가왔다. 황푸강을 가로지르는 거대한 다리(난푸대교南浦大橋)에 불빛이 늘어났다. 그 너머로는 푸둥의 중심지에 우뚝 솟은 마천루 불빛이 보인다. 그 불빛을 보다가 문득 황푸강에 인접하여 서 있는 빌딩 옥상의 거대한 간판에 눈길이 갔다. 거기에는 뺨에 손을 얹고 '중국의 꿈, 나의 꿈'이라고 쓰인 글자를 보며 생각에 잠긴 듯한 소녀의 모습이 있었다. 그녀가 무엇을 꿈꾸고 있는지는 알 수 없지만 한층 더 크게 쓰인 붉은색의 '꿈'이라는 글자를 보고 100년 전 상하이에서 박람회를 개최하기를 꿈꿨던 사람들이 있던 것이 생각났다.

이 글에서는 우선 한 세기 전에 중국에서 만국박람회를 개최하기를 꿈꿨던 중국지식인을 소개하고 그 후 1851년 런던 만국박람회에서 상하이 세계박람회까지의 역대 만국박람회와 깊은 관계가 있었던 중국 상인, 정부관계자들의 발자취를 살펴본 후, 마지막으로 상하이 세계박람회 개최의 의의를 필자의 일본관 경험을 바탕으로 소개하고자 한다.

상하이 세계박람회 메모리

참가국 : 190개국(그중 19개국이 미수교국), 56국제기관
출전주체 : 290여(18기업관, 50여 외국기업, 31중국성·자치구·시 등)
총 사업비 : 약 300억 위안(약 4,000억 엔(당시), 약 5,600억 엔(현재)). 인프라 건설 등을 포함하면 약 400억 위안(약 5.5조 엔, 약 8조 엔)
관람객 총수 : 7,308만 명(최소 입장자 수 : 약 8.9만 명(5월 5일))
최다 관람객 수 : 약 103만 명(10월 16일), 이 날 오사카(大阪) 만국박람회 관람객 총수를 넘었다.)

2. 중국에서 만국박람회 개최의 '꿈'을 가졌던 사람들

상하이 세계박람회는 발전도상국에서 처음 개최된 만국박람회로 꼽힌다. 제1회 런던 만국박람회(1851) 당시, 중국은 진조秦朝(진시황秦始皇) 이래 2,000년가량 이어진 왕조시대에 종지부를 찍게 된 청조清朝(1644~1912)의 말기였다. 당시 만국박람회는 '서양인의 새기회賽奇會'(진기한 것을 겨루는 전시회)로 인식되었다.

열강이 중국을 유린하기 시작한 것도 이 시대이다. 이후 중국은 반식민지라고 할 수 있는 상황에 빠지지만 1900년대 초 중국에서 만국박람회 개최를 꿈꾼 당대 일류의 정치가나 문화인이 있었다.

육사악

(陸士諤, 1878~1944, 상하이 출생) : 의사, 집필가, 『회도신중국(繪圖新中國)』(1910)

양계초

(梁啓超, 1873~1929, 광둥성(廣東省) 출생) : 정치가, 저널리스트, 역사학자, 집필가, 『신중국미래기(新中國未來記)』(1902)

오견인

(吳趼人, 1866~1910, 광둥성 출생) : 문학자, 『신석두기(新石頭記)』(1905)

정관응

(鄭觀應, 1842~1912, 광둥성 출생) : 계몽사상가, 실업가, 교육사상가, 집필가, 『성세위언(盛世危言)』(1894)

이들이 남긴 저작물 중에 장차 박람회가 중국 상하이에서 개최될 것이라고 기술된 저서가 있다. 박람회 개최로 중국이 '잠자는 사자가 꿈에서 깨어나듯, 병든 나라가 중병에서 일어난다睡獅破濃夢, 病國起沉疴'는 것을 기대했던 것이다. 또한 2010년 상하이 세계박람회의 정경(특히 도시 발전에 대한 생각)과 비슷한 묘사나 푸둥(상하이 세계박람회 개최 장소)에서의 개최를 예측한 것도 있다. 반식민지적 중국에서 만국박람회 개최를 국가 발전의 기회로 삼는 '꿈'을 짊어진 것도 당시 국제도시인 상하이였다.

중국과 만국박람회와의 관계는 길지만 상하이 세계박람회 개최까지 150여 년 동안 왕조(청)시대, 중화민국, 중화인민공화국으로 국가체제는 세 번 바뀌었다. 또 1970년 오사카 만국박람회를 마지막으로 중화민국(대만)은 만국박람회 무대에서 자취를 감췄지만 2010년 상하이 세계박람회에 40년 만에 참가 기회를 얻었다. 상하이 세계박람회 개최까지 앞에서 말한 4명의 명사를 포함하여 역대 명사들이 그때그때의 만국박람회에 대해 생각하고 직간접적으로 관여하였다.

육사악 : 상하이 세계박람회의 개최를 위해 찍은 장편TV다큐멘터리 필름 『백년세박몽百年世博夢』(만국박람회 100년의 꿈)에서 내레이터는 육사악을 이렇게 소개하고 있다.

그(육사악)는 SF소설(『회도신중국』)에서 "2010년 상하이 푸둥에서 세계박람회가 열리고 그 때 해저 터널이 만들어질 것"이라고 예언했다. 100년 후 세계박람회가 바로 상하이에서 개최되려하고 있다. 꿈이 현실이 되었다.

2010년이라는 개최연도를 정확히 맞췄다는 것은 상하이 세계박람회에

대한 사람들의 마음을 담은 것으로 사
실과는 다르다. 『회도신중국』(〈그림
4〉)에서 그 부분은 소설의 주인공이 친
구의 안내로 1951년 상하이를 관광한
다는 설정으로 쓰여져 있다.

〈그림 4〉 『회도신중국(繪圖新中國)』 표지

그는 포마상(跑馬上)(인민광장)의
신(新)상하이무대에서 새로운 연극
을 보고 대마로(大馬路)(난징로(南京
路))에서 지하철로 와이탄(外灘)(부
두)으로 갔다. 거기서 황푸강에 놓인
큰 철교를 보고 놀라 친구에게 "이 큰
철교는 언제 생겼는가?"라고 물었다.
친구는 "선통(宣統) 20년(1928년),
내국박람회가 개최되던 때 상하이에는 적당한 건설지가 없었기 때문에 푸둥을
개척해 회장으로 만들게 되었다. 당시 상하이에서 푸둥으로 가는 교통이 좋지
않아서 다리와 해저 터널을 만들었다. 지금 푸둥지역은 상하이 못지않게 번화
하고 있다"고 답하였다.

상하이 세계박람회(2010년 개최)와 소설에 적힌 내국박람회(1928년 개
최) 사이에는 70여 년의 차이가 있다. 만국박람회와 내국박람회의 차이
는 있지만, 『회도신중국』의 회장, 지하철, 대교, 터널에 대한 기술은 70
여 년 뒤의 상황을 말하고 있다고 할 수 있다.

〈그림 5〉 양계초

70여 년의 시간 차이가 있음에도 불구하고 유사점을 강조한 상기 프로그램의 나레이션은 100년간(『회도신중국』이 세상에 나온 1910년부터 100년)의 꿈이 실현되고 있은 것을 시청자 특히 상하이사람과 공유하려는 제작자의 의도가 있었다고 할 수 있다.

양계초 : 아사다 지로浅田次郎의 소설『창궁의 묘 蒼穹の昴』의 주인공 모델이 된 것으로 알려진 양계초의『신중국미래기』(SF소설, 1902년부터 1962년까지 60년 간의 중국의 변화를 묘사한 작품)에는 1962년 정월 초하루, 유신 50주년[1]의 큰 축제를 축하하는 풍경이 묘사되고 있다.

각국 인사들이 수도 난징(南京)에 모여 유신 50주년을 축하하였다. 그러나 활기는 별로 없었다. 그 때 국민은 상하이지방에서 대박람회를 열겠다고 결의한다. 이 박람회는 여느 때와 달리 공예품만 전시하는 것이 아니라 학문, 종교 등과의 연합대회로 한다. 각국에서 전문가나 대박사가 몰려들어 그 수는 수천 명 이상이고 학생은 수만 명 이상이다. 곳곳에서 연설과 강연이 열리고 날마다 논의가 이루어진다. 상하이, 우쏭커우(吳淞口)(황포강이 양자강에 유입되는 지점), 충밍현(崇明縣)(양자강 하구에 위치한 충밍도(崇明島), 창싱도(長興島), 형사도(橫沙島) 등의 섬으로 구성된 지역) 등이 박람회장이 된다.

1911년 신해혁명辛亥革命에 의해 청왕조가 공화국으로 정권이 교체되어 청조의 고관이었던 양계초는 일본으로 망명하였다.『신중국미래기』는 요코하마橫浜에서 창간된『신소설新小説』잡지에 발표된 것으로 박람회와 관련된 부분은 1904년 세인트루이스 만국박람회에서 영감을 받았다고 하는 견해가 적지 않다.

오견인 : 오견인은 1905년에 저술한『신석두기』에서 중국의 4대기서의 하나인『홍루몽紅樓夢』의 주인공 가보옥賈寶玉을 부활시켰다. 가보옥은 친구로부터 새로운 시대가 오고 있다는 말을 듣고 이렇게 권유한다. "푸둥이 회장인 만국박람대회가 열리고 있다. 꼭 보러 갑시다. 만국박람대회는 좀처럼 만나기 어려워요. 보지 않을 수 없겠지요."그리고 두 사람은 회장에 간다. 그리고 "각국이 구획을 나눠 전시관을 짓고 각각 화물을 진열하고 있다. 중국 각 성省도 저마다 회장을 메워 대성황을 이뤘다. 기상천외한 제조품이 진열되어 있는데 그 수가 끝이 없다"라고 감상을 밝히고 있다.

정관응 : 정관응은 상하이에서의 박람회 개최를 처음 주장한 사람으로 알려져 있다. 박람회 개최에 대한 그의 생각은 1894년 정식 출간(그 후 몇 번 정도 가필加筆되었다)된『성세위언』(부강구국富強救國이 테마)의「새회賽會」(박람회를 말함)편에 상세하다. 그 속에서 "화민華民(중국인을 말함)을 풍요롭게 하는 것은 통상通商(상무商務)이며 이를 위한 회장을 상하이에 마련해야 한다"고 쓰고 있다. 게다가 파리, 빈, 필라델피아, 도쿄東京(내국권업박람회라고 생각된다. 제1회인지 제2회인지는 불명), 시카고의 박람회 내용・운영을 상세하게 소개하고 있다. 박람회 개최를 통해 청일전쟁(1894~1895)으로 흐트러진 중국의 국력을 회복하고 중국인을 고무시키려는 의도도 있었던 것으로 보인다.

육사악, 양계초, 오견인, 정관응 모두 동시대를 살면서 시대가 크게 변화하고 있는 때에 박람회 개최에 미래의 꿈을 맡기는 듯 한 작품을 발표하였다. 왜일까? 그들은 박람회가 국가발전에 공헌할 힘이 있다는 것을 간파했을 것이다.

양계초를 예로 들면 그는 일본에 망명 중이던 1903년 미주보황회米洲保皇會[2]의 초청으로 미국으로 건너간다. 그 때의 일을 기록한 『신대륙유기절록新大陸遊記節錄』에 의하면 그는 그 해 개최 예정이었던 세인트루이스 만국박람회가 1904년으로 연기되자 "금년에 개최될 예정이었던 만국박람회가 준비 부족으로 내년으로 연기되었다. 본래 내가 지금 있는 이 시기에 개최되었을 터였다. 매우 애석하다. 회장을 보고 생각을 하고 싶었다"고 유감스러워하였다. 세인트루이스 만국박람회에서 허탕을 쳤기 때문에 장래 상하이에서 박람회를 개최한다는 생각을 심화시켰다고 할 수 있을지도 모른다.

3. 역대 만국박람회를 백문일견百聞一見한 중국인들

중국은 1851년 제1회 런던 만국박람회부터 각종 만국박람회에 직접·간접적으로 관계하였다. 여기에서는 상하이에 연고가 있는 사람들이 관련된 대표적 만국박람회를 살펴보고자 한다.

서영촌徐榮村(실업가) : 처음으로 중국산 물품을 만국박람회(1851년 런던 만국박람회)에 전시한 중국인. 런던 만국박람회 개최 소식을 접하고 이를 사업 기회로 삼아 '영기호사榮記湖絲'(영기호榮記湖 생사生絲) 12포를 런던에 보냈다.

당시 빅토리아 여왕에게 금상, 은상 및 상장을 받았다고 되어있지만

이는 그가 창작한 것이라는 기록도 있어 명확하지 않다.[3]

왕도王韜(사상가) : 관광객 신분으로 처음 만국박람회(1867년 파리 만국박람회)를 본 중국인. 1861년 왕도는 태평천국군太平天國軍에 접촉·지지한 이유로 상하이에서 쫓겨나 유럽으로 도피하게 되었다. 귀국 후『만유수록漫遊随録』을 저술하여 파리 만국박람회의 회장건설, 박람회 기간 동안의 정경을 소개하였다. 1879년 일본을 방문하여 도쿄, 요코하마, 오사카, 고베神戸를 시찰하였다. 수정궁水晶宮을 본 몇 안되는 중국인 중 한 명이며 옥스퍼드대학에서 처음 강연한 중국인으로 알려져 있다.

이규李圭(재계인) : 처음으로 중국 정부(청조)의 위임을 받고 만국박람회(1876년 필라델피아 만국박람회)에 참가한 중국인. 일본을 경유하고 샌프란시스코를 거쳐 필라델피아로 갔다. 만국박람회 참관 후 유럽을 돌았다. 귀국 후『환유지구신록環遊地球新録』를 저술하여 세계관광안내, 필라델피아 만국박람회 성황을 소개하였다.

곽숭도郭嵩燾(정치가·관료) : 1876년 윈난雲南에서 일어난 영국인살해사건의 사죄특사로 영국을 방문하였다. 그 후 주영공사에 임명되어 그 재임 중 제3회 파리 만국박람회(1878)의 개막식에 정부 대표로 참석하였다.『런던, 파리 일기倫敦與巴禁日記』를 저술하였다.

장건張謇(실업가) : 일찍이 박람회 개최를 경제진흥의 중요한 길로 인식하고 있었다. 1903년 일본 정부의 초대로 제5회 내국권업박람회(오사카)를 시찰하였다. 이것을 기회로 중국에서의

〈그림 6〉 최초로 정부대표로 만국박람회에 참가한 곽숭도

박람회사업 육성을 적극적으로 주장하였다. 그의 계획에 따라 중국은 밀라노 만국박람회(1906)에 참가하였다. 또한 중국 최초의 전국적 규모의 박람회가 된 난징에서의 남양권업회南洋勸業會(1910년 개최, 중국 국내 22행정성省, 동남아시아, 영국, 미국, 일본, 독일 등에서 참가)를 성공적으로 이끈 주역이기도 하다. 남양권업회는 중국에서 만국박람회를 성공시키는 전례가 되었다고 할 수 있다.

장원제張元濟(사업가·상하이상무인서관上海商務印書館 창업) : 1910년 이후 세계관광에 나섰다. 당시 1910년 브뤼셀 만국박람회에 출품된 중국 정부의 전시품에 분노하였다. 1915년 파나마 태평양 만국박람회, 필라델피아 만국박람회에 서적, 완구, 악기등을 출품하였다.

장진훈張振勛(사업가·장유포도주공사張裕葡萄酒公司 설립자) : 1915년 파나마 태평양 만국박람회에 자사의 와인을 출품하였다. 당시 중국은 먹구름이 감도는 내외정세(신해혁명, 제1차 세계대전, 일본의 21개조 요구) 속에 샌프란시스코에서 개최된 파나마 만국박람회에 참가하였다. 장유포도주공사의 와인은 서양 여러 나라의 명품 대열에 합류하는 등 호평을 받았다.

오온초吳蘊初(화학실업가·천주미정天廚味精(화학조미료)공장의 창업자) : '천주天廚'브랜드의 화학조미료를 필라델피아 만국박람회(1926), 벨기에 리에주 만국박람회(1930), 시카고 만국박람회(1933)에 출품하였다.

상하이 세계박람회는 남양권업회의 개최(1910)부터 100년 후, 난징에서 상하이로 장소를 옮겨 개최되었다.

1939년 이후 전화戰火가 밀려오는 가운데 중국은 만국박람회로부터 멀어졌고, 중화인민공화국이 참가한 것은 1982년 미국 테네시주 녹스

빌에서 개최된 만국박람회부터였다.

어쨌든 2010년 상하이 세계박람회의 개최는 이러한 사람들 그리고 중국의 100년의 꿈을 실현한 것은 아닐까.

1982년부터 상하이 세계박람회까지 중화인민공화국 정부의 위탁을 받은 중국국제무역촉진위원회中國國際貿易促進委員會가 국가의 이름으로 중국관을 건설하여 만국박람회에 참가한 것은 다음 10회이다.

개최연도	장소	각 박람회 테마
1982	미국 녹스빌 만국박람회	에너지
1984	미국 뉴올리언스 만국박람회	수원(水源)
1985	일본 츠쿠바(筑波) 만국박람회	인간·거주·환경과 과학기술
1986	캐나다 밴쿠버 만국박람회	교통·운수
1988	호주 브리즈번 만국박람회	과학기술의 시대와 여가생활
1992	이탈리아 제노바 만국박람회	배와 바다
1992	스페인 세비야 만국박람회	발견의 시대
1993	한국 대전 세계박람회	새로운 도약에의 길
1998	포르투갈 리스본 만국박람회	바다—미래의 보물
2005	일본 아이치(愛知) 만국박람회	사랑·지구엑스포

4. 상하이 세계박람회 개최까지의 여정

중국이 처음 국가로서 참가한 만국박람회는 양계초가 놓친 1904년 세인트루이스 만국박람회였지만,[4] 전술한대로 제1회 만국박람회(런던 만국박람회, 전시회 기간 140일, 총 630여 만 명이 참관)가 개최되었던 1851년에 이미 중국에서 회사를 경영하던 일부 외국인 상인과 중국인 상인이 실크, 차, 약재 등 전통적인 상품을 전시하였다.[5] (《그림 7》) 그 당시의 중국관(전시구역)을 그린 판화에는 '메이드 인 차이나' 전시품을 바라보는 중산모中

〈그림 7〉 1851년 런던 만국박람회 개막식 풍경(ⓒVictoria and Albert Museum, London)

山帽를 쓴 신사와 드레스를 입은 귀부인의 모습이 담겨 있다.[6]

　　상하이 세계박람회가 개최된 2010년, 중국은 세계 제2위의 경제대국이 되었고, 지금은 세계 제1위의 제조대국이자 무역대국이 되었다. 오늘날 세계시장을 휩쓸고 있는 '메이드 인 차이나'는 적지 않은데 런던 만국박람회 당시 중국의 전시품(생사 등)은 유럽의 신사숙녀에게 많은 사랑을 받으며 이들의 생활을 풍요롭게 한 물건들임에 틀림없다. 그중 상당수는 아직 런던 주민에게 선망의 대상일 뿐이었다. 이러한 전통적 제품을 통해 중국에 대한 이해가 진전된 것은 상상하기 어렵지 않다. 하지만 당시 중국을 방문하고 '메이드 인 차이나'를 백문百聞이 아닌 일견一見할 수 있는 사람은 한정되어 있었다.

제1회 만국박람회 개최 후 한 세기 반을 지나 개발도상국 최초로 개최된 상하이 세계박람회는 중국 경제 성장의 산물이며 국위선양의 절호의 기회가 되었지만 개최 결정까지는 많은 우여곡절이 있었다. 꼭 각본 없는 드라마나 다름없었다고 할 수 있다.

1) 만국박람회에 한눈에 반한 왕다오한汪道涵

최초로 상하이 세계박람회의 개최를 제기했던 중국인 지도자는 누구인가. 왕다오한(1915~2005)이라는 것이 일반적이다. 그는 1980년대 상하이시장, 상하이시 서기書記 등을 역임, 현재 상하이의 상징이자 상하이의 도시화 메카로 꼽히는 푸둥지역의 개발을 지휘한 지도자이다. 만국박람회가 가진 가능성에 주목하여 상하이 세계박람회의 개최를 쟁취한 주역이었다. 지금 초고층 빌딩이 늘어선 푸둥지역 중심가는 세계적인 비즈니스센터로 세계의 주목을 받고 있다.

국제박람회의 상설사무국인 BIEThe Bureau Inetrnational des Expositions(박람회 국제사무국)의 명예의장이자 전 주프랑스 중화인민공화국 대사 등을 지낸 우젠민吳建民씨의 회상에 따르면 1980년대(1983~1987) 왕다오한은 일본을 3회 방문하여 오사카, 오키나와沖縄, 츠쿠바에서의 세계박람회의 개최 정황을 세세하게 견문하여 만국박람회의 도시, 국가의 발전에 대한 장기적 영향을 인식하였다. 귀국 후 전문가·학자를 조직하여 만국박람회 개최가 상하이의 발전에 주는 영향에 대한 연구를 진행하였다. 특히 오사카 만국박람회 개최가 일본의 경제·사회의 발전으로 어떻게 연결되었는지를 연구하여, 만국박람회 개최는 단지 개최도시의 국제적 이미지 상승으로 이어질 뿐만 아니라 단기간의 대규모 개조로 새로운 도시 경관이 구축될 것을 확신하고 그 결과 상하이는 만국박람회를 개최해야 한다는 제안을 했다고 한다.

당시 만국박람회가 광저우교역회廣州交易會(광저우에서 매년 4월과 10월에 2회 개최되는 중국 최대급의 무역전시회. 제1회 개최는 1957년)의 확대판이며 상품전람회에 불과하다는 견해도 적지 않았지만 이에 대해 왕다오한은 "만국박람회는 광저우교역회와는 다르다. 광저우교역회는 1년 앞을 내다보는 전술적 기획이지만, 만국박람회는 50년 앞을 내다보는 전략적인 것이다"라고 만국박람회가 가진 가능성을 설명했다고 한다.[7]

이렇게 보면 상하이 세계박람회 개최에는 일본의 영향이 적지 않았음을 알 수 있다. 상하이 세계박람회 일본관에 있던 필자에게도 중국기자와의 취재 때에는 늘 "상하이 세계박람회와 오사카 만국박람회, 아이치 만국박람회를 비교해 달라"는 질문이 쏟아졌다.

당시 중국에는 1980년대 중국은 일본이 고도성장기에 있던 1960년대와 유사한 점이 적지 않다는 인식이 있었다. 즉 도쿄올림픽 개최(1964), 그리고 오사카 만국박람회의 개최(1970) 등이 일본의 고도성장기에 있었고 이 2대 국제 이벤트가 그 후 일본의 발전이나 세계의 관심과 주목을 유발했다는 것에 대한 공감이 있었음을 알 수 있다. 결과적으로는 중국에서 2008년 베이징올림픽이, 2010년에 상하이 세계박람회가 개최되었다. 왕다오한은 선견지명이 있었던 것이다.

2) 되풀이되지 않은 몬테카를로의 악몽

2001년 5월 중국 정부는 정식으로 상하이 세계박람회 유치에 나섰다. 한국, 아르헨티나, 멕시코, 폴란드, 러시아와 유치경쟁을 벌였는데 2002년 12월

3일 한국(개최지 : 여수麗水)과의 결선투표를 거쳐 상하이 유치에 성공한다.

지금까지의 경위에 대해서는 1995년부터 2001년까지 상하이시장을 지낸 쉬쾅디徐匡迪의 술회(『신화문헌新华文献』, 2010.11)에 상세하다. 그는 "1984년 일본의 친구가 상하이에서의 만국박람회 개최를 제안했다"고 회고했다. 그 후 왕다오한의 지지·노력을 거쳐 1992년 우방궈吳邦國 상해서기(직함은 당시의 것, 이하 마찬가지), 황쥐黃菊 상하이시장이 다시 상하이 세계박람회 유치 신청과 관련된 연구를 시에 요청하였다. 이 해 가을 푸둥의 상징인 동방명주東方明珠 TV탑이 모습을 드러낸다. 쉬쾅디(상하이 부시장)가 한국 대전 세계박람회의 준비상황 시찰을 위해 한국을 방문하였다.

1999년 5월 상하이인민정부 제34회 상무회의에서 2010년 만국박람회 상하이 유치를 결정하고 유치준비 그룹을 성립한다. 장쩌민江澤民 국가주석에게 보고하고 주룽지朱鎔基 총리에게 만국박람회 유치에 대한 지지를 받은 후, 7월 국무원國務院에 만국박람회 유치에 관한 신청서를 제출, 11월 국무원이 2010년 만국박람회 상하이유치에 동의하였다. 12월 8일 BIE 회의장소에서 중국은 타국에 앞서 상하이 세계박람회 유치 의향을 구두로 정식 표명하였다.

2000년 3월 우이吳儀 국무위원을 주임위원으로 하는 상하이 세계박람회유치위원회上海世界博覽會招致委員會가 성립되었다. 6월 상하이 세계박람회공작지도조직上海世博會工作指導小組(조장 : 쉬쾅디)이 성립되었다.

2002년 3월 BIE시찰단이 중국, 상하이를 방문, 장쩌민 국가주석, 주룽지 국무원 총리와 회견하고 같은 해 7월 우이 국무위원이 대표단의 단장으로 BIE 제131회 회원국대표대회에 참가하여 만국박람회 유치 프레젠테이션을 했다. 같은 해 12월 리란칭李嵐清 부총리, 우이 국무위원이 모나코 몬테카를로에서 개최된 BIE 제132회 회원국대표대회에 출석하여 만국박람회 유치 프레젠테이션을 실시하여 2010년 상하이 세계박람회 개최권을 획득하였다.[8]

중국은 몬테카를로에서 쓴 맛을 본 경험이 있다. 1993년 몬테카를로에서 열린 IOC총회에서 2000년 올림픽 개최지에 입후보하였는데 유력시 되었던 베이징이 근소한 차이로 시드니에 패하였다. 전술한 우젠민은 "그 날은 흐리고 때때로 이슬비가 내렸다. 9년 전 베이징올림픽 유치에 패했을 때를 기억하지 않을 수 없었다"고 술회하였다.

상하이 세계박람회 유치에 진력했던 지도자 중 장쩌민, 우이는 개최에 앞선 내람회(內覽會)에서, 리란칭은 전시회 기간 중에 상하이 세계박람회 일본관을 방문했다. 세계박람회 회장에서 그리고 일본관에서 어떤 감회를 가졌을까.

필자는 장쩌민이 관내 시찰 중 일본의 창가를 갑자기 부르기 시작하고 우이가 "감사합니다"라고 일본어로 말하면서 입장하거나, 리란칭이 양손을 번쩍 드는 등 제스처를 섞어서 설명에 응해 주거나 하는 모습에 단지 놀라고 친근감을 느끼고 있었다.

빌딩의 옥상 간판에 그려진 소녀의 모습이 암흑 속에 지워져 갔다. 걸어온 세계박람회 거리를 되돌아가려고 했다. 그러자 문득 상하이 세계박람회 회장의 중심을 남북으로 가로질러 세계박람회축(世博軸)을 일직선으로 빛내던 거대한 LED 조명의 야경에 대한 기억이 되살아났다. 세계박람회축은 지금도 당시의 모습을 간직한 몇 안 되는 상하이건축물이지만 이미 무지갯빛으로 빛나던 조명은 바랄 수 없었다. 세계박람회축의 야경을 보며 장래의 '보다 나은 도시, 보다 나은 생활'을 상상했던 관람객이 적지 않았을 것이다. 막대한 전기량이 필요했기 때문에 상하이 주변에서도 전기가 보내졌으며 그 때문에 정전이 발생한 지역도 있었다고 한다.

밤만 되면 일본관도 보라색으로 빛나고 있었다. 그런 것을 생각하고 있으면 5년 전으로 시간 여행한 것 같은 느낌에 사로잡혔다.

5. 중국의 도시화를 선점한 상하이 세계박람회 테마

상하이 세계박람회 테마는 '보다 나은 도시, 보다 나은 생활'(중국어 : 城市, 让生活更美好, 영어 : Better City, Better Life)이었다. 왜 이 테마가 되었을까. 전술한 쉬쾅디의 술회나 관계자의 증언을 토대로 그 경위를 살펴보고자 한다.

2000년 테마 선정은 상하이시의 내외 이미지 상승, 상하이 세계박람회에 대한 국내외 관심을 환기시키는 것을 전제로 했다. 만국박람회 사상 도시를 테마로 한 만국박람회는 없었던 점, 그리고 수십 년 동안 대도시 중심에서 개최된 만국박람회는 없었던 점을 고려한 결과 '도시'를 테마로 하게 되었다.

이에 앞서 1992년 만국박람회 상하이 유치 업무를 연구하기 위해 쉬쾅디 부시장은 한국 대전 세계박람회의 공사현장을 시찰했다. 그에 따르면 서울시도 부산시도 아닌 지방도시 대전시에서 만국박람회를 개최하게 된 이유에 많은 관심이 있었다고 한다. 대전시가 만국박람회 개최를 통해 일본의 츠쿠바시나 미국의 실리콘밸리처럼 IT를 중심으로 하는 과학기술도시가 될 것이라는 미래전망을 갖고 있다는 사실에 크게 놀랐다고 술회하고 있다.

'대전시를 과학기술도시로'를 내걸고 도시건설이 진행되었으며 또한 고속도로와 고속철도가 건설 중이었다. 당시 대전시는 전시관 건설 외에 생활 관련 시설도 건설 중이었고 세계박람회 종료 후에는 창업을 하는 청년들을 위한 아파트 주거공간으로 꾸밀 계획이었다.

1992년이라고 하면 상하이 세계박람회 유치가 결정되기 10년 전으로 개최까지 거의 20년 전에 해당한다. 게다가 이 해 가을에는 상하이 세계박람회가 개최된 푸둥의 상징인 동방명주TV탑이 모습을 나타내기도 했다. 상하이도 도시 건설의 한복판에 있었다. 그 후 상하이시는 당시 내외로부터 큰 주목을 받은 개혁개방의 신거점인 푸둥 신구역의 개발, 고가다리, 지하철, 황푸강터널, 푸둥공항(신규착공)-홍차오紅橋공항을 연결하는 쾌속도로 등 시내 교통망의 건설, 상하이와 주변 대도시(상하이-항저우杭州간 및 상하이-닝보寧波간)을 연결하는 고속도로 건설 등 인프라 정비를 시급히 진행하였다. 상하이 세계박람회 테마로 도시가 선정될 배경이 이미 완성되었다는 이야기이다.

쉬쾅디가 건설 현장을 시찰하고 대전시의 세계박람회 개최 후 장래 전망이나 츠쿠바시가 과학기술박람회를 거쳐 과학기술도시로 변모한 사례를 접하게 된 것이 상하이 세계박람회 유치에 도움이 됐다면 일본은 여기에서도 간접으로나마 상하이 세계박람회 개최에 적지 않은 공헌을 한 셈이다.

1) 테마 선정의 경위

결국 테마는 '도시'로 정해졌다. 이것을 어떻게 대외로 홍보하여 세계박람회의 상하이 유치로 연결시켜 갈지가 큰 논의점이 되었다. 그 결과 세계박람회 유치를 위해 우선 외국인에게 이해시키는 것이 좋다고

하여 영문 슬로건 모집이 시작되었다. 전국 25개의 성, 시, 자치구에서 6,141개의 슬로건이 모였다고 한다. 선정 기준은 생활의 질적 향상이 표현되어야 하고 종교나 신앙을 달리하는 국가·지역 모두에 받아들여져야 한다는 점이었다. 그리고 선택된 것이 'Better City, Better Life'이며, 중국어로는 '城市, 让生活更美好'였다.

상하이 세계박람회 테마 설정 시 인터넷으로 실시한 조사에서는 응답자의 70% 이상이 지지했다고 하는데 다른 의견도 적지 않았다. 예를 들어 "그저 도시의 생활만 좋아지면 농촌의 생활은 어떻게 되어도 좋다는 것은 아니겠지요" 등이다. 이에 따라 상하이 세계박람회 테마에 부제가 붙여졌다. 그중에 하나는 '都市与乡村互动'(도시와 농촌의 대화)였다. 이 부제는 현재 중국이 적극 추진하고 있는, 그리고 이 글의 테마이기도 한 '도시화'를 선점하고 있다고 말할 수 있다. 상하이 세계박람회와 도시화의 관계에 대해서는 후술한다.

2) 상하이 세계박람회 회장 선정

테마 설정 이상으로 난항을 겪은 것이 세계박람회 회장을 어디로 할 것인가였다. 세계박람회 용지 선정에 있어서는 다음과 같은 점이 고려되었다고 한다.

① 상하이시의 도시계획에 관련되어 있을 것
② 상하이의 지속적 발전과 조화를 이루고 있을 것
③ 주민의 이동이 매우 적어야 할 것
④ 역사적 건축물을 최대한 손상시키지 말 것

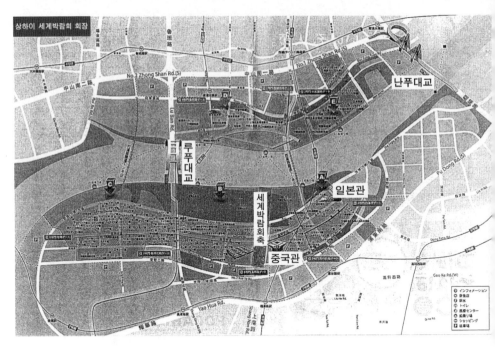

〈그림 8〉상하이 세계박람회 회장 지도(『주간만박(週刊万博)』16, 2010년에 가필)

⑤ 상하이시의 개조, 구시가지 개조로 이어질 것

이 결과 난푸대교南浦大橋와 루푸대교盧浦大橋 사이에 있는 황푸강 양안 지역이 선정되었다.(〈그림 8〉) 이 지역은 20세기 초기부터 중기까지 상하이의 운치를 잘 남기고 있었고, 1990년대 상하이 발전과 희망의 땅(푸둥신구역浦東新區)에 인접한 20세기 상하이시의 신구新舊를 모두 대표하는 지역이었다. 이 지역에는 상하이공업의 '원로'라고 말할 수 있는 장난조선창江南造船廠(황푸강 서안)과 상하이제3강철창上海第三鋼鐵廠(황푸강 동안)이 있었다. 상하이시는 이 두 공장을 이전시켰지만 과거 모택동毛澤東이 시찰한 생산 현장이나 창건 당시의 공장 등은 헐지 않고 남겨 중국 근대 공업 발전사 현장으로 보존하게 되었다.

개막 5년 후인 지금 난푸대교를 등지고 방금 왔던 세계박람회 거리를 돌아오는데 우측 황푸강 저 멀리 루푸대교에 점점이 빛나는 불빛이 보였다. 우측 황푸강의 건너편에는 거대한 굴뚝온도계가 어둠이 닥치자 밝기를 높이고 있다. 이 굴뚝은 과거 장난조선창의 것이었다. 불과 몇 년 전 폐막한 상하이 세계박람회에서 빛나던 전시관들이 흔적도 없이 사라진 가운데 빛나는 폐공장의 굴뚝을 보고 있자니 무척 신기한 마음이 들었다. 일본관의 철거지를 되돌아보니 크레인이 이상하게 밤하늘로 뻗어 있었다.

3) 일본관과 일본관을 장식한 사람들

일본관의 테마는 '마음의 화합, 기술의 화합'이었다. 일본관은 에코 튜브라고 불린 지주支柱(세 개의 뿔과 구덩이)를 가진 '자잠도紫蚕島'로 사랑받았는데 물(빗물)과 빛, 바람과 같은 자연의 힘을 최대한 효율적으로 사용하여 환경을 위한 에너지 절약을 실현해 이산화탄소의 사용량을 줄이는 구조였다. 관내에는 일중日中교류의 유구한 역사, 일본의 자연·문화의 소개, 환경·에너지절약 관련 기기의 전시를 중심으로 2020년을 상정한 미래도시–제로 이미션 시티zero emission city–를 표현하였고 바닥발전, 가정용 연료전지, 발전창문, 에코큐트Eco-cute(에너지열효율성이 높은 펌프–역주), 무정형amorphous 태양전지, 에코차, 항공기, 정수기 등을 전시해 '보다 나은 도시, 보다 나은 생활'을 위한 미래의 이미지를 소개했다. 또한 두 무대에서는 근처의 산을 필터로 하는 자연에 대한 배려, 미래의 쾌적한 생활을 영상으로 소개하고, 일중우호의 상징인 따오기를 테마로 한 쇼가 시연되고 있었다. 다른 인기 전시관의 대부분이 대형스크린과 3D 영상을 내세운 반면 일본관은 스토리로 상하이 세계박람회의 테마, 미래

〈그림 9〉 2010년 상하이 세계박람회의 일본관 유니폼(필자 제공)

〈그림 10〉 대만관장에게 증정받은 플레이트

의 바람직한 도시의 모습을 표현하였다.

이제 일본관을 장식한 사람들을 소개해 두고 싶다. 전원을 소개할 수는 없지만 필자의 기억에 떠오르는 사람들은 따오기라고 불리며 관람객을 환대했던 일본인과 중국인 수행원(실습생 120명을 포함하여 280명. 〈그림 9〉), 사전 공연 때의 중국인MC(사회 : 남녀 12명), 보충 수업을 받으면서 2주마다 난징에서 왔던 메인 쇼의 중국인 아역 (12명, 619공연), 평상복의 VIP 여러 명, 또 사람은 아니지만 바이올린을 친 로봇, 그리고 관외에서 열심히 입장객을 안내했던 중국인 대학생 자원봉사자, 일본관을 방문해 준 상하이의 초등학생 1,000명 등이다. 일본관에는 도처에 '중일합작' 장면이 있었다.

중국의 상하이 세계박람회 관계자들은 오사카 만국박람회를 크게 의식하고 있어서 이것을 추월하는 것이 암묵적인 목표가 되고 있었던 것 같다. 입장객 수에서는 이 목표가 달성된 셈이다. 그러나 일본 전역을 열광시켜 청소년을 중심으로 미래의 일본이나 세계에 대한 꿈을 갖게 하고 지금도 어제의 일인 것처럼 구전하는 사람이 많은 오사카 만국박람회에 비해 상하이 세계박람회는 어떠한가. 상하이 세계박람회의 철거지를 방문하면서 뼈아프게 느낀 점은 상하이 세계박람회는 무엇을 남겼을까 하는 점이었다.

필자가 상하이 세계박람회 일본관에서 강렬하게 오사카 만국박람회를 의식한 적이 있었다. 어느 날 대만관의 관장이 일본관을 방문해 유리제 플레이트를 기증한다고 하였다.(〈그림 10〉) 그 플레이트는 40년 전 오사카 만국박람회 중화민국관(당시의 호칭) 관장의 유족이 전 관장의 유지를 이어서 40년 만에 중국의 초청으로 출전이 실현된 것을 기념하여 만든 것으로, 일본관에 기증하면 좋겠다고 원한 것이다. 중화민국은 71년에 UN을 탈퇴, 오사카 만국박람회는 최후의 만국박람회가 되었다.

일본관 184일의 메모리

일본관 입장객 총 수 : 5,418,343명
(그중 일본에 병설된 이벤트 스테이지 관람객 수 1,378,368명)
단 1일 36회, 1회 600명의 그룹 입장 방식을 취했으며 1일 입장자 수는 약 2.2만 명이 한도였다.
사전 공연, 메이쇼 실시회수 : 6,619회
이벤트스테이지 : 44스테이지
VIP, 미디어 입장 건 수 : 804건

---

6. '보다 나은 도시, 보다 나은 생활'을 위한 중국의 도시화

1980년대의 중국은 일본이 고도성장기에 있었던 1960년대와 닮은 점이 적지 않다는 인식이 있었다고 전술하였는데 오사카도 상하이도 만국박람회 개최가 고도성장의 산물이라는 점에 대해서는 이론의 여지가

〈표1〉 중국 건국 이래 발전의 추이

시대구분	1949년~	1978년~	2010년-2013년~
시대의 요구	정치중시	경제우선(개혁개방)	민생향상(도시화)
시대의 주역	공산당	기업	인민
시대의 구심력	권력	돈	문화
발전의 무대	농촌/국내	연해→내륙/국내외	도시/FTA(지역화)→우주, 해양
발전의 분야	1차 산업/농업	2차 산업/공업	3차 산업/금융·서비스
발전의 목적	온포(温飽)(의·식)	선부(先富)·소강(小康)(의·식·주)	공동부유(의·식·주·용·(用)·(行)·락(楽))
발전의 성과	인민공사(人民公社)	세계의 공장·시장	세계의 시장·대외전개거점(국제회)
사회의 관심	평등	격차·부패·환경	사회보장(교육·의료 등)
대외관계	러시아/도상국	일본→세계	미국→전방위
중일관계	국교(1972년)	열렬환영/냉정실무/정냉경렬(政冷経熱)/전략호혜관계	전략호혜관계→?

없을 것이다. 오사카 만국박람회가 개최된 1970년, 일본은 세계 제2위의 경제대국이었다. 그 40년 후 즉 상하이 세계박람회가 개최된 2010년에 중국은 일본을 제치고 미국에 이은 세계 제2위의 경제대국이 되었다. 이제 GDP규모는 일본의 2배이다.

중국은 숫자상으로는 확실히 풍요로워졌다. 지금 중국에서는 얼마나 많은 사람이 그 풍요를 실감할 수 있는가가 크게 논의되고 사람들의 가장 큰 관심의 하나가 되고 있다. 중국에서는 '의식衣食이 풍족해야 예절을 안다'는 격언이 있는데, 지금 중국은 사람이 살아가는데 필요한 의식주의 경우 욕심을 부리지 않으면 기본적으로 거의 달성되고 있다. 다만 '의식주가 풍족하고 풍요로움을 실감하기'위해서는 '주住'가 가장 부족하다고 할 수 있다. 상하이 세계박람회는 바로 '주', 그것도 '도시'의 '주'에 초점이 맞춰져 있었다. 이는 상하이 세계박람회의 테마인 '보다 나은 도시, 보다 나은 생활'에 분명한다.

중국은 지금 '보다 나은 도시, 보다 나은 생활'을 실현하기 위해 '도시화'를 추진하고 있다. 중국의 도시화는 농촌의 근대화와 관련된 복잡한 역사적 과제에 대응해야 하지만 상하이 세계박람회는 '도시화'의 필요성을 사람들에게 알릴 절호의 기회이기도 했다. 동시에 세계 최다의 인구를 가진 중국의 도시화의 행방은 무엇보다 세계가 주목하고 있었다. 즉 도시병으로 고민하는 세계의 도시나 지금부터 도시화를 맞이하려고 하는 많은 개발도상국에 도시화의 본연의 모습을 제시하는 가장 좋은 타이밍이기도 했다. 상하이 세계박람회가 제시하고자 한 것은 인류의 미래에 크게 관련된 도시화였다고 해도 과언이 아닐 것이다.(〈표 1〉)

1) 도시화의 의의를 제시한 상하이 세계박람회

상하이 세계박람회가 개최된 2010년 중국은 커다란 전환기에 있었다. 1978년에 개혁개방정책을 채택한 중국은 이후 연간 두 자릿수에 가까운 고도성장을 이룬다. 경제규모의 확대는 도시와 농촌 및 도시내부의 격차를 확대시켜 환경문제, 부패의 만연 등을 낳았다. 동시에 도시의 확대는 유입인구의 급증에 따른 주택, 의료, 교육, 범죄, 토지·호적제도 문제, 커뮤니케이션 부재, 그리고 농촌의 피폐 등 심각한 문제, 다시 말하자면 도시문제(도시병)를 발생시키고 있다.

충실한 도시생활은 경제·사회 발전의 성과를 대표한다고 할 수 있다. 2010년에 세계 제2위의 경제대국으로 약진한 중국에게 '보다 나은 도시, 보다 나은 생활'의 추구는 확실히 시대의 요구였다. 상하이 세계박람회에는 부제가 몇 개 붙여졌는데 그것들은 '보다 나은 도시, 보다 나은 생활'을 실현하는데 필수적인 현실에 대한 대응을 표현하고 있다고 할 수 있다.

상하이 세계박람회의 부제

도시와 농촌의 대화 / 도시다원문화의 융합 / 도시경제의 번영 / 도시과학기술의 혁신 / 도시커뮤니티의 재생

상하이 세계박람회 관계자에 따르면 이들 부제는 '가소성可塑性이 높고, 참여도가 높아 대국, 소국, 부유한 나라, 가난한 나라를 막론하고 어느 나라도 자국의 도시를 전시할 수 있고 타국의 전시에서 힌트를 얻을 수 있는' 것을 표현한 것이라고 한다. 처음으로 도시를 테마로 한 상하이 세계박람회는 전 세계에 표면화되고 있는 도시 문제에 대한 적극적인 대응이었다고 할 수 있다.

전술한 쉬쾅디는 『신화문헌』에서 상하이 세계박람회가 도시를 테마로 한 배경을 이렇게 술회하고 있다. 다소 길지만 상하이 세계박람회와 도시의 관계를 보는 데 시사점이 많아 그대로 소개한다.

20세기는 도시화의 세기였다. 21세기는 도시화가 더욱 급속히 진행될 것이다. 그러한 도시화의 과정에서 조우하는 여러 가지 문제를 어떻게 해결할지는 각국이 함께 직면하는 어려운 도전이 될 것이다. 1900년에 도시에 거주했던 사람은 전체의 30%에도 미치지 못했지만 2000년에는 50%를 넘었고 2030년에는 67%에 달할 것으로 예측된다. 도시화에 의해 세계에는 1,000만 명이 넘는 초대형 도시가 얼마든지 생길 것이다.

나는 지금까지 세계 각지를 시찰해 왔지만 도시는 일정 규모까지 발전하면 대도시, 특대도시를 불문하고 도시병에 걸리게 된다. 도시병은 교통문제, 오염문제, 취업 문제를 포함할 뿐만 아니라 가장 심각한 문제는 슬럼의 존재로

건물이나 인프라가 심각하여 차마 볼 수 없었다. 더욱이 도시로 대량 유입되어 머물 곳이 없는 사람들이 길거리에서 구걸하고 있는 상황이었다. 이런 도시병은 발전도상국 특유의 문제가 아니라 선진국에서도 일어나고 있음을 시찰을 통해 분명히 볼 수 있었다.

중국에서 도시화율(총 인구 중 도시거주자의 비율)이 1% 증가하면 1,300만 명이 도시에 유입된 것이다. 이런 사람들의 수요에 부응하기란 쉽지 않다. 현재 총체적으로는 중국의 도시 발전은 건강하고 인민의 기본생활은 보장되어 있으며 대규모 슬럼가도 구걸하는 사람도 없다. 다만 교통문제, 오염문제, 취직문제는 매우 심각하고, 매우 밀집된 '성중촌(城中村)(도시 내 촌락)'이 존재하고 있다. 상하이 세계박람회 개최를 통해 도시의 건강한 발전방법에 대해 교류하고 함께 도시의 바람직한 미래를 찾는 일에 각국이 많은 관심을 갖고 있을 것으로 확신한다.

실제로 중국관에서는 다양한 전시기법을 통해 개혁개방 후 30년간의 중국 도시화 과정을 거슬러 올라가면서, 중국의 도시개발 콘셉트를 제시하고 저탄소 미래도시에 대한 전망이 제시되었다. 또한 국보급 명화 『청명상하도清明上河圖』가 거대한 CG로 재현되어 중국 고대도시의 지혜를 전하고 있다.[9] 또 '보다 나은 도시, 보다 나은 생활'을 전하는 전시관으로서 도시인관都市人館(세계 6개의 가정 이야기를 동시 소개), 도시생명관都市生命館(도시를 생명체로 표현), 도시플래닛관(사람, 도시, 환경의 공존공생을 강조), 도시미래관(꿈을 실현하는 도시공간을 연출)이 특설되어 있었다. 상하이 세계박람회의 테마는 바로 중국 도시화의 의의와 목적을 표현하고 있었다고 할 수 있다.

덧붙여서 중국의 1978년 도시화율은 19.7%였지만 2014년 53.7%가 되었다. 단 호적인구로 보면 도시화율은 40%에 미치지 못한다. 도시화란 농민호적 그대로 도시에 거주하는 사람에게 도시호적을 부여해 사회보장(의료, 교육, 주택 등)을 충실히 하는 것이다. 이를 위해서는 호적제도, 토지제도 등의 개혁이 필요한데 그 방식, 재정적 뒷받침 등 복잡한 문제가 해결되어야 한다. 모택동의 '농촌으로 도시를 포위한다.'는 혁명이론으로 건국된 중국이 도시화 추진으로 농촌의 근대화를 꾀하려는 것은 바로 코페르니쿠스적 전환이다.

2) 의·식·주 그리고 행行·용用·락樂

전시관의 대부분이 '보다 나은 도시, 보다 나은 생활'을 이미지한 전시와 기획으로 주목을 받았다. 일본관의 2020년을 상정한 미래도시(제로 이미션 시티), 환경과의 공생을 테마로 한 사전 공연과 메인 공연의 기획도 그러했다.

인간생활의 기본인 의·식·주의 '주'에 초점을 맞춘 상하이 세계박람회에서 입장한 사람에게 가장 인기 있었던 것은 거대한 스크린으로 전시된 3D 어트랙션이었다. 입장객이 직접 참여할 수 있는 전시관이었다.

중국에서는 생활의 기본인 의·식·주 뒤에 행·용·락을 두는 경우가 많다. '행'은 관광, 드라이브 등 행동에 관한 것이고, '용'은 쇼핑 등 쓰는 것, 즉 소비하는 것이며 '락'은 문자 그대로 즐기는 것, 오락·레저를 의미한다.

'락'은 인기 제일로 불렸던 사우디아라비아관을 예로 들면 농구 코트 세 개 크기의 3D영화관이 있었는데 관객은 공중보도 위를 자유롭게 걸으면서 입체 60도 스크린을 감상할 수 있었다.

이러한 비일상적 공간은 도시의 미래상과 별로 관련되어 있다고는 생각되지 않지만 상하이 세계박람회에서는 '주'의 본연의 모습, 그 미래를 제시하면서 '락'이 강조되고 있었다고 말할 수 있다. 경제가 발전하면 교통망의 정비로 시간적 거리가 좁혀져 많은 사람이 상하이 세계박람회를 쉽게 접할 수 있다. 당시 철도의 고속화가 진행되어 염원이었던 징후고속철도京滬高速鉄道(베이징–상하이 간 고속철도, 일본의 신칸센新幹線에 해당)가 개통한 것이 상하이 세계박람회 다음 해인 2011년 6월이었다. 이동이 증가하면 소비도 늘어나게 된다. 상하이 세계박람회는 입장객이 도시의 '주'의 미래를 그리면서 행·용·락을 누릴 수 있는 절호의 기회이기도 했다.

한편, 중국당국(공산당, 정부)은 1949년 건국 후에는 정치 중시, 1978년 개혁개방정책에서는 경제 우선, 그리고 상하이 세계박람회가 개최된 2010년 전후부터 민생 향상을 시대의 요구로 삼고 있다. 민생향상의 주무대는 도시이다. 상하이 세계박람회는 중국에 민생향상의 시대가 왔음을 대내외에 크게 알릴 수 있지 않았을까.

3)중국을 보는 시각으로서 도시화의 한 측면

필자는 상하이 세계박람회 이후의 중국을 보는 관점은 도시화, 지역화(TPP, RCEP, 한중일FTA, 실크로드FTA 등으로 대표된다), 그리고 국제화(중국 기업의 해외진출, 해외에서의 각종 프로젝트 청부 등)의 '삼화三化'의 향방에 달려 있다고 보고 있다. '삼화'의 추진으로 중국은 세계와 관계를 강화하고 있는 것으로 보인다. 중국의 도시화 향방은 세계의 도시화에 국한되지 않고 세계 경제사회 발전에 크게 관여하게 된다.

예를 들면 오늘날 중국 기업의 해외 부동산 개발이나 인프라 건설이 활발해지고 있는데 메이드 인 차이나가 수출되어 많은 사람에게 혜택을 주었던 것처럼 향후 중국의 도시화 건설[10]로 축적된 중국 기업의 경험이 해외의 도시화 건설에 활용될 수 있다. 중국의 상하이 세계박람회 부동산 개발기업이 자사의 전시관을 불과 하루(3월 6일 오전 7시 건설 시작, 당일 22시 건설 완료) 만에 건설한 것이 화제가 되었는데 이 기업은 이 단기건설기술로 해외 진출을 적극 전개하고자 하고 있다. 중국의 도시화 수출, '보다 나은 도시, 보다 나은 생활'의 해외에서의 실천 기회가 증가할 것으로 기대되고 있는 것이다.

상하이 세계박람회 철거지는 중국 도시화의 메카로 후세 사람들에게 전해지는 이야기가 될 수 있을까. 상하이 세계박람회 개막 5년 후에 상하이 세계박람회의 철거지를 걸으면서 그렇게 강하게 느꼈다.

4) '무사들이 꿈꾼 흔적'의 개발·이용계획

제1회 런던 만국박람회(1851)의 수정궁(1936년 화재로 소실),[11] 파리 만국박람회(1889)의 에펠탑, 세인트루이스 만국박람회(1904)의 예술궁, 오사카 만국박람회(1970)의 태양탑 등 사람들의 기억에 남는 만국박람회 기념물은 적지 않다. 만국박람회 사상 최대 규모였던 상하이 세계박람회 상징물은 무엇일까. 여러 가지 구상이 있었지만 결국 황푸강의 양안(푸둥과 푸시浦西)을 연결하는 해저터널을 만들어 상하이시민에게 교통의 편의를 제공하게 되었다고 쉬쾅디는 당시를 돌아보고 있다. 그 해저터널은 이미 건설이 끝난 상태이다. 눈에는 보이지 않지만 '보다 나은 도시, 보다 나은 생활'을 실감할 수 있는 인프라를 정비한 셈이다.

세계박람회 건축물 중 1축4관一軸四館(세계박람회축, 중국국가관, 세계박람회 테마관, 세계박람회센터, 세계박람회문화센터)을 영구보존하기로 하였다. 이들 중 어느 것이 에펠탑이나 태양탑처럼 도시의 상징으로 또 마음에 남는 기념품으로 후세에 전해질 수 있을까.

그 외 철거지에는 요트, 플레저 보트, 레저 관련 전시회장(행·용·락), BRICS개발은행본부(지역화), 21세기를 대표하는 시민 공공활동센터(의·식·주·행·용·락), 다국적 기업의 본부(국제화), 중앙직할 국유기업의 본부(국제화·지역화), 레저시설 등(행·용·락)을 배치·건설하기로 되어 있다. 게다가 국가와 상하이시의 계획에 따른 개발 용지로 경매에 나와 있기도 하다.

필자가 방문한 2015년 2월 시점, 상하이 세계박람회 철거지에는 1축4관이 당시의 외관을 간직하고 있을 뿐이었다. 철거지 이용이 계획대로 진행되어 이후 상하이시의 세계박람회 철거지가 세계의 주목을 끄는 스마트시티로서 재생되는 것을 기대한다.

7. 맺음말

마지막으로 상하이 세계박람회의 폐막일(10월 31일)에 원자바오温家宝 국무원 총리와 각국 수뇌가 참석한 가운데 개최된 '중국 2010년 상하이 세계박람회 정상회담 포럼'(테마 : 도시의 창조와 지속 가능한 발전)에서 발표된 '상하이선언上海宣言'의 골자를 소개하며 이 글을 마무리하고자 한다.

포럼에서는 ① 미래 생태문명을 위한 창조, ② 관용하고 협조하는 성장 방식 추구, ③ 과학기술혁신 발전의 길을 견지, ④ 인텔리전트형 정보사회 건설, ⑤ 개방적이고 함께 누릴 수 있는 다원적인 문화 육성, ⑥ 화합하고 우호적인 살기 좋은 커뮤니티 건설, ⑦ 균형과 강조가 있는 도시와 농촌의 관계 구축 등이 논의되었다. 대체로 세계의 도시화가 가져야 할 본연의 자세를 표현하였으며, 특히 중국의 도시화 현황과 본연의 방향, 즉 상하이 세계박람회의 테마인 '보다 나은 도시, 보다 나은 생활'을 실현하기 위한 지혜가 반영되어 있다.

그리고 '상하이선언'은 이렇게 끝맺고 있다. '10월 31일(폐막일)을 '세계도시의 날'로 정하고 상하이 세계박람회의 이념과 실천을 영구적인 것으로 하여 도시의 혁신과 조화로운 발전에 대한 끊임없는 추구와 분투를 뒷받침할 것을 제안한다.'

이승찬 옮김

주석

1 1911년의 신해혁명을 거쳐 1912년 중화민국이 탄생했다. 이것을 유신이라고 하고 있는데 1949년에 건국된 중화인민공화국은 연호를 사용하고 있지 않으며, 유신 50년은 존재하지 않는다.

2 보황회란 중국청조말기의 개혁파 정치집단이다. 의화단사건(義和團事件)(의화단이 청일전쟁 후 생활에 어려움을 겪는 농민을 모아 일으킨 배외운동. 1900년에 베이징의 열국(列國) 공사관을 포위 공격했기 때문에 일본을 포함한 8개국 연합군이 출동하여 진압한 사건) 후, 일본에 있던 중국인 사이에서 배만공화(排滿共和)의 혁명론이 대두하였다. 개혁파인 양계초는 혁명파의 손문(孫文)과 합작을 시도했다. 미주보황회는 미국에 있던 조직이다.

3 중국공산당 선전부의 자료(『走進世博』 제1기, 2010.5)에는 "중국은 세계박람회에는 제1회 런던 세계박람회부터 참가하고 있다. 광둥성의 상인인 서영촌이 자신이 판매하는 영기호사 12포를 영국에 보냈는데 품질이 뛰어나 금, 은 대상을 받았다"고 나와 있다.

4 중국 정부가 처음으로 국가로서 참가한 만국박람회를 1876년 개최된 필라델피아 만국박람회로 파악하고, 중국대표단 중에 유일한 중국인이 이규(전술)였다는 분석도 있다.

5 개막식의 모습을 그린 유화에는 많은 참석자 가운데 한 사람의 중국인이 그려져 있다. 그는 희생(希生)이라고 하는데 1846년 30명의 중국인과 목조선 기영호(耆英號)에 실크, 도자기 등 중국 제품을 싣고 홍콩을 출항하여, 오랜 항해 후 템즈강에 정박하였다. 빅토리아 여왕이 이 배를 시찰할 때 그를 런던 만국박람회 개막식에 초청했다고 한다. 〈그림 7〉에서의 오른쪽 가장 끝의 중국인으로 생각된다.

6 『人民綱日本語版』, 2010년 5월 6일 부 「역사상 만국박람회의 중국관」.

7 『新民晚報』, 2009년 11월 15일 등에서 인용.

8 일본은 일관되게 중국 개최에 지지표를 던지지 않았다.

9 북송(北宋)의 수도였던 카이펑(開封)의 서민생활의 활기, 번영을 그린 장대한 〈청명상하도(清明上河圖)〉를 전시함으로써 '보다 나은 도시, 보다 나은 생활'의 세계를 현대에 투영하려는 의도를 읽을 수 있다.

10 중국에서 말하는 도시화에는 호구제도개혁, 토지제도개혁 등의 제도 개혁이나 인프라(철도・도로망 등)정비, 공단주택(公團住宅) 건설이라는 많은 요소가 포함되어 있으며, '도시화건설'이란 그러한 도시화를 구축하는 것을 가리킨다.

11 중룽집단(中融集団) 회장이(5억 파운드, 50억 위안)을 투자해 빅토리아 건축 양식의 정수로 여겨지는 수정궁의 복원을 표명하였다. 복원계획에 따르면 길이 500미터, 높이 50미터다. 예술품의 전시장, 경매・비즈니스 활동거점, 커피숍, 호텔 등 부대시설을 건립한다고 한다. 2015년 말에 건설 개시, 2018년 완공예정이라고 한다. 복원계획에 대해 찬반양론이 있었는데 런던시장이나 대다수 영국 국민이 이 계획을 지지하고 있다. (『長江日報』 2013.10.5)

참고문헌

江原規由, 『上海万博とは何だったのか～日本館館長の一八四日間～』, 日本僑報社, 2011.

『週刊世博』1～26號, 中国外聞出版発行事務局・上海万博事務協調局, 2010.4.8～11.4.

仝冰雪, 『世博会 中国留影』, 上海社會科學院出版社, 2009.

俞力, 『历史的回眸』, 東方出版中心, 2009.

『解放日报』, 把世博會帶回家, 2012.12.4.

『新华文摘 人物与回忆』, 2010.11.

『人民網日本語版』, 2010.5.6.

『新华网』, 2010.5.8.

중국의 박람회 붐 탄생

차오젠난(曹建南)

    중국에서는 당唐 현종玄宗 시대부터 박람회와 비슷한 행사가 열렸지만 보통 중국 박람회의 역사를 청말淸末부터라고 한다. 확실히 청말부터 중국 국내에서 '박람회'라고 불러도 좋을 전시 행사가 몇 가지 개최되었지만, 개혁개방 이후 1980년대 중반까지 '박람회'라는 이름으로 열린 것은 1929년 시후박람회西湖博覽會뿐이다. 이에 이 글에서는 중국 국내에서 개최된 전시행사의 역사를 '권업회勸業會'나 '권공회勸工會', '장진회奬進會' 등의 명칭이 많이 사용된 청말의 '권업회 시대'와, '전람회展覽會'나 '전소회展銷會' 등이 많이 사용된 민국기民國期부터 모택동노선기毛澤東路線期까지의 '전람회 시대', 그리고 '박람회'라는 명칭의 행사가 많이 개최된 개혁개방 후의 '박람회 시대' 세 부분으로 나누어 각 시대 박람회의 특징을 밝히는 동시에 중국인의 박람회에 대한 인식 변화를 살펴보고자 한다.

1. 당대唐代의 '유사박람회'

여러 가지 산물을 수집·진열해서 사람들이 관람할 수 있게 하는 행사를 박람회라고 한다면 중국에서 개최된 박람회는 당대로 거슬러 올라가게 된다. 현종 치세에 위견韋堅(?~746)이라는 대신이 사상 최초로 박람회라고 할 수 있는 대규모 행사를 실시했다. 『구당서舊唐書』 「위견전韋堅傳」에 따르면 742년(천보天寶 원년) 3월 수륙전운사水陸轉運使로 승진한 위견은 장안長安 동쪽 장락판長樂坂에 '망춘루望春樓'를 지었다. 또한 '광운담廣運潭'이라는 호수를 만들고 산하滻河를 끌어들여 배가 들어오게 하였다. 그리고 낙주洛州(지금의 허난성河南省 뤄양시洛陽市), 변주汴州(허난성 카이펑시開封市), 송주宋州(허난성 상추시商丘市)의 배 200~300척을 광운담에 들였는데 각 배에 군명郡名 쓴 표식을 달고 배 지붕 위에는 각지의 특산물이나 진기한 물건을 늘어 놓아 현종이 '어람御覽'할 수 있게 했다고 한다. 아직 '박람회'라는 말이 없던 시절이라 『구당서』는 그 행사에 이름을 붙이지 않았다. 원래 황제를 기쁘게 할 목적으로 개최된 행사이니 명칭을 붙인다면 '현종황제어람회玄宗皇帝御覽會'가 적절할까. 후세의 박람회가 주창하는 문명개화나 산업진흥, 지역개발 등의 목적·이념과 분명히 다르다고 해도 형식 및 구성 등에 많은 유사성이 인정된다는 점에서 일종의 '유사박람회'라고 할 수 있다고 생각된다.

이 '현종황제어람회'의 개최 목적이 현종황제의 환심을 사기 위한 것이었음은 상술한 바와 같다. 『구당서』의 기술에 따르면 배 위에 진열된 물품은 광릉군廣陵郡, 단양군丹陽郡, 진릉군晉陵郡의 비단이나 명주, 단자䌫子, 자수, 거울, 동銅제품, 해산물, 회계군會稽郡의 동銅제품이나 얇은 명주, 능견

綾絹, 적견赤絹, 남해군南海郡의 대모玳瑁, 진주, 상아, 침향沈香, 예장군預章郡의 자기, 술그릇, 다완茶碗 그리고 차의 푸른잎을 찌는 데 쓰는 기구인 '다부茶釜'와 차를 끓이는데 사용하는 작은 솥인 '다당茶鐺', 선성군宣城郡의 공작석孔雀石과 같은 종류인 '공청석空靑石'이나 종이, 붓, 황련黃連, 시안군始安郡의 파초포芭蕉布인 '초갈蕉葛'이나 비단뱀 쓸개인 '염사단蚦蛇胆', 비취, 오군吳郡의 '삼파정미三破精米'라는 찹쌀과 '방장릉方丈綾'이라는 얇은 비단 등이었다.

배는 열을 지어 강을 통해 광운담으로 들어왔는데 그 행렬이 '몇 리에 걸쳤다.'고 한다. 맨 앞의 배에 선창을 하는 사람이 있었는데 그에 맞추어 곱게 차려입은 부인 100명이 '득보가得寶歌'를 제창하고, 북이나 피리, 이민족의 악기로 반주하니鼓笛胡部 구경하는 사람들이 구름처럼 몰려들어 시끌벅적했다觀者山積고 한다.[1] 마치 지금의 박람회 개막식 같지 않았을까. '박람회'라는 용어가 생기기 전 당대의 '유사박람회'는 물건을 전시하고 흥행도 이루었는데, 후세 박람회의 전시·공연·강연토론이라는 3부 구성의 시초라 할 수 있다.

2. 중국어의 '박람회'

고대 중국어에 '박람'이라는 말은 있었지만 하나의 숙어로서 '박람회'는 없었다. '박람군서博覽群書', '박람강기博覽强記', '박람오차博覽五車'라는 사자성어에서 알 수 있듯이 고대 중국어의 '박람'은 널리 책을 열람한다는 뜻으로 독서에 한해서만 쓰이는 말이었다. 따라서 '박람'은 행사를 뜻하는 '회會'와 합성되지 않았다. 만국박람회를 본 최초의 중국인인 왕도王韜가 1867년 파리 만국박람회를 '박물대회博物大會'라고 부른 것도 그런 이유 때문일지도 모른다.

오늘날 중국어의 '박람회'라는 숙어는 일본에서 가져온 '수입품'이다. '박람회 세 글자는 동쪽의 번역이고, 우리나라에서는 즉 '새회賽會'이다'[2]라는 지적에서도 알 수 있듯이 '박람회'는 일본에서 만든 한자어이다. 일본에서 '박람회'라는 용어가 처음 사용된 문헌은 후쿠자와 유키치福沢諭吉의 『서양사정西洋事情』(1866년 간행)이라고 하는데 중국에서 '박람회'라는 용어가 처음 나온 것은 『서양사정』의 번역이 아니라 일본에서 열린 박람회를 소개하는 기사에서였다. 일본에서는 1871년(메이지明治4년) 10월 교토박람회京都博覽會를 시작으로 그 해 10월 양국박람회兩國博覽會, 11월의 나고야박람회名古屋博覽會가 열렸으며 "이후 거의 매년 전국 각지에서 '박람회'가 자주 열리게 된다."[3] 그것을 보고 1875년 『신보申報』는 「일본이 박람회를 크게 개최日本大設博覽會」[4]라는 제목으로 일본에서 박람회 개최가 활발해지고 있음을 소개하였고, 그 사흘 후에 또 「중국인에게 일본으로 가서 박람회를 보도록 권하는 글奉勸華人往東洋赴博覽會說」이라는 제목으로 중국인에게 일본의 박람회를 보러 가도록 권하는 글을 게재하고 있다.[5]

이후 청말 문헌을 통해 구미나 일본에서 열리는 박람회를 소개하거나 중국 국내의 박람회 개최를 호소하는 경우 '현기회炫奇會', '새진회賽珍會', '새회賽會', '백년대회百年大會', '박물대회博物大會' 이 외에 '박람회', '박람대회' 등의 용어가 많이 쓰이게 된다.

하지만 중국인은 본국에서 열리는 행사를 '박람회'라는 이름으로 부르는 것을 장기간 꺼렸던 것 같다. 역사적으로 봐도 등소평鄧小平의 개혁개방정책이 시행되기 전까지 중국 국내에서 개최된 행사에 '박람회'라고 이름을 붙인 것은 1929년 항저우杭州에서 열린 '시후박람회西湖博覽會' 뿐이었다.[6] 그 때문인지 '박람회'라는 말은 현대 중국어의 상용어로 채택되지 않았다. 1979년에 출판된 중국의 『광사원広辞苑』이라고 할 수 있는 『사해辞海』(상하이사서출판사上海辞書出版社)에는 '박람회'라는 말이 실려있지 않고 1999년판과 2009년판에도 '박람회'라는 표제어는 없다. '전람회展覽會'의 보충 설명으로 "많은 나라나 지방을 조직하여 참가시키는 물산의 전람회는 대개 '박람회'라고 한다."[7]라고 첨가되어 있을 뿐이다. 2009년판은 1999년판에 칼라사진을 넣은 것으로 표제어나 내용의 수정은 없었다. 그러므로 1990년대까지 중국어에서의 '박람회'는 주로 외국에서 개최된 박람회에 사용되었고 친밀한 상용어는 아니었다.

중국어의 웹백과사전이라고 할 수 있는 '바이두백과百度百科'는 "중국어에서 박람회는 규모가 크고 내용이 광범위하며 출품자와 관람객이 많은 전람회를 가리킨다. 대개 박람회는 사회, 문화 및 경제 발전에 큰 영향을 미치는 동시에 촉진시키는 작용을 하는 수준 높은 전람회라고 이해된다"[8]고 설명하여 박람회를 '격이 높은' 전람회로 인식하고 있다.

또 중국어에는 '박람회', '전람회' 외에 전시 즉시 판매하는 행사를 의미하는 '전소회展銷會'라는 용어도 있다. 그것은 해방 후 1960년대 물자부족시대부터 사용하기 시작한 것으로 대중소비자용 상품 판매가 주류를 이루었으며 소매방식 중 하나였다.[9] '전소회'는 전시된 물건이 즉시 판매되는 상품이라는 의미에서 '전람회'와 구별된다.

3. 청말의 '권업회' 시대

1851년 런던 만국박람회에서 시작된 구미의 만국박람회와 일본 각지에서 활발하게 열린 다양한 박람회의 영향을 받아 중국에서도 20세기에 들어 실업 진흥을 도모할 목적으로 전시 행사가 많이 개최되었다. 예를 들어 1906년부터 1909년까지 4년 연속으로 청두成都에서 '상업권공회商業勸工會'가 열렸고, 톈진天津에서는 1906년에 '권공전람회勸工展覽會'가, 우한武漢에서는 1909년에 '권업장진회勸業獎進會'가, 그리고 난징南京에서는 1910년에 '남양권업회南洋勸業會'가 개최되었다. 이들 행사는 모두 '박람회'라는 명칭을 사용하지 않고 '권공회', '장진회', '권업회' 등의 명칭을 사용하였다. 실업의 진흥을 도모한다는 것이 주된 목적이었기 때문에 그러한 명칭이 어울렸던 것이다. 이들 행사 중 대표적인 것이 남양권업회이기 때문에 여기에서는 '권업회'라는 이름이 등장했던 수 년 간의 짧은 시절을 '권업회 시대'라고 부르기로 한다.

그런데 많은 연구자에게 '중국에서의 최초의 전국적 박람회'나 '만국박람회의 중국 리허설'이라 불리는 남양권업회의 명칭 결정은 흥미롭다. 주지한 대로 남양권업회는 일본의 내국권업박람회를 모델로 개최된 것으로 '권업박람회'라는 명칭을 그대로 차용해도 이상하게 여겨지지 않았을 것이다. 게다가 1910년 3월 9일에 열린 '남양권업회 사무소 정식 개소식南洋勸業會事務所行正式開所礼'에서는 "本會雖名南洋勸業會, 實與全國博覽會無殊."[10] 즉 명칭은 '남양권업회'지만 사실 전국박람회와 차이가 없는 것이라며 남양권업회의 성격을 내국박람회라고 표명하고 있다. 그런데도 '권업박람회'의 '박람' 두 글자를 제외했다. 그 이유에 대해 당시 양강총독兩江總督 겸 남양통상대신南洋通商大臣이었던 단방端方과 강소순무江蘇巡撫였던 진계태陳啓泰가 남양권업회 개최를 조정에 제출했던 상주문 「양강총독단강소순무진회주창변남양제일차권업회접兩江總督端江蘇巡撫陳會奏創弁南洋第一次勸業會摺」에서는 처음 개최되기 때문에 "暫避博覽之名, 俾免竭蹶之慮"[11] 즉 일단 '박람'이라는 이름을 피하고 실패할 위험을 피하도록 해야 하기 때문이라고 설명하고 있다. '권업박람회'라고 과장하였다가 혹시 실패했을 때 웃음거리가 되지 않을까라고 걱정이 앞섰던 것이다. 자신이 없고 불안해 했음을 알 수 있다. 청일전쟁에서 일본에 패하고 우월감을 상실한 청말의 중국인은 남양권업회를 개최할 때도 지금까지 5회나 내국권업박람회를 성공시킨 일본을 의식하여 자국의 열등함을 느끼고 있었던 것이다.

단방의 걱정은 기우가 아니었다. 사실 남양권업회의 회장 건설부터 운영 관리, 전시 진열에 이르기까지 그 당시에도 이런저런 비판이 있었다. 그리고 그 비판은 종종 일본의 내국박람회와의 비교를 통해 나타나곤 하였다. 예를 들어 분수가 있다. "남양권업회의 분수는 조금 낮고 좁은 경향이 있었고 솟아오르는 물의 높이가 낮으며 사람들의 이목을 끌만큼 세련된 모습이 아니었던(〈사진 1〉) 반면, 과거에 본 오사카박람회(제5회 내국권업박람회)의 분수는 높이가 2장(약 6.6m)정도이고 솟아오르는 물은 1장 남짓이며 분수구가 관음觀音의 형태인데 그 입에서 물이 솟아올라 보는 사람은 누구나 그 제작 기교에 경탄하였다. 그러나 남양권업회의 분수는 그저 물을 뿜어 올릴 뿐이었다. 사람을 경탄시키거나 찬미하게 하는 바가 없었다"라고 남양권업회의 분수의 빈약함을 비판한 것은 『신보』에 게재된 「남양권업회에 대한 평론對於南洋勸業會之評論」이었

〈사진 1〉 남양권업회의 분수(南洋勸業會事務所 編, 『南洋勸業會記念冊』, 集成圖書公司, 1910)

다. 그 '평론'은 또한 "권업회는 사람에게 관람을 제공하는 곳이기 때문에 모든 진열, 설비, 장식은 모두 기이하고 교묘하여 사람의 흥미를 불러일으켜야 한다"[12]고 주장한다. 이것은 남양권업회는 관람자에게 흥미와 감동을 주기에 부족하다는 말이고 동시에 당시 중국의 기술력이 약하다는 것을 엿볼 수 있는 논평이기도 하다. 단방도 이 기술력의 약함을 알고 있었기에 '박람'이라는 두 글자를 빼지 않았을까.

남양권업회는 결국 입장객 50만 명이라는 예상이 빗나가 24만 명 정도에 그쳐 수십만 위안의 적자를 내고 말았다. '박람의 이름'을 피해도 '실패의 걱정'을 면하지 못한 것은 지극히 유감이다.

4. 민국시대의 국화전람회國貨展覽會

남양권업회로 대표되는 청말의 실업 진흥을 위한 전시 행사는 민국시대에 들어와서도 그 취지가 이어지지만 '전람회'라는 명칭이 많이 쓰이게 되면서 '전람회'의 시대로 넘어가게 된다.

전람회 시대에 가장 먼저 나타난 것은 국화전람회 붐이다. 남양권업회 다음 해인 1911년에 신해혁명辛亥革命이 일어나 중화민국中華民國이 수립되었다. 민국 초기에는 중국의 민족공업이 눈부신 발전을 이루었다. 그에 따라 실업이 나라를 흥하게 한다거나 민족 공업을 보호해야 한다는 의식이 높아져 중국 각지에서 '국화운동國貨運動(국산품 애용운동)'이 활발하게 이루어졌다. 그리고 그 국화운동의 일환으로 많은 '국화전람회'가 열렸다. 1915년 베이징北京에서의 농상부農商部 주최 '전국국화전람회全國國貨展覽會'를 시작으로 1916년 텐진의 '상판국화전람회商辦國貨展覽會', 1919년 직례直隸의 '수공품전람회手工品展覽會' 등이 개최되었다. 상하이上海에서는 1921년부터 1924년까지 '보통물품전람회普通物品展覽會', '전국잠견사주전람회全國蠶繭糸綢展覽會', '화학공업품전람회化學工業品展覽會', '상표전용품전람회商標專用品展覽會' 등 국산품을 전시하는 전람회가 연달아 개최되었다. 1928년에는 규모가 가장 큰 '중화국화전람회中華國貨展覽會'가 개최되어 국화전람회 붐은 절정기를 맞이한다. 그러한 '국화운동'의 한창 때에 개최된 것이 1929년 6월부터 10월에 걸친 시후박람회이다.

시후박람회의 개최 취지는 국화진흥이며 '진열을 통해 관람을 돕고, 비교한 후에 경쟁한다. 그중에서도 국화의 제창에 주목하고 있기 때문에 시후박람회 그 자체가 하나의 국화선전대회라고 할 수 있다.'[13]라고 관람자용 가이드북인 『시후박람회참관지침西湖博覽會參觀指南』에서 설명하고 있다. 후세의 연구자도 "시후박람회는 '박람회'라는 이름이 붙어 있지만 실적으로는 국화전람회이다"[14]라고 시후박람회의 명칭과 현실의 차이를 지적하고 있다.

그렇다면 왜 실질적으로는 국화전람회였던 행사에 '박람회'라는 명칭이 붙여지게 되었을까. 이러한 명칭이 붙은 이유는 당시 사람들이 "박람과 권업은 성질이 같지만 목적을 달리한다. 박람은 공예 발달 이후에 이루어지며 서로 그 기술을 발휘하고 지식을 교환한다. 권업은 공예 발달 이전에 실업에 대한 국민들의 주의를 불러일으킨다"[15]고 하여 '공예' 즉 원재료를 가공해서 제품을 만드는 공업기술이 박람회를 개최하여 그 기술수준을 비교·교류할 만한 수준까지 발달했다고 인식했던 것에서 살펴볼 수 있다.

이는 자국의 기술력에 대한 자부심이었겠지만 시후박람회 현장에서는 그러한 기술력이 부각되지 못한 것 같다. 회장에는 혁명기념관과 박물관, 농업관, 예술관, 교육관, 실크관, 공업관, 위생관과 특수진열소, 참고진열소 등 이른바 '8관 2소'가 설치되어 있었으며 그중 중국의 기술을 직접 반영하고 있는 것은 농업관과 실크관, 공업관 세 가지였다. 그 세 개의 전시관 중 가장 정수를 보여준 것은 고치의 처리나 견사絹絲, 견직물, 복장 등의 실크 제품과 심지어 실크복장을 입은 사람들이 거행한 혼례모델까지 전시된 실크관이었다. 한편 공업관은 진열된 것에 좋은 것이 없다乏善可陳[16]고 불릴 정도로 허전하였다. '공예발달 후'에 열렸을 시후박람회에서 실질적으로 기술발달의 성과를 제대로 보여주지 못했다는 것은 오히려 그 시대 사람들이 자국의 기술력을 과대평가하고 있었다는 것을 보여준다.

기술력에 대한 과대평가로 발생한 자부심은 그 시대의 중국 내셔널리즘으로 이어진다. 그리고 그 내셔널리즘은 또한 시후박람회에 농후하게 투영되어 있었다. 박람회 개최 전해에 지난사건濟南事件이나 장작림폭사사건張作霖爆殺事件 등 일련의 사건이 일어나면서 중국 전역에 반일의 기운이 고조되었는데 시후박람회 회장에도 반일 분위기가 감돌았다. 회장 내외에 장식된 만국기에서 일본 국기가 제외되거나 1928년 5월 3일 산동성山東省 지난에서 일본병이 국민정부 외교부 산동교섭원山東交涉員인 채공시蔡公時를 참살하는 장면을 그린 '오삼五三'이라는 제목이 붙은 큰 유화를 예술관에 걸거나 하여 일본 측이 경계심을 갖게 했다고 한다.[17] '국화선전대회'인 시후박람회는 반일의 선전대회 역할도 수행했던 듯 하다.

시후박람회 이후에도 1930년 '베이핑 실업박람회北平實業博覽會', 1931년 '중화민국건국기념국제박람회中華民國建國記念國際博覽會'를 개최할 계획이 있었지만,[18] 모두 수포로 돌아갔다. 결국 이 시후박람회가 민국시기 전람회 시대에 유일하게 '박람회'라는 이름으로 개최된 이례적인 행사가 되었다.

'국화전람회'는 1930년대에 들어서도 '국화운동'의 전개와 함께 이어졌지만 그 '국화운동' 자체가 예정한 목표에 도달하지 못하여 '국화전람회'도 점차 줄어들게 되었다. 항일전쟁기에 열린 전람회로는 충칭重慶의 '첸촨공창출품전람회遷川工廠出品展覽會'(1942), '쓰촨성물산경새전람회四川省物産競賽展覽會'(1943), '충칭광산품전람회重慶鑛産品展覽會'(1944) 등이 있었는데 어느 것도 그다지 성행하지 못하였다.

5. 모택동 시대의 전람회와 전소회

해방 후(1949년 이후)에도 수많은 '전람회'가 이루어져 전람회 시대가 계속되었는데 그 취지는 정치선전이나 사상교육에 집중되었다. 당·정부의 정책·방침이나 사회주의 건설의 성과, 국민의 사상·도덕의 교육을 위해 많은 '전람회'가 개최되었다. 이러한 전람회의 정치적 이용은 민국시대의 해방구에서 이미 볼 수 있다. 중국혁명박물관中國革命博物館이 편찬한『해방구전람회자료解放区展览会资料』에 1938년 1월부터 1949년 9월까지의 193회의 전람회가 기재되어 있다. 그중 농공업 생산에 속한 것은 68회인데, 그들 생산전람회는 "당 중앙 소재지인 섬감녕변구陝甘寧邊區(산시陝西, 간쑤甘肅, 닝샤寧夏의 변경지역─역주)는 전쟁이라는 어려운 조건에도 불구하고 과거 훌륭한 경제건설의 성과를 올린 것을 이야기할" 것이라고 되어있다.[19] 전시하는 성과도 "중국공산당의 리더 모주석과 중공서북중앙국中共西北中央局의 지도자 고강高崗 동지의 지도 아래에서 거둔 것으로 1939년 모주석이 생산운동을 호소한 것을 바탕으로 발전해 온 것이다"[20]라는 식으로 정치적 의의가 제기되었다. 그리고 그러한 정치선전이나 사상교육의 수단으로 전람회를 이용한다는 취지를 한층 더 철저히 해 나가는 것이 해방 후 모택동노선기 전람회의 특징이다.

중국에서 말하는 '전람회'라는 용어는 학교나 직장, 지역주민의 서화나 수공예 작품 진열발표회부터 하루에 수백 명, 수천 명 내지 만 명 이상의 관객을 맞이하는 산업전 같은 대규모 전시행사에까지 규모의 크고 작음에 상관없이 사용할 수 있어 선전·교육의 수단으로 매우 편리하였다. 계급교육전람회나 농공업성과전람회 등은 물론 비록 한 직장의 서화전이라도 '백화제방百花齊放(문학과 예술 방면에서 창작과 비판을 자유롭게 하는 일-역주)'이라는 모택동이 제창한 문예정책이 있었기 때문에 사회주의 문예의 번영을 알리는 정치적 활동으로 자리매김되었다.

전람회뿐 아니라 전소회(전시즉매회展示即賣會)도 정치선전의 수단으로 이용된다. 예를 들어 1976년 란저우시蘭州市의 백화점에서 진행된 '복장전소회服裝展銷會'는 "등소평鄧小平 비판, 우경 풍조 반격"운동이 깊어지는 국면 속에서 열린 것으로 중국의 복장 기술이 세계적인 수준에 이르렀으며 경공업 부분의 복장 표준에 준거하여 복장의 생산을 시행한다면 국민의 복장에 대한 수요를 충족시켜 사회주의 시장을 번영시킬 수 있다는 취지가 입장권의 설명에 쓰여 있다.[21] 공업 기술의 발전 등 국가의 번영을 과시하려는 의도이지만 복장전소회의 개최를 등소평 비판의 정치운동과 결합한 것은 "혁명에 힘을 넣고 생산을 촉진한다抓革命,促生産"는, 즉 정치운동으로 경제발전을 촉진한다는 '정치선행政治先行'의 모택동사상 체현을 선전하기 위한 것이었다. 모택동노선기에는 전시 즉매라는 전소회도 단순한 경제적 행위가 아니었다는 좋은 예이다.

물자부족시대의 전소회는 또 일부 특권을 가진 사람에게 생활물자를 특별 제공한다는 의미도 강했다. 보통의 상점에서 살 수 없는 것을 살 수 있기 때문에 그 시대의 전소회는 입장자가 특정되는 경우가 많았고 입장자에게 상품 구입의 수량을 제한하는 경우도 있었다. 개혁개방에 따라 물자가 풍부해지자 '전소회'라는 명칭의 행사도 횟수가 감소하여 지방 중소도시를 중심으로 열리게 되었는데 회장에는 손님보다 판매원이 더 많은 경우도 종종 있었다.

이처럼 길게 이어지던 '전람회'시대는 개혁개방 이후 이데올로기 중시에서 경제우선으로 방침이 전환되자 점차 '박람회'시대로 넘어가게 된다.

6. 박람회 붐의 탄생

전람회 자체는 지금도 중국 각지에서 많이 진행되고 있지만 박람회라는 이름으로 행사가 열리는 경우가 점차 많아지고 있다. 상술한 것처럼 시후박람회만이 1910년 남양권업회부터 등소평의 개혁개방노선까지 중국에서 유일하게 박람회라는 이름으로 열린 전시행사였지만 이제는 매일같이 어딘가에서 '박람회'가 열리고 있다. 바야흐로 박람회 붐의 시대가 되고 있는 것이다.

그 박람회 시대의 도래를 알린 것은 1985년에 열린 두 개의 박람회이다. 첫 번째는 8월 26일부터 9월 6일까지 상하이 창하이공원長海公園에서 열린 '상하이시 공구설비계통직공예술박람회上海市工具設備系統職工藝術博覽會'이다. 이것은 상하이의 공구설비 관계기업의 종업원이 만든 서화 등 예술작품 전람회였다. 다른 하나는 11월 15일부터 30일까지 베이징 국제무역센터에서 개최된 '아시아태평양 국제무역박람회'였다.

이 두 가지 박람회는 중국 박람회 역사에서 매우 중요한 의미가 있다. 상하이의 '직공예술박람회'는 모택동시대부터 '공회工會' 즉 노동조합이 주체가 되어 진행하던 다양한 노동자예술전람회의 명맥을 이어온 것으로 이후 민간단체가 주도하는 '예술·수장박람회藝術·收藏博覽會'(수장이란 콜렉션을 말한다)의 효시라고 할 수 있다. 해방 이후 중국에서는 노동자 계급이 지도계급으로 분류되어 사회적 지위가 높았기 때문에 노동자를 위한 또는 노동자가 주체인 전람회나 공연 등의 문화적 행사가 빈번했다.

그러나 개혁개방이 진행됨에 따라 경제 우선의 풍조가 높아지고 돈벌이가 우선시되면서 노동계급의 사회적 지위가 하락하여 '직공예술전람회'같은 이익이 높지 않은 문화적 행사도 감소하다가 1990년대에 들어서자 거의 사라지게 된다. 대신 미술품이나 컬렉션 등의 전시판매회인 '예술박람회'나 '수장박람회'라고 불리는 행사가 대폭 증가한다. 현재 예술품 투자를 통한 일확천금의 꿈을 꾸는 사람들이 모이는 '예술·수장박람회'는 자주 열리지만 노동자를 위한 문화적 행사는 찾아보기 어렵다. 그러므로 1985년 8월의 '상하이시 공구설비계통직공예술박람회'는 바로 이익을 떠난 전람회 시대에서 장삿속이 농후한 박람회 시대로 변해가는 것을 상징하는 행사였다고 볼 수 있다.

그리고 상하이의 '직공예술박람회'로부터 불과 2개월 만에 열린 '아시아태평양 국제무역박람회'는 유엔 아시아태평양 경제사회위원회UNESCAP와 중국국제무역촉진위원회中國國際貿易促進委員會가 공동으로 주최한 행사로 아시아태평양지역의 경제협력이나 무역확대, 공업기술의 발전·촉진을 목적으로 20여 개의 국가·지역이 참가한 국제무역 전시회였다. 이것은 1957년부터 매년 봄·가을 2회 광저우廣州에서 열렸던 '중국출구상품교역회中國出口商品交易會'(통칭 '광주교역회廣州交易會')를 발전시킨 것으로 등소평노선기에 들어선 이후 국가전략으로 개최된 중국·아세안박람회中國ASEAN博覽會(난닝南寧)나 신장新疆·유라시아박람회(우루무치Urumuqi), 지린吉林·동북아시아박람회(창춘長春), 중국·남아시아박람회(쿤밍昆明) 등 일련의 국가주도의 '국제투자·무역박람회'의 선구라고 할 수 있다. 이후 중국에서 박람회라는 이름의 행사가 점차 많이 개최되면서 전람회 시대에서 박람회 시대로 돌입하게 되는 것이다.

1985년부터 시작된 민간단체 주도의 '예술·수장박람회'와 국가주도의 '국제투자·무역박람회'의 흐름에 더해 2000년 전후부터는 지방정

부가 지방의 개발이나 활성화를 꾀하는 '개발・건설박람회開發·建設博覽會'
가 각지에서 개최된다. 그 대표적인 것은 '중국'99쿤밍 세계원예박람회
中國'99昆明世界園藝博覽會'이다. 이것은 1993년 중국이 박람회국제사무국博
覽會國際事務局, BIE에 가입한 이후 처음 중국에서 열린 세계박람회로 신청
당시에는 베이징이 개최지로 지정되었으나 중서부 지역의 개발이라는
국가방침이 나온 뒤 윈난성雲南省 개발에 일조할 수 있도록 개최지를 쿤
밍으로 변경한 것이다. 따라서 '사람과 자연－21세기를 향해'라는 테마
를 내세웠던 쿤밍 원예박람회는 관광개발의 목적도 다분하였고 바로 '개
발・건설박람회'를 대표하는 것이라 할 수 있다. 각지의 원예박람회 외
에 2000년부터 시후박람회나 우시無錫의 타이후박람회太湖博覽會, 2001
년 시안西安, 청두, 우루무치에서 연이어 거행되었던 '홍콩 우세박람회香
港優勢博覽會'등이 이 '개발・건설박람회'에 속한다.

또 기업 및 업계가 상품 판매 혹은 서비스업의 고객 유치를 목적으로
개최한 다양한 기업 주도의 '판매・고객유치박람회販賣·集客博覽會'도 있
다. 상품판매가 목적인 박람회는 '전소회'의 변형에 불과한데 1980년
대 후반부터 나타났다. 그보다 나중에 나타난 고객유치 목적의 박람회
는 유학중개기관의 학생 모집을 위한 설명회나 관광, 금융, 혼인, 인테
리어 등 관련 기업의 고객 획득을 위한 계약회契約會 같은 것이다. 각각 '국제
교육박람회國際敎育博覽會'나 '해외여유박람회海外旅遊博覽會', '해외치업박람회
海外置業博覽會', '금융・이재박람회金融理財博覽會', '혼경박람회婚慶博覽會',(《사진 2》)
'장식박람회裝飾博覽會' 등으로 불리며 전국 각지에서 개최됐다. 이런 '판매・고
객유치박람회'는 영업실적 향상, 다시 말해 돈벌이를 목적으로 열리는데
'전소회'처럼 장삿속이 너무 드러나는 이름은 좋지 않기 때문에 속내를

〈사진 2〉 참가자가 1만 명에 달했던 맞선대회인 '혼연박람회(婚戀博覽會)' 개막식(2013.11.11, 상하이, 필자 촬영)

감추기 위해 모던하고 격조 높은 박람회가 많이 쓰이게 된 것이 아닐까 한다. 전술한 것처럼 '박람회'라는 말은 1929년 시후박람회 이후 오로지 외국에서 개최되는 행사에만 쓰였기 때문에 개혁개방 이후 얼마 지나지 않았던 시기의 중국인들에게는 서양풍의 말로 들렸을 것이다.

어쨌든 민간단체 주도의 '예술·수장박람회'와 국가주도의 '국제투자·무역박람회', 지방주도의 '개발·건설박람회', 기업주도의 '판매·고객유치박람회' 네 가지가 나오면서 중국의 박람회 시대가 확립된다.

이 박람회 시대의 절정기라고 할 수 있는 것은 말할 것도 없이 2010년 상하이 세계박람회이다. 7,308.4만 명의 입장객을 자랑하는 사상 최대 규모의 상하이 세계박람회는 '보다 나은 도시, 보다 나은 생활'을 테마로 하고 있는데 이를 실현하기 위해서는 경제의 발전도 필요하고 또

〈사진 3〉 찌푸린 하늘 아래 서 있는 '동방의 관'(2015.4.2, 필자 촬영)

한 환경보전, 사회안정도 반드시 필요하다. 그러나 경제목표 달성이 제
일인 사회 풍조 아래에서 경제적으로는 2010년에 GDP로 일본을 제치
고 세계 제2위의 경제대국으로 약진할 수 있었지만 환경보전, 사회안정
은 그다지 좋은 성과를 보이지 못하고 있다.

정부가 정한 기준인 PM2.5농도를 훌쩍 넘어선 자욱한 스모그 속에 서
있는 전前중국관인 '동방의 관'(〈사진 3〉)은 환경을 희생한 경제 성장의
상징처럼 보이고 버스 안에서 좌석 쟁탈전을 벌여 젊은이들이 맞아 죽었
다거나, 넘어진 노인을 본 행인이 구경만하고 아무런 도움을 주지 않는다
거나, 병원에서 의사가 환자에게 살해당했다거나, 버스가 폭파되어 많은
사망자가 나왔다거나 하는 인심이 황폐해졌다는 것을 걱정하지 않을 수
없는 보도가 끊이지 않는다. 상하이 세계박람회 폐막일에 만국박람회 회

장에서 발표된 「상하이선언上海宣言」에서 강조된 만국박람회이념[22]이 '탁상공론'이 아닌 '회장의 공론'으로 끝나버리면 상하이 세계박람회 자체도 단순한 국위선양을 위한 프로파간다 장치가 될 우려가 있다.

상하이 세계박람회를 정점으로 하여 지금도 계속되는 박람회 붐은 앞으로도 경제지상주의나 GDP주의, 개발주의, 배금주의에 따라 전개될까.

7. 맺음말

이상 당 현종 시대의 유사박람회와 '박람회'라는 말이 일본에서 수입된 이후의 뉘앙스의 변화를 바탕으로 중국 내에서 개최된 박람회의 역사를 '권업회 시대'와 '전람회 시대', '박람회 시대' 세 부분으로 나누어 각 시대의 박람회의 특징을 검증해 보았다. 청말 권업회 시대에는 실업진흥을 목적으로 청두의 상업권공회나 톈진의 권공전람회, 우한의 권업장진회, 남양권업회가 연이어 열렸는데 남양권업회는 일본의 국내권업박람회를 모델로 하면서도 '남양권업박람회'라고 부르지 않고 '박람' 두 글자를 떼어냈다. 이는 실패하여 웃음거리가 되지 않기 위해 주최자인 단방이 신중한 태도를 보인 것인데 한편으로는 청일전쟁 패배로 우월감을 잃어버린 청말 중국인의 열등감을 나타내는 것이기도 하다.

권업회 시대에 이은 전람회 시대는 중화민국기와 모택동노선기 두 부분으로 나눌 수 있다. 중화민국기에 나타난 국화운동에 따라 개최된 국화전람회의 정수인 시후박람회는 반대로 전람회 시대에 유일하게 '박람회'라는 이름이 붙었다. 이것은 제1차 세계대전기에 발전해온 중국 공업

기술을 과대평가한 중국인의 자긍심과 내셔널리즘 고양의 산물이며, 75년이나 되는 오랜 전람회 시대 중에서도 이례적인 존재였다. 해방 이후 모택동노선기의 전람회는 정치선전·사상교육이 주된 목적이었고 전시직매의 전소회조차 단순한 경제적 행위가 아닌 정치운동과 결부되어 완전히 정치프로파간다의 도구가 되었다.

등소평의 개혁개방노선기에 접어든 지 얼마 되지 않은 1985년에 개최된 상하이 공구설비 관련 기업의 직공예술박람회와 아시아태평양 국제무역박람회는 중국 박람회 시대의 도래를 알리는 행사로 중요한 의미를 가지고 있다. 전자는 이익을 떠난 전람회 시대에서 장삿속이 농후한 박람회 시대로의 변화의 상징이며 후자는 민중과 거의 관련이 없는 국가 주도의 국제투자·무역박람회의 선구가 되었다. 그러나 시장경제화를 진행하는 중국의 박람회는 오로지 투자개발, 상품판매, 고객 획득 등의 경제행위 수단으로 전개되어 '박람회'의 남용시대가 되어간다. 그리고 상하이 세계박람회는 중국이 GDP로 일본을 제치고 세계 제2위의 경제대국이 된 2010년에 개최되었지만 폐막 때의 '상하이선언'이 강조한 환경의 개선과 사회의 조화는 아직 효과가 나타나지 않아 사람들은 심각한 환경이나 치안, 도덕 등의 문제에 시달린다. 결과적으로 자욱한 스모그 속에 서 있는 '동방의 관'이 GDP주의나 개발주의, 배금주의 시대의 상징이 되고, 상하이 세계박람회 그 자체도 단순한 국위선양의 프로파간다가 될 수 있다고 생각된다.

중국의 박람회 붐은 앞으로 어떻게 전개될 것인지, 경제의 거품과 어떤 연동관계를 가지게 될지는 앞으로 주목할 가치가 있다.

이승찬 옮김

주석

1 『舊唐書』卷105(中華書局, 1975), 3222쪽.

2 直隷實業廳公署編, 『巴拿馬塞會直隷觀會叢編』, 「序言」, 1921.

3 百崎誠, 「わが国博覧会の歴史と変遷」(『AD STUDIES』 13, 2005), p.6.

4 『申報』, 1875.2.15.

5 『申報』, 1875.2.18.

6 다만 1942년에 난징 등에서 개최된 '대동아전쟁박람회(大東亞戰爭博覽會)'라는 것이 있다. 이는 왕정위(汪精衛) 정부 아래에서 개최되었는데 일본이 주체였고 중국인이 주체가 아니었기 때문에 논외이다. 상세한 내용은 시바타 데츠오(柴田哲雄), 「中国 : 注精衛南京政府下の大東亜戦争博覧会」를 참조하기 바란다. 柴田哲雄・やまだあつし 編著, 『中国と博覧会一中国二〇一〇年上海万国博覧会に至る道』(成文堂, 2010), pp.95～119.

7 辞海編集委員會 編, 『辞海』(上海辞書出版社, 2000).

8 http://baike.baidu.com.

9 辞海編集委員会編, 『辞海』(上海辞書出版社, 1979).

10 「南洋勸業會事務所行正式開所禮」(『申報』, 1910.3.9).

11 「兩江总督端江苏巡抚陈会奏创办南洋第一次劝业」(飽永安 主編, 『南洋劝业会文汇』, 上海交通大学出版社, 2010), p.54.

12 醒, 「對於南洋勸業會之評論」(『申報』, 1910.11.10).

13 『西湖博覽會參觀指南』(中華書局, 1929), p.86.

14 艾险峰, 「1929年西湖博览会述论」(『华中师范大学学报』人文・社会科学版, 2009, 第4期), p.85.

15 武堉干, 「近代博覽會事業與中國」(『東方雜誌』 26-10, 1929.5).

16 趙福蓮, 『1929年的西湖博览会』(杭州出版社, 2000), p.57.

17 柴田哲雄, 「中華民国期 : 西湖博覧会」(앞의 주(6) 柴田・やまだ), p.27.

18 「工商部籌備北平博覽會」(『申報』, 1929.7.3).

19 中國革命博物館編, 『解放区展览会资料』(文物出版社, 1988), p.1.

20 「兩大援會昨日隆重開幕」(『解放日報』, 1943.11.27).

21 蘭州市商業局・蘭州市科學技術局・蘭州市第二輕工業局, 「兰州地区服装展销会参观券」 설명서에 의함.

22 「상하이선언」에서는 환경보전과 사회공평을 '보다 나은 도시, 보다 나은 생활'을 표현하는 중요한 포인트로 강조하고 있다. 자세한 내용은 http://www.expo2010.cn/a/20101031/htm을 참조하기 바란다.

참고문헌

江原規由, 『上海万博とは何だったのか―日本館館長の一八四日間』, 日本僑報社, 2011.

喬兆紅, 『百年演繹―中国博覧会事業の嬗変』, 上海人民出版社, 2009.

柴田哲雄・やまだあつし 編著, 「中国と博覧会―中国二〇一〇年上海万国博覧会に至る道』, 成文堂, 2010.

馬敏主編, 『博览会与近代中国』, 華中師範大學出版社, 2010.

吉見俊哉, 「博覧会の政治学―まなざしの近代』, 中央公論社, 1992.

| 엮은이 소개

육영수(陸榮洙, Yook YoungSoo)
중앙대학교 역사학과·대학원 협동과정 문화연구학과·독일유럽학과 교수로 재직하고 있다. 저서로『책과 독서의 문화사－활자인간의 탄생과 근대의 재발견』,『혁명의 배반, 저항의 기억－프랑스혁명의 문화사』,『지식의 세계사－베이컨에서 푸코까지, 지식권력은 어떻게 세계를 지배해왔는가』 등을 출간했다. 문화사학회 회장과 한국서양사학회 회장을 역임했다.

| 옮긴이 소개

유지아(柳芝娥, Yoo JiA)
원광대학교 한중관계연구원 HK교수로 재직하고 있다. 일본 현대사 특히 패전 후, 미국의 대일점령 정책에 대해 연구하였다. 번역서로『점령과 개혁－점령이 없어도 전후개혁은 일어났다』,『상징천황제와 황위계승』 등이 있다.

박기태(朴起兌, Park KiTae)
교토대학 대학원 문학연구과 현대문화학전공 박사과정 수료. 일본 대중문학과 대중문화에 관심을 가지고 현대일본의 전기소설(傳奇小說)에 대한 연구를 진행하고 있다. 한무라 료를 비롯하여 주요 전기소설 작가들의 작품에 관한 여러 편의 논문을 발표했다.

은희녕(殷烯寧, Eun HeeNyung)
중앙대학교 역사학과 대학원 한국근현대사전공 박사과정 수료. 한국근현대 지식인들의 지적 교류 등에 관심을 가지고 있다. 「해방 전후 안호상의 국가지상주의와 민주적 민족교육론」 등을 발표했다.

이승찬(李昇璨, Lee SungChan)
중앙대학교 역사학과 대학원 동양사전공 박사과정 수료. 대만사를 전공하고 있으며 식민지시기 대만에 거주했던 사람들의 정체성 문제에 대해 관심을 가지고 있다. 「皇民化時期(1937～1945) 대만 지식인의 민족정체성과 전쟁인식－吳新榮日記를 중심으로」를 비롯한 몇 편의 논문을 발표했다.

집필자 소개

사노 마유코(佐野真由子)
1969년생. 캠브리지대학 국제관계론전공 MPhil 과정 졸업. 도쿄대학박사. 교토대학 대학원 교육학연구과 교수.
『オールコックの江戸ー初代英国公使が見た幕末日本』(中公新書, 2003), 「阿礼国先后推动中日参展两届伦敦博览会的启示」(陶德民他 編, 『世博会与东亚的参与』, 上海人民出版社 2012), 「幕末最終章の外交儀礼」(笠谷和比古 編, 『徳川社会と日本の近代化』, 思文閣出版, 2015).

하가 도루(芳賀徹)
1931~2020. 도쿄대학 대학원 인문과학연구과 비교문학비교문화전공 박사과정 졸업(문학박사). 도쿄대학 명예교수, 시즈오카 현립미술관 관장을 역임.
『平賀源内』(朝日新聞社, 1981, 산토리 학예상 수상), 『絵画の領分ー近代日本比較文化史研究』(朝日新聞社, 1984, 오사라기 지로상 수상), 『芸術の国日本ー画文交響』(角川学芸出版, 2010, 렌뇨상 수상).

데라모토 노리코(寺本敬子)
1980년생. 히토쓰바시대학 대학원 사회학연구과 박사후기과정 졸업. 아토미가쿠엔여자대학 문학부 준교수.
『徳川昭武に宛てたレオポルド・ヴィレットの書簡ー1867年パリ万博の出会いから日露戦争まで』上下卷(一橋大学社会科学古典資料センター, 2009), 「フランスにおける「日本文化」の受容と生成ー1878年パリ万国博覧会とジャポニスム」(森村敏己 編著, 『視覚表象と集合的記憶』, 旬報社, 2006), 「1867年パリ万国博覧会における「日本」」(『日仏歴史学会会報』28号, 2013).

하야시 요코(林洋子)
1965년생. 파리 제1대학 박사과정 졸업(미술사 박사). 일본 문화청 예술문화조사관.
『藤田嗣治画集』全3卷(編著, 小学館, 2014), 『テキストとイメージを編むー出版文化の日仏交流』(共編著, 勉誠出版, 2015).

마시야마 가즈시게(増山一成)
1974년생. 호세이대학 대학원 사회과학연구과 석사과정 졸업. 도쿄도 주오구 교육위원회 총괄문화재 조사지도원(학예원).
『近代日本博覧会資料集成ー紀元二千六百年記念日本万国博覧会』(編著, 国書刊行会, 2015).

이노우에 쇼이치(井上章一)
1955년생. 교토대학 대학원 공학연구과정 석사과정 졸업. 국제일본문화연구센터 소장.
『美人論』(リブロポート, 1991), 『愛の空間』(角川書店, 1999), 『パンツが見える』(朝日新聞社, 2000).

우카이 아쓰코(鵜飼敦子)
교토대학 대학원 인간・환경학연구과 박사후기과정 졸업. 도쿄대학 동양문화연구소 특별연구원
「高島北海の「東洋画」観と西洋」(稲賀繁美 編, 『東洋意識ー夢想と現実のあいだ1887～1953』, ミネルヴァ書房, 2012), Translation, History and Arts : New Horizons in Asian Interdisciplinary Humanities Research (Ji-Meng and UKAI Atsuko ed., Cambridge Scholars Publishing, 2013), "L'art de la reliure japonisante : Le cas des oeuvres de René Wiener à la bibliothèque municipale de Nancy"(Territoires du japonisme, Presse universitaire de Rennes, 2014).

하시즈메 신야(橋爪紳也)

1960년생. 교토대학 대학원 공학연구과 석사과정(건축학), 오사카대학 대학원 공학연구과 박사후기과정 졸업(환경공학). 공학박사. 오사카부립대학교수, 오사카부립대학 관광산업전략연구소 소장. 『明治の迷宮都市-東京·大阪の遊楽空間』(平凡社, 1990), 『人生は博覧会 日本ランカイ屋列伝』(晶文社, 2001), 『大京都モダニズム観光』(芸術新聞社, 2015).

이와타 야스시(岩田泰)

1968년생. 도쿄대학 법학부 졸업. 경제산업성 통상정책국 아시아대양주과장. 전 경제산업성 정보정책국 박람회추진실장. 경제산업성 2025년 국제박람회 통괄조정관.

이치카와 후미히코(市川文彦)

1960년생. 오사카 대학 대학원 경제학연구과 박사후기과정 중도퇴학. EHESS 시니어 펠로우, 간사이학원대학 경제학부 교수.
『フランス経済社会の近現代』(共者, 関西学院大学出版部, 2009), 「近代フランス地域企業家群と輸送体系再組織化策ー舟運=鉄道連係への新機軸」(『企業家研究』第6号, 2006.6), "Expositions Univerelles" as Sacred Places : A View from Modern Paris World Expositions(Senri Ethnological Studies 82, 2013).

쉬쑤빈(徐蘇斌)

1962년생. 톈진대학 건축계 박사과정 졸업. 도쿄대학 대학원 공학계연구과 건축학전공 박사과정 졸업. 톈진대학 건축학원 교수·중국 문화유산보호 국제연구센터 부소장.
『日本対中国城市与建筑の研究』(中国水利水电出版社, 1992), 『中国の都市·建築と日本ー「主体的受容」の近代史』(東京大学出版会, 2009), 『近代中国建筑学の诞生』(天津大学出版社, 2010).

에하라 노리요시(江原規由)

1950년생. 2020년 타계. 도쿄외국어대학 외국어학부, 일반재단법인 국제무역투자연구소(ITI) 연구주간. 전 2010년 상하이 세계박람회 일본관 관장. 상하이 세계박람회 일본 정부 부대표. 전 일본무역진흥기구(JETRO) 베이징센터 소장.
『職在中国』(JETRO, 2003), 『中国経済36景』(中国外文出版社, 2007), 『上海万博とは何だったのかー日本館館長の184日間』(日本僑報社, 2011).

차오젠난(曹建南)

1953년생. 종합연구대학원대학 문화과학연구과 박사 후기과정 졸업. 상하이사범대학 인문학원 부교수.
「世博十大名茶的荣誉和责任」(『喫茶去』39号, 2012), 「茶企业的世博参与和品牌建设」(『茶产业品牌整合与品牌文化ー首届东亚茶经济茶文化论坛文集』中国文化出版社, 2012), 「冲绳的饮茶文化和茶业发展」(『茶产业转型升级与科技兴茶ー第三届明州茶论研讨会文集』中国文化出版社, 2014).

| 『만국박람회와 인간의 역사』 원서 목차

I 박람회의 사람

II 박람회의 장소